Sagesses d'aujourd'hui

Du même auteur
aux Éditions J'ai lu

Traité de philosophie à l'usage des jeunes générations
N° 8735

Apprendre à vivre
N° 8795

La sagesse des mythes
N° 9090

La révolution de l'amour
N° 9784

Le cardinal et le philosophe
N° 10855

Sagesses d'hier
N° 11355

Luc

FERRY

Sagesses d'aujourd'hui

ESSAI

J'ai lu

Précédemment paru aux éditions Flammarion sous le titre *Sagesses d'hier et d'aujourd'hui*. La parution poche se fera en deux temps et en deux ouvrages sous les titres *Sagesses d'hier* et *Sagesses d'aujourd'hui*.

Préface

Ce livre est une nouvelle édition, revue, complétée et corrigée des livrets que j'ai publiés durant l'année 2012 avec *Le Figaro* et Flammarion. J'ai bien évidemment tout relu et partiellement réécrit : il s'agit donc d'une version nouvelle qui remplace définitivement la première. J'en ai cependant conservé le style oral, malgré ses imperfections évidentes : ceux qui me connaissent m'entendront pour ainsi dire parler, car je me suis adressé de fait, avant de rédiger ces leçons et pour ainsi dire les « tester », à un petit public de spécialistes et de non-spécialistes, de professeurs de philosophie mais aussi de grands débutants, et j'ai voulu conserver cette part de spontanéité.

On pourra me reprocher certains manques. Par exemple, je n'ai pas parlé de Fichte ni de Schelling, alors que j'ai consacré ma thèse de doctorat d'État au premier, dont j'ai traduit plusieurs œuvres, et que j'ai également traduit, commenté et publié les premiers écrits du second. Je n'ai pas non plus évoqué les penseurs religieux, juifs, arabes ou chrétiens, ni même parlé de Montaigne, de Husserl ou de Bergson. J'aurais peut-être dû, mais il fallait bien faire un choix, ne pas augmenter indéfiniment un volume déjà fort épais, et j'ai voulu m'en tenir à ce qui me paraissait malgré tout l'essentiel dans la trame fondamentale de cette histoire de la pensée philosophique.

Je voudrais que mon lecteur comprenne bien la méthode que j'ai suivie. Il ne s'agit en rien d'un « résumé de doctrine » comme on en trouve dans les manuels et les histoires de la philosophie ordinaires. Je ne crois pas une seconde aux résumés : soit ils sont incompréhensibles, parce qu'à la fois trop ramassés et trop abstraits, soit ils sont fallacieux, simplistes, caricaturaux. La plupart du temps, du reste, ils sont les deux et je vous l'avoue : je n'ai jamais pu lire aucune histoire de la philosophie, aucun manuel procédant de la sorte. Je n'y comprends rien et ils me tombent des mains au bout de quelques minutes. Même si chaque mot, chaque phrase semble à première vue assez clair, au final, aucun accès n'est réellement donné à la pensée des auteurs que le malheureux rédacteur essaie désespérément de présenter en dix ou vingt pages prétendument « synthétiques ».

Voilà pourquoi j'ai décidé de procéder tout autrement, non pas en résumant et en réduisant les grands penseurs, ce qui n'a aucun sens à mes yeux, mais en choisissant chaque fois les dix ou douze idées qui me paraissaient géniales chez eux et fondatrices de leur pensée. On trouvera donc ici, pour prendre une métaphore, ce que j'emporterais d'eux sur l'île déserte ou, ce qui revient au même, ce que je raconterais à un être cher s'il me demandait de lui dire ce qu'il y a de si grandiose chez Platon, Kant ou Hegel qui mérite qu'on s'y arrête et qu'on prenne tant de temps à les lire. Bien évidemment, ces idées les plus fortes sont aussi les piliers de leurs pensées, les véritables clés du château, celles qui permettent réellement d'ouvrir les portes et d'aller visiter par soi-même.

Enfin, dans le dernier chapitre, j'ai voulu donner ma propre vision de la philosophie, de ce que j'appelle le « deuxième humanisme ». J'ai tenté de dire où nous en sommes, d'exposer simplement la philosophie que j'essaie de construire au fil des années, depuis mon projet initial, déjà formulé dans les années 1970, d'élaborer un « humanisme non métaphysique » ou « postmétaphysique ». Je ne l'ai pas fait par arrogance, mais pour que mon lecteur sache de quel point de vue je me suis placé pour lui raconter cette histoire singulière et précieuse, indispensable à la compréhension du temps présent, indispensable aussi pour y trouver sa place.

1

HEGEL ET L'IDÉALISME ALLEMAND

Hegel est un immense philosophe. Sa pensée est réellement géniale, mais son œuvre, malheureusement, est probablement, avec celle de Kant, la plus difficile et la plus abstraite qui soit dans toute l'histoire de la philosophie. Je voudrais faire en sorte qu'à la fin de ce chapitre, même si vous n'avez jamais lu une ligne de Hegel, vous ayez quand même une idée claire et déjà profonde de ce qu'est l'hégélianisme. J'aimerais même que vous commenciez à pouvoir lire sans trop de difficultés certains passages de son œuvre qui vous permettront après d'aller plus loin par vous-même.

Georg Wilhelm Friedrich Hegel est né en 1770, la même année que Beethoven, et il est mort en 1831, du choléra. C'est donc un contemporain de Kant, même s'il est évidemment beaucoup plus jeune. Contrairement à ce que sous-entendent certaines histoires académiques de la philosophie, l'idée qu'il y aurait une espèce de « progression » philosophique, une sorte de jeu de l'oie qui irait de Kant à Hegel en passant par Fichte et Schelling est tout à fait ridicule :

à bien des égards, Kant est post-hégélien, comme Adorno et Heidegger le diront chacun à leur manière, et sa postérité dans la pensée contemporaine sera dans bien des domaines, notamment sur le plan scientifique, beaucoup plus importante que celle de Hegel. Quant à Fichte et Schelling, ils ne sont en rien des « précurseurs » de l'hégélianisme. Cette vision « progressiste » et continuiste de l'histoire des idées est tout à fait fausse et il vaut mieux l'écarter d'entrée de jeu.

Du reste, Hegel a déjà vingt ans quand Kant publie sa troisième œuvre majeure, la *Critique de la faculté de juger*, et à trente-quatre ans, l'année de la mort de Kant, il est à la tête d'une œuvre considérable. Encore une fois, malgré la différence d'âge, ce sont des contemporains, et l'idée que Hegel « dépasserait » Kant, Fichte et Schelling, bien que ce soit bien sûr le point de vue de Hegel lui-même dans son histoire de la philosophie, est une idée à écarter. Mais laissons là les préambules historiques et venons-en plutôt à la pensée de Hegel lui-même.

Hegel a d'abord commencé par s'intéresser à la théologie. Jeune homme, il se passionne pour l'étude du judaïsme et du christianisme, beaucoup plus que pour celle de la philosophie. La première question qui le préoccupe n'est d'ailleurs pas directement philosophique : il cherche à savoir quelle religion pourrait convenir à un peuple libre. Il veut, comme il le dit lui-même, débarrasser la religion chrétienne de sa « positivité ». Dans son langage, cela signifie la débarrasser des éléments irrationnels, des arguments d'autorité, des dogmatismes qui viennent entraver la liberté de l'esprit. Le terme « positif » est à entendre ici comme dans l'opposition entre ce qu'on appelle le « droit positif » et le « droit naturel » : le droit positif, c'est le droit réel, celui qui est en vigueur *de facto* dans un pays. C'est donc un droit qui n'est pas forcément toujours juste, tandis que le droit naturel, c'est le droit idéal, le droit rationnel, celui qui serait idéalement parfait et juste. De la même manière, il faut distinguer entre la religion positive, c'est-à-dire, comme pour le droit, celle qui est actuellement en vigueur dans tel ou tel contrée, et la religion naturelle ou rationnelle, celle qui conviendrait à un peuple libre. Tout le programme du jeune Hegel vise donc à débarrasser la religion chrétienne de son fatras de « positivité », de dogmatisme, des rituels inutiles et des obligations superflues, en quoi Hegel s'inscrit dans la tradition des Lumières, dans le sillage du grand livre de Kant dont le titre est à lui seul tout un programme : « La religion dans les limites de la simple raison. »

Plus tard, lorsque à partir de l'année 1807, année où il publie son premier grand ouvrage de la maturité, la *Phénoménologie de l'esprit*, Hegel est en possession de son système définitif, il va devenir pleinement philosophe. Comme on verra, il n'abandonnera pourtant jamais les préoccupations religieuses, mais la religion lui apparaîtra désormais comme une étape vers la philosophie, la philosophie disant la même chose que la religion, mais de manière rationnelle – en quoi la philosophie dépasse désormais à ses yeux la théologie, la philosophie étant le couronnement de la pensée, la sphère la plus haute et la plus achevée de la raison.

Pour véritablement comprendre la pensée définitive de Hegel, il faut la reconstruire à partir des deux questions fondamentales qui vont animer tout son système, y compris celui de sa maturité. C'est par ces deux questions, formulées par Hegel lui-même à maintes reprises, que je voudrais commencer.

La première est celle de Leibniz. C'est la question de la théodicée : *si deus est, unde malum* – si Dieu existe, d'où vient le mal ? Hegel lui-même n'a cessé de dire qu'il ne faisait pas autre chose dans sa philosophie que reprendre et perfectionner la *Théodicée* leibnizienne. Il faut prendre cet aveu au sérieux et garder ce fil conducteur à l'esprit : je vais l'expliciter dans un instant et vous verrez combien il est éclairant. Voilà ce que Hegel écrit à ce propos dans un passage d'une de ses œuvres, en vérité un recueil de ses cours, intitulé (dans la traduction française), *La Raison dans l'Histoire* : « Notre méditation sera donc une théodicée, la justification de Dieu que Leibniz avait tentée métaphysiquement à sa manière et avec des catégories encore indéterminées. »

Il s'agit donc bien pour Hegel de développer et de préciser (de « déterminer ») la philosophie de Leibniz et nous allons voir comment, en effet, tout son système peut être lu comme un vaste et talentueux perfectionnement de celui de Leibniz.

La deuxième question concerne le scepticisme : puisque la vérité est une, comment expliquer la multiplicité des philosophies ? Est-ce que cette pluralité même n'est pas une objection contre la philosophie, une objection qui devrait nous conduire au scepticisme : si les philosophes ne cessent de se contredire entre eux, s'ils ne sont jamais d'accord sur rien, si leurs points de vue ne cessent de diverger, n'est-ce pas, finalement, la preuve la plus éclatante du fait que la philosophie est incapable de nous mener vers la vérité ? Autant de philosophes, autant de philosophies, donc aucune de vraie : ainsi argumente le sceptique.

Commençons par la première question, celle du mal et de la théodicée. C'est en effet par elle qu'il faut entrer dans le système hégélien. Comme vous allez le voir dans un instant, la réponse, proprement géniale, que Hegel va lui apporter permettra, d'un même mouvement, de résoudre aussi la deuxième question, celle de la pluralité des philosophies et du scepticisme.

Hegel dans les pas de Leibniz

Et d'abord, qu'est-ce que la « théodicée » ?

Comme nous l'avons vu dans un chapitre précédent – mais je vais le reprendre et le résumer ici pour ceux qui ne l'auraient pas lu – le terme est forgé par Leibniz à partir de deux mots grecs, le mot *theos* qui signifie « dieu » et le mot *dikè*, qui désigne la justice. Dans son ouvrage majeur, la *Théodicée*, écrite en 1710, Leibniz entreprend de « justifier » Dieu, au sens théologique du terme, c'est-à-dire de montrer que Dieu est juste malgré ce qui nous semble mauvais dans nos vies, que Dieu est innocent du mal qui existe dans le monde. L'objection à laquelle Leibniz tente de répondre – et vous allez voir dans un instant comment Hegel reprendra cette analyse à son compte pour la développer et lui donner une forme systématique – est très classique. Elle est bien antérieure à Leibniz et on la retrouvera aussi après lui, par exemple, en 1749, dans la fameuse *Lettre sur les aveugles* de Diderot, lettre qui vaudra d'ailleurs quelques mois de prison à son auteur : pourquoi le mal existe-t-il si Dieu est à la fois bon et tout-puissant ? Comment expliquer le mal si Dieu est juste et omnipotent, comme le prétend le christianisme ? Non pas le mal moral, bien sûr, qui peut toujours s'expliquer par la liberté humaine. Dans la tradition chrétienne, on en rend compte sans trop de difficulté : si les êtres humains sont libres, cela signifie qu'ils ont la possibilité de choisir entre le bien et le mal. C'est ce qu'on appelle communément le libre arbitre. Le christianisme n'a donc pas grande difficulté à expliquer le mal moral, le fait que les humains soient pécheurs, qu'ils commettent des fautes.

Mais ce n'est pas ce dont il s'agit dans la *Théodicée* : il y est question d'abord et avant tout du scandale que constitue le mal qui frappe de manière injuste et pour ainsi dire « mécanique » des êtres innocents. Ainsi des aveugles-nés, pour évoquer l'exemple que prend Diderot, dans le sillage de Leibniz (mais pour critiquer sa théodicée). Comment expliquer qu'il y ait des aveugles-nés, c'est-à-dire des enfants qui, dès la naissance, sont frappés de cette injustice qu'est la perte de la vue ? Comment expliquer cela si Dieu est bon, puisque manifestement, ces nourrissons n'ont pas eu le temps de pécher et n'ont encore commis aucune faute ? On ne peut interpréter leur malheur comme une punition puisqu'ils sont innocents. Or le malheur frappe les hommes indifféremment, qu'ils soient fautifs ou non, à l'instar de la pluie qui tombe aussi bien sur les bons que sur les méchants. Plus près de nous, comment expliquer Auschwitz ? C'est là une objection qui sera reprise contre la théodicée de Hegel et de Leibniz dans la philosophie contemporaine encore, par exemple chez Adorno : comment justifier Auschwitz ? Comment justifier théologiquement et philosophiquement le mal absolu quand il est aussi aveugle qu'injuste ?

La difficulté n'est pas mince… Si je veux l'exposer dans sa forme la plus aiguë, on peut la présenter de la façon suivante : de deux choses l'une, en effet : ou bien Dieu est omnipotent, tout-puissant, mais s'il permet des horreurs, c'est qu'il n'est pas bon, c'est un Dieu méchant. On dit qu'il est avec nous comme un père, mais, sincèrement, quel père laisserait ses enfants « jouer » comme à Auschwitz ? Voilà évidemment un fameux argument en faveur de l'athéisme. Ou bien, autre hypothèse, on continue d'affirmer que Dieu est bon, mais alors, c'est qu'il n'est certainement pas tout-puissant ! Il faut choisir entre les deux, entre la toute-puissance de Dieu et sa bonté, les deux n'étant pas compatibles avec la réalité du mal. Il y a là comme une contradiction insoluble entre la toute-puissance qu'on prête à Dieu et la bonté qu'on lui attribue tout autant : comment expliquer qu'il laisse le malheur frapper les humains aussi injustement ? On peut bien sûr toujours déclarer que les « voies du Seigneur sont impénétrables », mais ce nuage de fumée ne nous aide guère. La question du mal demeure totalement énigmatique et, encore une fois, elle semble pencher singulièrement en faveur de l'athéisme.

C'est à ce terrible dilemme que Leibniz entreprend d'apporter une réponse enfin crédible. Tout son propos vise à montrer qu'en réalité, le mal est une pure illusion, qu'il n'existe pas vraiment ou, pour mieux dire, que ce que nous tenons naïvement pour le mal, dans notre ignorance liée à la limitation de notre point de vue, n'est en vérité que la condition d'un bien plus grand. Car ce prétendu mal, qui semble parfois régner dans le monde au niveau du détail, lorsqu'on n'adopte qu'un point de vue partiel, pour ne pas dire borné, s'avère être un bien dès qu'on s'élève un peu pour considérer l'ensemble en se plaçant à l'échelle du tout, de la totalité de l'Univers que Dieu a évidemment considérée lors de la création.

L'argumentation de Leibniz se développe à partir de trois principes logiques fondamentaux, qui vont contribuer à lui donner sa force et sa cohérence sur le plan philosophique. Tout ce que je vais vous dire maintenant de Leibniz, vous le retrouverez sous une forme plus sophistiquée, plus abstraite, plus perfectionnée chez Hegel. Voilà ce que Hegel ajoute d'ailleurs dans la préface de la *Phénoménologie*, en parodiant littéralement la théodicée de Leibniz : « Le mal et le faux existent aussi peu l'un que l'autre, il y a aussi peu un faux qu'il y a un mal. » Pourquoi ? Eh bien parce que, dit-il, « le vrai, c'est le Tout » *(« das Wahre ist das Ganze »)*. Par conséquent, ce que nous tenons pour le mal fait partie de la totalité du bien, de même que ce que nous tenons pour l'erreur fait partie intégrante de la totalité de la vérité. La vérité, c'est au fond, le déploiement de toutes les « erreurs » dans l'Histoire, c'est la recollection de tous les points de vue particuliers, partiels, au sein d'une belle totalité organique que Hegel désigne sous le nom de « système ». La vérité, selon Hegel, c'est donc la totalité des points de vue qui se sont déployés dans l'Histoire – ce qui vous permet déjà d'entrevoir comment la réponse à la question de la *Théodicée* sera aussi une réponse à celle de la pluralité des philosophies : de même qu'il est absolument nécessaire qu'il y ait ce que nous percevons, nous, petits humains, comme du « mal » pour que l'ensemble, la totalité du monde, soit parfait du point de vue de Dieu, de même, il est nécessaire qu'il y ait une pluralité de philosophies, une diversité de points de vue, pour que la vérité, qui n'est que la totalité de ces différences, l'unité de toute cette diversité, puisse apparaître dans sa plénitude. En quoi la question de la théodicée et celle du scepticisme lié à la pluralité des philosophies sont liées.

Donc, comme je vous le disais, il y a deux questions : d'une part, celle de la théodicée – comment « justifier » Dieu, comment expliquer qu'il accepte l'existence de ce que nous tenons pour le mal ? – d'autre part, celle du scepticisme. Je la reformule. Elle est du reste très clairement explicitée par Hegel comme un point de départ de sa philosophie, dans ses *Leçons sur l'histoire de la philosophie*, et notamment dans sa très remarquable introduction à ces *Leçons* : après tout, comment savoir qui a raison parmi les différents philosophes qui se querellent depuis l'Antiquité grecque ? Les épicuriens détestent les stoïciens, les stoïciens détestent les épicuriens. Les uns disent que le monde est harmonieux et que c'est un bel ordre, un « cosmos ». Les autres prétendent au contraire que c'est un tissu arbitraire et désordonné d'atomes dépourvus de sens. Qui a raison et comment choisir ? Si la vérité est une, la pluralité des philosophies, la pluralité des points de vue opposés semble contredire l'idée même que la philosophie puisse atteindre la vérité. De la pluralité des philosophies, on conclut donc en général au scepticisme. Bien sûr, chaque philosophe prétend avoir raison, prétend avoir trouvé la vérité, mais pourquoi le croire, lui, puisque d'autres, tout aussi grands, tout aussi connus, prétendent eux aussi avoir trouvé la vérité, alors que ce n'est pas la même !

Hegel va, avec une insondable profondeur, relier les deux questions, celle de la théodicée et celle du scepticisme. Tout son système sera, au fond, une manière d'apporter d'un même mouvement une solution à ces deux difficultés. Il montrera qu'il n'y a pas de mal, qu'il n'y a pas d'erreur car la vérité, encore une fois, c'est la totalité des points de vue qui se sont développés dans l'Histoire. Du même coup, la vérité sera le système de la récapitulation de toutes les philosophies qui existaient auparavant. C'est justement ce système que Hegel prétend avoir découvert et enfin formulé convenablement, en quoi il prétend aussi mettre un terme à l'histoire de la philosophie. C'est donc lui qui met en place pour la première fois de manière aussi explicite le fameux thème de la « fin de l'histoire », mais en même temps aussi, celui de la « fin de la philosophie ». Avec son système, le système enfin complet et achevé qui résume et contient en lui tous les autres systèmes philosophiques, on s'apercevra que la vérité n'est pas un moment particulier de l'Histoire, laquelle ressemble à une succession de points de vue contradictoires, mais la recollection de tous ces points de vue opposés, particuliers et partiels, recollection qui suppose que la véritable philosophie adopte un point de vue d'ensemble sur le déroulement de l'Histoire. En ce sens-là, ce qui apparaît à un point de vue borné (« unilatéral », dit Hegel), comme le mal ou l'erreur n'existe pas vraiment en soi, car tout cela fait partie du déploiement de la vérité. D'où la phrase, cruciale, que je citais tout à l'heure : « Le vrai est le tout. » Voilà le principe de la solution hégélienne – ce qui explique au passage pourquoi sa philosophie va prendre essentiellement la forme d'une philosophie de l'Histoire. Mais il nous faut maintenant entrer davantage dans le détail car tout cela reste encore terriblement abstrait.

Cette solution va s'appuyer, comme je le suggérais il y a quelques instants, sur les trois principes fondamentaux de la théodicée leibnizienne. Revenons donc, à nouveau, au système de Leibniz pour bien comprendre comment il va servir de base, en quelque sorte de matériau premier, à l'élaboration de celui de Hegel.

Les trois principes fondamentaux de la théodicée leibnizienne et leur reprise par Hegel

Le *premier principe* de la théodicée leibnizienne, c'est le principe premier de toute rationalité logique, à savoir le *principe d'identité* ou de *non-contradiction*. Qu'est-ce à dire ? Dieu dispose dans son entendement d'une idée de tous les possibles, de tous les êtres possibles, de toutes les essences. L'entendement divin contient sous forme d'idées la totalité des êtres possibles. Dieu est en quelque sorte un vaste réservoir de possibles. Mais qu'est-ce, au juste, que les « possibles » ? Ce sont toutes les idées qui ne sont pas intrinsèquement contradictoires. Prenons un exemple très simple : Dieu ne pourrait pas faire exister un « cercle carré », parce qu'un cercle carré est impossible, inconcevable. Ce n'est pas un possible parce que c'est une idée qui porte en elle une contradiction interne, qui est intrinsèquement contradictoire et donc impossible, même pour Dieu. Mais Dieu pourrait faire exister, par exemple, des éléphants roses ou des chevaux ailés comme Pégase. Certes, les éléphants roses et les chevaux ailés n'existent pas, mais ils pourraient exister : ils n'ont rien de contradictoire, d'illogique en soi, ils font par conséquent partie des possibles.

Donc, j'y reviens, l'entendement divin est le réservoir de tous les possibles : non seulement les idées abstraites, comme les idées mathématiques (l'idée de triangle, l'idée de cercle, le fait que la ligne droite est le plus court chemin d'un point à un autre, que la somme des angles d'un triangle fait cent quatre-vingts degrés, etc.), de toutes les vérités mathématiques et scientifiques, mais c'est aussi le lieu où s'accumulent pour ainsi dire tous les autres possibles, toutes les idées, fussent-elles chimériques, d'êtres non contradictoires. Les chimères ne sont pas des êtres impossibles logiquement. Donc, pour Leibniz, la création du monde va se faire à partir de ce réservoir de possibles contenu dans l'entendement divin : Dieu va puiser en lui les possibles qu'il va décider de faire passer à l'existence. Mais justement, pour aller du possible au réel, pour aller de ce qui est logiquement non contradictoire à ce qui va exister réellement, donc, en clair, pour créer le monde tel que nous le connaissons, Dieu va devoir appliquer deux autres principes – ceux qui vont donc présider au passage de la possibilité logique à l'existence réelle.

Le *deuxième principe* qui préside à la Création, c'est ce que Leibniz va appeler le principe de raison : *nihil est sine ratione*, rien n'est sans raison, tout effet a une cause. En d'autres termes, Dieu ne crée pas le monde sans raison. Leibniz se distingue ici radicalement de Descartes – distinction qui sera également au cœur de la pensée hégélienne –, car son Dieu est soumis au « principe de raison », tandis que chez Descartes, Dieu est au-dessus de toute rationalité : c'est lui qui a créé les vérités éternelles, vérités de raison et vérités mathématiques comprises. Donc, pour Descartes, Dieu aurait pu faire que 2 + 2 fissent 5. Pas pour Leibniz. Une étape décisive dans le développement de la métaphysique moderne se fait jour : la soumission du Divin à la rationalité. Dieu n'est plus tout à fait libre et tout-puissant comme chez Descartes encore, car il est désormais lui-même soumis au « principe de raison suffisante » selon lequel rien n'arrive sans raison, rien ne se fait dans le monde sans raison, ni dans l'histoire ni dans la nature. Ce principe permet déjà de comprendre, sans la déformer comme on le fait si souvent, une formule clé par laquelle Hegel aimait à résumer son propre système : « Le réel est rationnel et le rationnel est réel. » Cela ne signifie pas que le réel soit « raisonnable », que tout soit épatant dans le monde, qu'il n'y ait pas des imperfections apparentes dans le détail, mais cela signifie, comme chez Leibniz, que rien n'advient sans raison, et que, de ce point de vue, tout à sa raison d'être, tout est, en ce sens, rationnel, explicable par la raison scientifique ou philosophique.

C'est au fond une variation du *principe de causalité* mais c'est, surtout, une présentation plus abstraite de ce que Descartes avait déjà formulé dans sa physique, à savoir le principe d'inertie. Souvenez-vous de vos cours de physique au lycée : le principe d'inertie, c'est l'idée qu'un corps en mouvement, par exemple une boule de billard, ne change ni de vitesse ni de direction s'il n'y a pas quelque autre corps qui vient le choquer – ce sont les fameuses « lois du choc » – pour le faire bifurquer, pour le freiner ou pour le ralentir (la résistance de l'air, par exemple). Donc, une boule de billard ne changera ni de vitesse ni de direction, si, par exemple, une autre boule ne vient pas la choquer ou si l'air ne vient pas freiner sa course. Voilà le principe d'inertie. Ce principe nous paraît aujourd'hui d'une banalité confondante, mais à l'époque de Descartes et de Leibniz, il constitue une véritable révolution par rapport au monde ancien. Il signifie, en effet, que rien dans le monde n'arrive sans raison. Voilà une rupture abyssale, une véritable révolution par rapport à la représentation du monde qui dominait le Moyen Âge, à savoir l'animisme. Selon ce dernier, il existait une âme du monde, des forces mystérieuses, des forces occultes, que les alchimistes essayaient de maîtriser pour transformer le plomb en or. Le monde était à leurs yeux comme un « gros animal », traversé par toutes sortes de mystères et de forces occultes.

Le rationalisme moderne, institué par Descartes et Leibniz, évacue le mystère du monde – ce que Max Weber appellera « le désenchantement du monde » – en se fondant justement sur le principe de raison selon lequel, en soi ou en droit, il n'y a pas de mystère dans la nature, pas de forces occultes, mystérieuses et invisibles, pas de mystère non plus dans l'histoire, chaque événement ayant des causes qui peuvent l'expliquer. Rien n'y arrive sans raison, tout est explicable, encore une fois : au moins en droit sinon en fait. En fait, nous sommes souvent ignorants, mais du point de vue de Dieu, ou du point de vue du savant ou d'un savant qui aurait la science achevée, tout serait rationnel, tout serait explicable.

Rien ne se fait donc sans raison. C'est donc exactement ce que Hegel veut dire quand il déclare, formule si souvent déformée et mal comprise, mais qui définit ce qu'il nomme l'idéalisme, c'est-à-dire sa propre philosophie : « Le réel est rationnel, le rationnel est réel. » La formule a choqué, mais, comme vous voyez, elle ne fait au fond qu'exprimer une idée que tout scientifique a plus ou moins en tête : tout est explicable, tout effet a une cause, rien n'arrive jamais, ni dans l'histoire ni dans la nature, sans raison. L'idéalisme ne consiste pas en l'idée délirante que l'on va déduire la matière de la pensée, mais dans l'idée que le réel est rationnel au sens où tout événement historique ou naturel possède une explication. Nous pouvons ne pas la trouver tout de suite, ne pas la connaître immédiatement, mais il est certain qu'en soi, sinon pour nous, elle existe dans le réel. C'est aussi, cela dit au passage, ce qu'on appelle le déterminisme.

Vous commencez peut-être à voir le lien avec la *Théodicée* : si le mal, ou ce que nous tenons pour tel, a une raison d'être, s'il est, en ce sens, utile, voire indispensable à la perfection de l'ensemble, de la totalité de l'Univers, alors ce n'est plus vraiment le mal ! Dieu va créer le monde en appliquant parfaitement et jusque dans les moindres détails le principe de raison suffisante. Le monde, contrairement à la célèbre réplique de Shakespeare, n'est pas « le bruit et la fureur », une histoire délirante racontée par un idiot, mais une histoire au contraire tout à fait rationnelle. Chaque événement qui s'y produit, naturel ou historique, possède sa raison d'être. Il suffit de la trouver et c'est justement la tâche de la science, historique ou naturelle, que de le faire.

La postérité de ce principe est immense. Pensons, par exemple, à Freud qui entreprend d'expliquer l'irrationnel par excellence, de rendre raison de ce qui est en apparence, mais en apparence seulement, sans raison : les lapsus, les actes manqués, les rêves qui paraissent délirants, les symptômes névrotiques ou psychotiques, la folie même. Freud se situe alors tout à fait dans la perspective leibnizienne/hégélienne. Il trouve la raison de ce qui est en apparence sans raison, de ce qui apparaît comme irrationnel. Par conséquent, il pose, comme Hegel, comme Leibniz, que le réel est de part en part déterminé, de part en part rationnel puisque même ce qui semble irrationnel, la folie, est en réalité rationnel, explicable : expliquer l'irrationnel, c'est, comme Leibniz ou comme Hegel, affirmer que la totalité du réel, même ce qui semble à première vue non rationnel à un point de vue borné, est en réalité rationnel si on se place d'un point de vue supérieur, celui de la science, *a fortiori* si on se place du point de vue d'un être suprême dont on postule qu'il est omniscient.

On pourrait dire la même chose de Marx, qui se veut pourtant matérialiste. En réalité, au sens hégélien que nous venons de définir, Marx est parfaitement idéaliste, dans la mesure où, lui aussi, entend montrer que les contradictions qui traversent l'Histoire, celles qui motivent la lutte des classes, sont explicables au sein d'une perspective historique plus large et servent, comme dans la *Théodicée* leibnizienne, un bien plus grand, en l'occurrence l'avènement d'une société sans classes et sans exploitation qui marquera, comme chez Hegel encore, la fin de l'Histoire.

En somme, ce qu'on reprochera si souvent à Leibniz ou à Hegel, à savoir d'être à la fois rationalistes et idéalistes (au sens où le réel est posé comme rationnel), on pourrait aussi bien le reprocher à Freud ou à Marx. Au sens hégélien, l'idéalisme n'est rien d'autre qu'un rationalisme achevé, c'est simplement l'application du principe de raison au réel, l'idée que rien n'advient sans raison dans le monde.

Et chez Leibniz, ce principe fondamental va servir, comme je vous l'annonçais, à expliquer la manière dont Dieu va créer le monde. Dieu va, en effet, créer le monde avec de bonnes raisons de le faire, des raisons rationnelles si je puis dire, pour tous ces choix, c'est-à-dire pour toutes les choses qu'il va choisir de faire exister dans le monde parmi tous les possibles qu'il a en tête, y compris ce qui nous semble, de notre petit point de vue très limité, mauvais. En d'autres termes, il va choisir parmi les possibles, parmi toutes les idées ou toutes les essences qui peuvent exister au sens où elles sont non contradictoires, celles qui doivent exister, celles qui ont une raison d'exister. Du coup, il va choisir, parmi ces possibles, ceux qui sont non contradictoires, non seulement intrinsèquement – pas de cercles carrés ! –, mais aussi ceux qui sont, comme dit Leibniz, *compossibles*, c'est-à-dire qui sont non contradictoire entre eux (compatibles). C'est donc un monde parfaitement harmonieux, dépourvu de contradictions, en tout cas de contradictions inutiles, que Dieu va créer.

Voyons tout de suite le *troisième principe* qui va nous permettre de compléter ce qu'on pourrait nommer la « logique de la Création ». Il s'agit de ce que Leibniz appelle « le principe du meilleur » en reprenant d'ailleurs la formule d'un grand mathématicien français du XVIIe siècle, Fermat.

Fermat a en effet publié un livre qui va avoir une certaine importance dans l'histoire de la philosophie. De manière à première vue quelque peu énigmatique, il s'intitule *De maximis et minimis (Des maximums et des minimums)* et ce titre correspond à la définition de ce fameux principe du meilleur. Qu'est-ce à dire et pourquoi est-ce un mathématicien qui formule ce principe ?

Le « principe du meilleur » recouvre l'idée selon laquelle une démonstration est belle ou, comme on dit en mathématiques, « élégante », quand elle résout le maximum de problèmes avec le minimum de détours. D'où la formule *« de maximis et minimis »*. En d'autres termes, une démonstration élégante produit le maximum d'effet démonstratif avec le minimum de causes, c'est-à-dire en utilisant pour la démonstration le minimum de principes et le minimum de détours. Maximum d'effet : elle donne la bonne solution au maximum de questions, bien sûr, mais elle utilise le minimum de sinuosités, si je puis dire, pour y parvenir. Elle ne fait pas de détours inutiles. En ce sens, le principe du meilleur n'est qu'une variation du principe de raison : une démonstration qui parvient au bon résultat, mais en utilisant plus d'axiomes qu'une autre, fait des détours inutiles, c'est-à-dire des détours qui sont « sans raison » : il n'y a aucune raison, en effet, de recourir à plus de causes qu'il n'en faut pour parvenir finalement au même résultat que la démonstration la meilleure, la plus élégante, c'est-à-dire la plus économique et la plus rationnelle.

En un sens, on pourrait dire que le principe du meilleur n'est qu'une variation sur un autre fameux principe, celui du « rasoir d'Occam », du nom d'un philosophe scolastique du Moyen Âge selon lequel « il ne faut pas multiplier les entités sans nécessité », il faut passer le rasoir pour supprimer les entités inutiles, les sinuosités sans raison d'être. De la même manière, dans une belle démonstration mathématique, l'idéal est de recourir au minimum d'axiomes et de supprimer toutes les étapes inutiles, pour parvenir au maximum de propositions démontrées (de théorèmes).

Le « principe du meilleur » possède bien d'autres applications, par exemple sur le plan esthétique. On trouve dès le XVIIe siècle une opposition cardinale entre deux esthétiques : l'esthétique baroque et l'esthétique classique. Leibniz est évidemment dans la tradition classique, rationaliste et cartésienne. Leibniz est un cartésien, malgré ses différences avec Descartes. Qu'est-ce que le baroque ? Le mot vient du portugais *barueco* qui désigne les perles qui ne sont pas parfaites, c'est-à-dire pas parfaitement rondes, qui ont des excroissances, des bulles et des aspérités « sans raison d'être » sur leur périphérie. L'art baroque est un art de l'excès, de la luxuriance. Quelle est, au contraire, la forme la plus élégante, la forme la plus rationnelle, celle qui correspond au principe du meilleur ? C'est le cercle. Le cercle contient le maximum d'être dans le périmètre minimal. Quand vous entrez dans une église baroque, à Porto ou encore dans la magnifique bibliothèque de Coimbra par exemple, vous contemplez un art qui dégouline littéralement d'excès fascinants : des ornements à foison, des fioritures à l'infini, mais aussi une stupéfiante richesse des matériaux, de l'or, des couleurs chaudes, bleus, roses, rouges, bref, des excroissances en tout genre. Dans l'art classique français, par exemple dans le jardin de Versailles, tout est à l'opposé du baroque : simple, sans fioritures, géométrique, dominé par la raison, bref, conforme au principe du meilleur.

Si l'on voulait être tout à fait complet, il faudrait encore ajouter aux trois principes qui président à la création du monde selon Leibniz encore deux autres principes qui viennent les préciser pour extirper définitivement l'idée qu'il existerait réellement du mal dans l'Univers et parfaire ainsi la plaidoirie de la théodicée en faveur de Dieu. Il s'agit d'abord du fameux « principe des indiscernables » selon lequel Dieu ne crée jamais deux êtres identiques. Voyez, par exemple, les empreintes digitales : aucune n'est parfaitement identique à une autre. Ce principe est, lui aussi, une variation sur le principe de raison : il n'y a, en effet, pas de raison de créer deux êtres parfaitement identiques. On raconte qu'au XVIIIe siècle, les dames jouaient dans les jardins à des jeux leibniziens : elles ramassaient les feuilles d'arbres, les feuilles d'un même arbre, et elles s'amusaient à constater qu'aucune n'était parfaitement identique aux autres. C'est ensuite le « principe de continuité » qu'il faudrait mentionner, c'est-à-dire le principe selon lequel la nature ne fait pas de saut : il n'y a pas de vide dans la nature, pas plus qu'il n'y a de saut dans l'Histoire. Mettre des « trous » dans le monde reviendrait aussi à contredire le principe de raison (les événements ne seraient plus reliés, enchaînés parfaitement les uns aux autres), mais aussi le « principe du meilleur » : le vide représenterait en quelque sorte de « l'espace perdu », ce qui heurterait l'idée que Dieu crée un maximum d'être avec un minimum de causes. Tout s'enchaîne donc dans l'Univers de manière continue, selon le « principe de continuité ».

À la lumière de ces deux principes, qui explicitent en vérité seulement les trois premiers, on comprend aussi pourquoi il existe des aveugles-nés, des fous et des imbéciles, bref, ce que nous prenons pour le mal et qui semblait inexplicable à première vue.

Pourquoi, par exemple, Dieu n'a-t-il pas créé, pour reprendre un exemple de Leibniz lui-même, que des génies ? Pourquoi pas, dit-il, mille Virgile, plutôt que tant de crétins ? Pourquoi existe-t-il toute une hiérarchie des êtres, de l'idiot du village jusqu'au génie ? Pourquoi toute la hiérarchie des yeux, de l'œil aveugle à celui du lynx ? Pourquoi y a-t-il toute cette diversité biologique à laquelle aujourd'hui on est tellement attaché ? Réponse conforme à ces cinq principes : parce qu'un monde dans lequel tous les êtres seraient parfaits mais identiques serait beaucoup moins bon, beaucoup moins riche, qu'un monde qui déploie toute la hiérarchie et toute la diversité des êtres. Il faut donc bien qu'existe ce que nous tenons pour le mal pour que l'édifice d'ensemble soit parfait. Les fous, les aveugles, les imbéciles et les handicapés sont nécessaires. Tous ces êtres différents font un monde plus riche. Un maximum d'êtres avec un minimum de principe : le monde est meilleur du fait de toute cette diversité.

Voilà la réponse de Leibniz au problème de la théodicée. À quoi bon mille Virgile ? Un roman de Boris Vian au titre évocateur, *Et on tuera tous les affreux*, reprendra le thème de la théodicée sur un mode humoristique. Le monde est sous l'emprise d'une catastrophe : on a découvert le principe du clonage et un savant fou, doublé d'un politique fou, s'amuse à fabriquer des êtres absolument parfaits, mais tous parfaitement semblables. Très beaux, très intelligents, ils ont tous les yeux bleus, les cheveux blonds, des corps d'athlètes grecs, etc. Le savant fou crée des êtres identiques. Puisqu'ils sont parfaits, il n'y a pas de raison de faire la moindre différence. Mais une femme échappe à la moulinette du clonage et suscite aussitôt la concupiscence des hommes. L'un d'entre eux susurre à mi-voix dans l'oreille de son voisin tout émoustillé qu'elle a de la barbe, des tonnes de rides et, comble de la séduction, peut-être bien un bec-de-lièvre... La séduction provient de la différence. Au fond, les deux hommes qui parlent entre eux de cette femme, naguère encore considérée comme un laideron, sont séduits juste parce qu'elle est différente des autres et qu'ils en ont par-dessus la tête de cette beauté parfaite, mais uniforme et multipliée à l'infini. Et en effet, même d'un point de vue strictement scientifique, biologique notamment, un monde de diversité est préférable à un monde où nous serions tous parfaits, mais parfaitement identiques et interchangeables. Il faut qu'il y ait de l'irremplaçable et de la singularité dans l'Univers pour que la vie vaille la peine d'être vécue.

Avant de voir comment Hegel va reprendre tous ces principes pour lui aussi disqualifier l'idée qu'il y aurait du mal et de l'erreur dans le monde, arrêtons-nous encore sur un dernier exemple, celui du tableau, que Leibniz affectionne particulièrement. Considérez par exemple une *Cathédrale* de Monet (j'actualise l'exemple) : quand vous avez le nez sur le tableau et que vous ne voyez qu'un détail, ça ne ressemble à rien, il n'y a ni formes, ni dessin, aucun sujet visible ; ce ne sont que taches colorées et encore, vous pouvez à peine discerner les couleurs. Mais si l'on prend du champ pour se placer du point de vue de l'ensemble, alors tout devient non seulement cohérent, mais d'une beauté incomparable : ce qu'on prenait pour un mal, un raté du peintre, devient un élément essentiel à la perfection du tout. Le point de vue élargi, distancié, c'est bien sûr le point de vue de Dieu, celui auquel le philosophe parvient à l'élever en se détachant du point de vue de l'homme ordinaire, borné, qui ne voit que le détail et croit, du coup, en l'existence du mal. Du point de vue de Dieu, on s'aperçoit que ce qui paraît chaotique et incohérent concourt à la beauté du tout. Sans ce détail qui paraît affreux vu de près, il n'y aurait pas de beauté de l'ensemble, comme le dit si bien ce passage d'une des œuvres maîtresses de Leibniz, *Sur l'origine radicale des choses* (§ 13) :

> Considérons une très belle peinture. Cachons-la tout entière, sauf une infime petite partie : que verrons-nous d'autre en elle, malgré l'examen le plus approfondi, ou mieux : d'autant plus qu'on l'examinera de plus près, sinon un amas confus de couleurs sans choix et sans art ? Et cependant, le voile une fois retiré, on considérera tout le tableau d'un centre de perspective convenable, on comprendra que ce qui paraissait appliqué au hasard sur la toile a été pour l'auteur l'œuvre d'un art suprême.

Souvenez-vous que les stoïciens, déjà, et pour des raisons fort proches, ne disaient pas autre chose : « la crinière du lion, la bave du sanglier » paraissent affreuses vues de près, mais dès qu'on se place du point de vue du savant, on s'aperçoit que l'ensemble est harmonieux et beau. C'est aussi, déjà, d'une certaine manière, la problématique d'Épiméthée : quand les dieux demandent à Épiméthée de créer le monde, Épiméthée fait en sorte que le monde ressemble à un système où cohabitent les espèces animales les plus diverses possible. C'est ce que Leibniz appelle les « compossibles » : les possibles qui sont possibles entre eux, à la fois non contradictoires à l'intérieur, et possibles entre eux.

Comme nous allons le voir maintenant, tout le système hégélien n'est rien d'autre qu'une théodicée leibnizienne appliquée à l'histoire.

De la théodicée de Leibniz à la philosophie hégélienne de l'Histoire

Revenons donc à Hegel et à la façon dont il résout la question du scepticisme, c'est-à-dire, comme nous l'avons vu, la question du doute qui pèse sur la philosophie, du fait de la pluralité des philosophies ? Voyons comment l'application des principes de la théodicée leibnizienne à l'Histoire va permettre de résoudre la difficulté. Cette résolution va s'effectuer en deux étapes, car Hegel va évoluer sur cette question au fur et à mesure qu'il va s'approcher de la construction de son système définitif. Comme vous allez voir cependant, les deux solutions qu'il va élaborer sont toutes les deux géniales, même si la dernière, bien sûr, l'emporte de loin sur la première version.

Dans un premier temps, en effet, Hegel élabore une première solution dans un petit texte datant de l'année 1801 (de l'époque où il est encore un disciple de son ami Schelling). Ce texte est publié dans le *Journal critique de philosophie* et il s'intitule : *De l'essence de la critique philosophique (Vom Wesen der philosophischen Kritik)*.

Qu'est-ce que la critique philosophique ? Le terme critique s'entend ici au sens d'interprétation, d'herméneutique, comme dans la critique d'art ou la critique littéraire, qui ne sont pas forcément négatives : il s'agit donc de la compréhension des œuvres qui peuplent l'histoire de la philosophie. En 1801, le système hégélien n'est pas encore définitivement formé, comme je vous l'ai dit, mais il est très intéressant de suivre l'évolution de la pensée du « jeune Hegel », encore placée sous l'influence de Schelling, avec lequel il rédige d'ailleurs ce texte, pour comprendre son système définitif.

Ce bref article s'appuie sur trois idées fortes, que Hegel finira par abandonner au profit d'une reprise et d'un approfondissement de la théodicée leibnizienne :

1. Tous les philosophes disent la même chose : la pluralité n'est qu'apparente, la diversité contradictoire n'est qu'une illusion, qu'une apparence. D'où vient alors ce sentiment de pluralité des philosophies, ce sentiment fallacieux, erroné, puisque selon Hegel, elles disent au fond toutes la même chose ? Pourquoi a-t-on l'impression que décidément, non, épicuriens et stoïciens, par exemple, n'ont pas l'air vraiment d'accord ;

2. Le sentiment de pluralité vient de ce que Hegel appelle la *Bildung*, c'est-à-dire la culture du temps : les philosophes disent tous la même chose, mais ils l'expriment dans une sorte de coque, une gangue liée à l'esprit du temps. Quand on écoute les actualités des années 1940, par exemple, quand on voit ces vieux films en noir et blanc, on s'aperçoit que la tonalité n'est pas la même, l'accent lui-même a changé, le langage et les préoccupations ont changé, et l'esprit du temps, ce que Hegel appelle la culture du temps, la *Bildung*, est comme une coque ou une gangue qui enserre les idées ;

3. La critique philosophique consiste à faire éclater cette coque pour aller chercher le noyau rationnel des grandes visions du monde qui ont scandé l'histoire de la pensée. Et quand on y parvient, on s'aperçoit qu'en vérité, toutes les grandes philosophies se rejoignent, que toutes ont le même idéal, la même définition du vrai. L'interprétation des œuvres, qui est le travail essentiel de la critique, doit donc aller du signifiant, de la forme liée à l'esprit du temps et donc différente selon les époques, au signifié, qui est l'idée philosophique en tant que telle.

Quelle est alors l'idée de la philosophie que les divers systèmes tentent d'exprimer dans la culture et le langage de leur époque ? C'est l'idée, justement, que la vérité est une et qu'elle réside dans ce que les religions appellent le divin, la réconciliation du sensible et de l'intelligible, c'est-à-dire dans l'idée que le réel, même sensible, est rationnel. Selon Hegel, la philosophie occidentale n'est au fond rien d'autre qu'une version ou une formulation rationnelle de la religion chrétienne. Et qu'est-ce que la religion chrétienne aux yeux de Hegel ? Qu'est-ce que le protestantisme, s'agissant de l'Allemagne de son époque ? D'abord et avant tout une tentative pour réconcilier le fini et l'infini, le sensible et l'intelligible, le point de vue de l'homme et celui de Dieu. La religion est une tentative pour surmonter la « scission », comme dit Hegel, entre le mortel et l'immortel, le relatif et l'absolu. La philosophie, c'est l'identité qui surmonte la scission. Comment la religion surmonte-t-elle la scission entre l'homme et Dieu ? Entre le fini (l'homme) et l'infini (Dieu) ? Entre l'identité stable du divin et la différence éphémère de l'humain ? Elle la surmonte bien évidemment par la foi, dans « l'élément de la foi », dit Hegel. Qu'est-ce que la foi ? C'est une tentative pour réconcilier, ou relier si vous préférez, l'homme et Dieu. L'homme sans Dieu est voué à la mort éternelle, tandis que l'homme avec Dieu trouve le salut.

Donc, la religion essaie de réconcilier l'humain et le divin dans l'élément de la piété, dans l'élément de la foi, par la croyance. Du reste, la vérité, qu'elle soit religieuse ou scientifique, est toujours une manière de surmonter des contradictions, des scissions. La science essaie de sauver les phénomènes, de rendre raison des contradictions. On observe que l'eau est tantôt dure et glacée, tantôt liquide et bouillante. Mais c'est bel et bien la même eau. Que fait le savant ? Il dévoile, derrière des manifestations contradictoires, derrière l'apparence contradictoire de l'eau glacée, dure et froide et de l'eau brulante, bouillante et liquide, une même réalité : l'idée de l'eau, H_2O si l'on veut réduire cette idée ou cette réalité à une formule abstraite mais stable et, en ce sens, divine.

La scission fondamentale étant celle qui sépare le mortel et l'immortel, le fini et l'infini, l'homme et Dieu, la religion et la philosophie ont le même but : la surmonter. La différence entre les deux provient seulement du fait que la religion le fait par la foi, tandis que la philosophie prétend y parvenir par la raison. Elle est donc pour ainsi dire une version rationnelle de la religion, une manière de surmonter la scission entre le relatif et l'absolu, « dans l'élément du concept », dit Hegel, de la raison, et non dans celui de la foi. Le contenu est le même que celui de la science ou de l'art, l'art étant lui aussi une tentative pour dépasser les scissions, pour mettre en harmonie un chaos.

Ainsi, dans tous les cas de figure, la « vie de l'esprit », comme dit Hegel, vise toujours à surmonter les scissions, à dépasser les contradictions. La tâche de la critique philosophique, encore une fois, comme c'est le cas pour la critique d'art, est de voir le signifié sous le signifiant : voir le noyau rationnel sous la gangue qui l'enveloppe et qui reste marquée par l'esprit du temps. C'est d'ailleurs à ce travail que Hegel s'est livré lui-même dans ses magnifiques conférences sur l'histoire de l'esthétique.

Pour vous en donner un exemple, c'est lui qui, le premier, a mis en évidence de manière incroyablement profonde la signification de l'art hollandais du XVIIe siècle. Il montre comment, pour la première fois dans l'histoire de l'humanité, cet art met en scène l'humain comme tel. C'est l'avènement d'un art sécularisé, séparé du religieux, avènement qui accompagne la naissance du monde moderne, l'émergence de l'univers laïc. Alors que l'art grec mettait en scène l'harmonie cosmique sous toutes ses formes, alors que l'art chrétien du Moyen Âge célébrait les splendeurs du divin et illustrait à foison les grands épisodes de la Bible, l'art hollandais représente pour la première fois la splendeur de l'humain comme tel. Vermeer, Pieter De Hooch, Ter Borch ou Jan Steen, dépeignent les humains dans leur nudité d'humain : non pas les grands hommes, les personnages de la mythologie ou de la Bible, mais des êtres anonymes pris dans leur vie quotidienne, une petite fille qui joue avec son chien dans sa cuisine, une mère qui retire les poux des cheveux de son enfant : des moments tout à fait ordinaires de la journée, ni religieux, ni cosmologiques. Ce qu'on appelle les « scènes de genre » aussi : des hommes attablés devant des bières dans un cabaret, essayant de draguer une serveuse au décolleté plongeant. Bref, des scènes humaines, trop humaines, des épisodes très communs, terre à terre, où le sexe et le vin, ces entités bien peu religieuses, occupent souvent une place de choix.

La critique d'art consiste à dévoiler l'idée qui est « présentée » *(dargestellt)* dans l'œuvre, illustrée dans l'art. L'art est donc l'incarnation d'une idée forte – l'harmonie cosmique, la splendeur du divin ou encore l'idée de l'humain dans l'art hollandais – dans un matériau sensible : le dessin et la couleur du peintre, la matérialité de la toile, les vibrations sonores du musicien, la pierre de l'architecte ou du sculpteur, etc. La critique consiste à faire éclater la coque matérielle pour voir l'idée qu'elle recouvre et exprime à la fois. Dans l'art hollandais, ce qui se joue au fond, c'est la naissance de la sécularisation, autrement dit, la naissance de l'humanisme moderne et le déclin de la religion comme principe organisateur de la vie de l'esprit. Voilà la tâche de la critique d'art. Dans le même sens, la critique philosophique consiste à faire éclater la gangue, l'esprit du temps qui emprisonne l'idée, afin de montrer qu'au fond, le noyau rationnel de toutes les grandes philosophies est toujours le même.

C'est de cette manière que, dans une première étape de sa philosophie, Hegel essaie de répondre à l'objection sceptique. Nous allons voir dans un instant en quoi cette réponse est évidemment insuffisante et, qui plus est, peu convaincante. Hegel va donc très rapidement la dépasser au profit d'une nouvelle réponse qui va être la clé de son système définitif. Pourtant, un aspect de ce premier moment, encore imparfait, va être conservé, à savoir l'idée que la vraie philosophie, la philosophie enfin parvenue à maturité, doit se constituer en « système », ce qui signifie qu'en elle, le fond et la forme doivent s'accorder : il ne faut plus, dans le système enfin achevé, qu'un noyau rationnel soit enfermé et déformé dans une gangue liée à l'esprit du temps, à la *Bildung*, mais au contraire, la fond et la forme doivent être également rationnels pour être enfin en harmonie.

Avant d'aller plus loin, de voir en quoi la première réponse de Hegel est insuffisante, mais aussi de comprendre aussi les raisons pour lesquelles il va malgré tout conserver l'idée de système, notons que cette dernière vient également de Leibniz. Comme le montre notamment Heidegger dans son livre sur Schelling, Leibniz est, en effet, le premier philosophe à désigner sa propre philosophie sous le nom de « système » : *Le Système nouveau de la nature* ou *Les Principes de la nature et de la grâce* en témoignent. En 1801, pour Schelling aussi bien que pour Hegel, la vraie philosophie doit s'exprimer dans une forme qui lui convient, c'est-à-dire dans la forme du système achevé, de la rationalité parfaitement systématique, en quoi la philosophie s'oppose aux autres domaines de la vie de l'esprit. Voyez bien pourquoi c'est essentiel pour comprendre la suite : la forme religieuse est encore celle du mythe, de la parabole, comme dans les Évangiles : on y exprime l'idée du divin, bien sûr, mais dans un langage symbolique qui n'est pas encore celui de la raison ; la forme artistique, elle aussi, est inappropriée : elle exprime aussi des idées supérieures, l'harmonie cosmique, la splendeur du divin, la grandeur de l'esprit humain par exemple, mais elle le fait dans un matériau sensible qui n'est pas adapté à l'expression des idées. Enfin, les philosophies traditionnelles, encore non systématiques, expriment elles aussi des idées profondes, mais dans un langage qui reflète la culture du temps et reste donc lié de manière contingente à une époque. Seule la forme parfaitement rationnelle, celle du système, signera l'existence d'une vraie philosophie, en même temps qu'elle marquera, pour la même raison, la fin de l'histoire de la philosophie.

Le système philosophique que Hegel et Schelling se proposent de construire a donc désormais un cahier des charges bien précis : il doit réconcilier la forme, expression de l'idée, et l'idée qui est exprimée. C'est avec ce critère qu'on pourra enfin être sûr que la philosophie est achevée. Schelling avec « la philosophie de l'identité », tout comme Hegel avec sa propre philosophie, seront convaincus d'avoir trouvé enfin la philosophie ultime.

Revenons maintenant au fil principal de notre exposé : en quoi cette première « solution » apportée à la question du scepticisme et de la pluralité des philosophies pèche-t-elle ? Pourquoi Hegel va-t-il être obligé, afin de réfuter le scepticisme, d'aller plus loin en reprenant la théodicée de Leibniz ? Cette première solution, encore schellingienne, qui explique la pluralité des philosophies par la forme, par l'esprit ou la culture du temps, ne convient pas pour trois raisons qui vont faire rebondir le problème et permettre à Hegel d'aller vers la construction de son système définitif :

1. D'abord, il n'est manifestement pas exact de dire que tous les philosophes d'une même époque

disent la même chose, ni que les différences qui les opposent ne tiendraient qu'à l'esprit du temps. Pour n'évoquer qu'un exemple, celui des épicuriens et des stoïciens, on voit bien que des divergences de fond existent entre eux, qui ne sont pas réductibles à une simple affaire de forme. Du reste, ils appartiennent à la même époque et on pourrait même dire que dans toutes les grandes périodes de l'Histoire, il existe des philosophies dominantes et des espèces de « contre-cultures », des pensées qui s'attaquent à la culture commune : des atomistes opposés aux cosmologistes, des matérialistes hostiles aux idéalistes, des empiristes qui critiquent les spiritualistes, etc.

2. Mais il y a plus : dans cette première (fausse) solution, la culture du temps, la forme de la philosophie, donc ce qu'on pourrait appeler le « signifiant » (le signifié étant l'idée enfermée dans cette forme), apparaît complètement irrationnelle, sans véritable raison d'être, parfaitement contingente – ce qui, notez-le tout de suite, contredit le fameux principe de raison dont nous avons déjà parlé. Pourquoi la culture du temps ? Pourquoi y a-t-il même une histoire, des époques différentes, pourquoi pas une philosophie vraie d'entrée de jeu, dès la naissance de la philosophie en Grèce ou, pourquoi pas, après tout, dès l'apparition de l'humanité ? On ne comprend pas. Il n'y a pas de réponse. La culture semble complètement contingente, sans raison, et il faut bien comprendre, j'y insiste, combien c'est inacceptable au regard d'une exigence de rationalité : car c'est, si l'on y réfléchit, toute l'Histoire qui, paradoxalement, est renvoyée à l'irrationnel, à la contingence, au hasard. Elle n'a pas de sens, pas de raison d'être. C'est l'inessentiel dans l'affaire. Paradoxalement, le

Hegel de 1801, celui qui va devenir le plus grand philosophe de l'Histoire, rejette complètement l'Histoire dans l'irrationnel, dans le contingent, dans l'anecdotique en quelque sorte.

Mais, en renvoyant toute l'Histoire à l'irrationalité, on s'oppose au principe fondamental de la théodicée leibnizienne, au principe de raison alors que dans la solution définitive de Hegel, comme nous allons le voir dans un instant, l'Histoire va au contraire apparaître comme le déploiement de la raison dans le temps, donc comme un processus lui-même parfaitement rationnel, parfaitement conforme, jusque dans ses moindres moments, au principe de raison, aucun événement historique n'étant sans cause, n'étant contingent. Chaque époque va alors être décrite comme s'enchaînant aux autres, liée à celle qui précède comme à celle qui la suit par le principe de raison suffisante (où l'on voit à nouveau combien le principe de continuité n'en est qu'une variation). Hegel est donc contraint de constater que la solution schellingienne ne convient pas, puisqu'elle renvoie la totalité de l'histoire à l'anecdotique, à la contingence, à l'irrationalité. Constat évidemment inacceptable pour une philosophie qui se veut rationaliste.

3. Le troisième problème, que Hegel évoquera plus tard dans l'introduction à la *Phénoménologie de l'esprit* (1807), touche à la question, elle aussi décisive, du « dogmatisme ». Nous avons vu comment la dernière philosophie, celle qui prétend prendre la forme d'un « système » parfait, c'est-à-dire la philosophie de l'identité de Schelling à laquelle Hegel adhère encore en 1801, se justifie par rapport aux autres philosophies, en faisant valoir qu'elle a enfin réussi à réaliser l'harmonie entre la forme et le contenu, à

se débarrasser des oripeaux de la culture du temps. La forme, c'est la démonstration ou l'argumentation rationnelle ; le contenu, c'est l'idée, elle aussi, rationnelle, de sorte que maintenant, les deux coïncident. Voilà qui fait système. Au contraire, dans les philosophies encore imparfaites, dans les philosophies du passé, donc, un désaccord subsiste entre le fond et la forme (la culture du temps).

Mais que faire et que dire si, ce qui est par exemple le cas des kantiens, mais aussi des penseurs de l'Antiquité, certains philosophes contestent comme par avance l'idée même de système, s'ils ne reconnaissent pas ce prétendu « besoin » de systématicité ? Comment leur expliquer qu'ils devraient absolument l'éprouver ? Schelling avait essayé de résoudre ce problème par la théorie du « besoin de philosophie », en disant qu'entre la forme (la « culture du temps ») et le fond, l'idée rationnelle, l'idée d'identité, de réconciliation, il y avait contradiction. De sorte que cette contradiction entre la forme et le contenu ferait naître un « besoin de philosophie », c'est-à-dire le besoin d'une philosophie qui soit un système harmonieux. Mais Hegel reconnaît dans l'introduction à la *Phénoménologie* que cette solution, qu'il adoptait encore avec Schelling en 1801, est dogmatique : ils prétendent avoir raison, parce qu'ils affirment disposer d'un système parfait, mais en réalité, ils ne parviennent pas à en convaincre les autres, notamment les kantiens, qui n'éprouvent aucun « besoin » de se ranger sous la bannière du système.

La solution hégélienne définitive s'élaborera à partir de 1807, dans la *Phénoménologie de l'esprit*, premier grand texte véritablement hégélien, puis dans ses autres œuvres, *La Logique*, *L'Encyclopédie*, ses

Leçons sur l'histoire de la philosophie, de l'esthétique, de la religion, etc. Le principe de cette nouvelle solution, c'est l'idée que la vérité n'est pas réductible à telle ou telle vision particulière du monde, si géniale soit-elle, mais la vérité n'est rien d'autre que le déploiement de tous les points de vue différents, voire parfois contradictoires (comme c'est le cas par exemple entre stoïciens et épicuriens, empiristes et cartésiens, etc.) dans l'Histoire. Et ce déploiement de tous les points de vue philosophiques propres à chaque époque trouve un équivalent, un analogue, dans toutes les autres dimensions de la vie de l'esprit : politique, éthique, art, religion, droit, etc. Toutes ces dimensions de la vie spirituelle sont reliées entre elles : chaque époque déploiera la vie de l'esprit sous tous ses aspects. C'est ainsi, par exemple, qu'il y a un art romantique, mais aussi une littérature, une philosophie, une politique, une éthique romantiques, etc. Donc, c'est en ce sens que, comme le dit la préface de la *Phénoménologie*, « le Vrai, c'est le Tout » *(« Das Wahre ist das Ganze »)*, c'est-à-dire la recollection de tous les points de vue exprimés dans l'Histoire. Or ici, dans cette vision achevée de l'hégélianisme, ces différents points de vue ne sont plus contingents, comme au moment de la première solution. Ils ne sont pas renvoyés à la « culture du temps », comme si l'histoire n'était au fond que secondaire, contingente et anecdotique. Non, ces différents points de vue sont des moments de la vérité qui s'enchaînent selon le « principe de raison » et selon le « principe de continuité » : tous les événements historiques, qu'il s'agisse de l'histoire des idées ou de l'histoire politique, esthétique ou de toute autre forme d'historicité, sont explicables en ce sens que le passé contient la raison d'être du présent et de l'avenir.

L'enchaînement des époques dans l'Histoire répondra aux cinq principes de Leibniz : identité, raison, meilleur, indiscernable et continuité. On les retrouvera dans toutes les dialectiques hégéliennes. Pour expliciter cette nouvelle théodicée, cette théodicée historique – l'Histoire, c'est le déploiement du divin dans le monde, de la vérité dans le réel – Hegel propose un schéma ternaire.

Il est très connu, il paraît banal, mais il est en vérité extraordinairement puissant et cohérent quand on l'analyse plus en profondeur et qu'on n'en reste pas aux clichés habituels : c'est le fameux « schéma dialectique ». Il y a trois temps dans la dialectique hégélienne – non pas thèse, antithèse, synthèse, comme le disent niaisement les manuels de vulgarisation –, mais trois temps qui correspondent à trois concepts fondamentaux, que Hegel développe notamment de manière lumineuse dans ses *Leçons sur l'histoire de la philosophie* :

1. Le premier moment de la dialectique, donc, c'est ce que Hegel nomme « l'en-soi » et qu'il essaie de rendre sensible, si je puis dire, avec la fameuse métaphore végétale du germe, de la graine : « l'en-soi », c'est la graine, le germe. Il comprend virtuellement, en puissance, toutes les différences qui vont se déployer quand il va grandir, croître, mais au départ, tout est encore indifférencié : impossible, à la limite, de distinguer une graine de laitue d'une graine de carotte ou de sapin. L'en-soi, c'est l'indifférencié, ce que les premiers philosophes grecs nommaient l'*apeiron*, ce qui n'a pas encore de contours

définis, mais c'est un indifférencié qui contient déjà virtuellement tout en lui ;

2. Ensuite, vient le moment de l'existence – en allemand, *Dasein* qu'on a hélas traduit en français par « être-là », ce qui donne le sentiment que Hegel s'exprime dans un jargon incompréhensible alors qu'en allemand c'est un terme absolument courant, que l'homme de la rue utilise dans la vie quotidienne : c'est simplement l'existence, l'existence réelle, dans le monde sensible, dans l'espace et dans le temps. C'est donc le moment du déploiement des différences qui sont contenues dans le germe, le moment où il devient plante, où la graine de platane devient un platane bien identifiable et non plus indéterminé, avec un tronc, des branches, des feuilles bien reconnaissables. Là, on voit bien que ce n'est pas une laitue, une carotte ou un sapin : les différences, qui n'étaient guère visibles au niveau de la petite graine, apparaissent avec ce deuxième moment au grand jour, quand la plante se met à exister réellement, à prendre vie ;

3. Puis vient le troisième moment de ce processus « dialectique », le troisième temps que Hegel appelle le « pour-soi ». C'est le moment de la récupération, de la recollection ou de la réconciliation des deux moments précédents qui étaient contraires l'un à l'autre comme l'indifférencié est le contraire du différencié : le « pour-soi », c'est le fruit. Le fruit, c'est la récupération, la recollection des différences qui se sont déployées, recollection qui culmine dans la production de nouvelles graines, donc d'une nouvelle dialectique qui va repartir, où il y aura à nouveau un « en-soi », puis un déploiement de l'existence avec « l'être-là » et enfin le « pour-soi ». Voyez tout

de suite, au passage, pourquoi, chez Hegel, la dialectique désigne un processus au cours duquel un terme engendre de et par lui-même son contraire : l'identité produit la différence, l'indéterminé (l'en-soi), produit le déterminé (la diversité qui caractérise l'être-là, l'existence réelle, en l'occurrence, dans notre métaphore, la diversité des plantes, la diversité biologique), l'Un produit le multiple, et le pour soi, lui-même engendré par l'être-là, par le déploiement des différences, les réduit à nouveau à l'unité.

Si l'on reprend la théodicée de Leibniz, « l'en-soi », ce sont les possibles ; « l'être-là », c'est la création du monde par Dieu, et le « pour-soi », c'est le monde achevé, le monde de l'esprit qui comprend l'ensemble du processus… le moment du pour-soi, c'est celui de la théodicée elle-même, qui ramène toute la diversité du monde déployé sous nos yeux à l'unité des principes qui ont guidé la création et expliquent sa parfaite rationalité.

Reprenons ces trois moments, présents dans toutes les dialectiques hégéliennes, pour mieux les expliciter encore – moments « dialectiques », donc, au sens où l'« en-soi » va produire son contraire, c'est-à-dire le *Dasein*, l'existant avec toute sa diversité foisonnante et sensible, qui va lui-même revenir au point de départ, mais après le déploiement, c'est-à-dire à l'unité du pour-soi enrichie par le déploiement des différences. Qu'est-ce que ça signifie, si on regarde dans le détail ? « L'en-soi », c'est quoi ? C'est ce qu'Aristote appelle la *dynamis*, dit Hegel. La *dynamis*, c'est l'Être en puissance.

Regardez le germe ou la graine que vous achetez chez le pépiniériste : une graine de platane, de sapin ou de radis, comme je vous le disais tout à l'heure, vous ne voyez pas de différence, sauf à être un grand spécialiste. Vous voyez une petite graine ronde. Mais à l'œil nu, vous ne pouvez discerner tout le déploiement des différences, le déploiement des existants, ce que Hegel appelle les « déterminités » : toutes les particularités qui vont se déployer et faire qu'une graine de radis va produire un radis, une graine de platane un platane, etc. Dans le germe lui-même, tout est indistinct. Pour Hegel, c'est l'indistinct des philosophes grecs, c'est l'eau de Thalès, le Chaos d'Hésiode, c'est l'air d'Anaximène, l'*apeiron* d'Anaximandre, bref, l'« indéterminé initial », au sens où dans la graine, on ne voit pas encore les différences qui vont se développer, qui vont justement faire qu'une fois déployée, on verra toute une diversité d'êtres, un radis ou un platane, qui ne sont pas du tout la même plante. Ce sont les possibles de Leibniz, qui ne sont pas encore des existants. On n'est pas encore passé par la Création, par Dieu, par le moment de l'être-là.

Le moment de la Création, c'est donc le deuxième moment, celui de l'existence : le passage du possible au réel, de « l'en-soi » à « l'être-là ». « L'être-là » – *Dasein* – signifie simplement, comme je vous l'ai dit, « l'existant », ce qui existe dans le monde réel. Encore une fois, j'y insiste parce que l'idée que les philosophes allemands sont obscurs est largement liée à des problèmes de traduction, ce qui semble en français appartenir au jargon philosophique n'est en allemand qu'un mot du langage quotidien. « Être-là », ou l'existence réelle, le moment de la création, du déploiement des différences. Pourquoi des « différences » ? Parce que ce qui était confus dans « l'en-soi » de la graine, se différencie dans l'existant : la graine déploie le tronc, les branches, les feuilles, et l'on verra bientôt qu'il s'agit d'un platane et pas d'un sapin, par exemple. Au moment de la différenciation, l'identité initiale produit son contraire : l'Un engendre de lui-même le multiple : voilà l'essence même de la dialectique. L'identité de « l'en-soi », où tout est indistinct, produit son contraire : non pas l'identité, mais le déploiement des différences. Non plus « l'en-soi » indéterminé, mais des déterminations, c'est-à-dire des caractéristiques particulières à telle ou telle plante. Le moment de la création est le moment du déploiement des différences et du passage à l'existence.

Enfin, le troisième moment, celui du « pour-soi », sera la recollection dans le fruit de toutes les différences qui ont été déployées. Le fruit concrétise et rassemble à la fois toutes ces différences : tous les végétaux ont un fruit, comestible ou pas, dans lequel se trouve de nouveau la graine, et donc le point de départ d'une nouvelle dialectique. De sorte que le fruit constitue le moment de la vérité, le moment du système dont il est, dans la philosophie de Hegel, le symbole parfait. Pourquoi le fruit symbolise-t-il le point culminant de la vie de l'esprit ? Parce qu'il possède en quelque sorte la structure de la conscience de soi : la conscience, qui accompagne toute pensée, rassemble la multiplicité des représentations de tous ordres dans l'unité d'une subjectivité.

Permettez-moi de citer ici un petit texte de Hegel, tiré de la préface de la *Phénoménologie de l'esprit*. Il y parle de l'histoire de la philosophie comme développement provisoire de la vérité, sur le modèle de l'« être-là ». Au fond, la philosophie grecque, c'est l'« en-soi » qui contient toutes les philosophies, lesquelles vont se déployer progressivement et au fil de l'histoire, sur le modèle de l'« être-là », du déploiement des différences. La conscience ordinaire, sceptique par principe,

> voit plutôt seulement la contradiction dans cette diversité [la vision ordinaire, qui est sceptique, voit juste une contradiction entre les différents points de vue philosophiques]. Le bouton disparaît dans l'éclatement de la floraison et on pourrait dire que le bouton est réfuté par la fleur. À l'apparition du fruit également, la fleur est dénoncée comme un faux « être-là » de la plante [c'est-à-dire comme un mode d'existence encore imparfait, inachevé, de la plante]. Ces formes ne sont pas seulement distinctes, mais encore chacune refoule l'autre, parce qu'elles sont mutuellement incompatibles [donc, on a l'impression que l'histoire de la philosophie est un champ de bataille, où chaque progrès réfute le précédent et le renvoie au néant]. Mais en même temps, leur nature fluide [la continuité dans l'évolution de toutes ces formes diverses de la plante] en fait des moments de l'unité organique dans laquelle elles ne se repoussent pas seulement, mais dans laquelle l'une est aussi nécessaire que l'autre, et cette égale nécessité constitue la seule vie du tout [donc, toutes les philosophies qui semblaient se réfuter les unes les autres sont en réalité toutes vraies en tant que moment de la totalité, le vrai et le tout étant synonymes].

Du point de vue du « tout », c'est-à-dire du point de vue de la vérité ou de ce qui correspondrait au point de vue de Dieu chez Leibniz, la plante développée ne « réfute » pas la graine, pas plus que le fruit ne « réfute » la plante : bien que les uns soient le contraire des autres, il n'y a en vérité pas de contradiction entre ces différents moments du développement dialectique du végétal, mais cet ensemble à trois temps – graine + déploiement de l'arbre + fruit – fait partie d'un processus rationnel, continu, conforme au principe de raison comme au principe des indiscernables, au principe de continuité, au principe du meilleur. Si je traduis maintenant la métaphore végétale dans le domaine de l'histoire des idées, on pourrait dire que ce qui apparaît à un regard naïf comme une contradiction entre les philosophies, par exemple comme une réfutation d'un système philosophique par un autre, n'est en vérité, du point de vue de l'ensemble, qu'un moment dans l'Histoire, ce que Hegel appelle une *Aufhebung* : un dépassement, un « surmontement », mais qui conserve ce qui est dépassé et qui l'intègre dans l'ensemble du déploiement de la vérité.

Ainsi, les moments antérieurs, c'est-à-dire les philosophies du passé, sont conservés dans la totalité du système – en quoi Hegel prétend bien à la fois résumer et achever toute l'histoire de la philosophie. La vérité n'est, encore une fois, que le déploiement rationnel, cohérent malgré les contradictions, de la totalité des points de vue qui se sont exprimés au cours de l'Histoire. On pourrait donc presque définir la vérité comme le déploiement de toutes les erreurs, ou pour mieux dire, de tous les points de vue partiels, puisque du point de vue de Dieu – du point de vue de ce que Hegel appelle le « savoir absolu » – il n'y a pas d'erreur : tout est vrai puisque le vrai, c'est justement le tout, c'est la recollection de tous les points de vue partiels. Le faux n'existe pas plus que le mal chez Leibniz : c'est une illusion liée à un point de vue borné, au regard de celui qui ne voit qu'un détail du tableau. Les erreurs ne sont telles que si on s'y accroche comme à une vérité totale, alors qu'elles ne sont qu'un point de vue partiel. Mais si on voit que les erreurs comme des moments du tout, alors elles deviennent des moments, des étapes de la vérité. Du coup, comme le dit Hegel dans la préface de la *Phénoménologie*, il n'y a en effet « pas plus de mal qu'il n'y a de faux ». Voilà le sens de la formule, une fois appliquée la théodicée hégélienne.

COMPRENDRE LA DIALECTIQUE

Prenons maintenant quelques exemples de dialectiques concrètes, particulières justement, afin de donner une idée plus précise de la façon dont se déploie la structure générale de la dialectique, avec toujours ses trois moments : en-soi, être-là, pour-soi. Voyons par exemple comment, dans la *Phénoménologie*, la première dialectique, celle de la « certitude sensible », se développe. Hegel veut en fait tenter de décrire les contradictions qui affectent nécessairement l'empirisme radical, les contradictions qui ne peuvent pas ne pas apparaître dans la description de la sensation pure.

Dans la *Phénoménologie*, Hegel formule les choses de manière incroyablement abstraite : il faut rappeler qu'à l'époque, dans l'idéalisme allemand, règne une véritable fascination pour la virtuosité intellectuelle, fascination qu'on retrouve d'ailleurs aussi dans l'art qui est le plus proche de la philosophie, à savoir la musique : de même que dans les grands concertos romantiques, il y a toujours un moment de virtuosité folle – ce qu'on appelle la « cadence » –, de même, dans la philosophie de Fichte, Schelling ou Hegel, il y a des moments d'incroyable virtuosité intellectuelle qui rendent la lecture de leurs œuvres parfois presque incompréhensible aujourd'hui, du moins si on ne dispose pas des clés pour les pénétrer. Ces morceaux de bravoure théorique correspondent, pour le coup, à l'air du temps : plutôt que de chercher à transmettre leur pensée à un public « cultivé », comme ils le font souvent par ailleurs, les plus grands philosophes de l'idéalisme allemand ne s'adressent pratiquement qu'à leurs pairs quand ils cèdent à leur passion pour la virtuosité la plus abstraite. Raison de plus pour décortiquer tranquillement une dialectique hégélienne particulière, en quelque sorte à titre d'exemple du fonctionnement de sa pensée.

La « certitude sensible » donc : elle désigne ce moment où la conscience « naturelle » ou « conscience naïve », comme dit Hegel, s'imagine qu'elle est pure sensation. Imaginez la statue de Condillac, qui est odeur de rose quand on dispose une rose à proximité. Imaginez encore, comme chez Locke, un morceau de cire vierge ou un papier blanc, purement passif, seulement capable de recevoir des impressions du dehors, mais sans aucune capacité d'activité intellectuelle. Imaginons que nous sommes dans la sensation pure, que nous sommes, à la limite, pure sensation, que nous ne soyons qu'un grand nez, une grande oreille, etc. Dans cette situation originelle, qui correspondrait à un empirisme radical, il n'y a encore ni sujet ni objet : nous sommes pure sensation, absolument réduits à l'ici et au maintenant absolus, voilà tout. Nous sommes donc encore dans « l'en-soi », dans l'unité première et indéterminée, dans l'identité du sujet et de l'objet, dans cette situation où le sujet et l'objet sont en quelque sorte fondus l'un dans l'autre dans l'élément de la sensation : il n'y a pas encore de différenciation entre eux, aucune détermination particulière qui viendrait les distinguer l'un de l'autre. Je suis odeur de rose, par exemple, mais sans pouvoir vraiment me distinguer de l'objet que je sens même m'identifier moi-même de façon précise.

Pourtant, et c'est là que la scission, la différence commence à s'introduire et va nous faire sortir de l'en-soi pour passer vers l'être-là : je ne puis m'empêcher d'être sensation *de* quelque chose. Comme le dira Husserl dans le sillage de Hegel, « toute conscience est forcément conscience de quelque chose ». Même chez Condillac, malgré tout, la statue de cire vierge est odeur *de* rose, elle est donc bien odeur de quelque chose. Par où une scission commence bel et bien à s'introduire entre quelque chose comme un sujet et quelque chose comme un objet.

Pour essayer de surmonter cette scission qui commence de s'installer entre le sujet et l'objet, scission entre le moi qui sent et l'objet qui est senti, nous allons entrer dans un processus dialectique tout à fait typique des raisonnements hégéliens. Afin de maintenir l'unité originelle entre le sujet et l'objet, afin de ne pas sortir de l'en-soi et entrer dans les tourments des contradictions propres à l'être-là, la conscience va d'abord poser que l'objet est l'essentiel et que le moi n'est rien. On comprend bien la logique de cette stratégie : il s'agit de nier l'un des deux termes en présence – en l'occurrence le pôle subjectif – pour essayer de maintenir la chaleur douillette de l'identité première. Si je traduis philosophiquement, c'est la position réaliste : c'est le réel, l'objet qui compte, et le sujet n'est qu'un reflet passif du monde qui l'entoure ici et maintenant.

Mais, malheureusement pour cette stratégie désespérée, l'ici et le maintenant changent. C'est l'écriture qui va le montrer, qui va, en quelque sorte, servir de juge de paix : si j'écris sur une feuille de papier, « ici et maintenant c'est le jour » et que j'attends un peu... je m'aperçois que l'ici et le maintenant se contredisent : à présent, c'est la nuit ! Cet objet, que j'avais posé comme essentiel, s'avère lui-même contradictoire. Il n'est pas stable !

Du coup, la conscience naturelle ou naïve va tenter une nouvelle stratégie, toujours pour maintenir l'identité primitive et ne pas se heurter au monde réel, celui de la scission, des différences, de la diversité. Selon la logique dialectique qui est à l'œuvre derrière tous les processus historiques ou naturels, la première tentative pour maintenir l'en-soi se renverse en son contraire. La position réaliste, qui consistait à dire « je ne suis rien, l'objet est tout », ne tient plus puisque l'objet se contredit. Nous basculons donc du côté de la position contraire, l'idéalisme ou le subjectivisme radical, qui correspond selon Hegel à l'attitude philosophique de Protagoras et des sophistes : « L'homme est la mesure de toute chose. » L'essentiel n'est plus l'objet, puisqu'il se contredit, mais la subjectivité. On passe ainsi de la conscience d'objet à la conscience de soi : l'essentiel, c'est moi ! Moi, ici, maintenant, je suis la mesure de toute chose et l'objet n'est que ma perception, il se réduit à ce que j'en vois ici et maintenant ou, si vous vous souvenez de la leçon sur l'empirisme, comme dit l'idéalisme radical de Berkeley : *esse est percipi aut percipere*, être c'est percevoir ou être perçu !

Mais, ce moi pur, qui serait la mesure de toute chose ici et maintenant, ne tient pas non plus la route : il se contredit lui aussi. Il est ce que Hegel appelle dans son jargon un « universel abstrait ». Expliquons. Quand vous téléphonez à quelqu'un, si vous dites : « Allô, c'est moi, c'est moi-même, mais oui, c'est bien moi ! », vous ne donnez en vérité aucune information sur votre identité. Tout le monde peut dire la même chose ! Tout le monde est un moi ici et maintenant. L'universel abstrait, c'est exactement ça, c'est le contraire d'une vraie réalité : au moment même où le moi pur de la certitude sensible croit saisir la particularité la plus particulière qui soit, la réalité la plus réelle qui soit, le moi dans son essence la plus singulière – alors qu'elle crie désespérément « c'est moi, ici et maintenant, c'est absolument moi ! » –, en fait, ce qu'elle saisit, ce n'est pas du tout le vrai réel, la vraie singularité, c'est l'universel le plus plat qui soit, une réalité complètement formelle, générale, indifférenciée : tout le monde est tout le temps un « moi ici et maintenant ». Je ne saisis pas du tout le particulier dans sa richesse singulière, mais un universel parfaitement abstrait, le point commun de tous les interlocuteurs, une généralité complètement vide. Dialectique, là encore : le concret le plus concret qu'on croyait tenir enfin s'avère être son contraire exact, l'abstraction la plus vide. Le moi saisi par la *certitude sensible*, dans la sensation pure, ici et maintenant, comme l'objet de tout à l'heure qui est tantôt le jour et tantôt la nuit, n'est en vérité qu'un universel abstrait, interchangeable, standard.

Pas moyen d'échapper, donc, à la sortie de l'en-soi. Il faut accepter d'entrer dans le moment de l'être-là, dans le moment de la différenciation entre le sujet et l'objet, différenciation par laquelle ils vont pouvoir l'un comme l'autre se concrétiser. La vérité, c'est que l'objet n'existe que par la médiation d'un sujet, comme le sujet n'existe que par la médiation d'un objet : toute conscience est indissolublement conscience d'objet et conscience de soi. En ce sens, la dialectique revient à l'identité initiale… sauf qu'on a progressé et que ce n'est pas un simple retour en arrière, mais plutôt un dépassement. Car entre le point de départ et le point d'arrivée, la conscience a déployé différentes positions autour de cette question de la relation du sujet et de l'objet. Elle a été successivement réaliste, puis idéaliste, avant de comprendre que ces deux positions unilatérales sont fausses et que la vérité passe par une description de la relation sujet/objet.

Laissons là la façon dont cette description va se poursuivre dans la *Phénoménologie*. L'essentiel était de vous donner une idée de la démarche hégélienne, un exemple d'une dialectique particulière qui vous montre comment fonctionne le schéma « en-soi »-« être-là »-« pour-soi » : identité de départ, ensuite déploiement de la pluralité des points de vue, puis récollection de la pluralité des points de vue dans une synthèse harmonieuse destinée elle-même à former le point de départ, le nouvel « en-soi », d'une prochaine dialectique. Tout y est rationnel et continu, tout s'y enchaîne selon le « principe de raison ». Nous retrouverons la même définition de la dialectique chez Marx : le capitalisme, société où la contradiction entre les classes est la plus grande, va engendrer mécaniquement, nécessairement, dit même Marx, son contraire, à savoir une société sans classes, sans exploitation et sans contradiction.

Prenons un deuxième exemple, peut-être un peu moins abstrait que le premier, celui de la classification des arts. J'ai dit tout à l'heure que l'art, pour Hegel – définition qui traverse d'ailleurs toute l'histoire de la philosophie et que Hegel reprend à son compte – est l'expression, ou mieux, l'incarnation d'une grande idée, voire d'une vision du monde, dans un matériau sensible : l'art grec rend sensible l'idée fondamentale d'harmonie cosmique, l'art chrétien fait vivre les splendeurs du divin, l'art hollandais est l'expression de l'humanisme moderne, sécularisé, la mise en scène de l'humain dans sa vie de tous les jours qu'il incarne lui aussi dans un matériau sensible : pierre de l'architecte ou du sculpteur, couleurs du peintre, vibrations sonores du musicien, sonorités des mots du poète, etc. La classification des arts est un bon exemple de développement dialectique de l'Histoire.

J'en indique simplement le principe, sans entrer dans les détails. Pour comprendre cette classification, il faut d'abord savoir qu'aux yeux de Hegel, l'art est en quelque sorte contradictoire, en quoi il appartient pour ainsi dire structurellement à une forme de vie spirituelle dépassée par la religion, qui est elle-même dépassée par la philosophie. Pourquoi ? Parce que l'art s'escrime et s'épuise à exprimer l'intelligible dans le sensible, le spirituel dans le matériel. On exprime des idées sublimes, l'idée même du divin – c'est le cas dans les temples –, mais on cherche à l'exprimer dans ce qui est son contraire absolu, dans du sensible, du matériel, dans un matériau de pierre, par exemple, qui est le contraire même de l'esprit. En d'autres termes, l'art emprisonne toujours l'idée pure dans une forme, dans une espèce de gangue qui ne lui convient pas. La forme est inadéquate au fond, le signifiant matériel et sensible ne convient jamais parfaitement aux idées spirituelles et intelligibles que l'art veut exprimer.

La religion s'élèvera au-dessus de l'art : elle exprimera les idées dans une forme déjà supérieure, celle des mythes, des paraboles et des symboles. Mais seule la philosophie parviendra à harmoniser – c'est cela même, nous l'avons vu, que Hegel appelle le système – la forme et le fond, seule la philosophie parviendra à exprimer rationnellement les idées, à exprimer dans l'élément du concept les grands moments de la vie de l'esprit. La religion est donc aux yeux de Hegel supérieure à l'art, mais la philosophie est encore supérieure à la religion. Cela dit, à l'intérieur même des différents genres artistiques, cette tension entre le fond intelligible et la forme sensible, entre l'idée exprimée et le matériau dans lequel l'artiste cherche à la traduire, est déjà perceptible : l'art va en quelque sorte se dépasser lui-même vers la religion, qui elle-même se dépassera dans la philosophie qui exprimera le même contenu qu'elle (à savoir le point de vue de Dieu), mais de manière conceptuelle, intelligible, rationnelle.

Dès lors, la classification des arts s'effectue de la manière suivante : plus le matériau dans lequel on exprime l'idée est lui-même un matériau intelligible et spirituel, plus l'art est élevé. Au contraire, plus le matériau est brut, plus il est sensible et matériel, moins l'art est élevé, et ce pour une raison bien simple : dans ce cas de figure, la contradiction (la scission) entre le fond et la forme atteint son maximum. Voilà pourquoi, aux yeux de Hegel, l'architecture est l'art le plus bas, parce qu'on y exprime l'idée de Dieu (ou toute autre idée, mais en l'occurrence, c'est l'idée la plus spirituelle qui soit), dans le matériau le plus concret qui soit : la pierre. La sculpture va déjà plus loin. Elle est un art déjà bien supérieur. Dans la sculpture grecque, par exemple, la pierre est déjà spiritualisée : elle prend la forme de l'esprit, sa forme humaine justement. Donc, d'une certaine manière, la pierre est intellectualisée, le marbre possède une figure intelligible, celle de l'être humain, de sorte que la contradiction entre le contenu spirituel et la forme dans laquelle on l'incarne est moins vive.

En passant des trois dimensions de l'espace à la bidimensionnalité, la peinture va beaucoup plus loin encore dans la spiritualisation de l'œuvre, dans la recherche d'une harmonie plus grande entre le fond et la forme. En passant du volume à la surface, on exprime davantage l'esprit : on n'est plus dans la matérialité brute, et la perspective implique déjà une forme de travail intellectuel, une intelligence subtile du volume : on imagine le volume, mais il n'est pas réellement là matériellement. C'est donc bien une sorte d'idéalisation.

Puis vient la musique, art encore infiniment plus spirituel que la peinture puisqu'on s'y débarrasse complètement de la spatialité. La forme, le matériau, dans lequel l'idée est exprimée est le sens interne : le temps, qui est le lieu même de la vie de l'esprit, de la conscience de soi. Cette gradation amène à déspatialiser l'art, en quelque sorte à l'intérioriser.

Enfin, la poésie se situe encore un cran au-dessus de la musique puisque, enfin, le signifiant lui-même a du sens. Les sonorités des mots sont comme la sonorité des notes. Mais la sonorité des dernières est dénuée de sens, tandis que la sonorité des mots est signifiante : l'intelligible s'exprime enfin dans de l'intelligible. On est donc dans un art prêt à se dépasser lui-même. Vers quoi ?

L'art se dépasse vers la religion. La religion exprime l'idée de Dieu, c'est-à-dire l'idée de perfection spirituelle, d'omniscience, attendu que le point de vue de Dieu sur le monde serait celui du savoir absolu, comme dans la théologie chrétienne mais aussi, bien entendu, comme dans la théodicée de Leibniz. Je n'y reviens pas. La religion exprimera comme le faisait déjà l'art la spiritualité, la vie de l'esprit. Mais au lieu de l'exprimer dans un matériau sensible (pierre, couleur, vibrations sonores, etc.), la religion va l'exprimer dans ce que Hegel appelle la *représentation*, la *Vorstellung* : mythes, symboles, paraboles. Voyez, par exemple, les Paraboles du Christ. Les idées s'y trouvent déjà exprimées dans des idées, et non plus dans de la matière. La religion sera dépassée à son tour par la philosophie, du moins si cette dernière parvient à être systématique, parce qu'elle exprimera les mêmes idées que la religion, mais dans une forme encore plus rationnelle, plus intelligible que celle du mythe ou des paraboles, lesquelles ne sont pas encore pleinement rationnelles, mais un peu comme des contes de fées, des petites histoires qu'on raconte aux peuples comme s'ils étaient encore des enfants. Il faut donc les décrypter pour en extraire le sens, le noyau rationnel, la leçon à méditer.

Il revient à la philosophie d'exprimer les mêmes idées que la religion, à savoir, comme chez Leibniz et Spinoza, la réconciliation entre l'homme et Dieu, entre le point de vue de l'ignorance et celui du savoir le plus parfait, mais dans la forme qui convient à la vie de l'esprit, à la spiritualité, donc pour Hegel, dans l'élément de la raison et du système. Par conséquent, la philosophie dépassera non seulement l'art, mais aussi la religion. Comme toutes les grandes philosophies, et notamment comme celles de Leibniz et plus encore de Spinoza, la philosophie hégélienne est animée fondamentalement par une volonté de trouver le salut, mais de façon laïque, sans recourir à la foi. Il s'agit donc de traduire la religion dans l'élément de la raison, d'aller encore plus loin que la religion, mais en poursuivant le même but : le salut, qui est la réconciliation entre l'homme et Dieu. Le salut, c'est ce que Hegel appelle le « savoir absolu », le point de vue de Dieu. Une fois qu'on a réconcilié le point de vue de la conscience finie et le point de vue de Dieu, nous obtenons, comme dans le stoïcisme ou le spinozisme, une philosophie de la réconciliation avec le monde, une philosophie dans laquelle on ne vit plus dans le passé ou dans le futur, mais dans l'amour de ce qui est là, dans l'amour intellectuel de Dieu, enfin débarrassé de toutes les peurs et de toutes les passions tristes.

Deux critiques de Hegel, en guise de conclusion

L'hégélianisme suscitera deux critiques majeures – je parle des critiques sérieuses, pas des accusations absurdes qui font de Hegel un ancêtre du totalitarisme alors que sa théorie de la « ruse de la raison », qui n'est rien d'autre qu'une variation sur le thème de la « main invisible », de même que sa critique radicale de la Terreur qui règne sous la Révolution française, le rapprochent au contraire des penseurs libéraux.

La *première critique* forte viendra de son vieil ami/ennemi Schelling. Au terme d'une analyse qui annonce déjà la philosophie contemporaine, notamment celle de Heidegger, Schelling va reprocher à la philosophie hégélienne de déduire l'existence du concept, à la manière d'un gigantesque argument ontologique. Schelling développe ce thème avec une très grande profondeur dans un texte tardif, les *Conférences de Munich*. Je ne développe pas ce point, mais il est vrai qu'on pourrait se représenter le système hégélien tout entier comme une déduction de « l'être-là » à partir de « l'en-soi », de l'existence, à partir du concept. La structure de l'argument ontologique est la structure fondamentale du système hégélien et c'est du reste, comme le verra Heidegger, suivant en cela l'enseignement de Kant, la structure fondamentale de toute la métaphysique. Marx lui-même, malgré ses professions de foi matérialistes, n'échappe pas au problème : lui aussi prétend déduire comme une nécessité absolue l'existence future du communisme à partir de son analyse conceptuelle du capitalisme.

La *deuxième critique* complète la première : elle consiste à dire que Hegel est incapable de penser la différence, l'altérité, qu'il reste en quelque sorte toujours prisonnier des catégories de la philosophie de l'identité. En effet, si la philosophie est une tentative pour surmonter toutes les séparations, toutes les différences, toutes les contradictions et toutes les scissions, alors on rejettera hors de la philosophie, comme contre-figure de la philosophie, toutes les pensées qui font au contraire l'éloge de la transcendance, l'éloge de la différence, de ce qui est hors raison, hors concept, bref de l'altérité radicale. Kant et le judaïsme seront ainsi associés par Hegel à la figure de la « conscience malheureuse », cette conscience qui ne parvient jamais à la réconciliation : Hegel ne voit dans l'affirmation de l'altérité par rapport à la raison qu'une faiblesse de la pensée. Il ne peut pas s'imaginer une seconde qu'on puisse poser la transcendance, l'interdiction de se faire des images de Dieu, par exemple, ou encore le mystère de l'Être, comme une catégorie positive. C'est d'ailleurs une des raisons majeures du « retour à Kant contre Hegel », qui va profondément marquer l'histoire du judaïsme philosophique en Allemagne. Dans l'école de Marbourg, avec Cassirer et Cohen, comme dans celle de Francfort, avec Adorno et Horkheimer, ou encore chez Hannah Arendt ou chez Husserl, c'est Kant la référence philosophique majeure parce qu'il est le philosophe de la transcendance, de l'altérité. Certes, chronologiquement, Kant est pré-hégélien, mais philosophiquement, il est à cet égard post-hégélien.

Hegel n'est pas à proprement parler antisémite, même si certains de ses propos peuvent donner à le penser, mais il est profondément hostile, et ce d'un même mouvement, à la philosophie kantienne et au judaïsme, parce que ce sont des philosophies de l'altérité, de la transcendance, du *Bildverbot*, de l'interdiction de se faire des images de Dieu. L'hégélianisme ne fait pas droit à ce que la philosophie contemporaine appellera l'altérité, la différence. La postérité de ces deux critiques de l'hégélianisme sera pour cette raison passionnante à suivre dans l'histoire de la philosophie contemporaine.

2

SCHOPENHAUER

Du pessimisme à l'art du bonheur

Arthur Schopenhauer est né en 1788, l'année où Kant publie la *Critique de la raison pratique* – je le précise parce que Schopenhauer se présentera toujours comme un disciple de Kant. Une anecdote décrit à merveille un trait de son caractère ombrageux : lorsqu'il meurt d'une pneumonie en 1860, c'est à son caniche, Atma, qu'il lègue toute sa fortune. Schopenhauer est un amoureux des animaux, un défenseur du droit de l'animal qu'il préfère sans nul doute à l'humain : c'est un authentique misanthrope. Mais c'est pourtant un grand voyageur, qui prend un réel intérêt à rencontrer d'autres peuples et d'autres cultures que la sienne : il connaît bien sûr son grec et son latin – à son époque et dans son milieu, cela va presque de soi –, mais il parle les principales langues d'Europe – l'anglais, l'italien, l'espagnol, le français, qu'il maîtrise comme vous et moi, et c'est peu de dire que l'homme est cultivé. Il commence pourtant sa vie professionnelle par une carrière qui n'a rien d'universitaire : il est d'abord commerçant, pour faire plaisir à son père. En vérité, il ne s'intéresse qu'à la philosophie, et dès qu'il en aura l'occasion, il abandonnera le commerce pour se tourner vers sa passion première.

Schopenhauer publie son œuvre majeure, *Le Monde comme volonté et comme représentation*, en 1819. Il n'est pas le « dernier philosophe classique », comme on l'entend souvent dire, mais de toute évidence, c'est le premier philosophe contemporain, le précurseur de ceux que Paul Ricœur désignera comme « les philosophes du soupçon » : Marx, Nietzsche et Freud. À vrai dire, Schopenhauer est, comme nous allons le voir, bien plus qu'un simple précurseur – même s'il l'est aussi. C'est lui qui invente ce que Nietzsche appellera la « généalogie », la pratique généralisée du soupçon, l'idée que derrière ce qui est apparent, ce qui est visible, derrière les phénomènes conscients, il y a le dessous de l'iceberg, « les souterrains », comme dit Dostoïevski, le monde de l'inconscient, et que cette partie souterraine de la vie psychique est infiniment plus importante que la partie consciente, que le sommet de l'iceberg. La généalogie, c'est cette attitude intellectuelle ultracritique qui consiste à faire peser un soupçon sur tout ce qui relève de la conscience claire, de l'apparence, du monde manifeste, du « monde de la représentation », justement.

On parle souvent de Schopenhauer comme du philosophe pessimiste par excellence. Admettons le cliché, qui a sa part de vérité, mais elle est bien moindre qu'on ne l'imagine. Certains disciples de Schopenhauer aiment à se draper ostensiblement dans le pessimisme, parce que c'est un drap finalement assez commode : le pessimisme vous donne toujours une apparence d'intelligence et de clairvoyance suprêmes, là où l'optimisme vous fait immanquablement passer pour un niais.

J'apporterai pourtant deux bémols importants à cette idée selon laquelle Schopenhauer serait le fondateur du pessimisme moderne. D'abord, il ne s'agit pas chez lui d'un sentiment psychologique, mais de philosophie : Schopenhauer n'est pas dépressif ou neurasthénique comme la plupart de ses disciples d'aujourd'hui qui passent leur temps à pleurnicher et jalouser ceux qui ne sont pas comme eux dans le malheur. C'est un vrai rationaliste qui entend avant tout démontrer de manière argumentée et rationnelle que l'existence n'a pas de sens, qu'elle est radicalement absurde. C'est cela que l'on confond souvent avec une attitude psychologique pessimiste, alors qu'il s'agit pour Schopenhauer d'une argumentation avant tout théorique, même si elle peut évidemment avoir, dans un second temps, des implications éthiques et spirituelles.

Mais il y a plus, beaucoup plus : de même que le doute chez Descartes n'est que provisoire, qu'il est une attitude méthodique destinée en réalité à fonder la science sur des certitudes qui seront d'autant plus certaines et indubitables qu'elles auront résisté à l'épreuve du doute, le pessimisme de Schopenhauer n'est lui aussi que provisoire. En réalité, si Schopenhauer est pessimiste – et pour autant qu'il le soit –, c'est pour préparer un nouvel optimisme, une sagesse enfin désillusionnée, un accès enfin solide au bonheur, suivant en cela l'héritage du bouddhisme qu'il est l'un des tout premiers philosophes occidentaux à découvrir.

Je ne vous dis pas cela au hasard. Bien que nombre de ses disciples semblent l'ignorer ou faire l'impasse sur ce sujet pourtant crucial, Schopenhauer a bel et bien écrit un « Art du bonheur ». Si ses héritiers, ou ceux qui se disent tels, le passent si volontiers sous silence, c'est que ce livre ne colle évidemment pas avec leur apologie de la dépression. Or cet art du bonheur a passionné Schopenhauer. Il lui donne d'ailleurs toutes sortes de noms : il l'appelle « eudémonique », « eudémonologie », « théorie de la félicité », *Die Kunst glücklich zu sein*, selon le titre allemand, c'est-à-dire « l'art d'être heureux », l'art de parvenir au bonheur. Schopenhauer y parle « d'apprendre à vivre » – ce sont ses propres termes et c'est à lui que j'ai repris le titre d'un de mes livres, justement, *Apprendre à vivre*. Il entend bien évidemment l'expression au sens où, dans les écoles grecques, on apprenait non seulement à penser mais plus encore peut-être à pratiquer concrètement des exercices d'éthique ou de sagesse, au sens où on prétendait bel et bien, contrairement à ce qui se passe aujourd'hui dans nos écoles, y apprendre l'art de parvenir à la vie bonne.

N'oublions jamais cette dimension de la pensée de Schopenhauer : s'il est pessimiste dans un premier temps, c'est en vérité pour préparer au bonheur – bien entendu, ce dernier ne sera pas, pour parler comme les adversaires des épicuriens, un « bonheur de pourceau satisfait et jouisseur », mais plutôt un bonheur qui confine à ce que les Grecs appelaient l'« ataraxie », c'est-à-dire l'absence de souffrance, ou pour mieux dire, la sérénité. Toute la philosophie de Schopenhauer est orientée vers cet objectif auquel il consacrera les dernières années de son existence, en quoi il est très réducteur de le cataloguer sous la seule rubrique du « pessimisme ».

Le premier philosophe du soupçon et la naissance de la pensée contemporaine

Comment s'articulent le pessimisme et l'art du bonheur ? Ce sont les deux fils conducteurs de l'exposé que je vous propose : qu'est-ce qui conduit dans un premier temps au pessimisme, c'est-à-dire à l'idée que l'existence est absurde, qu'elle n'a rigoureusement aucun sens, et qu'est-ce qui permet ensuite d'accéder malgré tout à ce fameux « art du bonheur » auquel Schopenhauer consacre les dernières années de sa vie ?

La généalogie, ou l'attitude du soupçon

Le fondement du pessimisme, c'est la « généalogie », l'attitude du soupçon, et notamment du soupçon qui porte sur le sens de la vie, sur l'idée, véhiculée depuis toujours par les grandes religions et les grandes philosophies, selon laquelle le monde serait rationnel et notre existence en quelque façon sensée. Schopenhauer va contester, arguments solides à l'appui, ces deux affirmations centrales selon lui dans toutes les grandes visions du monde passées. Schopenhauer est en ce sens le premier grand déconstructeur, celui qui prépare le terrain au grand soupçon que Nietzsche explicitera d'ailleurs de manière assez grandiose dans un petit texte inspiré de Schopenhauer : le paragraphe 289 de *Par-delà le bien et le mal*. Je cite ce texte de Nietzsche parce qu'il s'agit d'un des passages les plus clairs qu'on puisse trouver sur ce que signifie le soupçon, l'attitude généalogique, le fait qu'on ne croit pas aux apparences, aux visions traditionnelles du monde, à ce qui nous rassure et nous permet de vivre dans le monde idéal de la représentation, de la conscience, lequel n'est en réalité qu'un tissu d'illusions.

Le texte en question commence par évoquer un thème cher à tous les généalogistes : c'est celui du philosophe solitaire, forcément solitaire. Pourquoi ? Parce qu'il est d'avant-garde, en avance sur son temps, en rupture avec toutes les traditions, tous les héritages. Il est donc forcément seul, coupé du passé comme du présent, séparé de la masse abêtie de ceux qui croient naïvement au « sens » et à la « vérité ». Cette théorie de la solitude du génie est du reste appelée à une longue postérité : l'artiste génial se doit d'être méconnu et un philosophe dont les œuvres rencontrent un public ne peut pas, dans cette perspective avant-gardiste, être un penseur authentique (il n'empêche que ce pauvre Nietzsche était désespéré de ne pas vendre ses livres, de ne pas avoir de public, de sorte que sa valorisation de la solitude était sans doute d'abord et avant tout une forme de consolation, comme en témoigne la belle biographie que lui a consacrée Daniel Halévy). Mais citons ce texte d'inspiration tout à fait schopenhauerienne :

> Le solitaire ne croit pas qu'un philosophe – à supposer que tout philosophe ait d'abord été un solitaire – ait jamais exprimé ses opinions véritables et ultimes dans ses livres. N'écrit-on pas plutôt des livres précisément pour cacher ce que l'on porte en soi ? Il doutera même qu'un philosophe puisse avoir de manière générale des opinions ultimes et véritables, qu'il n'y ait pas de toute nécessité en lui, derrière toute caverne, une autre caverne plus profonde – un monde plus vaste, plus étranger, plus riche, par-delà une surface, un arrière-monde,

un arrière-fond d'abîme derrière tous les fonds, derrière toutes les fondations. Toute philosophie est une philosophie de surface – c'est là un jugement de solitaire. Il y a de l'arbitraire dans le fait qu'il se soit arrêté ici ou là ; qu'il ait regardé en arrière et alentour, qu'il n'ait pas creusé plus profondément ici ou là, qu'il ait remisé sa bêche – il y a aussi de la méfiance là-dedans. Toute philosophie cache aussi une philosophie, toute opinion est aussi une cachette, toute parole est aussi un masque.

On tient là la quintessence de l'attitude généalogique, de la méfiance, comme dit Nietzsche, du soupçon qui pèse sur tout ce qui relève de la « surface », attitude qu'on retrouvera bien évidemment chez Freud (derrière les symptômes, derrière les paroles, c'est toujours l'inconscient qui parle) comme chez Marx : derrière les idéologies se cachent des intérêts inavoués et inavouables que la critique sociale doit dégager et mettre au jour. Mais c'est bien Schopenhauer le premier philosophe du soupçon, le premier généalogiste à décrire le monde sous les deux traits qui sont inscrits dans le titre de son livre : la représentation d'un côté – c'est la surface, le sommet de l'iceberg, le monde illusoire de la conscience –, et, de l'autre côté, le vouloir, la volonté, le règne des forces aveugles et souvent inconscientes, infiniment plus important, comme dans tout iceberg qui se respecte, que ce qui émerge à la surface – c'est ce que Nietzsche appelle les « arrière-mondes », Dostoïevski les « souterrains », Freud l'« inconscient », Marx les « intérêts de classe »...

Qu'est-ce que le monde comme « représentation » ?

Reprenons donc ces deux traits du monde selon Schopenhauer : pourquoi le monde est-il présenté sous ces deux caractéristiques, d'un côté la représentation – et qu'est-ce exactement que la représentation ? –, et de l'autre la volonté – qu'il faudrait en réalité traduire plutôt par « vouloir », parce qu'il ne s'agit pas, en tout cas pas essentiellement et pas uniquement, de la volonté au sens d'une force guidée par une intention consciente, mais de toutes les pulsions, de toutes les forces, y compris les plus aveugles, la force de gravitation universelle, par exemple, ou la force vitale qui est en jeu dans la croissance des plantes et des animaux.

Qu'est-ce que la représentation ? Le monde de la représentation, c'est ce que Nietzsche, dans un de ses premiers textes, alors qu'il est encore sous l'influence directe de Schopenhauer, appellera l'« apollinien », le monde d'Apollon, le monde de la clarté, de la conscience. Il possède trois caractéristiques : 1) Tout y est identifiable, bien délimité et bien déterminé (c'est le contraire de ce que les premiers philosophes grecs nommaient l'*apeiron*, l'indéterminé du chaos primitif dont le monde est sorti) ; 2) Tout y est rationnel, explicable par la science selon le principe de causalité ou de raison ; 3) Enfin, tout y est sensé, au double sens du terme : orienté dans une certaine direction et doté d'une signification déterminée. C'est donc un monde très rassurant : les choses sont ce qu'elles sont, elles ne sont pas ouvertes sur un abîme, il n'y a pas de souterrains dissimulés. Elles sont en outre compréhensibles par notre raison et pleines de sens de sorte que dans ce monde-là, les humains sont plutôt à l'aise.

Reprenons ces trois caractéristiques pour les préciser encore davantage – il faut bien les comprendre toutes les trois car, comme nous allons le voir un peu plus loin, le monde de la volonté est tout l'inverse de celui de la représentation.

D'abord, les choses, au sein du monde perçu sous les espèces de la représentation claire et consciente, sont identifiables et bien identifiées. Selon le « principe d'individuation » – et Schopenhauer est d'ailleurs l'auteur d'un essai consacré à ce *principium individuationis* –, les choses sont conformes au principe d'identité : elles ne sont pas en contradiction avec elles-mêmes, comme elles le deviennent lorsqu'on accepte, par exemple, l'hypothèse de l'inconscient où le sujet devient un sujet brisé, coupé en deux, qui s'échappe à lui-même, comme dans la célèbre formule de Rimbaud selon laquelle « Je est un autre ». Non, dans ce monde de la représentation, « je est je », « je est bien identique à lui-même », « moi = moi », comme dans la philosophie de Fichte ou de Schelling, ce qui est évidemment plus rassurant.

La deuxième caractéristique veut que ce monde soit explicable par la raison, que les effets y aient des causes, que rien n'y advienne sans raison : c'est le monde de la science, le monde dans lequel les savants cherchent des explications rationnelles et les trouvent, d'ailleurs – c'est bien le problème, ce qui va donner l'illusion que tout, finalement, peut être expliqué, qu'il n'y a pas de mystère dans l'Univers. Attention, pas de malentendu : Schopenhauer ne nie nullement la capacité de la science à donner des explications fiables, à parvenir à une certaine forme de la vérité. Oui, c'est incontestable, les savants découvrent bel et bien les causes de certains événements. Simplement, ils ne dévoilent jamais les causes ultimes et dernières, de sorte que s'imaginer que la science peut rendre le monde intelligible est une pure illusion. Nous allons y revenir.

Enfin, le monde de la représentation est un monde dans lequel il y a du sens. Pour prendre notre propre exemple, à nous petits humains, nous éprouvons sans cesse dans la vie de tous les jours le sentiment que notre volonté est une volonté sensée, consciente, animée par des intentions claires et compréhensibles. Lorsque je me lève de mon bureau pour aller acheter des cigarettes au tabac du coin, je sais pourquoi j'enfile mon manteau, je prends mes clés, mon portefeuille : tout cela répond à une finalité limpide, à des intentions conscientes, tout cela a du sens.

Le monde de la représentation est donc conforme au principe d'identité, au principe de causalité et au principe de finalité.

Le monde de la volonté

Mais quand on passe à l'étage inférieur, si je puis dire, quand on descend dans les souterrains, dans les soutes, jusqu'au monde de l'inconscient, de la volonté, ce qu'on découvre peu à peu, c'est juste le contraire de ce qui se passe dans le monde de la conscience claire et de la représentation. On y a aussitôt affaire à un champ de forces totalement aveugles, à des pulsions multiples – ce que Nietzsche, là encore héritier de Schopenhauer, appellera la « volonté de puissance », la vie, ce tissu de pulsions et d'instincts absurdes. La force qui fait que les plantes poussent, celle qui fait que la pierre tombe, celle qui fait que je me lève de mon bureau pour aller acheter des cigarettes au tabac du coin, sont une seule et même force : le vouloir, la volonté. Cette réalité fondamentale est selon Schopenhauer univoque, elle possède la même nature fondamentale sous des formes différentes. Or ce vouloir, cette volonté se situent derrière la représentation, en dessous d'elle. Ils animent en vérité la représentation sans qu'elle le sache : c'est la face cachée de l'iceberg, l'inconscient de Freud, ce sont les souterrains de Dostoïevski.

Les caractéristiques de ce monde du vouloir sont à l'opposé de celles du monde de la représentation.

D'abord, la multiplicité absolue des forces, qui ne sont pourtant que l'émanation d'une seule et même force, mais se présentent de manières extraordinairement diverses : la force vitale des animaux et des plantes, la force de gravitation, toutes les énergies naturelles, si Schopenhauer avait connu l'atome, ça aurait été l'énergie atomique.

Le monde du vouloir se caractérise ensuite par sa puissance absolue. Voilà ce qu'en dit Schopenhauer : « Tout ce qui s'opère par le médium de la représentation, c'est-à-dire de l'intellect, n'est qu'une plaisanterie par rapport à ce qui émane directement de la volonté. » Pour le démontrer, Schopenhauer fait une référence (pas toujours très heureuse, il faut bien l'avouer, mais peu importe ici) à l'idée de chose en soi kantienne : derrière les phénomènes visibles, derrière tous les mouvements qui s'opèrent dans le monde, on trouve cette force incroyable du vouloir, cette puissance cachée, insaisissable par la représentation (d'où la comparaison avec la chose en-soi de Kant, qui est elle aussi inconnaissable) : une puissance absolue qui domine et submerge complètement le monde de la conscience claire et qui fait que la notion de libre arbitre, de choix libre et conscient, n'a rigoureusement aucun sens. Il n'y a pas de liberté humaine, au sens d'une liberté de choix. C'est une pure illusion – en quoi Schopenhauer est ici, malgré ses dires, beaucoup plus proche de Spinoza que de Kant : le libre arbitre, l'idée que je peux décider quelque chose, choisir entre des possibles, est une illusion totale. La vérité, c'est que derrière ces choix apparents, comme derrière ma conscience, c'est le vouloir qui œuvre à notre insu, comme le dit clairement Schopenhauer, dans un autre passage du *Monde comme volonté et comme représentation* : « Il est clair que la volonté se présente toujours comme l'élément primaire et fondamental, que sa prédominance sur l'intellect est incontestable, que celui-ci est absolument secondaire, subordonné, conditionné. » Voilà bien la généalogie : le monde clair de l'intellect, de la représentation, c'est-à-dire de la conscience, n'est pas simplement le sommet de l'iceberg : c'est un monde subordonné, conditionné, de part en part déterminé par ce qui s'agite dans les souterrains.

LES FONDEMENTS DU PESSIMISME PROVISOIRE DE SCHOPENHAUER

L'attitude du généalogiste, telle qu'on la voit, par exemple, à l'œuvre chez Freud ou Marx, consiste à expliquer le sommet par la base, la superstructure par l'infrastructure, la face visible de l'iceberg par ce qui se situe en dessous. Comme le souligne Clément

Rosset dans l'excellent petit ouvrage qu'il consacre à Schopenhauer (aux Presses universitaires de France : c'est la meilleure introduction qu'on puisse lire à son œuvre), ce dernier se livre en fait assez peu à ce genre d'explications. Il ne s'intéresse guère à ce que nous appelons aujourd'hui les « sciences sociales », à l'explication psychologique des névroses ou à l'explication sociologique des choix et des valeurs de telle ou telle classe sociale. Sa démonstration de l'absurdité du monde est purement philosophique. Elle repose au fond sur trois piliers qui expliquent son pessimisme, c'est-à-dire tout le premier versant de sa philosophie. Et là, nous allons voir comment le monde du vouloir s'oppose point par point aux illusions du monde de la représentation.

La triple opposition du monde de la volonté à celui de la représentation

Voyons d'abord ce qu'il en est de la prétendue rationalité que le point de vue de la représentation prétend déceler dans le monde. En réalité, toutes les explications scientifiques produites par l'intellect causal, explicatif, se perdent dans les sables, et ce pour une raison de fond que nous allons expliciter dans un instant : la causalité est elle-même sans cause.

De manière analogue, la prétendue finalité que l'univers idéal de la représentation prétend voir à l'œuvre dans les actions humaines est en réalité sans fin : nous croyons que nos actions ont un sens, parce que au niveau de la représentation, elles semblent en effet en avoir un ; mais en vérité, à un niveau plus profond, ce prétendu sens se perd lui aussi dans les sable, il est toujours, *in fine*, enraciné dans un non-sens absolu, il n'y a pas de sens du sens.

Mais il y a plus, et c'est ce dernier point qui va parachever le pessimisme : ce monde dénué de sens et de raison est également un monde d'ennui et de souffrance, le divertissement n'est, finalement, en rien divertissant – où l'on retrouvera un thème à la fois épicurien et pascalien. Selon une argumentation que Schopenhauer prétend développer de manière parfaitement rigoureuse, quasi démonstrative, la vie humaine oscille en permanence entre la souffrance et l'ennui.

Reprenons ces trois motifs fondamentaux du pessimisme, car ils méritent d'être argumentés en détail.

Les explications par la causalité se perdent dans les sables

Certains disciples de Schopenhauer se contentent parfois de jouer sur cette atmosphère pessimiste, dépressive, voire neurasthénique ; or il faut bien voir que Schopenhauer est un vrai philosophe : encore une fois, il ne s'agit pas de psychologie. Derrière cette vision d'un monde déchiré entre représentation et vouloir, on trouve une argumentation extrêmement puissante et, paradoxalement, très rationnelle, une argumentation qu'il emprunte du reste largement à Kant (et c'est sur ce point que la filiation qu'établit Schopenhauer avec l'auteur de la *Critique de la raison pure* est la plus juste). Bien qu'on arrive dans la conclusion à un irrationalisme total, il est rationnel qu'on adhère à l'irrationalisme – vous allez voir pourquoi.

Examinons d'abord la question de la causalité. Selon Schopenhauer, la causalité est elle-même sans cause, *grundlos* en allemand, c'est-à-dire « sans fondement », « sans fondations », comme le souligne ce passage du *Monde comme volonté et comme représentation* : « La volonté, comme chose en soi, est, ainsi que nous l'avons dit, en dehors du principe de raison, sous toutes ses formes ; elle est, par conséquent, sans raison *[grundlos]*. » Clément Rosset fait remonter cette argumentation de Schopenhauer à Hume, c'est-à-dire à l'idée que la causalité serait une simple croyance. Souvenez-vous de la façon dont Hume « déconstruit » l'idée de causalité. Selon Hume, en effet, nos explications scientifiques causales ne reposeraient que sur le bien fragile raisonnement par induction : j'ai observé dix fois que l'eau boue à cent degrés, alors j'en déduis qu'elle en fera autant la onzième fois. Je me mets donc à attendre qu'elle le fasse. Cette attente repose par conséquent sur une espèce de croyance qui ne vaut pas plus cher au fond que n'importe quelle croyance – par où Hume s'amusait à faire de la science une espèce de religion, pour ne pas dire de superstition comme les autres. De là, aussi, son fameux scepticisme, qui peut bien, en effet, avoir séduit Schopenhauer.

Mais, en réalité, ce n'est pas à Hume qu'il pense en l'occurrence, mais bien évidemment à l'argumentation développée par Kant dans la troisième antinomie de la *Critique de la raison pure*. Alors que Kant est un parfait rationaliste, grand admirateur de la méthode scientifique en général et de la physique de Newton en particulier, il n'en démontre pas moins dans ce célèbre passage de la première *Critique* que le principe de causalité est constamment miné par une contradiction dont il ne peut guère s'émanciper. Le savant cherche des causes des divers phénomènes qu'il observe : les causes du mouvement des planètes, des maladies, des tremblements de terre, etc. C'est là l'essence même de son métier : chercher à expliquer les phénomènes, à « sauver » les phénomènes comme disaient déjà les Grecs, c'est-à-dire à rendre raison – *rationem dare* en latin, *logon didonai* en grec – toutes ces formules anciennes décrivant déjà la science comme une volonté de chercher des causes.

Cependant, le principe de causalité s'empêtre de lui-même dans une espèce de contradiction insoluble : la série des causes ne peut jamais s'achever, de sorte qu'aucune explication scientifique ne peut être vraiment complète. Pourquoi ? Précisément parce qu'on ne peut pas arrêter l'application du principe de causalité : vous cherchez, par exemple, les causes de la guerre de 1914, et vous les trouvez dans un état antérieur, quelque part dans le passé ; mais l'histoire est continue, et ce passé lui-même a été forgé par une autre série de causes : vous cherchez alors toujours dans un nouvel état antérieur la cause de l'état que vous pouvez considérer à nouveau comme un effet. Le principe de causalité est donc, par définition même, une régression à l'infini : il nous fait constamment remonter de cause en cause. On cherche la cause de tel phénomène, puis la cause de la cause, puis à nouveau la cause de la cause de la cause, etc. Par conséquent, comme le dit Schopenhauer, l'explication se perd toujours dans les sables, car on ne trouve jamais la cause première, le point de départ : si on voulait arrêter la série en prétendant trouver une cause première, alors cette prétendue cause première serait elle-même sans cause, ce qui contredirait le principe de causalité. Du coup, même les explications les plus sublimes et les plus parfaites, les plus rationnelles, s'ouvrent ainsi sur le *grundlos*, sur le sans fond.

En définitive, c'est le principe de causalité lui-même qui nous emmène vers le « sans cause » : voilà l'absurde selon Schopenhauer. L'absurde ne vient pas du fait qu'on ne trouverait jamais de cause : ça, ce serait le scepticisme empiriste, que nous avons vu en évoquant la philosophie de Hume, lequel dit en effet : la causalité n'est qu'une croyance, parce qu'elle repose sur l'induction – j'attends que l'eau se mette à bouillir à cent degrés, mais je le fais uniquement par habitude, sans pouvoir vraiment rien prouver.

Ce n'est pas du tout cela que pense Schopenhauer : il ne dit pas que la science est fausse, qu'elle n'est pas certaine. Au contraire, c'est justement parce que la science fonctionne très bien que le monde est absurde : plus on trouve des explications solides aux phénomènes particuliers et, paradoxalement, plus on s'aperçoit, lorsqu'on regarde en dessous, dans les souterrains, que cette merveilleuse rationalité scientifique qui s'installe au niveau du monde de la représentation repose sur du vent : elle est « fondée » sur un abîme, un « non-fondement » absolu, une série infinie de causes elles-mêmes sans cause. Le principe de raison s'enracine dans l'absence totale de raison, le principe de causalité débouche sur le « *grundlos* » le plus abyssal. Toutes les explications scientifiques, y compris et même surtout les plus belles et les plus convaincantes, sont flottantes, elles sont comme un bouchon, certes parfait, très joliment dessiné, mais qui flotterait sur un océan, l'océan du vouloir. Schopenhauer part bien de Kant et non de Hume, lorsqu'il affirme que le principe de causalité se détruit lui-même. Toutes les explications scientifiques sont donc ouvertes sur l'infini de l'absurde : le vrai savant sait très bien qu'il n'atteindra jamais le savoir absolu, qu'il n'atteindra jamais l'explication de toutes les explications, la science achevée – *et c'est cela l'absurde par excellence, le tragique au cœur du monde.*

L'absurdité du monde démontrée par l'absence de cause première

On dira qu'il est peut-être possible, c'est le deuxième versant de l'antinomie kantienne, de poser quand même une cause première afin d'arrêter la série des causes. C'est ce que fait Leibniz : il pose Dieu comme cause première du monde. Il faut bien que le monde ait une raison d'être, qu'il ait été créé par quelqu'un, et on appelle Dieu cette cause première, ce fondement dernier de l'existence du monde. On peut même donner plusieurs versions de cette causalité : ou bien Dieu est sans cause, sans explication, mais alors on est dans l'irrationalité la plus totale ; ou bien Dieu est cause de soi, comme chez Spinoza, mais dans ce cas-là aussi, l'explication se mord la queue : comme dit Nietzsche, la cause de soi de Spinoza fait penser au célèbre baron de Münchhausen qui se tire par les cheveux pour sortir du marais où il s'est empêtré avec son cheval. Bref, on tombe à nouveau dans des absurdités métaphysiques.

On ne parvient donc jamais à détecter les forces premières, le fondement ultime du réel : il n'y a pas de cause première du monde. Par conséquent, le monde n'est pas seulement absurde, finalement irrationnel, mais il est en outre contingent : il pourrait même très bien ne pas exister, considération qui va donner une nouvelle dimension au sentiment de l'absurdité du monde, dimension qui sera notamment reprise et développée par Heidegger dans sa célèbre analyse de l'angoisse qui doit beaucoup à Schopenhauer.

Même si Heidegger cite très rarement Schopenhauer, il l'a de toute évidence fort bien lu, et on retrouve chez lui cette notion de contingence du monde déjà développée dans le *Monde comme volonté et comme représentation* : si on comprend que le monde est flottant, sans cause, que même les explications scientifiques les plus rationnelles et les plus belles s'ouvrent finalement sur le néant, sur le « sans fond », alors on comprend en même temps que le monde est contingent, que le monde pourrait ne pas être, puisqu'il n'est pas enraciné de façon fiable et garantie dans une cause première, comme chez Leibniz ou Spinoza, qu'il n'y a aucun être suprême qui pourrait nous assurer que le monde est nécessaire. C'est ce sentiment de flottement du monde, de contingence du monde, qui suscite ce que Schopenhauer appellera « l'étonnement philosophique » – et que Heidegger appellera de son côté « l'angoisse » (Sartre parlera, tout à fait dans le même sens, de la « nausée »).

Étonnement philosophique contre étonnement scientifique

L'idée, qui est absolument centrale dans l'œuvre de Schopenhauer, est fort bien exposée dans de nombreux passages du *Monde comme volonté et comme représentation*, par exemple, celui-ci :

> Si un homme ose soulever cette question : « Pourquoi le néant n'est-il pas plutôt que ce monde ? », le monde ne peut se justifier de lui-même, il ne peut trouver en lui-même aucune raison, aucune cause finale de son existence, il ne peut démontrer qu'il existe en vue de lui-

> même, c'est-à-dire pour son propre avantage. Dans ma théorie, la véritable explication est que la source de son existence est formellement sans raison : elle consiste, en effet, dans un vouloir-vivre aveugle, qui, en tant que chose en soi, ne peut être soumis au principe de raison, forme exclusive des phénomènes, et seul principe justificatif de toute question.

L'existence du monde appartient donc à l'univers du vouloir, lequel est totalement sans cause et ne présente aucune explication crédible. En d'autres termes, le monde est parfaitement contingent, il pourrait fort bien ne pas être. Je vous le disais, c'est cela que Schopenhauer appelle l'étonnement philosophique. Comme le montre fort bien Clément Rosset, il existe chez lui deux types d'étonnement : l'étonnement scientifique et l'étonnement philosophique. Comprendre cette distinction, c'est entrer dans le cœur de la philosophie de Schopenhauer. Il s'agit vraiment de sa racine la plus profonde. Essayons donc de la mieux comprendre.

L'étonnement scientifique, c'est celui du savant qui s'étonne devant une observation qu'il ne parvient pas à expliquer. C'est, par exemple, Claude Bernard qui s'étonne de la présence du sucre dans le sang de ses lapins et qui, en faisant une série d'hypothèses et d'expérimentations, va découvrir la fonction glycogénique du foie. Découvrir la cause d'un phénomène, c'est ce qu'on appelle une « découverte scientifique » et cela arrive presque tous les jours : on découvre la fonction d'un gène, la cause d'une maladie, d'un phénomène climatique, etc. Une fois la découverte publiée, le savant continue en général son travail de recherche, il passe, si je peux dire, à un autre étonnement ; puis lui ou l'un de ses successeurs trouve une nouvelle cause, fait une nouvelle découverte, etc. Cet étonnement scientifique est donc un étonnement de surface, un étonnement provisoire, qui appartient tout entier au monde de la représentation : il va de causes en causes, sans s'inquiéter des causes dernières qui n'appartiennent pas au domaine de la science, mais à celui de la métaphysique.

L'étonnement philosophique est tout à fait différent. C'est celui que nous voyons à l'œuvre chez celui qui ose poser la question de l'existence du monde : « Pourquoi y a-t-il quelque chose plutôt que rien ? » ; et qui, en plus, ose répondre à cette question : il n'y a pas de cause, pas de raison, le monde est gratuit, le monde est contingent, il est sans fondement, sans fond, ouvert sur l'abîme du vouloir, des forces aveugles. Ce n'est donc pas un étonnement qui porte, comme dans le cas du savant, sur les objets *intramondains*, les choses qui sont *dans* le monde ; c'est l'étonnement qui porte *sur le fait même qu'il y ait un monde*, qu'il y ait quelque chose plutôt que rien (il porte sur ce que Heidegger appelle l'Être, le mystère de l'Être en tant que tel, le mystère du « il y a » un monde).

Cet étonnement d'un tout autre ordre correspond très exactement à ce que Heidegger, dans *Qu'est-ce que la métaphysique ?*, appelle « l'angoisse » : l'angoisse naît du fait que l'on prend conscience que si le monde est sans fond, sans fondement dernier, alors il pourrait aussi bien ne pas exister ; il est flottant, contingent. Comme l'étonnement philosophique de Schopenhauer, l'angoisse chez Heidegger porte sur le fait même de l'Être, c'est-à-dire sur le fait qu'il y ait de l'Être, et non pas sur ce que Heidegger appelle les « étants », c'est-à-dire les choses qui sont à l'intérieur du monde.

C'est aussi ce que Sartre appellera la « nausée » – et Camus l'absurde, Sartre décrivant la nausée en ces termes proches de ceux de Schopenhauer et Heidegger : « Tout est gratuit, ce jardin, cette ville, et moi-même. Quand il arrive qu'on s'en rende compte ça vous tourne le cœur, et tout se met à flotter : voilà la Nausée. » C'est précisément l'étonnement philosophique dont parle Schopenhauer, qui porte sur la découverte que les plus belles causalités scientifiques sont elles-mêmes sans cause, ouvertes sur l'abîme de la contingence pure.

Nos actions n'ont pas de sens

Le deuxième trait du pessimisme de Schopenhauer porte, comme je vous l'annonçais, sur les actions humaines. Au niveau de l'intellect conscient, de la représentation claire, tout paraît sensé : je me lève de mon bureau pour aller acheter des cigarettes et toutes les opérations, toutes les actions que j'effectue alors – je prends mes clés, mon portefeuille, mon manteau, etc. –, s'enchaînent de manière sensée. Tout semble ici guidé par la liberté de choix et par des intentions claires : je choisis en toute connaissance de cause ce que je décide de faire.

Nous vivons toute la journée dans cet univers en apparence plein de sens, qui est celui de la représentation. Parfois, il y a bien quelques petites brisures, mais ce ne sont que des accidents de parcours : les lapsus, les actes manqués, une perte de mémoire – soudain, on s'aperçoit qu'on a fait quelque chose d'insensé, sans l'avoir choisi ni décidé. D'un seul coup, nos actes nous échappent – le travail du généalogiste, de l'analyste, par exemple, consistant justement à montrer que ces actes ont quand même un sens, mais inconscient, au niveau des souterrains. Je reviendrai plus loin sur la différence entre la généalogie freudienne et la généalogie schopenhauerienne, mais à ce premier niveau, l'idée est la même.

En apparence donc – sauf dans le cas de ces petits incidents, voire de la folie, du rêve, bref, des phénomènes pathologiques marginaux, situés hors des normes habituelles de la vie quotidienne –, tout dans l'univers de la représentation, dans ce que Heidegger appellera la « quotidienneté », la vie de tous les jours, fait donc sens.

Mais si on réfléchit un peu plus loin, si on pose la question du « pourquoi ? » à la façon de ces enfants qui répètent « pourquoi, pourquoi, pourquoi ? » à l'infini, comme tout à l'heure j'évoquais la cause de la cause de la cause, jusqu'à ce que les parents s'énervent, cette belle cohérence s'effondre : pourquoi est-ce que je vais acheter des cigarettes ? Pour fumer ; mais pourquoi est-ce que je fume ? Parce que je suis tombé dans l'addiction. Pourquoi, pourquoi, pourquoi ? Finalement, je ne sais plus. Les « pourquoi » s'enchaînent à l'infini : c'est sans fin, par définition. La question de la fin est sans fin, si je puis dire.

À ces enfants qui demandent sans cesse « pourquoi », les parents, irrités, finissent en général par répliquer : « Parce que c'est comme ça, et maintenant tu fais ce qu'on te dit ! » L'irritation des parents vient de ce qu'ils pressentent que la finalité est sans fin, et qu'à s'y intéresser, on sort de la sphère du raisonnable, de la sphère de la vie quotidienne « normale ».

On entre très exactement dans celle de l'étonnement philosophique. Comme le dit Schopenhauer :

> Ainsi, l'homme a toujours un but et des motifs qui règlent ses actions : il peut toujours rendre compte de sa conduite dans chaque cas. Mais demandez-lui pourquoi il veut, ou pourquoi il veut être, en général : il ne saura que répondre ; la question lui semblera même absurde.

C'est cette absurdité qui irrite l'homme ordinaire, c'est pour cette raison qu'il dit à l'enfant : « Ça suffit, maintenant tais-toi. C'est comme ça parce que c'est comme ça, voilà tout. » Et puis on passe à autre chose, en se disant : « Nous, dans le monde des adultes, on sait très bien à quoi sert tout ça. » Mais en réalité c'est évidemment l'enfant qui a raison : c'est lui qui est dans l'étonnement philosophique, alors que nous voulons refermer les choses pour que le monde ait un sens.

En résumé, dans l'univers de la représentation, tout semble avoir du sens, mais en réalité, c'est seulement parce que nous ne posons jamais la question *du sens du sens*. Mais si, par inadvertance, on la pose, on s'aperçoit que, tous les sens étant flottants, toutes les causes se perdant dans les sables, on plonge dans l'absurde. L'existence n'a pas de sens. Il me semble que Schopenhauer a raison sur ce point : d'un point de vue laïc, il y a des sens *dans* l'existence, mais il n'y a pas de sens *de* l'existence – c'est seulement si on se place d'un point de vue religieux, d'un point de vue chrétien par exemple, point de vue que toute la philosophie de Schopenhauer s'attachera à disqualifier, que le monde et l'existence peuvent retrouver un sens. Si Schopenhauer est un admirateur du bouddhisme, c'est en revanche pour cette raison un virulent critique de la pensée judéo-chrétienne.

Un monde de souffrance et d'ennui

Dans un passage du *Monde comme volonté et représentation*, Schopenhauer fait explicitement le lien entre les deux premiers piliers de son pessimisme (le monde est sans raison et dénué de sens) et le troisième, celui qui touche à la souffrance et à l'ennui. Je vous le lis (en indiquant, comme toujours, mes propres commentaires dans les parenthèses) :

> La variété des organisations, la perfection des moyens qui servent à conformer chacune d'entre elles en vue de son milieu et de sa proie [dans la nature, tout est merveilleusement bien finalisé : l'œil est merveilleusement bien fait pour voir, les poumons pour respirer, le cœur pour irriguer les muscles ; toutes ces organisations sont adaptées à leur fin, en tout cas leur fin apparente] présentent ici un contraste nettement tranché avec l'absence de tout but final soutenable ; à la place de cette fin, un instant de bien-être, une jouissance passagère, dont la condition préalable est le besoin, de longues et nombreuses douleurs, un combat incessant, *bellum omnium*, l'obligation pour chacun d'être tour à tour chasseur et gibier, tumultes, privations, misère et angoisse, cris et hurlements : voilà tout ce qui nous apparaît, et tout cela continuera ainsi, *in secula seculorum*, jusqu'à ce que l'écorce de notre planète vienne encore une fois à éclater.

Nous entrons là dans le troisième motif du pessimisme : au-delà du fait qu'il est sans cause et dénué de sens, notre monde est un monde de souffrance et d'ennui – ce qui n'arrange pas les choses. C'est même la cerise sur le gâteau. Si seulement, ainsi pense au fond Schopenhauer, le monde avait un sens, on pourrait accepter la souffrance ; si seulement, bien qu'il fût totalement dénué de sens, il était joyeux et gai, on pourrait accepter qu'il n'ait pas de sens ; mais si on a les deux, à la fois l'absence de sens et la souffrance, la vie vaut-elle vraiment la peine d'être vécue ? Nous sommes pris dans un étau : de là, le pessimisme.

Mais, au fait, pourquoi au juste le monde est-il souffrance ? Nous pouvons le dire simplement, d'autant que nous avons déjà rencontré ces mêmes argumentations chez d'autres philosophes : Schopenhauer reprend très largement les idées d'Épicure et de Lucrèce, ainsi que la critique pascalienne du divertissement.

Souvenez-vous de la façon dont Lucrèce et Épicure critiquent la logique du désir, cette logique qui fait que l'on consomme sans cesse des objets nouveaux, comme les enfants à Noël qui ouvrent les cadeaux avec émerveillement, mais les abandonnent au bout de quelques heures ou de quelques jours dans un coin de la chambre. La logique du désir, c'est la logique du manque, de l'insatisfaction permanente. C'est Don Juan qui constamment court après les filles, les « consomme », si je puis dire, avant de les jeter – dialectique de Don Juan où l'on voit que cette satisfaction se transforme toujours en insatisfaction : Don Juan se croit libre et souverain, mais il dépend en réalité des « objets » de son désir, il se croit tyran impérial, mais, comme un drogué, il est tyrannisé par ce manque qui se reconstitue sans cesse, de sorte que son insatisfaction est permanente. Une fois plongés dans cette logique du désir de consommation, nous n'aimons pas ce que nous avons, et nous cherchons toujours ce que nous n'avons pas. Je ne développe pas ce thème, que nous avons déjà rencontré dans *De rerum natura*, le poème de Lucrèce.

Outre le fait que nous perdons les gens que nous aimons (nous reviendrons dans quelques instants sur cette question cruciale, je veux dire celle de la mort, qui est bien évidemment liée à la problématique du bonheur : l'art du bonheur selon Schopenhauer sera essentiellement l'art de vaincre la peur de la mort), c'est la logique de l'addiction qui nous plonge dans l'ennui et dans la souffrance – thème également développé dans le bouddhisme qui montre comment la logique du désir nous empêche d'habiter le présent : nous vivons toujours dans le passé ou dans le futur, presque jamais dans l'amour de ce qui est là, dans la réconciliation avec l'ici et le maintenant – là aussi, je ne développe pas davantage, ce sont des thèmes que nous avons déjà suffisamment rencontrés chez d'autres penseurs.

J'insisterai en revanche davantage sur l'autre aspect de ce troisième pilier du pessimisme, à savoir l'ennui. Il s'agit d'un thème, lui aussi très profond, que Heidegger reprendra également dans son œuvre, par exemple dans *Qu'est-ce que la métaphysique ?* L'ennui est lié à la structure du sens que nous avons déjà évoquée, cette structure qui fait qu'en fin de compte, la quête indéfinie du sens se renverse en non-sens, la répétition de la question « pourquoi » se perdant, comme celle de la causalité, dans les sables.

Arrêtons-nous encore à cette idée : dans le monde de l'utilité, de l'utilitaire, de « l'outil », comme dit Heidegger, on est sans cesse en train de chercher l'utilité de ce qu'on fait, non pas en régression vers les causes, mais en progression vers les fins. Sur ce point, Heidegger et Schopenhauer disent exactement la même chose : si le monde n'est vu que sous ses aspects utilitaires, comme un vaste réservoir d'objets destinés seulement à satisfaire l'appétit des hommes, alors c'est un monde de l'ennui, un monde de la pure consommation où l'on glisse constamment d'une chose à une autre sans jamais trouver un sens ultime, un sens du sens.

J'avais un jour rencontré en Pologne un artiste qui avait pour principe de faire des expositions avec des objets techniques, des objets de préférence très utiles, qu'il sortait de leur chaîne d'utilité : une fois mis hors jeu, une fois sortis de cette chaîne d'utilité, les objets prenaient soudain une épaisseur visuelle, une épaisseur dans l'espace, et on redécouvrait la possibilité de les voir. Mettez une voiture au milieu d'un salon, une locomotive dans la cour d'un immeuble et, tout à coup, vous voyez ces machines d'un tout autre œil, d'un œil qui ne glisse plus sur ces objets qu'on ne perçoit pratiquement plus quand ils sont dans leur contexte utilitaire, garés dans une rue, roulant sur une voie de chemin de fer. Quand elle était sur les rails, dans la gare, on ne voyait pas la locomotive, parce qu'elle était prise dans une chaîne d'utilité : on ne la voyait que comme objet qui sert à quelque chose. Mais quand on sort la locomotive de la gare, qu'on la pose dans un musée où elle n'a rien à faire, alors on la voit : on voit le « phénomène », l'occupation de l'espace, on voit à quel point la bête est impressionnante, à quel point c'est un monstre, à quel point elle véhicule une idée de puissance ; et cela devient un objet presque beau, en tout cas visible au sens le plus fort du terme, un objet « esthétique » au sens premier du mot (*aisthesis* désignant en grec la sensation).

Dans *Être et Temps*, Heidegger prend un exemple analogue, celui de la montre cassée : quand elle s'arrête de fonctionner, on découvre tout à coup la montre comme objet esthétique à proprement parler. Tout cela participe de la même idée : quand on est constamment pris dans la chaîne des utilités, on finit par ne plus voir le monde, on le consomme, mais on finit par s'ennuyer.

Deux perspectives généalogiques

Une dernière remarque, avant de parler de l'art du bonheur et d'examiner comment tout l'édifice de la philosophie de Schopenhauer, qui semblait devoir s'arrêter avec un pessimisme total, va en réalité basculer pour se reconstruire de manière finalement très optimiste (trop même, à mon sens, s'agissant de la promesse de vaincre la peur de la mort, mais nous y reviendrons...) – retournement de situation qui ne paraît pourtant pas aisé, vu les difficultés d'où nous partons et les défis qui sont ceux de Schopenhauer. Ma remarque portera sur la nature de la généalogie de Schopenhauer et sur le clivage, l'opposition qui sépare entre elles les philosophies du soupçon d'avec les sciences (sociales) du soupçon telles que le marxisme et la psychanalyse.

On trouve en réalité deux types de généalogies assez différentes : d'un côté celle de Schopenhauer et Nietzsche, qui sont des généalogies proprement philosophiques, de l'autre celles de Freud et Marx, qui prétendent à la scientificité et qui se veulent clairement en rupture avec la philosophie. Ces deux généalogies partent sans doute du même principe, c'est-à-dire de l'idée qu'on regarde derrière le manifeste, la représentation, la conscience, pour rechercher les souterrains, le vouloir, l'inconscient, l'« infrastructure » comme dit Marx. Elles n'en sont pas moins à l'arrivée fort différentes, la généalogie philosophique ayant, aussi bien chez Schopenhauer que chez Nietzsche, une radicalité infiniment plus grande que celle des sciences sociales.

Voyons d'abord ce qu'il en est chez Marx et pour une large part aussi chez Freud : en vérité, Marx et Freud se concevaient eux-mêmes comme des savants, comme des scientifiques qui cherchent des explications, non pas du monde, comme les métaphysiciens, mais des phénomènes situés *dans* le monde et observables en son sein. Freud cherche à expliquer la folie, les rêves, les lapsus, les actes manqués, les névroses et les psychoses, bref, tous les symptômes plus ou moins pathologiques de la vie psychique. De la même manière, Marx développe une critique, d'ailleurs elle aussi passionnante, des idéologies : dans *La Question juive*, il élabore par exemple une critique des droits de l'homme – à mon avis tout à fait fausse, mais en tout cas puissante – comme superstructure du capitalisme moderne, comme idéologie du monde bourgeois ; il essaie, par exemple, de montrer que ce nouveau monde, celui du capitalisme, a besoin d'affirmer que tous les êtres humains sont libres et égaux en droit pour que les inégalités puissent s'installer en fait, pour que le salariat se développe correctement, pour faciliter le marché du travail, etc. Il s'agit là, du moins dans l'esprit de Marx, d'une explication qui se veut scientifique, qui relève de l'étonnement du savant, pas de la philosophie, que Marx, très explicitement, ne cesse de renvoyer à l'idéologie, au monde de l'illusion.

Freud et Marx cherchent donc des causes : et même s'ils les recherchent dans l'inconscient (psychique ou social, peu importe), ils restent malgré tout eux-mêmes dans ce que Schopenhauer appelle le monde de la représentation. Évidemment, ils disent que pour bien expliquer ce qui se passe dans le monde de la représentation, il faut aller dans les souterrains ; mais au fond, il s'agit plutôt de rendre clairs les souterrains, de les faire sortir de l'ombre, de rendre les inconscients plus conscients, plutôt que de les manifester comme souterrains irréductibles, comme une part d'obscurité qu'on ne parviendra jamais à rendre claire. Marx et Freud demeurent finalement dans l'optique de la science, ce sont encore des héritiers des Lumières. Bien sûr, ils découvrent eux aussi l'inconscient, mais ils le découvrent comme quelque chose à résorber et dont on va se servir comme d'une sorte de causalité pour rendre raison des symptômes, des idéologies, etc. – comme tout scientifique rend raison de quelque phénomène que ce soit. En fin de parcours, le savant reconstitue le monde de l'intellect, de la représentation claire et consciente, ce que Schopenhauer tiendrait à coup sûr pour une naïveté ; il referme pour ainsi dire le conscient sur l'inconscient. Il se place lui-même dans une position d'extériorité, sujet de la science, sujet supposé savoir : Freud pense qu'il sait, et que la psychanalyse est une science ; Marx pense qu'il sait, et que sa sociologie est une science. En ce sens, ils pensent avoir en quelque façon vaincu la part d'inconscient en eux, c'est en tout cas leur idéal.

Schopenhauer ne pense évidemment pas, pas plus que Nietzsche, que sa philosophie puisse être une science : au contraire, il ne cesse d'opposer, comme nous l'avons vu, l'étonnement philosophique à l'étonnement scientifique. Quant à Nietzsche, il ne cesse d'expliquer à longueur de pages que la volonté de vérité qui anime la science est l'illusion métaphysique par excellence.

Qu'est-ce que cela veut dire, et en quoi cela fait-il signe vers une tout autre conception, infiniment plus radicale, de la généalogie ? D'abord, cela veut dire que Schopenhauer et Nietzsche font exploser l'idée traditionnelle de vérité qui domine d'ordinaire l'activité scientifique. Comme nous l'avons vu chez Schopenhauer, la raison, finalement, est absurde, la recherche rationnelle des causes s'avère être en dernière instance une pure illusion, puisque cette recherche se perd dans l'indéfini, de sorte que rien n'est jamais vraiment rationnel. Ou, pour mieux dire : il est démontrable rationnellement qu'il y a de l'irrationnel et même que cet irrationnel est le fond du monde, qu'il est semblable à la partie immergée de l'iceberg, à ceci près que, contrairement à ce que penseront Marx et Freud, on ne peut pas faire le tour, prendre la mesure de cette partie cachée parce qu'elle est un abîme infini.

Dans la perspective généalogique ouverte par Schopenhauer – que Nietzsche développera de la manière la plus claire, la plus éclatante –, l'interprétation généalogique, l'interprétation que le philosophe fait de telle ou telle morale, est elle-même ouverte sur les souterrains du philosophe, de sorte que l'interprétation ne peut jamais se clore, elle ne peut jamais prétendre rendre l'inconscient conscient, ni rendre le réel totalement rationnel : c'est là le point crucial, le moment spécifique qui différencie radicalement les deux types de généalogies. Examinons-le donc encore d'un peu plus près.

Les cachettes de la philosophie

Vous vous souvenez du passage de *Par-delà le bien et le mal* que j'ai cité tout à l'heure. Nietzsche y disait que « Toute interprétation est elle-même une cachette ». Le philosophe n'a pas de conviction certaine, il n'atteint jamais la fondation ultime, jamais le savoir absolu. Même quand Nietzsche s'amuse à dire, par exemple, que le christianisme véhicule une haine des sens, de la sexualité, du corps, même quand il semble absolument certain de la justesse d'une de ses interprétations, en vérité il avoue lui-même que sa propre interprétation est une cachette, un masque ouvert sur ses propres souterrains.

De la même manière – et c'est du reste en quoi une interprétation philosophique, disons nietzschéenne ou schopenhauerienne, de la psychanalyse est tout à fait possible –, le psychanalyste devrait reconnaître que ses interprétations sont elles aussi ouvertes sur son propre inconscient. L'inconscient ne se résorbe jamais entièrement, celui du psychanalyste pas plus que les autres. Il a beau avoir fait une analyse pendant vingt ans, il a quand même toujours un inconscient. D'ailleurs aucun psychanalyste sérieux ne vous dirait : « Ça y est, j'ai parfaitement tiré au clair mon inconscient, je ne suis plus un sujet brisé, j'ai réconcilié en moi ce que Schopenhauer appelle la représentation et le vouloir, je suis identique à moi-même. » Un cartésien pourrait peut-être déclarer ce genre de choses, pas Freud. Normalement, Freud devrait dire :

« Les interprétations que je propose sont des “perspectives” », au sens que Nietzsche donne à ce terme, c'est-à-dire des interprétations qui peuvent elles-mêmes à leur tour être soumises à interprétation.

Voilà pourquoi dans *Le Gai Savoir*, au paragraphe 374, Nietzsche affirme, avec une profondeur inquiétante, qu'il faut désormais accepter l'idée que les interprétations sont infinies, qu'aucune interprétation ne se clôt sur elle-même. C'est pour cette raison qu'il appelle le monde de l'interprétation « notre nouvel infini ». On retrouve la même idée dans cette sentence célèbre – peut-être la plus importante dans toute l'œuvre de Nietzsche : « Il n'y a pas de faits, il n'y a que des interprétations. » Pourquoi ? Parce qu'il n'y a que des perspectives sur le monde, et toute perspective est elle-même une perspective de perspective, une interprétation interprétable, et ainsi de suite jusqu'à l'infini. C'est cela, le sujet brisé : il n'y a plus de sujet qui puisse se clore sur lui-même dans une vérité absolue. Comme le dira Lacan : « Il n'y a pas de métalangage. » En effet, il n'existe pas de langage de la science qui serait au-dessus du monde de l'inconscient, du monde du vouloir : la science elle-même se trouve dans le sommet de l'iceberg, pas dans les souterrains. C'est de ce point de vue-là que la généalogie de Nietzsche et de Schopenhauer diffère grandement de la généalogie de Marx et de Freud – même si, en vérité, il est possible d'interpréter Freud des deux façons.

En quoi vous voyez qu'il y a bel et bien deux généalogies différentes au sein de ce que Ricœur appelait de manière peut-être un peu trop globalisante les « philosophies du soupçon » : d'un côté une généalogie scientifique, voire scientiste, qui essaye d'interpréter le conscient à partir de l'inconscient, tout en faisant de l'inconscient une espèce de cause de ce qui se manifeste dans les hauteurs claires ; de l'autre, une généalogie philosophique, qui, elle, va beaucoup plus loin dans la déconstruction des illusions de la conscience en partant de l'idée que les interprétations généalogiques, les soupçons généalogiques, sont eux-mêmes ouverts sur le monde abyssal et sans fond du vouloir, et par conséquent sans possibilité de se clore dans une vérité ultime.

APPRENDRE À VIVRE : L'ART DU BONHEUR SELON SCHOPENHAUER

En partant de cette analyse d'un monde sans raison et sans finalité, d'un monde source de souffrance et d'ennui, comment sortir du pessimisme pour aller vers ce que Schopenhauer appelle « L'art du bonheur » ? Comment « apprendre à vivre » avec une philosophie de ce type ? Je précise à nouveau qu'« apprendre à vivre » est bien l'expression que Schopenhauer utilise lui-même, même si nombre de ses disciples semblent l'avoir oublié aujourd'hui au point de tourner l'expression en dérision sans se rendre compte qu'ils se moquent ainsi de leur propre maître, de celui qu'ils appellent curieusement, non sans une certaine servilité, le « patron ».

Sortir de la tyrannie du vouloir

Schopenhauer propose trois manières de sortir de la tyrannie du vouloir – parce que c'est cela la problématique du bonheur : comment échapper à ce tyran qu'est le vouloir ? Si on ne vivait que dans le monde de la représentation, tout irait bien, mais malheureusement, ce monde de la représentation est disqualifié en permanence par la réalité du vouloir où l'absurdité de l'existence est éclatante. Comment, donc, mettre fin à la tyrannie du vouloir ?

C'est sur ce point que Schopenhauer et Nietzsche se sépareront véritablement. En effet, Nietzsche pose exactement la question inverse : non pas comment fuir le monde du vouloir et sa tyrannie, mais, à la limite, comment lui dire « oui », comment même intensifier ce fameux vouloir en y mettant de l'harmonie, du « grand style », comment dire « oui » au monde de la volonté de puissance ? Schopenhauer, lui, prend cette autre voie : non pas adhérer à la vie, au vouloir, à la volonté de puissance, mais au contraire essayer de trouver des stratégies pour s'en extraire.

Et il nous propose dans cette perspective trois stratégies, en quelque sorte trois voies vers le « salut » qu'il faudra suivre si l'on veut, selon son « art du bonheur », parvenir à la vie bonne, à la sérénité véritable, à ce que les bouddhistes appellent le « nirvana ».

La première voie est celle de l'art en tant que consolation. L'art nous permet d'échapper à la vie des pulsions, à la tyrannie du vouloir aveugle, irrationnel et dépourvu de sens. On peut donc s'y plonger, pour ne pas dire s'y réfugier – Nietzsche accordera à l'art une fonction rigoureusement inverse : non pas un remède contre les forces aveugles de la volonté de puissance, mais tout au contraire leur intensification la plus vive. Je ne développe pas davantage ce point, mais je vous renvoie sur l'esthétique de

Schopenhauer, à l'excellent petit livre que Clément Rosset lui a consacrée.

Ensuite, à titre de deuxième voie vers le salut, entendu au sens propre, comme un moyen de se « sauver » du monde de la volonté, Schopenhauer propose une morale de la pitié assez proche de celle de Rousseau. C'est, à certains égards, un des fondateurs de la philosophie de l'écologie : pitié pour les animaux, les arbres, les plantes – souvenons-nous qu'il léguera toute sa fortune à son caniche – bref, compassion pour toutes ces formes de vie dénuées de sens et vouées à la souffrance. Là non plus, je ne développe pas, car ce n'est sans doute pas l'aspect le plus original de sa pensée.

Enfin, Schopenhauer ouvre une troisième voie, à laquelle je voudrais m'intéresser davantage parce qu'il s'agit de la plus essentielle, la plus contestable à mes yeux aussi, celle que Schopenhauer emprunte pour une large part au bouddhisme : c'est la voie de la victoire sur les peurs et notamment de la peur de la mort. *In fine*, c'est toujours cela qui nous rend le plus malheureux : la tyrannie de la peur, une peur née du constat de l'absurdité du monde.

De la philosophie comme remède à la peur de la mort

Vaincre les peurs : voilà le grand thème de l'art du bonheur. Vaincre d'abord et avant tout la peur de toutes les peurs, la peur fondamentale, la peur de la mort. Voilà pourquoi Schopenhauer affirme que toute sa philosophie – il dit bien « toute sa philosophie » – est philosophie de la mort. Ce n'est pas anecdotique. Lucrèce et Épictète tiennent déjà le même discours : toutes nos pensées doivent tendre à vaincre « la peur de l'Achéron », dit Lucrèce, le fleuve des Enfers, symbole de la mort.

Schopenhauer pense que sans la peur de la mort, il n'y aurait jamais eu de philosophie, ni de religion. Avec beaucoup de profondeur et de justesse, il associe philosophie et religion comme les deux disciplines de l'esprit qui partagent un même projet, celui de vaincre l'angoisse métaphysique par excellence. Avec une profondeur non moins grande, il comprend que religion et philosophie, bien que partageant ce projet commun, tentent chacune à leur façon, qui est fort différente, de le mener à bien : les unes par Dieu et par la foi, les autres par l'homme et par la lucidité de sa raison – ce que j'appelle une « spiritualité laïque », une « doctrine du salut sans Dieu ». Schopenhauer est l'un des très rares philosophes contemporains à avoir non seulement compris, mais parfaitement explicité la vraie définition de la philosophie comme doctrine du salut sans Dieu. Il le dit à sa façon, qui est limpide, dans ce passage du *Monde comme volonté et comme représentation* (je mets mes commentaires entre parenthèses) :

> La mort est proprement le génie inspirateur, le musagète de la philosophie, et Socrate a pu d'ailleurs la définir comme une « préparation à la mort » [c'est le fameux thème platonicien, socratique, selon lequel philosopher, c'est apprendre à mourir – thème qui sera repris et popularisé par Montaigne]. Sans la mort, il n'y aurait sans doute pas de philosophie. Cette réflexion, source de l'idée de la mort, nous élève à des opinions métaphysiques, à des vues consolantes, dont le besoin comme la possibilité sont également inconnus de l'animal. C'est avant toute chose vers ce but que sont dirigés tous les systèmes

religieux et tous les systèmes philosophiques. Ils sont ainsi d'abord et avant tout comme le contrepoison que la raison, par la force de ses seules médiations, fournit contre la certitude de la mort [il s'agit bien ici de la raison philosophique, et non pas de la raison scientifique : je le précise pour qu'on ne pense pas que Schopenhauer se contredirait]. Ce qui diffère, c'est la mesure dans laquelle ils atteignent ce but, et sans doute telle religion, telle philosophie, rendra l'homme bien plus capable que tel autre de regarder la mort en face, d'un œil tranquille [évidemment, Schopenhauer pense que sa propre philosophie sera beaucoup plus utile que celle des autres pour dépasser la peur de la mort…]. C'est la connaissance des choses de la mort et la considération de la douleur et de la misère de la vie qui donnent la plus forte impulsion à la pensée philosophique et à l'explication métaphysique du monde. Si notre vie était infinie et sans douleur, il n'arriverait peut-être à personne de se demander pourquoi le monde existe, et pourquoi il a précisément cette nature particulière.

C'est donc la souffrance, et notamment la souffrance liée à l'absurdité de la mort, qui nous pousse vers la philosophie comme consolation, comme élaboration de vues consolatrices supérieures encore à celles que nous offrent l'art et la morale.

L'immortalité de l'espèce

Je voudrais maintenant vous montrer très concrètement comment cet art du bonheur, entendu comme victoire sur les peurs, et notamment sur celle de la mort, s'élabore en trois étapes. J'indiquerai simplement le squelette de l'argumentation (si j'ose dire), son schéma directeur. Chacun pourra ensuite approfondir la réflexion en lisant les textes de Schopenhauer – contrairement à celle des autres philosophes allemands de son époque, son œuvre présente l'avantage d'être très claire.

L'idée directrice est très simplement la suivante : le sage – le sage, selon Schopenhauer, bien sûr –, c'est celui qui ayant parcouru toutes les étapes de la réflexion philosophique s'avère capable de passer de la philosophie (qui est amour, c'est-à-dire quête de la sagesse : *philo-sophia*), à la sagesse elle-même, à la sagesse vécue et pratiquée grâce à un parcours qui va lui permettre de se définir à la limite comme celui qui n'a plus peur de la mort. Telle est l'essence du sage, où l'on retrouve au passage une définition bouddhiste, mais aussi stoïcienne et épicurienne de cet individu singulier pour lequel la mort n'est plus rien. Voici d'ailleurs ce que déclare très clairement sur ce point Schopenhauer : « Il n'y a que les têtes étroites et bornées pour redouter sérieusement dans la mort la destruction totale de l'être ; quant aux esprits vraiment privilégiés, de telles craintes sont bien loin d'eux. » Une tête bien faite, une tête philosophique, a vaincu l'angoisse et, comme je vous l'annonçais, elle parvient à vaincre à partir de trois considérations essentielles.

Premièrement, le sage est celui qui comprend que seul l'individu meurt, pas l'espèce. Si je rapporte cette idée aux catégories fondamentales de la philosophie de Schopenhauer, cela veut dire que la mort n'habite que le monde de la représentation, pas celui du vouloir. Il faut bien voir pourquoi, ce qui n'est peut-être pas évident à première vue. En effet, aux yeux de Schopenhauer, la notion d'individu est une pure illusion de la conscience, une illusion qui appartient de part en part au monde de la représentation, pas à celui du vouloir, lequel ignore complètement, en tant que tissus de forces aveugles, l'idée même d'individualité. Le principe d'individuation est un principe propre à l'univers de la représentation. Or, bien évidemment, et c'est là la deuxième étape du raisonnement, c'est l'individu qui meurt, pas le vouloir, pas la vie en général, pas l'espèce. La mort de l'individu est donc une notion qui tout entière appartient au monde, illusoire et superficiel, de la représentation. Bien entendu, c'est incontestable, les individus disparaissent : l'individu comme conscience claire, comme personne, comme individualité repliée sur elle-même et consciente d'elle-même, cet individu-là meurt effectivement, c'est indubitable. Mais comme rien ne se crée et que rien ne se perd dans le monde du vouloir où rien ne disparaît jamais (selon la physique de Newton elle-même, la quantité de force dans l'Univers est constante, invariable), le sage sait très bien que s'il meurt au niveau de la représentation – un niveau illusoire, dénué d'importance –, au niveau du vouloir il ne meurt pas, il reste une force de la nature.

Souvenez-vous, nous avions rencontré une idée très proche déjà chez les stoïciens : le sage qui comprend qu'il est un fragment du cosmos, un atome cosmique, comprend en même temps que la mort n'est qu'un passage, une transition entre un état conscient et un état inconscient, mais pas une destruction totale de l'être. Schopenhauer cite dans le même sens, et sa référence est ici tout à fait pertinente, cette célèbre sentence de Spinoza selon laquelle « nous sentons et nous éprouvons (nous expérimentons) que nous sommes éternels ». Si nous sommes assez sages, c'est-à-dire si nous sommes capables de ne pas en rester au niveau superficiel de la représentation pour considérer enfin la constance et la stabilité qui règnent au niveau de cet immense réservoir d'énergie qu'est le monde du vouloir, alors oui, nous sentirons et nous éprouverons nous aussi que nous sommes éternels, ce qui nous permettra assurément de vaincre les peurs.

Écoutons Schopenhauer : « L'espèce, voilà ce qui vit toujours, et dans la conscience de l'immutabilité de l'espèce et de leur identité avec elle, les individus existent, confiants et joyeux. » Voici le principe du bonheur : je suis « confiant et joyeux » quand j'ai compris que je ne meurs pas ; je ne meurs que comme individu, ce qui n'a pas d'importance, puisque l'individu est une illusion :

> La volonté de vivre se manifeste dans un présent sans fin, parce que le présent est la forme de la vie de l'espèce. Par là, l'espèce ne vieillit pas mais reste toujours jeune : la mort est pour elle ce que le sommeil est pour l'individu, ou ce qu'est pour l'œil le clignement des paupières. Telle est l'immortalité dans le temps. C'est par suite de cette immortalité que, malgré les milliers d'années de mort et de décomposition, il ne s'est encore rien perdu, aucun atome de matière n'a encore disparu, et moins encore une seule parcelle de l'essence intime qui se présente à nous sous l'aspect de la nature. Aussi pouvons-nous nous écrier à tout moment d'un cœur joyeux : malgré le temps, malgré la mort et la décomposition, nous voici encore tous réunis !

Voyez bien l'idée qui fonde ce qu'on peut bien maintenant appeler « l'optimisme » de Schopenhauer : au bonheur de savoir que nous sommes éternels au niveau de l'être réel, au niveau du vouloir, s'ajoute l'idée que nous formons une communauté des êtres, une communauté avec les plantes, les animaux (d'où la morale de la pitié et « l'écologisme » de Schopenhauer) : nous sommes séparés par le principe d'individuation au niveau illusoire de la représentation, mais au niveau réel du vouloir, nous formons une communauté. CQFD !

La *deuxième idée fondatrice* de l'art du bonheur est liée à la critique que Schopenhauer fait de l'approche chrétienne de la mort. À ses yeux, cette approche est absurde, stupide. Le christianisme nous promet que l'individu va se survivre à lui-même, comme individu, comme personne. Il nous promet donc l'absurdité même, c'est-à-dire, non pas l'éternité, mais l'immortalité personnelle. Or, comme nous venons de le voir, l'individu meurt à l'évidence. Ce qui survit, c'est l'espèce, c'est le vouloir en général.

En quoi Schopenhauer s'oppose ici radicalement au judéo-christianisme, mais aussi bien à toute espèce de philosophie personnaliste, au cartésianisme comme à la philosophie individualiste des Lumières – laquelle, pour Schopenhauer, n'est qu'une sécularisation de l'idée chrétienne (ce en quoi il a raison). En contrepoint, on trouve chez lui une véritable célébration du bouddhisme, seule grande vision du monde (sans doute avec le stoïcisme) qui soit réellement capable de penser cette communauté des êtres au niveau du vouloir : nous appartenons tous à un ordre cosmique, et nous sommes en lien les uns avec les autres dans l'éternité du cosmos.

Vive la mort !

Allons jusqu'au bout de la pensée de Schopenhauer. Vous allez voir à quel point le pessimisme se transforme en un optimisme presque délirant – là aussi, ses épigones neurasthéniques feraient bien de relire les textes de leur philosophe favori : non seulement la mort n'est plus à craindre, puisque notre communauté au niveau du vouloir est une communauté d'éternité, mais elle est même une grande chance, nullement un mal auquel il faut s'habituer, mais une perche à saisir. La mort est une grande chance parce qu'elle va nous permettre de nous libérer de l'illusion suprême, de l'illusion par excellence, celle, justement, de l'individualité, l'illusion que nous sommes des consciences claires et personnelles. La vraie sagesse réside donc dans la mort.

C'est en ce sens que Schopenhauer ne cesse de dire : « J'aspire à la mort. » Il ne s'agit pas d'une incitation au suicide, parce que ce dernier serait encore un piège de la conscience : je décide consciemment de me suicider, je prends le suicide comme but. Le suicide est, lui aussi, une illusion qui participe du monde de la représentation. Schopenhauer exclut donc très clairement l'hypothèse du suicide, mais en revanche, il aspire à la mort en tant que réconciliation avec le monde, avec le cosmos, avec ce vouloir que, pourtant, il entend fuir par l'art dans la vie de tous les jours. On a là un mysticisme de la mort, au sens propre : si le mystique est celui qui veut se réconcilier avec Dieu, Schopenhauer est celui qui veut sortir de la représentation pour se réconcilier avec le vouloir, et seule la mort peut nous aider à y parvenir.

Voilà à cet égard un passage du *Monde* – on en trouve d'innombrables dans le même sens – particulièrement limpide :

> Par-dessus tout, la mort est la grande occasion de n'être plus le moi : heureux alors qui sait en profiter.

> [Voyez jusqu'où cela va : il y a un bonheur de la mort !] [...] La mort est le moment de l'affranchissement d'une individualité étroite et uniforme, qui loin de constituer la substance intime de notre être, en représente bien plutôt comme une sorte d'aberration...

La substance intime de notre être est le vouloir, et non pas cette représentation du moi comme petite conscience, comme individu superficiel, à quoi je m'accroche dans la peur de la mort. Selon le bouddhisme, la vraie liberté consiste à se déprendre du moi ; le dalaï-lama y revient souvent : il ne s'agit pas tant de libérer le moi que de s'en libérer – une formule tout à fait en harmonie avec la pensée de Schopenhauer.

Je reprends le texte :

> De là, semble-t-il, cette expression de paix et de calme qui se peint sur le visage de la plupart des morts. En général, la mort de tout homme de bien est douce et tranquille ; mais mourir sans répugnance, mourir volontiers, mourir avec joie est le privilège de l'homme résigné, de celui qui renonce à la volonté de vivre et la renie...

Et, plus loin, il ajoute :

> La mort est la grande leçon infligée par le cours des choses à la volonté de vivre, et plus intimement encore à l'égoïsme, qui en est l'élément essentiel ; on peut la concevoir comme un châtiment de notre existence : c'est la destruction violente, due à l'intrusion d'une force externe, de l'erreur fondamentale de notre être : c'est la grande désillusion [au sens où on en finit avec les illusions, pas au sens de malheur : la traduction porte à confusion]. Nous sommes au fond quelque chose qui ne devrait pas être ; aussi cessons-nous d'exister.

Bref : à la limite, vive la mort ! La mort est un bonheur, le bonheur de parvenir enfin à se libérer des illusions du moi.

Deux difficultés

Deux observations, encore, en guise de conclusion.

Comme le note Clément Rosset, malgré son admiration pour Schopenhauer (et pour Spinoza, qui pose le même type de question), il y a quand même un problème, à mon avis bien difficile à éluder et plus encore à résoudre, dans son œuvre. Schopenhauer est un grand penseur, et je cherche toujours à présenter les grands penseurs sous leurs meilleurs aspects : avant de critiquer, il faut déjà comprendre. Reste, malgré tout, deux points très problématiques que je voudrais vous indiquer, non pas par esprit de critique, mais parce que ces difficultés auront une longue postérité et donneront lieu à des discussions d'une réelle profondeur.

Le paradoxe du libre arbitre

La première difficulté, c'est qu'il existe à propos de la question du libre arbitre, donc de la liberté de choix, une contradiction majeure – ce que les logiciens appelleraient une « contradiction performative » – dans l'œuvre de Schopenhauer, comme d'ailleurs dans celle de Nietzsche et de Spinoza. Il s'agit toujours du même problème : alors qu'on a totalement nié le libre arbitre, qu'on a complètement déconsidéré l'idée de liberté – entendue comme une faculté de choisir entre des possibles, entre des destinées différentes – en la décrivant comme une illusion de la conscience et de la représentation, on ne peut pas s'empêcher de la réintroduire subrepticement, de manière parfaitement illégitime, pour donner quand même un minimum de sens à l'idée d'une quête de la sagesse. Comme par miracle, à ce niveau, les humains retrouvent dans ces philosophies qui pourtant la nient radicalement une certaine marge de manœuvre, une liberté de choix entre rester de stupides chrétiens individualistes attachés à leur ego, ou devenir des sages bouddhistes stoïciens, acceptant la mort avec joie et se fondant dans l'océan du vouloir.

Comme le note Clément Rosset, c'est là un vrai problème : dire que la sagesse dépend d'un choix de la volonté – au sens kantien – c'est, qu'on le veuille ou non, réintroduire une part de ce libre arbitre qu'on s'est pourtant acharné à disqualifier par ailleurs. Du reste, à quoi bon écrire toute cette philosophie, si ce n'était parce que Schopenhauer – comme Spinoza – pense qu'il concourt à la sagesse, qu'il offre à l'humanité une possibilité d'existence dans la vie philosophique qui n'existerait pas sans son propre travail de réflexion ? De très nombreux passages de l'œuvre de Schopenhauer (comme d'ailleurs de celle de Spinoza ou de Nietzsche) – je ne les cite pas, pour éviter de trop alourdir ce chapitre – confirment le fait qu'on réintroduit, sans pourvoir en rien le justifier, cette notion de libre arbitre comme possibilité de choisir entre deux voies : la voie de l'individualisme égotique, hérité du christianisme, et la voie du vouloir-vivre, hérité du bouddhisme.

Réconciliation avec le monde et bonheur de l'existence

Enfin, une deuxième difficulté me semble liée à cette étrange conviction que l'existence oscillerait nécessairement entre ces deux pôles, entre ces deux récifs que sont la souffrance et l'ennui. Je comprends parfaitement la critique du divertissement, de cette logique sans fin du désir insatisfait, et pour une part, elle me semble défendable. Elle donne lieu à une belle et profonde philosophie de l'ennui. Mais rien ne dit que cette logique de la consommation et du divertissement épuise toutes les possibilités de notre rapport au monde. Il existe une tout autre tradition de pensée, celle que Pierre Hadot, qui nous a quittés il y a peu, un de nos plus grands historiens de la philosophie antique, a décrite dans un très joli livre sur Goethe, *N'oublie pas de vivre*, qui voit au contraire dans le simple fait d'exister une joie – comme c'est le cas par exemple chez Rousseau ou chez Goethe.

Ce sentiment de joie échappe à la critique de Schopenhauer. C'est une joie prise à la simple existence, au simple fait d'exister, non pas parce que l'existence aurait un sens, parce qu'on aurait des projets magnifiques et qu'on serait content de les réaliser. Non, la joie d'exister est bien antérieure à cette logique du projet que Schopenhauer dénonce –, mais elle est liée au fait que le simple fait d'exister est une joie : aux Charmettes, quand Rousseau est dans cette merveilleuse maison avec la femme qu'il aime, il ne cesse de décrire le pur bonheur de l'existence en tant que telle. Le simple fait d'exister est tout sauf un ennui et une souffrance, c'est une joie, indépendamment de tout projet, de tout désir de consommer, indépendamment même de toute activité particulière, quelle qu'elle soit. Être au monde est un bonheur, voilà tout. On retrouve souvent cette conviction aussi dans l'univers grec : chez le sage qui parvient à habiter le présent, à ne plus le tyranniser à partir des préoccupations du passé et de l'avenir, celui qui séjourne dans le *carpe diem*, dans la réconciliation avec le monde, dans ce que Nietzsche nommera l'*amor fati*, l'amour de ce qui est là, la réconciliation avec la vie dans cette joie très simple, prise à la seule existence, au seul fait d'exister.

Au fond, rien ne prouve vraiment que le monde soit un océan de souffrance et d'ennui. C'est plus, à ce qu'il me semble, un sentiment lié à une configuration personnelle qu'à une démonstration philosophique. Schopenhauer est triste, et nous en sommes tristes pour lui, sans doute, mais je ne suis pas certain pour autant que sa vision du monde soit juste. En tout cas, ce n'est pas du tout le sentiment dominant qui habite l'autre tradition philosophique que j'évoquais, celle de Rousseau, de Goethe, d'Épicure, des stoïciens, celle de Nietzsche et de ce qu'il appelle joliment « l'innocence du devenir ». C'est du reste sur ce point que se fera d'abord et avant tout la scission entre Schopenhauer et Nietzsche : celui qui est capable de se réconcilier avec le monde, d'habiter le monde au présent, c'est-à-dire le véritable sage, découvre que l'existence est une joie plutôt qu'une souffrance, même si, bien évidemment – mais cela, il n'est nul besoin d'être Schopenhauer, d'être un grand philosophe pour le dire –, le malheur existe.

3

NIETZSCHE

Philosopher au marteau

Bien que né en 1844 et mort en 1900, on peut considérer Nietzsche comme l'un des plus grands penseurs du XXe siècle tant son influence y sera décisive. Je dirais volontiers qu'il est à la philosophie ce que Schönberg est à la musique : non seulement il anticipa toutes les ruptures du siècle à venir, ce siècle marqué par une gigantesque « déconstruction » des valeurs traditionnelles, mais il en sera aussi le philosophe par excellence au sens où Hegel définissait la philosophie comme « son temps saisi dans la pensée » – « *ihre Zeit in Gendanken erfasst* ». La philosophie de Nietzsche, comme d'ailleurs toute grande philosophie, a en effet pratiqué comme nulle autre, s'agissant du XXe siècle, cette tâche de la pensée authentique, à savoir d'être par excellence « l'intelligence de ce qui est ». Oui, très exactement, on peut dire de Nietzsche qu'il a parfaitement « saisi son temps dans la pensée ». Et ce temps fut celui de la « mort de Dieu » et du déboulonnage des « idoles », de la « philosophie au marteau », pour reprendre des expressions que Nietzsche utilisa lui-même pour désigner son travail critique des valeurs et des idéaux traditionnels de la morale, de la métaphysique classique et de la religion.

L'œuvre de Nietzsche est plus que toute autre emblématique de cette volonté de rupture qui va caractériser la pensée contemporaine, de cette critique des illusions inhérentes à ses yeux à toutes les visions métaphysiques, morales et religieuses traditionnelles. À ses débuts, Nietzsche est très largement un disciple de Schopenhauer, et nous avons vu comment ce dernier avait mis en place ce que Nietzsche appellera la « généalogie » et Paul Ricœur l'attitude du « soupçon ». De ce point de vue, Nietzsche restera toujours fidèle à son premier maître, même si, sur d'autres sujets, comme nous allons le voir, il sera en rupture avec lui.

Les grandes lectures de Nietzsche

Avant même d'entrer dans le cœur de sa pensée, je voudrais évoquer les trois grandes interprétations qui peuvent servir de fil conducteur à la lecture de son œuvre.

On peut d'abord voir en Nietzsche un héritier des Lumières, un philosophe qui poursuit et radicalise la critique de la religion et de la métaphysique déjà inaugurée au XVIIIe siècle par Voltaire et les encyclopédistes. Du reste, dans son importante préface à l'un de ses principaux ouvrages, *Aurore* (1881), il se présente lui-même comme un continuateur de l'esprit critique des Lumières auxquelles il rend volontiers hommage. Et s'il leur reproche une chose, c'est de ne pas être allées assez loin, de ne pas avoir suffisamment cassé ce qu'il appelle les « idoles », autrement dit ces illusions de la métaphysique et de la religion qui se donnent des airs d'idéaux supérieurs, mais qui, en vérité, ne servent qu'à asservir l'humanité en la plongeant dans le « nihilisme » (nous verrons dans quelques instants ce que signifie exactement ce concept central de la pensée de Nietzsche). Bref, les Lumières auraient commencé le travail de « déconstruction », l'entreprise de la philosophie au marteau, mais elles n'auraient pas été assez loin, elles n'auraient pas été assez « déconstructrices », notamment parce qu'elles auraient conservé, voire réinventé, certaines idoles : le progrès, le scientisme, la démocratie, les droits de l'homme, l'anarchisme, le socialisme, etc., autant de boursouflures morales et politiques qu'il s'agirait de continuer à déconstruire. C'est là, en effet, une première interprétation possible : le nietzschéisme comme radicalisation de l'esprit critique des Lumières, donc.

Une *deuxième interprétation*, qu'on trouve dans les ouvrages de Gilles Deleuze ou d'Henri Birault par exemple, fait au contraire de Nietzsche, non un continuateur, mais plutôt un critique radical de l'humanisme des Lumières, un penseur tellement critique qu'il en vient à inclure l'humanisme des Lumières dans sa déconstruction au vitriol de la modernité. Cette lecture, que l'on trouvera aussi chez Foucault, voit en lui le premier et principal philosophe, non seulement de la « mort de Dieu » (de la critique de la religion), mais bel et bien de la « mort de l'homme », un penseur radicalement antihumaniste donc hostile aux Lumières en ce sens qu'elles sacralisaient encore de manière quasi religieuse et « idolâtre » les droits de l'homme et l'idée de progrès.

Enfin, une *troisième interprétation* – celle de Heidegger, qui me paraît, et de loin, la plus profonde (ce qui ne signifie d'ailleurs pas que les deux premières n'aient pas leur part de vérité) – voit en Nietzsche le penseur de la technique par excellence, le monde de la technique, de la « raison instrumentale », se confondant avec ce que Nietzsche appelle la « volonté de puissance » : un monde dans lequel la volonté ne veut plus rien d'extérieur à elle, pas même le bonheur, la liberté, le progrès ou les droits de l'homme, mais un monde où la volonté frénétique du capitalisme moderne ne veut rien d'autre qu'elle-même, son propre accroissement, sa propre intensification – la force pour la force, l'intensité pour l'intensité, la maîtrise pour la maîtrise. Dans cette logique définalisée (désormais dépourvue d'objectifs) qui est celle de la raison instrumentale, c'est-à-dire de cette raison technique qui ne considère jamais les fins, mais toujours seulement les moyens, seul compte l'accroissement des moyens pour les moyens, seul compte l'augmentation constante des « forces productives » sans considération aucune pour les fins qui pourraient être visées. Dans la filiation de Spinoza, Nietzsche serait celui qui tient que ce qui augmente en nous la puissance vitale nous rend heureux et ce qui nous affaiblit nous rend malheureux.

Encore une fois, ces trois interprétations possèdent chacune une part de vérité, surtout la deuxième et la troisième. Du reste, elles ne sont pas forcément incompatibles. Bien entendu, je vais développer et expliciter tous les concepts que je viens de mobiliser un peu rapidement, je vais vous expliquer très clairement ce qu'est la « volonté de puissance », la « raison instrumentale », le « monde de la technique », etc. Mais le concept crucial, le concept clé pour qui veut commencer à lire sérieusement l'œuvre de Nietzsche, c'est celui de « nihilisme ». C'est donc par lui que je vous propose de commencer : vous verrez que c'est à partir de lui qu'on peut véritablement entrer dans la pensée nietzschéenne, pensée faussement facile parce que présentée sous une forme souvent littéraire, voire poétique, et économe en jargon, mais pensée terriblement cryptée, argumentée et difficile à déchiffrer en réalité.

La critique du nihilisme

Au cœur de sa pensée, il faut d'abord placer la critique de ce que Nietzsche nomme le « nihilisme » – et il faut bien veiller à ne pas se méprendre sur la signification de ce mot tant il s'entend ici précisément à l'inverse de ce que nous désignons habituellement, dans le langage courant, par ce terme. D'ordinaire, en effet, quand on qualifie quelqu'un de « nihiliste », on veut dire par là qu'il ne croit en rien, qu'il est cynique, qu'il n'a ni valeurs ni idéaux supérieurs, *nihil*, en latin, désigne le néant, le rien. On disait par exemple volontiers des punks allemands des années 1980 qu'ils étaient « nihilistes » pour signifier qu'ils étaient des adeptes du « *no future* », que leur humour noir tournait en dérision les valeurs les plus sacrées aux yeux de la bonne société allemande de l'époque. Le nihiliste, dans cette acception familière, est celui qui ne croit plus en rien, qui n'a plus d'idéaux ou d'*idoles*, ce terme, chez Nietzsche, renvoyant à tous les idéaux quels qu'ils soient, métaphysiques, religieux ou politiques. Dieu, le progrès, la démocratie, la révolution, le socialisme, les droits de l'homme, la science, la nation, la république, etc. : tous ces idéaux de la morale et de la politique, Nietzsche les désigne sous le nom d'idoles. En ce sens, le paradis des chrétiens au même titre que le communisme de Marx sont des « idoles », des idéaux supérieurs emportant des convictions fortes, susceptibles de donner le sentiment qu'il y a des « causes » à défendre, des sacrifices à faire, de l'idéel au-dessus du réel tel qu'il va.

Non seulement le nihilisme, dans la langue de Nietzsche, n'a rien à voir avec le cynisme ou avec un quelconque « désenchantement du monde », mais il en est même l'exact inverse. Le nihilisme désigne en effet, au rebours exact de l'acception ordinaire, le fait de croire en des valeurs supérieures, en des idéaux élevés, placés au-dessus du réel, dans un ciel des idées et des valeurs. C'est donc par excellence l'attitude qui consiste à opposer toujours l'idéal au réel, le ciel à la terre, l'au-delà à l'ici-bas, le droit naturel (qui serait un droit idéal) au droit positif (qui est le droit réel), le paradis à venir à la réalité actuelle, etc. Le premier modèle, la matrice philosophique du nihilisme, c'est le dualisme platonicien, lequel oppose le monde intelligible (le monde des idées) au monde sensible (le monde de la caverne, illusoire et trompeur). Le christianisme – ce « platonisme pour le peuple », selon une célèbre formule de Nietzsche – ne fait à ses yeux que vulgariser le dualisme platonicien en opposant le paradis futur à la réalité actuelle. Il constitue à cet égard la figure populaire la plus achevée du platonisme. Le monde intelligible, c'est à la fois un monde de transparence, de clarté, de non-contradiction et d'intelligence, mais aussi un monde où tout est stable, éternel. Il est donc en tous points opposé au monde sensible qui est le monde de l'erreur, un monde immoral et impur, celui du corps, de la sexualité, des illusions de tous ordres, mais aussi de la mort et de la finitude.

Mais, au fait, pourquoi employer ce terme pour désigner toutes les pensées de l'idéal opposé au réel – c'est-à-dire, convenons-en, toutes les religions et presque toutes les philosophies (Spinoza est la grande exception, en quoi Nietzsche le considère comme un « frère »), depuis que le monde est monde ? Pourquoi Nietzsche désigne-t-il sous le nom de « nihilisme » toutes les figures du dualisme où l'idéal s'oppose terme à terme au réel ? Pourquoi donc appeler « nihilisme » le fait de croire en des valeurs supérieures, d'adhérer à des idéaux transcendants, comme le font non seulement les platoniciens ou les chrétiens, mais tout aussi bien les progressistes et les scientistes de tous ordres, les nationalistes, les patriotes, les républicains, les socialistes, les communistes ou les anarchistes, bref tous les « croyants » laïcs ou non, tous ceux qui ont foi en une cause au sens le plus large du terme ?

Des « idéaux » inventés pour dévaloriser le réel

Parce que, telle est la thèse fondamentale de Nietzsche, l'idée qui commande chez lui toutes les autres – ce que Bergson appelle « l'intuition fondamentale » d'un philosophe – les humains n'ont inventé les idéaux, tous les idéaux de quelque nature qu'ils soient – ce qu'il appelle donc les « idoles » – que pour mieux *nier* et dévaloriser le réel, que pour mieux affirmer qu'il ne vaut *rien* = *nihil*. Si on invente des idéaux, c'est, selon Nietzsche, pour pouvoir enfin décréter tranquillement que la réalité n'est pas bonne : on invente le paradis pour affirmer que la vie sur terre est négligeable, on invente le socialisme pour dénigrer le capitalisme, la démocratie pour discréditer l'Ancien Régime, l'anarchisme pour disqualifier l'État, etc. Chaque fois, on invente un idéal afin de donner un sens à notre action, à nos vies. « Pour agir, écrit Nietzsche, il faut que les yeux se voilent d'un bandeau d'illusion » : tel est l'enjeu majeur de l'invention de ces boursouflures métaphysiques, morales, religieuses ou politiques qu'on appelle les « valeurs », les idéaux de toute nature.

Voyez ce qu'il en est dans le christianisme : la vie sur Terre ne vaut pas grand-chose, elle n'est que misère et souffrance, c'est, plus tard, après la mort, au paradis, que tout s'arrangera, du moins si vous avez été sage, si vous vous conduisez bien, que vous agissez moralement, que vous respectez les commandements de Dieu, et surtout ceux de ses serviteurs qui officient au sein des églises. Discours parfait du nihilisme achevé.

Casser les idoles au marteau

Nietzsche, pourtant, n'entend pas défendre – en tout cas, ce n'est pas son intention – un quelconque cynisme. Son souci, nous le verrons, est au contraire de revaloriser une certaine conception de l'« idéal » grec. Vous objecterez sans doute que cela paraît contradictoire, puisque, nous venons de le voir, ce sont *tous* les idéaux en tant que tels qui sont nihilistes et que le nihilisme est à ses yeux l'attitude la pire qui soit. Sauf que cet idéal, justement, du moins au sens où Nietzsche l'entend, est bien particulier : ce n'est pas un idéal comme les autres, un idéal qui ferait signe vers une transcendance à venir, un monde meilleur qu'il faudrait mériter ou pour lequel il faudrait se battre, militer : non, c'est un idéal de *réconciliation avec ce qui est*, non pas un désir d'au-delà, mais une volonté d'ici-bas – ce que Nietzsche désignera sous le nom d'*amor fati*, d'amour du destin, de ce qui est là, de la réalité telle qu'elle va, ici et maintenant.

Pourquoi Nietzsche déteste-t-il l'invention des valeurs supérieures, des « idoles », des idéaux, bref, ce qu'il nomme le nihilisme ? Parce que ce sont précisément ces valeurs supérieures qui fondent tous les militantismes destinés à faire vivre en nous l'illusion que l'existence aurait un sens. Quel inconvénient, me direz-vous ? Il est considérable aux yeux de Nietzsche et c'est là, peut-être bien, l'aspect le plus radical, le point nodal de sa pensée : les valeurs supérieures nous empêchent toujours de nous réconcilier avec le réel, d'habiter le présent, comme le voulaient à juste titre certaines sagesses grecques antiplatoniciennes, d'accéder à l'*amor fati*, une expression qui désigne sous sa plume, non pas l'amour résigné de son sort, mais l'amour de ce qui est là, l'amour du réel, l'amour de la terre opposée au ciel des religions. L'*amor fati*, qui est le fin mot, le dernier et ultime moment de la sagesse de Nietzsche, c'est, comme Ulysse rentrant à Ithaque, le moment de la réconciliation avec le monde, avec le présent, l'instant enfin semblable à l'éternité parce qu'il n'est plus relativisé et déprécié par la dimension du futur qu'implique toujours l'idéal à réaliser, pas davantage par celle de la nostalgie, des remords et des regrets qui hantent le passé.

Autrement dit, la critique du nihilisme n'est pas une critique gratuite, négative, animée par la seule volonté de déconstruire, de philosopher au marteau :

derrière le rejet du nihilisme se cache un message positif, un message de sagesse, celui qui consiste, comme chez Spinoza, à tenter de dire oui au monde tel qu'il va afin de se réconcilier avec lui et de vivre enfin au présent. Je ne dis pas que je partage la pensée de Nietzsche – nous verrons au contraire que je ne puis m'empêcher de lui adresser plusieurs critiques de fond –, mais il faut d'abord bien la comprendre, en percevoir toute la grandeur, avant de s'aventurer plus loin et d'essayer d'en percevoir aussi les éventuelles faiblesses.

Amor fati : savoir habiter le présent

Comme les stoïciens ou les épicuriens, Nietzsche considère qu'il existe deux maux qui interdisent d'accéder à la sagesse et enlaidissent la vie humaine : le passé et le futur. À rester rivés au passé, nous versons dans les « passions tristes », pour parler comme Spinoza dont je vous ai dit que Nietzsche le tenait pour un « frère ». Nous sombrons dans la nostalgie, la culpabilité, la honte, les regrets et les remords. Ou bien nous sommes dans le futur, dans l'espérance, dans l'idéal à venir, mais cet idéal nous fait justement manquer le réel, nous empêche d'habiter le présent et de parvenir à l'*amor fati*. Si Nietzsche entend casser ou déconstruire les idoles (les grandes figures du nihilisme), ce n'est donc pas par esprit négatif, mais parce que c'est à ses yeux un passage obligé pour permettre la réconciliation avec le réel, l'*amor fati*. Il ne s'agit pas de casser pour casser, mais de casser pour préparer une autre sagesse. Voilà en quoi la critique du nihilisme constitue bien le fil conducteur de toute sa philosophie, le préalable à sa propre définition de la sagesse.

Voyez, par exemple, ce passage tout à fait limpide de sa préface à *Ecce homo* (1888), un de ses plus grands livres :

> N'attendez pas de moi que j'érige de nouvelles idoles. Que les anciennes apprennent plutôt ce qu'il en coûte d'avoir des pieds d'argile. Renverser les idoles – c'est ainsi que j'appelle tous les idéaux –, voilà mon vrai métier. C'est en inventant le mensonge d'un monde idéal qu'on a fait perdre à la réalité sa valeur, sa signification, sa véracité. Le mensonge de l'idéal a été jusqu'à présent la malédiction pesant sur la réalité. L'humanité même est devenue menteuse et fausse jusqu'au plus profond de ses instincts, jusqu'à l'adoration des valeurs opposées à celles qui auraient pu lui garantir une belle croissance et un bel avenir.

Autrement dit : tous ceux qui entendent rendre le monde meilleur au nom de l'idéal sont des nihilistes dans la mesure où ils refusent la réconciliation ou l'accord avec le réel, cet *amor fati* qui, aux yeux de Nietzsche, représente la véritable sagesse. Mais en quel sens les idoles ont-elles des « pieds d'argile » ? Au sens où elles sont fragiles, où elles reposent sur du sable. Nous avons déjà rencontré ce thème chez Schopenhauer : les idoles appartiennent au monde de la représentation claire ou de l'idéal, mais ce monde repose sur du vent. Dans *Le Crépuscule des idoles*, le livre de Nietzsche que je vous conseillerais de lire en premier car il est d'une rare clarté, une œuvre tout entière animée par la volonté de « philosopher au marteau », Nietzsche explique comment il faut le manier pour casser les idoles, pour faire exploser les boursouflures métaphysiques, pour briser ces fameux pieds d'argile, ces prétendues fondations *ultimes* que Schopenhauer avait déjà tournées en dérision. Mais là encore, ce n'est pas dans une perspective purement négative, mais plutôt dans celle d'une ouverture vers une autre sagesse – une sagesse de la réconciliation, « une sagesse qui dit "oui" au monde » comme nous verrons plus loin dans cet exposé.

Blasphémer contre la terre : le crime le plus affreux

Voici un autre passage, un extrait d'*Ainsi parlait Zarathoustra* (1885), qui va dans le même sens. Nietzsche y explique qu'autrefois, blasphémer c'était porter des accusations contre Dieu, contre la religion, contre les idoles sacrées des croyants. Désormais, selon la nouvelle sagesse qu'il veut instaurer, blasphémer consistera à porter des accusations, non pas contre le ciel, mais contre la terre :

> Je vous en conjure, ô mes frères, *demeurez fidèles à la terre* et ne croyez pas ceux qui parlent d'espérance supraterrestre. Sciemment ou non, ce sont des empoisonneurs, des contempteurs de la vie, des moribonds, des intoxiqués dont la terre est lasse. Qu'ils périssent donc !

Le vrai blasphémateur n'est pas celui qui médit de Dieu (cette attitude convient très bien à Nietzsche, auteur d'un livre intitulé *L'Antéchrist*), mais celui qui médit de la terre, car la véritable divinité, c'est elle (entendez : la réconciliation avec le réel, la sagesse de l'*amor fati*). De là le fait que le *Zarathoustra* est rédigé comme une sorte de parodie des Évangiles – Nietzsche reprenant sans cesse les formules du Christ, mais pour faire l'éloge d'un tout autre sacré : « Blasphémer contre Dieu était jadis le pire des blasphèmes, mais Dieu est mort, et avec lui tous ses blasphémateurs. Désormais, le crime le plus affreux consistera à accorder plus de prix aux entrailles de l'insondable qu'au sens de la terre », ce qui est l'essence même du nihilisme.

« Dieu est mort » : que signifie, chez Nietzsche, la « mort de Dieu » ?

Une précision s'impose ici : le fameux thème de la « mort de Dieu » n'est évidemment pas à prendre au pied de la lettre. Si Dieu a existé, de toute façon, il ne peut pas mourir, il est éternel ; et s'il n'a jamais existé, il ne le peut pas davantage, puisque, pour mourir, il faut préalablement avoir vécu. Ce que Nietzsche annonce ici, de manière extraordinairement profonde et que Max Weber lui reprendra pour en faire un des thèmes les plus puissants de sa sociologie, c'est le vaste mouvement de sécularisation, de « désenchantement du monde » qui va caractériser l'Occident chrétien. Bien entendu, Dieu n'est certes pas tout à fait mort, le monde contemporain étant encore peuplé de plus de deux milliards de chrétiens, pour ne rien dire des autres religions. Reste que la religion est devenue, du moins en Europe, une affaire privée : elle ne structure plus l'espace public, elle n'est plus l'affaire de l'État, et même dans le cœur des individus, elle a très certainement perdu la force qu'elle avait dans les temps anciens – au point qu'aujourd'hui, les sociologues des religions n'hésitent plus, s'agissant de l'Europe, à parler d'une véritable « déchristianisation ». C'est cela, bien sûr, que Nietzsche, le premier peut-être, a déjà en tête.

Les trois grands axes de la pensée de Nietzsche

Comme vous allez le voir, c'est à partir de cette critique du nihilisme et de cette déconstruction des idoles au marteau que nous allons pouvoir reconstruire toute la pensée de Nietzsche. Pour ce faire, examinons les trois grands axes de toute philosophie que nous avons déjà vus à l'œuvre chez les plus grands penseurs de l'Antiquité : théorie, éthique, spiritualité ou doctrine du salut (sans Dieu, cela va de soi).

Suivant le premier axe, nous verrons que sa théorie est bien sûr une « antithéorie », une déconstruction radicale des théories traditionnelles de la connaissance – que Nietzsche veut remplacer par ce qu'il appelle la « généalogie », c'est-à-dire la critique des illusions de la métaphysique et de la religion.

Il en va de même s'agissant du deuxième axe, celui de l'éthique : de même que sa théorie est une antithéorie, sa morale est une antimorale, c'est celle de « l'immoraliste », pour reprendre une formule qu'il affectionne.

Enfin, l'axe sotériologique (la doctrine du salut ou de la vie bonne), celui de la sagesse, un des aphorismes de Nietzsche étant justement intitulé « Pourquoi je suis si sage », prend de manière analogue à contrepied les sagesses religieuses et métaphysiques traditionnelles : là encore, là plus que jamais, il s'agit de briser au marteau leurs « pieds d'argile » pour les remplacer par une autre sagesse, la sagesse de l'éternel retour, de l'« innocence du devenir » *(Unschuldigkeit des Werdens)*, bref, la sagesse de l'*amor fati* que nous venons d'évoquer, mais que nous allons bien sûr développer plus en profondeur.

Reprenons ces trois axes un à un. À l'encontre d'une opinion courante mais fausse, Nietzsche était en fait un grand rationaliste. S'il écrit par aphorismes ou par fragments, si sa pensée s'exprime souvent de façon poétique et jamais sur un mode systématique, ses argumentations n'en sont pas moins puissantes, de sorte qu'il est possible de reconstruire sa pensée de manière tout à fait rationnelle. Nietzsche n'est pas le poète fou qu'on a voulu parfois voir en lui. Comme vous allez pouvoir le constater par vous-mêmes, les trois grands axes présents dans toute philosophie – la théorie, la morale et la sotériologie – s'articulent chez lui de manière parfaitement cohérente et argumentée.

Théorie : la généalogie et l'ère du soupçon

Qu'est-ce que la « théorie », la connaissance chez Nietzsche ? Réponse en un mot : c'est la généalogie, l'activité par laquelle on déconstruit les idoles, les illusions de la religion, de la métaphysique classique, de la morale platonico-chrétienne et même de la science. Le terme apparaît notamment dans un des ouvrages les plus célèbres de Nietzsche, *La Généalogie de la morale* (1887), livre destiné justement à déconstruire les visions morales du monde qui ont dominé depuis Platon l'histoire de l'Occident. Dans le sillage de Schopenhauer, Nietzsche fut sans doute le plus grand généalogiste et le plus puissant des philosophes du soupçon. En première approximation, mais nous allons voir que c'est plus profond et plus compliqué, l'approche généalogique, que l'on retrouvera aussi chez Freud et Marx, consiste à considérer que derrière nos discours manifestes, derrière nos choix conscients, qui ne représentent que le sommet de l'iceberg, se cacheraient des « souterrains », pour reprendre le terme de Dostoïevski dans *L'Homme du souterrain*, ce que Nietzsche appelle des arrière-mondes, des univers enfouis, inconscients, qu'il s'agit justement de dévoiler : c'est ce dévoilement qui est par excellence l'affaire du généalogiste.

La théorie généalogiste ou l'antithéorie du « solitaire »

Nietzsche a beaucoup lu Dostoïevski. Il le considérait, davantage même que Schopenhauer, comme un de ses précurseurs. Relisons ici le paragraphe 289 de *Par-delà le bien et le mal* (1886), ce passage crucial de l'œuvre de Nietzsche que nous avions déjà évoqué dans le chapitre consacré à Schopenhauer. Nietzsche y décrit le philosophe, je veux dire le philosophe authentique, comme un « solitaire », comme un génie qui est par définition seul parce qu'il est nécessairement en avance sur son temps, donc en marge de son époque. Pourquoi cette marginalité ? Justement parce qu'il pratique la généalogie, parce qu'il dévoile les arrière-mondes, les intérêts cachés, inavoués et souvent inavouables, qui se cachent derrière les idoles, les valeurs supérieures et les convictions en apparence les plus pures et les plus sublimes. En avance sur son temps, en marge du « troupeau », pour parler comme Nietzsche, le génie est donc nécessairement privé de public. Le malheureux Nietzsche n'a d'ailleurs jamais vendu ses livres, inaudibles à son époque. La vérité oblige à dire que loin de s'en réjouir, il en était consterné, comme le montre la belle biographie que Daniel Halévy lui a consacrée : Nietzsche courait après des succès de librairie qu'il ne rencontra jamais vraiment de son vivant.

Dans l'un de ses tout premiers écrits, *La Naissance de la tragédie* (1871), Nietzsche assimile déjà son travail de généalogiste à celui du véritable sage, mot qu'il fait dériver, selon une étymologie amusante mais évidemment fausse, du latin *sapio* – *sapio* désignant, selon Nietzsche, « celui qui goûte », « l'homme au goût le plus fin » *(der Mann des scharfsten Geschmacks)*. Ce que Nietzsche veut par là suggérer de manière provocante, c'est que sa façon d'envisager la théorie en l'assimilant, non plus à la contemplation, à la *théôria* classique, mais à la généalogie, à une espèce de cuisine des sens, est radicalement inédite, absolument nouvelle, en rupture totale avec la tradition de la pensée comme vision (« voir », en grec, se dit *orao*, dont provient le mot français « idée », et en latin *video*, d'où vient, par exemple, le mot « évidence »). Il faudrait, dit Nietzsche, reconstruire toute l'histoire de la pensée, non pas à partir des métaphores de la vision, mais en partant du goût ou de l'odorat. Reconstruire la philosophie en supprimant les métaphores de la *théôria*, du « *theion orao* » (« je vois le divin »), donnerait ainsi un tout autre résultat. Ce projet est naturellement irréalisable, mais il montre combien la *théôria* de Nietzsche se veut une anti-théorie, non pas une pensée assimilée au registre de la vision, mais plutôt de cette contre-vision que symbolisent l'odorat ou le goût.

♦ Explorer les arrière-mondes inconscients

Une contre-vision généalogique, un goût pour l'obscur, l'invisible, l'inconscient plutôt que pour la clarté, le visible et le conscient ? Voilà bien, en effet, le sens de cette approche « suspicieuse » qui consiste à déceler des arrière-mondes derrière les apparences conscientes et rationnelles.

Relisons donc le paragraphe 289 de *Par-delà le bien et le mal* :

> Le solitaire doute même qu'un philosophe puisse avoir des opinions véritables et ultimes. Il se demande s'il n'y a pas nécessairement en lui, derrière chaque caverne, une autre qui s'ouvre plus profonde encore. Et en dessous de chaque surface, un monde souterrain plus vaste, plus étranger, plus riche. Et sous tous les fonds, sous toutes les fondations, un tréfonds plus profond encore. Toute philosophie est une façade. Tel est le jugement du solitaire. Toute philosophie dissimule une autre philosophie. Toute opinion est une cachette. Toute parole peut être un masque.

En d'autres termes, ceux qui en restent à la théorie traditionnelle, aux idées claires et distinctes, comme dit Descartes dans le sillage de Platon, se condamnent à ne voir jamais plus loin que la surface des choses, là où l'attitude généalogique consiste précisément à découvrir une autre vérité, une vérité plus profonde, si profonde qu'elle est à vrai dire sans fond : comme chez Schopenhauer, elle est un *Ungrund* qui s'ouvre sur l'abîme, sur des arrière-mondes inconscients et des souterrains invisibles qu'on peut arpenter sans jamais trouver l'issue vers la lumière. À l'instar d'un psychanalyste ou d'un sociologue, le généalogiste est celui qui nous invite à cet arpentage. En effet, si on part de la conviction selon laquelle l'inconscient conditionne le discours conscient, selon laquelle toutes sortes de peurs et de pulsions inavouables se dissimulent derrière les idoles, derrière la prétendue clarté rationnelle de la vérité scientifique, morale ou religieuse, il s'ensuit que du point de vue du généalogiste, tout jugement doit être regardé, non comme une vérité, mais comme un « symptôme », c'est-à-dire comme un masque : un symptôme du monde de la volonté chez Schopenhauer, du monde de l'inconscient chez Freud, de l'infrastructure économique chez Marx, du monde de la vie et de la volonté de puissance chez Nietzsche (nous verrons dans quelques instants ce que signifient exactement ces termes). Sur ce point, tous les philosophes du soupçon se rejoignent.

Là où ils divergent, toutefois, c'est que, contrairement à Marx et Freud, Schopenhauer et Nietzsche ne pensent pas qu'il soit possible d'en finir avec les souterrains pour parvenir enfin à une théorie scientifique claire, lumineuse et vraie au sens classique du terme : en accord avec le réel qu'elle décrirait parfaitement. Leur généalogie va de ce point de vue beaucoup plus loin que celle de Freud ou de Marx. Freud et Marx, en effet, veulent être des savants, des scientifiques. Certes, ils pratiquent eux aussi le soupçon, ils dévoilent les souterrains derrière les symptômes et les idéologies qui prétendent à la claire conscience, mais eux-mêmes pensent être enfin parvenus à la vérité, à cette clarté qu'ils refusent aux autres – en quoi ils attribuent à leur propre discours à nouveau le statut cartésien de l'idée claire et distincte, de la théorie débouchant enfin sur la lumière de la vérité. Il n'en va pas de même chez Schopenhauer, *a fortiori* chez Nietzsche, et ce pour une raison de fond qu'il nous faut tenter d'expliciter.

♦ Tout jugement est un « symptôme »

Pour des raisons philosophiques fondamentales, Schopenhauer et Nietzsche tiennent la science pour une croyance comme les autres, un symptôme parmi d'autres, un discours qui dissimule lui aussi, seulement de manière plus habile que ses concurrents, des choix irrationnels et inconscients, ouverts tout comme les autres sur l'abîme sans fond du vouloir aveugle (Schopenhauer) et de la volonté de puissance (Nietzsche). Même dans le domaine de la biologie ou de la physique, les jugements de prime abord parfaitement « objectifs » ne sont que le sommet de l'iceberg, la partie visible d'une évaluation de la vie qui demeure souterraine. Les jugements, quels qu'ils soient, même les plus « objectifs », ne sont jamais que des symptômes, des cachettes, des masques comme les autres. Pour Nietzsche, il n'est pas jusqu'à la proposition « deux et deux font quatre » qui ne dissimule une forme d'évaluation de la vie, une volonté de rationaliser le monde, une volonté de clarté, une volonté de vérité : en l'occurrence, la volonté d'en finir avec la multiplicité incohérente des pulsions qui nous animent en profondeur. Les fameux souterrains de Dostoïevski se dissimulent derrière nos jugements théoriques tout autant que sous nos jugements de valeur, ou comme dit Nietzsche dans un aphorisme posthume qui cible le positivisme scientiste : « Il n'y a pas de fait, il n'y a que des interprétations », idée qui se trouve du reste déjà fort bien exposée dans son livre peut-être le plus achevé, *Le Crépuscule des idoles* (1889) :

> Des jugements, des appréciations de la vie, pour ou contre, ne peuvent en dernière instance jamais être vrais. Ils n'ont d'autres valeurs que celles d'être des symptômes. En soi, de tels jugements sont des stupidités. Il faut donc étendre les doigts pour tâcher de saisir cette finesse extraordinaire que la valeur de la vie ne peut pas être évaluée. Ni par un vivant parce qu'il est à la fois juge et partie et même objet de litige, ni par un mort pour d'autres raisons.

En d'autres termes – et c'est là la vraie différence avec Marx et Freud –, si l'on prend vraiment au sérieux la proposition selon laquelle « tout jugement est un symptôme », alors il faut avoir la rigueur intellectuelle d'en conclure que la proposition vaut aussi pour ceux que porte le généalogiste : les interprétations qu'il donne du monde, les perspectives et les évaluations qui habitent secrètement ses propres jugements de valeur sont, elles aussi interprétables à partir d'autres points de vue, à nouveau eux-mêmes interprétables, et ainsi de suite jusqu'à l'infini. C'est justement cet infini des interprétations que Nietzsche nomme, dans son livre intitulé *Le Gai Savoir*, « notre nouvel infini » : tout jugement sur la vie, sur le réel, sur l'état du monde – l'idée que l'ici-bas serait moins bon que l'au-delà, le paradis bien supérieur à la terre, le communisme préférable au capitalisme, etc. – n'est jamais que l'émanation d'un certain type de vie, d'une certaine organisation des pulsions vitales que Nietzsche désigne globalement sous le nom de « volonté de puissance ». En vérité, ces jugements ne font jamais que traduire ce qui nous habite nous-mêmes, projeter sur le monde ce qui demeure caché dans nos souterrains, par quoi ils n'ont, pour Nietzsche, aucune valeur de vérité. Ces jugements ne sont que des points de vue, des perspectives sur le monde – de sorte que contrairement à ce que prétendront les sciences sociales inaugurées par Freud et Marx, il est par définition impossible d'asseoir une science nouvelle sur la généalogie.

Faisons un pas de plus sur cet axe théorique, dont on commence peut-être à voir en quel sens il est bien plutôt « antithéorique », en rupture radicale avec la volonté de vérité claire et distincte qui anime d'ordinaire les théories philosophiques et scientifiques. Nous venons de voir ce qu'était la généalogie : une démarche consistant à dévoiler, derrière ces symptômes que sont les jugements de valeur, les arrière-mondes qui les commandent ou les conditionnent.

Mais que recèlent donc ces arrière-mondes ? En quoi consistent-ils au juste ?

Le monde est un tissu de forces

L'idée la plus fondamentale et certainement la plus puissante de Nietzsche réside dans la conviction que « la volonté de puissance est l'essence la plus intime de l'être ». D'où ce que l'on pourrait appeler, avec Heidegger, l'« ontologie » de Nietzsche, c'est-à-dire sa définition de ce qui fait la réalité du réel, l'être même de ce monde – ce que Heidegger appelle dans son jargon « l'étantité de l'étant » *(die Seiendheit des Seienden)*, ce qui fait qu'un objet est un objet, un étant un étant. Nietzsche, ici encore plus proche qu'on ne le dit de Schopenhauer et de sa conception du vouloir, définit le réel comme un tissu de forces. Pour formuler les choses simplement, la force qui habite la pierre qui tombe, la plante qui pousse ou encore ma main lorsque je saisis le verre posé sur la table –, ces forces sont essentiellement les mêmes : elles forment un tissu, une multiplicité de pulsions ou d'instincts (Nietzsche emploie le mot *Trieb*, qu'on traduit indifféremment en français par « pulsion » ou par « instinct »). Le réel est donc un tissu de forces, et ces forces prises ensemble coïncident avec ce que Nietzsche appelle la « vie » ou la « volonté de puissance », les deux termes étant chez lui interchangeables.

La notion de volonté de puissance suscite en général un malentendu : on s'imagine qu'elle désigne l'appétit de pouvoir, le désir d'être chef, d'avoir de l'argent, du pouvoir, de séduire les autres, d'exercer sur eux quelque influence que ce soit. Erreur totale. En réalité, chez Nietzsche, la volonté de puissance n'est pas une volonté qui « veut la puissance », comme un objet extérieur à elle, mais c'est fondamentalement une volonté qui se veut elle-même : elle veut son propre accroissement, son intensification permanente, sentir toujours l'intensité de la vie. La volonté de puissance renvoie à ce que Nietzsche lui-même appelle « la volonté de la volonté », la volonté qui n'a plus aucun but extérieur à elle, aucun objet, pas de finalité. Cette volonté ne veut pas le pouvoir, pas davantage le bonheur, le progrès ou la liberté : elle se veut elle-même, voilà tout. Qu'est-ce à dire ? Tout simplement que c'est une force qui veut l'intensification de la force, une volonté qui veut son propre accroissement, de même que chez Spinoza, les êtres de la nature, qui tous veulent persévérer dans l'être, ressentent de la joie lorsque leurs forces vitales s'accroissent et de la tristesse lorsqu'elles s'amenuisent.

Chez Nietzsche, la volonté n'est pas une intention consciente qui vise un but lui aussi conscient : c'est, comme chez Schopenhauer, un tissu de forces qui ne veulent pas seulement persévérer dans l'être, mais qui veulent aussi s'accroître en permanence, s'intensifier autant qu'il est possible pour se sentir vivre le plus intensément possible. La vraie jouissance, la joie véritable nous vient quand nous sommes conquis par ce sentiment de l'intensité de la vie. Nous sommes véritablement vivants lorsque nous avons le sentiment d'exister, lorsque le sentiment que notre puissance vitale s'accroît – ce qui, selon Nietzsche, est la mission même de l'art.

Pour bien comprendre cette notion centrale, il faut cependant ajouter encore un élément, pour le coup tout à fait nouveau par rapport à la philosophie de Schopenhauer : c'est que dans ce vaste réservoir d'énergie vitale qu'est le monde et que nous sommes nous-mêmes, il existe deux types de forces : les forces « réactives » et les forces « actives ».

♦ Les forces réactives

Commençons par le plus simple, les forces *réactives*. Ce sont celles qui ne peuvent déployer leurs effets dans le monde sans nier, sans mutiler d'autres forces. Elles ne peuvent, en effet, se déployer qu'en s'opposant à d'autres forces, donc en diminuant pour ainsi dire la somme globale de vie dans le monde. Ces forces réactives entraînent donc une déperdition de vie. Spinoza dirait qu'elles relèvent des « passions tristes ». Aux yeux de Nietzsche, le modèle de ces forces réactives, c'est cette « volonté de vérité » qui anime depuis toujours la philosophie et la science, volonté de Vérité dont Nietzsche dévoile l'archétype, le premier modèle, dans les dialogues de Platon.

Pourquoi ? Parce que la vérité s'y pose toujours en s'opposant. Mais à quoi s'oppose-t-elle ? À l'erreur, tout simplement. Bachelard expliquera encore, vingt-cinq siècles après Platon, qu'on ne pose jamais une vérité qu'en l'opposant aux erreurs qui la précèdent, la science ne procédant pas par accumulation de connaissances ou de découvertes, mais par réfutations et ruptures avec la tradition, par « coupures épistémologiques » comme dit Bachelard. Quand on découvre que tout ce qui avait été dit sur un sujet est faux, on fait exploser les vérités antérieures pour les remplacer par des vérités nouvelles.

Voyez les dialogues de Platon : tout le travail de Socrate consiste à détruire les opinions de ses adversaires, à leur montrer qu'ils se contredisent, que leurs opinions contradictoires ne tiennent pas la route, qu'ils parlent pour ne rien dire. C'est toujours en s'opposant – au mensonge, à la mauvaise foi, à l'illusion, à l'erreur, bref, à toutes les forces qui sont en jeu dans l'art – que la vérité se pose. Dans le chapitre du *Crépuscule des idoles* intitulé « Le cas Socrate », Nietzsche accuse le personnage principal des dialogues de Platon d'être animé par des forces purement réactives, par des pulsions exclusivement négatives, d'être motivé par une « méchanceté de rachitique » : il manie le syllogisme comme un couteau, il adore donner le couteau à ses adversaires. Pourquoi cette expression : « méchanceté de rachitique » ? Parce que aux yeux de Nietzsche, les forces réactives sont l'arme du faible par excellence, l'arme de celui qui ne peut pas remporter la victoire en posant des valeurs positives, mais seulement en détruisant son adversaire. De là aussi l'idée que Socrate pique ses interlocuteurs comme une « torpille » – la comparaison de Socrate avec le poisson électrique figurant déjà dans les dialogues de Platon : s'il finit par poser une vérité, en toute fin de parcours, ce n'est qu'après avoir peu à peu détruit le discours de ses interlocuteurs, jamais de manière affirmative.

♦ Science et démocratie

En quoi la volonté de vérité qui anime la théorie traditionnelle, scientifique ou philosophique, est aussi « roturière » par essence, démocratique par nature – ce qui dans la bouche de Nietzsche n'est évidemment pas un compliment : quand Socrate achève de torpiller les opinions fausses de ses interlocuteurs, la vérité apparaît comme identique à l'idée platonicienne dont le propre est de valoir *pour toujours et pour tout le monde* : par nature même, les vérités scientifiques sont plébéiennes, antiaristocratiques par essence. Rien de plus démocratique, de moins distingué et de plus commun que la proposition « deux et deux font quatre ». « La science est roturière », dit Nietzsche : elle est démocratique dans la mesure où les vérités scientifiques prétendent valoir pour tous les êtres humains, en tout temps et en tout lieu, qu'ils soient riches ou pauvres, puissants ou faibles, aristocrates ou roturiers, distingués ou vulgaires.

De là le lien étroit qui unit science et démocratie, leur fond commun étant constitué par ces forces réactives qui ne peuvent se poser qu'en s'opposant à d'autres forces, celles qui sont en jeu, comme nous allons le voir dans un instant, dans cette activité aristocratique par excellence qu'est l'art. Le constat est d'ailleurs factuellement juste : science et république marcheront de pair, les philosophes des Lumières étant souvent de grands républicains et de grands défenseurs du progrès scientifique.

♦ Les forces actives

Ce sont celles qui, au contraire des premières, peuvent se déployer dans le monde et produire leurs effets sans avoir besoin de nier, d'annihiler, de mutiler d'autres forces ni de s'y opposer. Leur modèle n'est plus celui de la science, mais celui de l'art. Quant à leur archétype politique, il ne s'incarne plus dans la démocratie, mais dans l'aristocratie. L'artiste, nous dit Nietzsche, est un aristocrate, car l'aristocrate est celui qui « pose des valeurs sans discuter ». L'aristocrate commande, il ne démontre pas. Comme le dit encore *Le Crépuscule des idoles*, « ce qui a besoin d'être démontré ne vaut pas grand-chose ». C'est en démocratie que l'on démontre, qu'on argumente, qu'on discutaille en permanence, qu'on s'efforce de convaincre en détruisant ou en s'opposant aux opinions des autres. Il est donc comique de vouloir à tout prix faire de Nietzsche un penseur « de gauche », un démocrate, voire un anarchiste, lui qui a toujours défendu (des centaines de passages de son œuvre en témoignent) les valeurs aristocratiques les plus traditionnelles.

♦ L'artiste et l'aristocrate

Précisons encore la nature exacte de ce lien entre l'aristocrate et l'artiste. Ce dernier pose en effet des valeurs artistiques sans avoir besoin de réfuter, de s'opposer à qui que ce soit, sans nul besoin de démontrer que les formes d'art antérieures seraient forcément inférieures. Bach ne réfute ni Vivaldi ni le chant grégorien. L'histoire de l'esthétique est bien entendu riche en querelles, mais elles ressemblent à des guerres aristocratiques, elles s'apparentent à la guerre des dieux, pas à des discussions platement argumentées où il s'agirait de réfuter l'adversaire. Bach et Mozart n'ont nul besoin de prouver que tel ou tel de leurs prédécesseurs aurait eu tort – ce qui, du reste, en matière d'art, n'a guère de sens. Pour poser la théorie de la gravitation universelle, en revanche, Newton est bel et bien obligé de démontrer la fausseté de la physique aristotélicienne, après quoi Einstein, à son tour, devra faire de même à propos d'une partie de la physique newtonienne, et ainsi de suite : impossible, dans le domaine scientifique, de poser des vérités autrement qu'en s'opposant à celles tenues pour acquises par ses prédécesseurs. Dans le domaine artistique, rien de tel. Et c'est précisément la raison pour laquelle on peut aimer la musique de Bach, de Chopin ou de Ravel sans avoir à choisir à tout prix entre les trois. Mais comment adhérer simultanément à la physique de Descartes et à celle de Newton ? Force est d'admettre que les lois du choc de Descartes, depuis longtemps reléguées dans le domaine de l'erreur, n'ont plus grand intérêt, sauf peut-être pour les spécialistes de l'histoire des sciences. Dans le monde aristocratique et artistique, en revanche, on peut poser des valeurs à côté des autres, de manière positive, sans forcément s'opposer, sans discuter et sans argumenter.

Éthique : le « grand style » ou la morale de l'immoraliste

Passons maintenant au deuxième axe de l'œuvre de Nietzsche, l'axe moral. Comment s'orienter dans ce tissu d'instincts, de pulsions, dans ce monde exclusivement composé de forces (actives et réactives) ? En quoi consiste la « morale » de Nietzsche, son « idéal » ? Il faut évidemment placer ces mots entre guillemets, tant Nietzsche, on l'a vu, critique les « idéaux supérieurs » de la morale ordinaire, notamment de l'éthique chrétienne et de ses dérivés républicains et méritocratiques qui représentent à ses yeux la figure achevée du nihilisme. En quoi peut donc bien consister la « morale de l'immoraliste », l'idéal anti-idéaliste de ce matérialiste absolu qu'est Nietzsche ?

Un Nietzsche hédoniste et anarchiste ?

Une première hypothèse – si fausse qu'on a peine à l'évoquer, mais il faut le faire tant elle est malheureusement répandue – a nourri ces derniers temps (disons depuis les années 1960) certaines interprétations de Nietzsche. Aujourd'hui encore, une pléiade de « nietzschéens de gauche » vous présentent volontiers un Nietzsche anarchiste, voire soixante-huitard – une espèce de grand frère de Dany Cohn-Bendit –, un Nietzsche bien évidemment hédoniste, théoricien avant la lettre de la « libération » des corps, des sexes et des sens. Selon cette lecture – dont nous verrons pourquoi elle est absurde et très explicitement rejetée par Nietzsche de toutes les fibres de son œuvre : je vous en donnerai des signes incontestables –, la morale de Nietzsche consisterait à rejeter les « mauvaises forces », les forces réactives, celles de la raison, de la morale chrétienne et du « monde intelligible », pour les remplacer bien évidemment par les « bonnes forces », les forces actives (le sexe, la libération des pulsions, le corps, le monde sensible, etc.).

La vérité, c'est que Nietzsche déteste par-dessus tout et l'anarchisme et l'hédonisme : ce sont même, avec le romantisme, ses deux bêtes noires par excellence et il ne faut jamais l'avoir lu, ne jamais l'avoir compris un tant soit peu en profondeur, pour ne pas l'avoir perçu. Voici par exemple, parmi tant d'autres passages qu'on pourrait citer, la manière dont il parle de l'anarchisme dans *Le Crépuscule des idoles* :

> Lorsque l'anarchiste, comme porte-parole des couches sociales en décadence, réclame, dans une belle indignation, le droit à la justice et des droits égaux, il se trouve sous la pression de sa propre inculture qui ne sait pas comprendre pourquoi il souffre au fond, en quoi il est pauvre en vie. Il y a en lui un instinct de causalité qui le pousse à raisonner. Il faut que ce soit la faute de quelqu'un s'il se trouve mal à l'aise, et cette belle indignation lui fait déjà du bien par elle-même. C'est un vrai plaisir pour un pauvre diable de pouvoir injurier, il y trouve une petite ivresse de puissance.

Voilà ce que Nietzsche – et l'on pourrait multiplier à l'envi les citations qui vont dans le même sens – pense de l'anarchisme et, au passage, de l'indignation – ce thème si à la mode aujourd'hui chez nos révolutionnaires en charentaises. S'il s'en prend aussi durement à l'anarchisme, ce n'est pas à la légère. Son hostilité de toujours est profondément motivée sur un plan philosophique, elle émane à vrai dire du plus profond de sa pensée : c'est que l'anarchisme incarne justement l'état où les passions se déchaînent et se déchirent, l'anarchisme incarne ce que Nietzsche appelle le « déferlement des passions », c'est-à-dire le comble de la réaction. Car ce déferlement est *par essence même* réactif, par définition même, il est un affaiblissement de la vie, de la volonté de puissance, en quoi il est l'archétype des passions tristes : car en lui, au lieu de s'harmoniser pour être plus puissantes et plus vivantes, les forces et les passions s'entrecroisant et s'entrechoquant, elles finissent donc par s'entredéchirer, se mutiler et s'annihiler les unes les autres, de telle sorte qu'elles s'affaiblissent en même temps qu'elles amenuisent le sentiment joyeux de la vie.

L'anarchisme, c'est donc tout sauf la vraie liberté, tout sauf un mouvement de joie, c'est le comble de la victoire des forces réactives. Comme le romantisme, lui aussi caractérisé par le déferlement des passions, l'anarchisme est marqué par l'automutilation des forces qui partent dans tous les sens de manière disharmonieuse. C'est en ce sens que Nietzsche parle de « ce pauvre en vie » qu'est l'anarchiste, le pauvre diable absolument obligé de trouver dans l'indignation une explication à son malheur. Or, ce dernier réside bien, comme chez Spinoza, dans le fait qu'il est « pauvre en vie » : les passions s'entrecroisent en lui, si bien qu'en lui, la vie est affaiblie et triste. Dans le même esprit, l'artiste romantique, déchiré lui aussi entre les passions, est toujours pâlichon et plaintif, toujours au bord de cracher ses poumons sur son piano avant de mourir d'une espèce d'extinction intérieure. Les romantiques, comme les anarchistes, font déferler passions et sentiments au point de porter à son comble la victoire des forces réactives dans le monde – en quoi Nietzsche préfère infiniment le classicisme grec ou même français : en harmonisant les forces, il rend paradoxalement la vie plus vivante, il la renforce au lieu de l'affaiblir.

Quant à l'hédonisme, voilà ce que Nietzsche en dit dans un fragment de *La Volonté de puissance* : « Partout où la perspective hédoniste passe au premier plan, on peut conclure à la souffrance et à une certaine infirmité, à la maladie, à la décadence. » Aller faire de Nietzsche un anarchiste hédoniste démocrate et de gauche relève donc de la farce, à vrai dire du plus haut comique : il faut toute l'inculture contemporaine pour qu'une telle imposture puisse passer une seconde pour la vérité.

L'« idéal » de la maîtrise de soi

Mais alors, si Nietzsche n'est ni anarchiste ni hédoniste, que propose-t-il sur le plan éthique, entendu au sens le plus large : quel mode de vie, quelles valeurs, fussent-elles des antivaleurs, quel idéal, fût-il un contre-idéal, en rupture avec toute la tradition de la méritocratie judéo-chrétienne-républicaine ? La réponse se situe aux antipodes de ce que ses disciples de gauche lui font dire. Son grand modèle, en matière de morale, c'est celui que délivre en filigrane, comme je le suggérais à l'instant, l'art classique grec et même français : la hiérarchisation des forces à l'intérieur de nous-mêmes, s'il le faut sous le primat de la raison claire, non pas le désordre de l'anarchie mais la suprême maîtrise de soi. C'est en maîtrisant les forces, en les hiérarchisant et en les organisant en nous-mêmes de telle manière qu'elles ne s'annihilent pas, ne se mutilent pas et ne s'entre-déchirent pas les unes les autres, qu'on obtiendra le maximum de puissance, donc le maximum de joie, d'intensité, et qu'on se sentira véritablement vivre. La « morale » de Nietzsche, ainsi comprise, est une morale, selon le terme qu'il emploie lui-même, du « grand style », de la « grandeur », de la « victoire sur l'ennemi intérieur ». Tâchons d'expliquer aussi concrètement que possible ce que recouvrent ces formules quelque peu énigmatiques à première vue...

♦ Une morale du « grand style »

Cela signifie d'abord qu'il ne s'agit en aucun cas de rejeter hors de soi les forces réactives. Rejeter la raison, rejeter le désir de donner un sens à sa vie, le besoin de croire en des idoles ou le souci de se comporter moralement, même au sens ordinaire du terme, reviendrait malgré tout à rejeter des forces, fussent-elles réactives. En rejetant les forces de la réaction, qu'il s'agisse de la volonté de vérité, du christianisme, de la démocratie, etc., en s'opposant à elles... on devient *ipso facto* soi-même réactif ! On se prive de forces qui, pour être réactives, n'en font pas moins partie de la vie, en quoi on appauvrit la vie. La « grandeur » – et ce terme est univoque chez Nietzsche, il désigne toujours sous sa plume la maîtrise de *toutes* les forces – réside dans la réconciliation, dans l'harmonisation de l'actif et du réactif, nullement dans le rejet d'un terme au profit de l'autre.

C'est dans ce sens qu'il faut comprendre les nombreux passages de l'œuvre de Nietzsche où il fait étrangement l'éloge de son principal ennemi, le christianisme, pourtant présenté comme le comble du nihilisme, comme l'archétype de la victoire des forces réactives sur les forces actives, du dénigrement de la vie au nom d'un idéal et d'un « au-delà » illusoires. Bien qu'il haïsse le christianisme et le platonisme, Nietzsche ne cesse de dire qu'il s'agit, non de les rejeter (encore une fois, rejeter les forces réactives serait par définition réactif), mais de les intégrer harmonieusement en soi, comme le fait le classicisme.

Il ne faut surtout pas, dit Nietzsche, se débarrasser de l'Église et des chrétiens, mais il faut comprendre tout l'intérêt d'avoir un « bon ennemi », un ennemi intérieur que l'on ingère pour se rendre plus fort encore, que l'on intègre en soi (bien que sur un mode non hégélien et non dialectique). Il faut que les forces réactives restent présentes en nous, mais sous le primat des forces actives. Voici ce que Nietzsche dit de manière on ne peut plus explicite à ce sujet :

> J'ai déclaré la guerre à l'idéal anémique du christianisme ainsi qu'à tout ce qui le touche de près, non point du tout avec l'intention de l'anéantir, mais pour mettre fin à sa tyrannie... La continuation de l'idéal chrétien fait au contraire partie des choses les plus désirables qui soient. Ne fussent qu'à cause de l'idéal qui veut se faire valoir à côté de lui, et peut-être au-dessus de lui. Car il faut avoir des adversaires vigoureux pour devenir fort soi-même.

Et encore ceci :

> L'inimitié est un autre triomphe de notre spiritualisation [la « spiritualisation » désigne ici le grand style, c'est-à-dire l'intégration en soi de l'ennemi intérieur, le

spirituel s'opposant ici à la bêtise de ceux qui, comme les anarchistes, rejettent les forces réactives] – elle consiste à comprendre profondément et fondamentalement l'intérêt qu'il y a à avoir des ennemis. Nous autres, immoralistes et antichrétiens, nous voyons notre intérêt le plus cher à ce que l'Église subsiste. Il en est de même dans la grande politique. Une nouvelle création, par exemple un nouvel empire, a plus besoin d'ennemis que d'amis. Ce n'est que par le contraste que la grande politique commence à se sentir, à devenir nécessaire. Nous ne nous comportons pas autrement à l'égard de l'ennemi intérieur. Là aussi, nous en avons spiritualisé l'inimitié, là aussi nous en avons compris la valeur.

Nous spiritualisons l'inimitié dans la mesure où nous l'intégrons nous-mêmes, ce qui nous rend plus « grands ». Non pas à la manière hégélienne et dialectique d'un « dépassement qui conserve » *(Aufhebung)* en partie ce qui est nié, mais au sens où il s'agit de hiérarchiser et de maintenir en quelque sorte les forces réactives sous le commandement des forces actives. Dans *Humain, trop humain* (1878), Nietzsche expose cette conception du grand style mieux que partout ailleurs. Lisons-le très attentivement et nous verrons combien nous sommes ici aux antipodes de l'anarchisme :

Supposez qu'un homme vive autant dans l'amour des arts plastiques et de la musique, qu'il est entraîné par l'esprit de la science [en d'autres termes : cet homme est donc tout à la fois dans les forces actives ou aristocratiques, l'art, la musique, la peinture et dans la passion scientifique, c'est-à-dire les forces réactives par excellence : Nietzsche parle évidemment de lui, qui fut un compositeur amateur éclairé, un bon pianiste et qui s'intéressait également à la biologie, aux théories évolutionnistes, mais aussi à la logique et, bien évidemment, à la philosophie. Imaginons, donc, qu'un homme soit pris entre ces deux passions, la passion active de l'art aristocratique et la passion réactive de la science rationaliste] et qu'il tienne pour impossible de faire disparaître cette contradiction en se privant de l'une ou l'autre de ces deux passions [...] il ne lui reste rien d'autre qu'à faire de lui-même un édifice de culture si vaste qu'il soit possible à ces deux puissances, à ces deux forces, d'y habiter, d'y coexister quoique à des extrémités éloignées, tandis qu'entre elles deux, les puissances conciliatrices auront leur domicile, pourvues d'une force proéminente pour aplanir en cas de difficulté la lutte qui s'élèverait entre elles.

On ne saurait être plus clair : le grand style consiste à harmoniser – et c'est pourquoi l'art classique, c'est-à-dire l'art simple, mathématique et harmonieux par excellence, est aux yeux de Nietzsche un modèle – toutes les forces en nous, les forces réactives de la rationalité comme les forces actives de l'esthétique. C'est cette harmonisation de soi, cette maîtrise de soi qui se traduit dans l'expression calme et sereine qui caractérise les statues grecques, mais tout aussi bien la simplicité géométrique qui s'exprime dans la musique classique française que Nietzsche met très au-dessus du romantisme allemand.

♦ Le grand style, le champion et le virtuose

Si l'on veut chercher d'autres illustrations, plus concrètes encore, du grand style, de cette intégration harmonieuse en soi de toutes les forces, on peut penser au geste du champion ou du virtuose. Le geste d'un champion de tennis, par exemple, présente cette caractéristique incomparable d'être à la fois le plus élégant, le plus simple et le plus économique, mais aussi le plus puissant et le plus efficace qui soit. Pourquoi ? Justement parce qu'il intègre en lui tous les moments de la trajectoire de manière parfaitement coulée, élégante, intégrée, hiérarchisée : il n'y a rien de chaotique, de contrarié ni de « coincé » en lui, pas de forces anarchiques qui se contrecarrent, qui s'annulent ou se mutilent, en quoi il traduit très précisément ce que Nietzsche entend par « grandeur ».

Du coup, alors que tout paraît simple et facile – c'est la remarque que font tous les joueurs amateurs quand ils voient un champion qui s'amuse sur un court à l'entraînement : son aisance est telle que tout paraît d'une simplicité enfantine – et la balle, cependant, part à une vitesse fulgurante sans que le geste soit pour autant le moins du monde laborieux, tout au contraire. Le champion joue sans effort apparent, sans avoir l'air de déployer des forces extraordinaires. C'est cela, la grandeur, le moment où la volonté de puissance sent son propre accroissement, son intensité augmenter : le geste le mieux intégré où toutes les forces sont réconciliées, où rien ne coince et où, dans le même temps, on obtient la plus spectaculaire puissance, la plus étonnante force de frappe. Une petite championne junior de douze ans fera partir la balle beaucoup plus vite qu'un grand costaud qui joue mal et qui n'a pas intégré les gestes. Le contraire du grand style, l'affaiblissement de la volonté de puissance, la victoire des forces réactives : c'est le malheureux joueur dont les gestes sont chaotiques, cassés, coincés, s'arrêtant au milieu parce que certaines peurs viennent les entraver. Le joueur en question a beau, le cas échéant, être physiquement très fort, sa balle n'aura aucune puissance.

Le modèle de l'art classique

Pourquoi l'art classique est-il aux yeux de Nietzsche un modèle du grand style. J'évoquais le fameux calme olympien, la sérénité qui s'affiche sur le visage d'une statue grecque ou l'élégance d'une phrase musicale des grands classiques, Mozart, Bach, Schubert encore… Tout comme dans le geste sublime du tennisman ou du violoniste virtuose, on ne sent pas le travail, l'effort laborieux consenti pour intégrer les forces. En un sens, elles semblent toujours déjà intégrées. Mais pour ce faire, il y faut aussi de la logique, de la clarté : il faut de la mise en harmonie des forces actives et réactives, ce qui ne va nullement de soi. C'est en ce sens déjà que dans son premier grand livre, encore tout marqué par la pensée de Schopenhauer, *La Naissance de la tragédie* (1871), Nietzsche explique comment la tragédie grecque réconcilie l'apollinien et le dionysiaque, Apollon étant le dieu de la représentation, de la clarté, du visible, tandis que Dionysos est celui des souterrains, de l'ivresse, de la folie, de la vie ou du vouloir schopenhauerien.

Voilà aussi en quel sens Nietzsche, à l'encontre de ce que prétendent niaisement les interprétations qui en font une espèce de soixante-huitard anarchiste, fait constamment l'éloge du rationalisme classique : « Qui sait, écrit-il dans un aphorisme de *La Volonté de puissance*, si sous l'antinomie du classique et du romantique ne se cache pas l'antinomie de l'actif et du réactif ? » Le classicisme incarne bien le grand style puisque, pour être un classique, poursuit Nietzsche, « il faut avoir tous les dons et des désirs violents, contradictoires en apparence, mais de telle sorte qu'ils marchent ensemble sous le même joug ». Une fois de plus, c'est la maîtrise intérieure des désirs violents qui est ici valorisée, à l'opposé de ce qu'il appelle avec un souverain mépris « l'anarchie des instincts ». Or, pour y parvenir, ajoute-t-il encore, « on a besoin d'une quantité de froideur, de lucidité, de dureté, de la logique avant tout ». Et c'est dans ce contexte-là que, de façon d'ailleurs amusante, Nietzsche reproche à Kant d'avoir « manqué de logique », alors même que ce qui saute aux yeux quand on ouvre la *Critique de la raison pure*, c'est l'impression que Kant croule au contraire sous les dichotomies, les distinctions et les catégories logiques.

Dans le même esprit, Nietzsche réhabilite Corneille contre Victor Hugo, le premier lui apparaissant comme « le poète d'une civilisation aristocratique » où, précise-t-il, les artistes « mettaient leur point d'honneur à soumettre à un concept leur sens peut-être plus vigoureux encore, et à imposer aux prétentions brutales des couleurs, des sons et des formes, la loi d'une intellectualité raffinée et claire. En quoi ils étaient, à ce qu'il me semble, dans la suite des grands Grecs ».

Cet éloge de l'art classique sous toutes ses formes, qu'il s'agisse du classicisme français, du jardin géométrique ou de la tragédie grecque, cette valorisation de la rationalité claire dans l'art est une constante de la pensée de Nietzsche. La morale de l'immoraliste ? Elle réside tout simplement dans la volonté de soumettre sa vie aux exigences du grand style, de faire de soi une œuvre d'art, un monument d'harmonie, d'intensité et de puissance vitale qui se construit à l'opposé du déferlement anarchique des instincts et des forces qui s'entre-déchirent, anarchisme qui se disqualifie par son oubli, lui-même réactif, des forces réactives.

Sotériologie : l'*amor fati*, « l'innocence du devenir » *(Unschuldigkeit des Werdens)* et la sagesse de l'éternel retour

Passons maintenant au troisième axe, à la doctrine du salut, de la vie bonne et de la sagesse. Elle coïncide chez Nietzsche, comme nous allons le voir, avec la doctrine de « l'éternel retour ». Dans *Ainsi parlait Zarathoustra*, il explique même très explicitement que sa doctrine de l'éternel retour est appelée « à prendre la place de la métaphysique et de la religion ». Entendue comme doctrine du salut désillusionnée, elle intervient bien sûr après la déconstruction du nihilisme, après que les « idoles » de la métaphysique et de la religion ont été abattues à coups de marteau. De même que la théorie selon Nietzsche, la généalogie doit être une antithéorie traditionnelle, de même que sa morale est celle d'un immoraliste, sa doctrine du salut et de la sagesse est, bien évidemment aussi, le contraire d'une religion : c'est une doctrine du salut non seulement sans Dieu, mais une vision du monde conçue pour une époque qui vient après la mort de Dieu, après la déconstruction des idoles.

Nietzsche, à bien des égards, va s'inscrire dans cette grande tradition des sages grecs selon laquelle deux maux pèsent sur l'existence humaine. Nous avons eu à plusieurs reprises au cours de ces leçons l'occasion de voir en quoi la tyrannie du passé au même titre que celle du futur empêchent les humains d'habiter le présent, de se réconcilier avec ce qui est, avec le fameux *fatum* qu'évoque la belle expression de Nietzsche : l'*amor fati*. C'est seulement dans cet amour de ce qui est, dans ce « oui » au monde, que le sage parvient à cette forme de sérénité parfaite que Nietzsche désigne sous l'expression « d'innocence du devenir ». Et c'est bien entendu aussi sur ce point que Nietzsche se sépare le plus radicalement de son ancien maître, Schopenhauer, qui voulait lui fuir le réel, le monde du vouloir, dans les consolations de l'art, de la pitié ou du nirvana.

Mais voyons de plus près en quoi consiste cette doctrine du salut sans Dieu.

L'innocence du devenir

Et d'abord : pourquoi « l'innocence du devenir » coïncide-t-elle avec l'amour de ce qui est, avec la réconciliation avec le monde présent ? Quand je parviens à habiter le présent, comme Ulysse lorsqu'il rentre à Ithaque et qu'il cesse enfin de vivre dans la nostalgie ou dans l'espérance d'Ithaque, je cesse aussi d'être culpabilisé par les passions tristes, les regrets, les remords, les culpabilités (tyrannie du passé) ou, à l'inverse, par ces passions funestes que sont l'attente et l'espérance qui naissent en général de la crainte de l'avenir (tyrannie du futur). Je suis donc enfin dans l'innocence, enfin à l'écart de la nostalgie comme de l'espérance, à l'écart de ce passé et de ce futur qui, comme le disait Sénèque, finissent par nous faire « manquer de vivre », qui nous empêchent d'exister dans la seule dimension du temps qui soit réelle, à savoir le présent (le passé n'étant plus et le futur pas encore).

Être dans l'innocence, c'est être enfin capable de séjourner dans cet instant bien particulier que connaît Ulysse après son retour, lorsqu'il retrouve Pénélope et son lit nuptial : alors, en effet, les dieux ont la bonté de distendre l'instant présent de façon que cette nouvelle nuit de noces, cette répétition de leur première nuit, dure un temps infini, non mesurable. Symboliquement, cela signifie que cet instant-là n'est plus relativisé ni par le passé, ni par le futur. Nous sommes alors très exactement dans ce que Nietzsche appelle l'*amor fati*, dans l'innocence du devenir.

Telle est la raison pour laquelle Nietzsche développe, comme Spinoza, une critique radicale du libre arbitre, de la prétendue liberté de choix, cette dernière nous plongeant inévitablement dans la problématique funeste des « passions tristes » (regrets, remords, culpabilité) : n'aurais-je pas dû choisir une autre vie, faire d'autres choix ? Ai-je eu raison d'opter pour telle solution plutôt que pour telle autre ? Toutes ces interrogations sont source, sinon d'angoisse, du moins de déchirements de tous ordres qui viennent sans cesse troubler nos existences. Pour habiter le présent, parvenir à l'innocence du devenir et à l'*amor fati*, il faudra se défaire des illusions du libre arbitre. Par où l'on retrouve ici encore la filiation avec Spinoza et Schopenhauer, en même temps qu'une divergence majeure avec la philosophie morale de Kant.

Se défaire des illusions du libre arbitre

Dans *La Volonté de puissance*, Nietzsche s'interroge :

> Depuis combien de temps déjà me suis-je efforcé de me démontrer à moi-même la totale innocence du devenir ? [...] Et tout cela pour quelle raison ? N'était-ce pas au fond pour me procurer le sentiment de la complète irresponsabilité, pour échapper à toute louange et à tout blâme [...] ?

Nietzsche veut, comme il le dit avec insistance, dans un autre aphorisme, « rendre au devenir son innocence » : « Il n'y a pas d'être que l'on puisse rendre responsable du fait que quelqu'un existe, possède telle ou telle qualité, est né dans telle ou telle circonstance ou tel ou tel milieu », écrit-il. Et il ajoute : « C'est un grand réconfort qu'il n'existe pas d'êtres pareils. Il n'y a ni lien, ni fin, ni sens à quoi nous puissions imputer notre être et notre manière d'être. En cela consiste l'innocence de tout ce qui est. »

Débarrassons-nous donc du libre arbitre, de la responsabilité, de la culpabilité qui va avec, pour pouvoir enfin habiter le présent.

Il y a finalement deux conditions pour parvenir à la sagesse de l'*amor fati*, à cette réconciliation avec ce qui est qui nous sauve enfin des peurs qui gâtent l'existence. La première, c'est que l'on casse les idoles au marteau, la seconde que l'on fasse voler en éclats cette notion de libre arbitre qui conduit toujours à nous culpabiliser pour n'avoir pas fait les bons choix :

> Ma formule pour ce qu'il y a de grand dans l'homme est *amor fati*. Ne rien vouloir d'autre que ce qui est, ni devant soi, ni derrière soi, ni dans les siècles des siècles. Ne pas se contenter de supporter l'inéluctable et encore moins se le dissimuler, mais l'aimer. Il faut aimer l'inéluctable.

Où l'on voit à nouveau, cela dit au passage, la véritable différence avec Schopenhauer : quand Nietzsche suggère de « ne pas se contenter de supporter l'inéluctable et encore moins se le dissimuler », il fait allusion à ce que Schopenhauer tentera de faire en se réfugiant dans l'art, entendu comme une consolation, dans la morale de la pitié et, finalement, dans le nirvana bouddhiste. Ce n'est décidément pas ainsi que l'on peut résoudre le problème : le sage se doit de franchir un pas de plus, non pas en fuyant le vouloir, mais en disant « oui » à la vie, en l'aimant quelle qu'elle soit.

L'impératif catégorique de Nietzsche

Que vient faire au juste « l'éternel retour » dans cette perspective ? Que signifie vraiment cette expression qui a prêté à tant de confusions et de malentendus ? Et quel lien la doctrine de l'éternel retour entretient-elle avec celle de l'*amor fati* ? Pour donner lieu à quel « idéal » de sagesse (je mets le terme entre guillemets, parce qu'il ne peut évidemment pas s'agir d'une nouvelle idole, d'un nouveau visage du nihilisme) ?

Évitons d'emblée l'erreur d'interprétation la plus commune : la doctrine de l'éternel retour n'a aucun rapport avec l'idée cyclique qu'on rencontre dans l'Antiquité grecque. Il ne s'agit pas d'une thèse « cosmologique » signifiant qu'il existerait des cycles dans la nature, tels que les saisons par exemple. Il s'agit d'une méthode réflexive qui permet de sélectionner dans nos existences les moments de grandeur, les instants qui mériteraient vraiment, comme celui des retrouvailles entre Ulysse et Pénélope, de revenir une infinité de fois, d'être élus, si je puis dire, au rang de l'éternité. Une petite sentence de Nietzsche peut nous mettre sur la voie : « Tout plaisir, dit-il, veut l'éternité » – *Alle Lust will Ewigkeit* – étant entendu que le vrai plaisir, la vraie joie, se situe dans ces instants rares, ces moments de grâce où nous vivons dans le grand style, l'innocence du devenir et l'*amor fati*, dans la réconciliation avec le monde.

Pour bien comprendre le sens de l'éternel retour, il faut percevoir que Nietzsche en énonce le principe en détournant la célèbre formule de l'impératif catégorique kantien – un peu comme il détourne les paraboles des Évangiles dans son *Zarathoustra* (1885). Souvenez-vous de la formulation première de ce fameux impératif moral (j'indique mes commentaires entre parenthèses) : « Agis de telle manière que la maxime de ton action [la fin que tu te proposes de réaliser] puisse être érigée en loi universelle, etc. [puisse viser non seulement ton intérêt particulier mais aussi l'intérêt général]. »

Il s'agit, chez Kant, d'un principe de sélection des objectifs que l'on doit s'assigner sur un plan moral, seuls ceux qui servent le bien commun, l'intérêt général (et pas uniquement notre intérêt particulier, égoïste) étant considérés comme réellement vertueux. Or, Nietzsche détourne cette formule pour la remplacer par son propre impératif : celui de l'éternel retour. Voici sur ce point le texte, à mon avis, le plus clair et le plus explicite – il s'agit d'un fragment posthume datant de l'année 1881 :

> Si dans tout ce que tu veux faire, tu commences par te demander : « Est-il sûr que je veuille le faire un nombre infini de fois ? », ce sera pour toi le centre de gravité le plus solide. [...] Voici l'enseignement de ma doctrine. « Vis de telle sorte que tu doives souhaiter revivre, c'est le devoir, car tu revivras en tout cas. » Celui dont l'effort est la joie suprême, qu'il s'efforce. Celui qui aime avant tout le repos, qu'il se repose. Celui qui aime avant tout se soumettre, obéir et suivre, qu'il obéisse, qu'il se soumette et qu'il suive. Mais qu'il sache bien où est sa préférence et qu'il ne recule devant aucun moyen. Il en va de l'éternité. Cette doctrine est douce envers ceux qui n'ont pas foi en elle, elle n'a ni enfer, ni menace. Celui qui n'a pas la foi ne sentira en lui qu'une vie fugitive.

Voilà bien exposée, faisant suite à la morale de l'immoraliste, la sagesse de celui qu'on tient volontiers pour fou, une sagesse sans sanction ni obligation, un idéal, certes, mais incarné dans l'ici-bas, pas dans le ciel, mais au plus profond de la terre. Si vous choisissez de revivre des instants sans intérêt, personne ne vous punira : vous choisirez pour l'éternité des moments nuls, vous aurez juste une petite vie médiocre, mais personne ne vous en tiendra rigueur. Dans la doctrine nietzschéenne du salut, il n'y a pas de châtiments, il n'y a ni enfer ni paradis. Mais si vous choisissez des instants qui sont des instants d'*amor fati* et d'innocence du devenir, des moments de grand style, d'intensification de la vie et de réconciliation avec le monde, alors vous accéderez à la béatitude. Bien plus, vous serez débarrassés de la peur de la mort, car vous habiterez le présent, un présent qui confine à l'éternité puisqu'il n'est plus relativisé par le passé ni par le futur, si bien que vous serez comme « un atome d'éternité ».

Aimer le monde, mais comment dire « oui » à Auschwitz ?

Ainsi formulée, la sagesse de Nietzsche peut sembler à première vue fort séduisante – comme celle de Spinoza, d'ailleurs, et pour les mêmes raisons. Vivre dans l'amour, la joie, l'intensité, dire « oui » à la vie, qui ne serait preneur ? Comme avec le spinozisme, on se laisse volontiers emporter : à l'opposé de l'impératif catégorique kantien, des morales du devoir, de l'effort et du mérite, on nous propose d'en finir avec les passions tristes, les remords, les regrets, les culpabilités et les punitions, et tout cela au nom de l'amour ! Il faudrait être fou pour ne pas se laisser emporter.

J'aimerais pouvoir en rester là, mais je ne puis cependant passer sous silence, en guise de conclusion, les doutes et les réserves que m'inspire cette doctrine du salut. J'aime Nietzsche, je le trouve génial, mais pour le dire sans fard, sa doctrine de l'*amor fati* m'a toujours semblé, comme du reste celle de Spinoza, finalement assez absurde – en quoi, malgré toute mon admiration, je ne puis toujours pas être nietzschéen : je n'arrive pas à y croire une seconde, et pour tout dire, je n'ai encore jamais rencontré un seul disciple de Nietzsche ou de Spinoza (voir des deux à la fois) qui soit capable de réfuter sérieusement le fameux « argument du bourreau » auquel Clément Rosset, un philosophe que j'estime beaucoup par ailleurs, entend toujours faire un sort : si nous devons aimer le réel tel qu'il est, le réel en totalité, quelle que soit la tête qu'il a, ainsi commence l'argument en question, alors, cela signifie qu'il faut aussi aimer les bourreaux qu'il compte inévitablement en lui. Soit.

Mais comment dire « oui » à la vie, comment aimer le réel, ce fameux *fatum*, quand il inclut Auschwitz ? Voilà l'argument du bourreau, formulé sous forme d'un syllogisme : « Il faut, comme le veulent Nietzsche et Spinoza, aimer toujours le réel tel qu'il est, tout entier, dire "oui" au *fatum* ; or le réel comprend des bourreaux (Auschwitz) ; il faut donc aimer aussi les bourreaux, fussent-ils nazis. »

Clément Rosset, en bon spinoziste, trouve cet argument absurde, indécent de bêtise, d'une rare banalité. Je le trouve au contraire excellent, banal oui, ce n'est pas douteux, mais cependant parfaitement juste – et il me semble toujours qu'en philosophie, il faut préférer la justesse à l'originalité.

On me dit que j'ai mal compris, que ce syllogisme est polémique, que l'*amor fati* ne nous empêche pas d'aimer aussi la lutte contre les méchants, que ce combat fait lui aussi partie du réel, que l'on n'est donc pas obligé d'aimer les bourreaux. Je comprends parfaitement l'argument : il n'y a pas que la collaboration, la résistance fait, elle aussi, partie du réel, je peux donc aimer la résistance plutôt que la collaboration.

À quoi il me semble qu'on peut répondre deux choses. D'abord, qu'en bonne logique nietzschéenne ou spinoziste, je dois tout aimer, je dois me réconcilier avec la totalité de ce qui est – ce qui, en l'occurrence, me semble à nouveau absurde : comment puis-je aimer en même temps la résistance et la collaboration ? Mais, admettons : disons que je m'identifie plutôt aux résistants, que c'est cela que j'aime dans le réel, mais alors, je me demande bien en quoi l'impératif d'aimer ce qui est se distingue en quoi que ce soit de la vision morale ordinaire de tout un chacun, du kantisme et du christianisme vulgaires : pourquoi, dans ces conditions, plaider avec tant de force pour un « oui » total, pour une adhésion sans faille au réel si ce réel inclut en lui… le refus du réel, le choix d'un de ses aspects (la résistance) plutôt qu'un autre (la collaboration) – thèse d'autant plus absurde dans le contexte de la pensée de Nietzsche et de Spinoza, que la notion de choix n'y a de toute façon aucun sens ? Je ne vois pas, franchement, où ces sophismes nous conduisent, sinon à faire comme tout le monde : à ne pas aimer le monde quand il n'est pas aimable et à l'aimer quand il l'est, conclusion de bon sens, à vrai dire, mais qui n'a à tout le moins nul besoin de tout cet attirail conceptuel sophistiqué.

Voilà pourquoi, sans doute, je n'ai jamais rencontré aucun spinozo-nietzschéen qui soit capable de répondre si peu que ce soit à cette objection autrement qu'en la déclarant banale – ce qui, encore une fois, est parfaitement exact, mais ne la rend nullement fausse pour autant. Une proposition peut être banale, mais vraie. C'est même le cas le plus courant : rien de plus banal que 2 + 2 = 4 et cependant quoi de plus juste ?

Du coup, l'impératif de l'*amor fati* s'avère être, non seulement de peu de secours – à vrai dire d'aucun –, parce que totalement impraticable (qu'on me montre une seule personne au monde aimant le réel quand il est mortel et je veux bien être pendu sous un fraisier !), mais pis encore, en réintroduisant un idéal, voire une idole, il ressemble comme deux gouttes d'eau à ce que Nietzsche déteste le plus, à savoir le nihilisme : une injonction permanente à se conformer à des exigences idéales tellement élevées, tellement irréelles et impossibles qu'elles en viennent paradoxalement à culpabiliser l'individu comme nulle autre !

La vérité, c'est que les exigences de l'*amor fati*, de l'innocence du devenir, et de l'éternel retour réintroduisent les passions tristes à leur pire niveau, à leur maximum. Vous n'êtes pas heureux ? C'est votre faute, c'est que vous manquez de courage, de lucidité, de sagesse ! Ainsi parle aujourd'hui le nietzschéen mâtiné de spinozisme. Faisant son intéressant, il prétend, lui, avoir la force du bonheur tandis que vous, pauvre faiblard nihiliste, vous vivez dans la peur et le malheur au prétexte que votre fils vient de mourir, que votre femme ou votre amant vous a quitté. Pleurnichard médiocre, incapable de ce « gai savoir » qui conduit le véritable sage à danser sur l'océan scintillant de la vie. Cette nouvelle figure de la culpabilisation prêterait à rire si elle n'avait rendu Nietzsche lui-même aussi tragiquement malade, son malheur qui accompagne tous les âges de sa vie, avec les femmes et ses amis comme avec le reste du monde, étant le seul trait réellement saillant de son effroyable biographie…

Question que je ne puis éluder, en direction de ceux qui se disent encore nietzschéens : si vous cassez les idoles au marteau, si vous faites voler en éclats tous les idéaux et autres valeurs supérieures au nom de l'*amor fati*, de la réconciliation qui dit « oui » au réel, n'y a-t-il pas un risque sérieux de cynisme, de renoncement à l'action, une reddition pure et simple au monde tel qu'il va ? Si on débarrasse le monde de tout idéal, à partir de quoi formuler encore des critiques ? Et dans ce cas, comment éviter l'accusation de sombrer dans la *Realpolitik* ?

Allons plus loin encore, en suivant ici un aspect fort profond de l'interprétation heideggérienne de Nietzsche : si on fait l'apologie de la volonté de puissance, de la volonté qui ne veut plus rien d'extérieur, qui se veut elle-même et vise sa propre intensification ; si la « morale » de Nietzsche consiste à faire en sorte que nous soyons toujours dans la puissance la plus puissante, dans la vie la plus vivante et l'intensité la plus intense, cela ne revient-il pas finalement à s'en remettre au « monde de la technique » entendu comme un monde caractérisé par la disparition de toute fin, de tout objectif, un monde où seul règne en maître l'accroissement des moyens pour les moyens ?

C'est là très précisément ce que les pères fondateurs de l'École de Francfort, Theodor Adorno et Max Horkheimer, théoriseront comme la disparition de la « raison objective », celle qui pose des objectifs et des finalités, au profit d'une raison purement instrumentale, fondée sur le seul critère de la puissance pour la puissance. Si tout sens est une absurdité et tout idéal un visage du nihilisme, si la seule morale authentique repose sur l'intensification de ses propres forces, s'il s'agit de s'émanciper de l'ensemble des finalités, des projets ou des grands desseins à partir desquels il nous est possible d'opposer une résistance au monde, on peut se demander si cette philosophie ne conduit pas, en un paradoxe saisissant, vers une philosophie ultralibérale qui finalement justifie le laisser-faire/laisser-aller le plus absolu. Voilà pourquoi Heidegger voyait en Nietzsche le penseur du XXe siècle par excellence, le penseur de la technique, un immense philosophe sans nul doute, mais un philosophe de la fin de toutes les finalités, de l'éclipse de tous les idéaux, de la mort de tous les grands desseins…

4

MARX

Émancipation et totalitarisme

Né en Rhénanie en 1818, mort à Londres en 1883, Marx est certainement, avec Tocqueville, le plus grand penseur politique du XIXe siècle. Comme Tocqueville aussi, Marx continue d'avoir quelque chose d'essentiel à nous dire sur le monde actuel : on peut bien sûr être en désaccord avec les conséquences politiques qu'il a prétendu tirer de son analyse de la société bourgeoise, avec l'idée selon laquelle cette dernière serait vouée inévitablement à se transformer en une société communiste, sans classes, sans État et sans exploitation. Reste que son interprétation économique et sociale du capitalisme est encore aujourd'hui une des plus précieuses qui soient pour comprendre le monde dans lequel nous vivons. À bien des égards, Marx demeure un des plus grands interprètes des crises que traverse le libéralisme contemporain, pourvu du moins qu'on prenne la peine de le lire et de le comprendre en dehors des polémiques politiciennes qu'il peut toujours susciter. Marx s'est dit choqué que l'on traitât Hegel en « chien crevé ». Il faisait allusion aux anarchistes allemands comme aux socialistes français, toujours trop prompts à enterrer l'hégélianisme. Je dirais à mon tour qu'on aurait tort de traiter Marx en « chien crevé » : il faut au contraire le lire et le relire, et ce quelle que soit l'appréciation qu'on porte sur son idéal politique.

Je vous proposerai, dans cette leçon, d'examiner trois grands thèmes propres à entrer véritablement au cœur de son œuvre.

Premier thème : la théorie des crises et des révolutions. Marx fut un interprète majeur de la Révolution française de 1789, mais aussi de la révolution de 1848 et des diverses déclarations des Droits de l'homme qui les ont accompagnées. Quel lien fait-il entre les révolutions de son temps et cette révolution prolétarienne dont l'avènement lui semble aussi souhaitable qu'inéluctable ? Plus généralement, on se demandera par quels raisonnements Marx en vient à penser que la société capitaliste serait vouée à se dépasser vers une société sans aliénation, vers un monde où les hommes seraient enfin égaux, libres et heureux – thème qui a séduit et même enthousiasmé, faut-il le rappeler, des centaines de millions d'hommes tout au long du XXe siècle.

Le *deuxième thème* concerne l'analyse économique à laquelle Marx nous invite, analyse qui se concentre autour de sa fameuse théorie de la plus-value qui forme le cœur de sa conception du capitalisme. Elle a suscité tant de malentendus qu'il ne sera pas inutile de s'y arrêter assez en profondeur pour pouvoir dissiper les plus courants et les plus fallacieux.

Enfin, en guise de *troisième thème*, j'évoquerai les principales critiques de Marx, non pas dans une perspective polémique ou négative, mais parce qu'elles permettent aussi de mieux comprendre son œuvre, d'en percevoir les lignes de fracture, de saisir aussi à quel point et à quel titre elle a pu susciter, sans doute plus qu'aucune autre dans l'histoire de l'humanité en dehors de la Bible, des discussions passionnées.

La théorie des crises et des révolutions : la philosophie de l'histoire de Marx

Avant même de nous frayer un chemin dans cette interprétation des crises et des révolutions, disons d'emblée un mot de cette idée, profonde et originale, qu'on trouve déjà chez Marx, selon laquelle le capitalisme serait par essence même un système de « révolution permanente », l'économie moderne ne pouvant se maintenir qu'en innovant en permanence et en rompant sans cesse avec la tradition. C'est là, par avance, une des descriptions les plus justes et les plus intelligentes de la mondialisation libérale que nous connaissons aujourd'hui, cette globalisation où la rupture avec les traditions et la logique de l'innovation pour l'innovation sont devenues la loi du monde, induites qu'elles sont de manière inévitable par la règle absolue de la compétition généralisée de tous contre tous.

Cette logique du *benchmarking*, de la comparaison/compétition avec les concurrents qui oblige les entreprises à innover, à inventer constamment – qu'il s'agisse des produits, de la communication, de la gestion des hommes, de la rationalisation des coûts, de l'informatisation, de la suppression du papier dans la facturation, du stockage des données, des transports, etc. – afin de se maintenir et de ne pas se laisser dévorer par le voisin, Marx l'avait déjà fort bien perçue et analysée avant Schumpeter dans ce qu'elle a de plus profond. Selon ses propres termes, dont nous verrons dans un instant la signification précise, le capitalisme moderne ne peut pas exister sans révolutionner en permanence le « mode de production ». Citons-le exactement :

> La bourgeoisie ne peut exister sans bouleverser constamment les instruments de production, donc les rapports de production, donc l'ensemble des conditions sociales. Au contraire, la première condition d'existence de toutes les classes industrielles antérieures au capitalisme était de conserver inchangé l'ancien mode de production. Au cours de sa domination de classe à peine séculaire, la bourgeoisie a créé des forces productives plus massives et plus colossales que ne l'avaient fait dans le passé toutes les générations dans leur ensemble.

Voilà bien, en effet, l'essence du capitalisme, c'est-à-dire l'essence des sociétés modernes : là où les classes dominantes antérieures étaient en général conservatrices et n'avaient qu'un souci en tête – ne rien changer, conserver le *statu quo* existant, maintenir en vie les traditions séculaires –, le régime économique qui caractérise le capitalisme est, lui, en état de révolution, de ruptures et d'innovation permanentes. D'où l'idée que la bourgeoisie est révolutionnaire, dimension qui, selon Marx, va précisément la tuer, l'amener à s'autodétruire, à se dépasser elle-même dans ce nouveau régime économique que sera le communisme, un régime sans propriété privée, sans lutte des classes, sans État et sans exploitation.

Autant la conclusion du raisonnement me paraît fausse – le passage à une société communiste n'a rien ni de nécessaire ni de merveilleux – autant le point de départ de l'analyse est intéressant : dans le capitalisme moderne, en effet, et nous le voyons plus et mieux que jamais avec son nouveau visage, celui de la mondialisation libérale, le monde change sans arrêt et l'innovation est devenue notre lot quotidien : innovation scientifique et technique, innovation dans les modes de production, mais aussi dans les modes de vie et de consommation. Marx a raison sur ce point : le capitalisme, c'est bien la révolution permanente.

Gardons cette idée à l'esprit pour entrer dans la compréhension des crises et des révolutions telle que Marx les conçoit. Son analyse s'enracine dans la compréhension de ce qu'il appelle le « mode de production », avec ses deux composantes fondamentales : d'un côté les « forces productives », de l'autre l'organisation de la production – ce qu'on a malheureusement traduit en français par une expression assez dénuée de sens : les « rapports de production » (en allemand : *Produktionsverhältnisse*). En fait, il s'agit même d'un contresens un peu absurde, le mot allemand *Verhältnis* n'ayant pas le même sens au singulier et au pluriel : au singulier, il signifie bien « rapport », « relation », mais au pluriel, il désigne beaucoup plus généralement une situation, en l'occurrence la situation dans laquelle la production s'effectue, c'est-à-dire son organisation. Je le précise, non par cuistrerie, mais parce que, c'est vrai, l'expression « rapport de production » n'a en français guère de sens.

Mais laissons là les questions de vocabulaire et venons-en à la chose même, à la signification exacte de ces trois notions fondamentales : mode de production, forces productives et (gardons l'expression française consacrée) rapports de production. Les termes, en eux-mêmes, n'étant pas très parlants, cette analyse est un rien « technique », pour ne pas dire un peu « scolaire », mais il est indispensable d'en passer par ces quelques définitions pour comprendre la suite, qui elle en vaut largement la peine.

Les forces productives

La première composante d'un mode de production, c'est donc ce que Marx appelle les « forces productives » : elles désignent la capacité d'une société donnée à produire. Elles comprennent essentiellement trois éléments, constitutifs de ce que Marx appelle encore l'« infrastructure économique ». Le premier élément, ce sont les *richesses naturelles* : selon qu'un pays est désertique ou fertile, que son sous-sol recèle ou non des matières premières utilisables dans l'industrie et le commerce, sa capacité à produire sera évidemment différente. Le deuxième élément réside dans *l'état des sciences et des techniques* : plus les techniques seront élaborées, plus la science est avancée, plus la société sera productive, en mesure d'exploiter ses richesses. Le troisième élément est de loin le plus important, le plus explosif aussi : il s'agit bien sûr des *moyens humains*, des ouvriers, des travailleurs, ces êtres de chair et de sang qui forment les classes laborieuses, lesquelles transforment matières premières et richesses naturelles en utilisant les sciences et les techniques. Sans le travail des hommes et des femmes, les deux premières forces productives, en effet, ne serviraient à rien. Les moyens humains font donc l'essentiel de ces forces (en plus des richesses naturelles et de l'état des sciences et des techniques).

Les rapports de production

De l'autre côté, nous trouvons ces fameux « rapports » de production. Encore une fois, la formule allemande originale est beaucoup plus claire qu'en français puisqu'elle renvoie tout simplement aux conditions dans lesquelles s'effectue la production, donc à son organisation dans un système économique donné. Les manifestations les plus visibles des rapports de production, selon Marx, sont les « rapports de propriété » (même faute de traduction, mais passons...) qui incluent la question de savoir qui détient, justement, la propriété privée des moyens de production. On retrouve ici une question que Rousseau posait déjà dans son fameux *Discours sur l'origine et les fondements de l'inégalité parmi les hommes* (1755) : qui détient la propriété des moyens de production, c'est-à-dire, qui dispose du pouvoir de faire travailler les autres pour lui, d'utiliser leur travail pour en tirer du profit ? Les « rapports de propriété » ne sont en fait, selon Marx, que l'expression juridique des « rapports de production ».

Prises ensemble, ces deux composantes, d'une part les forces productives (avec leurs trois éléments) et d'autre part l'organisation de la production et de la propriété privée des moyens de production, définissent ce que Marx appelle le mode de production.

Marx distingue, au fil de l'histoire, cinq grands modes de production différents, cinq époques de l'histoire qui s'enchaînent entre elles, qui sont reliées entre elles par des moments de crises révolutionnaires : il est donc essentiel d'avoir au moins une idée de ce schéma général de l'histoire humaine pour comprendre comment il va interpréter les révolutions et, à partir de là, prétendre prévoir la crise du capitalisme qui conduira nécessairement selon lui à l'avènement de la société communiste.

Pour Marx, l'ensemble de l'histoire humaine n'est à la limite rien d'autre que ce processus d'enchaînement progressif des cinq grands modes de production.

Les cinq époques ou les cinq modes de production

Tout le monde connaît la célèbre sentence, que l'on trouve au début du *Manifeste du parti communiste* (1848), écrit avec son ami Friedrich Engels (1820-1895), selon laquelle : « L'Histoire est l'histoire de la lutte des classes. » C'est bien cette lutte des classes qui va constituer le fil rouge de sa philosophie de l'Histoire, c'est elle qui va permettre de comprendre comment on change d'époque, comment on passe d'une période historique à une autre, d'un mode de production à un autre, donc, d'un type de société à un autre, l'économie étant toujours l'élément déterminant en dernière instance.

Le communisme primitif

Le premier mode de production, c'est ce que Marx appelle le « communisme primitif ». Il caractérise ce qu'on appelle encore à l'époque de Marx les « sociétés primitives », les tribus d'Afrique ou d'Amazonie par exemple, où la propriété privée des moyens de production n'existe pas encore, où, par conséquent, l'opposition entre une classe dominante (qui fait travailler les autres pour elle) et une classe dominée (qui travaille pour la classe dominante) n'existe pas non plus.

L'histoire de l'humanité aurait donc débuté avec le communisme, un communisme encore embryonnaire, bien sûr, dans des sociétés qui ignoraient l'industrie et l'écriture, mais un communisme quand même, c'est-à-dire une société sans propriété privée et sans lutte des classes – notons au passage pour éviter un malentendu fréquent que, lorsque Marx parle de « propriété privée », il s'agit toujours de la propriété des moyens de production, pas des biens personnels : le paysan, le chasseur ou le pêcheur des sociétés primitives a bien le droit de posséder ses vêtements, sa maison et ses outils, là n'est pas le problème ; c'est la propriété des moyens de production qui va faire naître la lutte des classes, donc la division sociale, pas la propriété des biens personnels.

Si vous vous souvenez de la leçon que nous avons consacrée à Hegel, vous verrez que Marx reprend très évidemment un schéma hégélien, à savoir l'idée qu'en germe, *in nucléo* ou « en soi », comme dit Hegel, le commencement de l'Histoire contient déjà virtuellement sa fin – une fin qui ne sera évidemment pas tout à fait identique à son début car, entretemps, toutes les possibilités contenues dans le germe vont se déployer (ce que Hegel nomme le moment de « l'être-là », du déploiement des différences). Le communisme final sera bien sûr très différent du communisme primitif, puisqu'il sera un communisme industriel, où la production sera marquée par les progrès techniques et scientifiques – alors que les sociétés traditionnelles ou « primitives », comme on les appelle encore au XIXe siècle, sont des « sociétés de subsistance » seulement fondées sur le troc. Il n'en sera pas moins un communisme qui, supprimant la propriété privée, rappelle le point de départ de l'Histoire.

De fait, l'apparition des classes et avec elles, inévitablement, de la lutte des classes, sera la conséquence directe de l'instauration de la propriété privée. Au commencement de l'Histoire, les hommes vivent donc encore dans un communisme primitif où les moyens de production appartenaient à tout le monde. Ces sociétés de troc ou d'échanges ne connaissaient ni l'argent ni l'État, ce dernier n'étant, selon Marx, que la superstructure politique de la classe dominante (celle des propriétaires), l'instrument dont elle se sert pour perpétuer sa domination. Étant donné qu'il n'y a pas de classe sociale, puisque pas de propriété, il n'y a pas non plus d'État. Ces sociétés tribales sont par conséquent des sociétés sans État, sans propriété, sans histoire et sans lutte des classes.

Du mode de production antique au mode de production féodal

Comment et pourquoi sort-on de ce communisme primitif pour passer à un autre mode de production, le mode de production antique, caractérisé notamment par l'apparition de l'esclavage ? Dans son livre sur *L'Origine de la propriété privée, de la famille et de l'État*, Engels donne une description de la naissance de la lutte des classes finalement assez proche de celle que donnait déjà Rousseau dans le *Discours sur l'origine de l'inégalité* : l'avidité, le souci d'être plus riche ou plus puissant que les autres, une part de vanité ou, comme dit Rousseau, d'« amour-propre », à quoi s'ajoutent la découverte de techniques nouvelles permettant de s'enrichir rapidement, de sortir de la société de subsistance, l'émergence d'une classe de riches propriétaires permettant d'envisager de faire travailler autrui pour soi – ces différents facteurs détermineront l'apparition de la propriété privée et, avec elle, d'une classe dominante, donc de la lutte des classes et de l'État comme instrument politique destiné à perpétuer la domination des dominants : une classe s'attachera à la propriété, une autre au travail, le travail de ceux qui n'ont pas de propriété et sont contraints de travailler comme esclaves pour vivre. C'est ce que Marx appelle le mode de production *antique* car il trouve son modèle le plus achevé dans l'Antiquité grecque et romaine. À une extrémité, des hommes libres et propriétaires, et à l'autre extrémité des esclaves. Dans cette configuration, les rapports de production sont défendus par les propriétaires, les rapports de propriété sont maintenus en place par la classe dominante (par les hommes libres les plus riches, les patriciens), tandis que la classe des opprimés, des dominés (la plèbe et les esclaves) subit l'exploitation.

De ce mode de production antique, on passera quelques siècles plus tard au mode de production *féodal*, qui correspond à notre Ancien Régime. Dans l'Ancien Régime, les propriétaires sont les aristocrates, les nobles. En face, nous n'avons plus d'esclaves à proprement parler, mais des serfs et des paysans qui travaillent pour enrichir la noblesse. D'où un nouveau régime de propriété – la propriété féodale ou aristocratique –, qui induira une nouvelle lutte des classes, non seulement entre aristocrates d'un côté et paysans asservis de l'autre, mais aussi avec une troisième classe sociale qui va venir bouleverser ce jeu à deux pôles : la bourgeoisie.

Vous me pardonnerez de passer très vite sur ces trois premiers modes de production, sans entrer ici plus avant dans les détails : ce n'est pas leur étude qui passionne Marx, mais avant tout celle du quatrième mode de production, le capitalisme. C'est sur lui que porte toute son analyse et c'est donc sur lui seulement que je voudrais m'arrêter plus en profondeur. Avec le capitalisme, en effet, on assiste à la mise en place d'une organisation économique, sociale et politique entièrement nouvelle puisque ce sont désormais les entreprises (et leurs chefs, les bourgeois) qui détiennent la propriété privée des moyens de production. Précisons aussi que Marx s'intéresse surtout au capitalisme industriel, le capitalisme financier étant encore embryonnaire à son époque.

La société capitaliste voit s'opposer la classe bourgeoise, celle des propriétaires, à la classe ouvrière, celle des prolétaires qui, à la différence de ce qui se passait dans les modes de production antérieurs, sont désormais des salariés. Ils accomplissent un travail moyennant un salaire, en principe (du moins formellement, nous allons y revenir) déterminé « librement », par contrat entre les deux parties. Que la lutte des classes se développe désormais entre une classe (bourgeoise) qui possède les moyens de production et une classe (ouvrière) salariée « libre » de vendre ou non sa force de travail sur le marché (une liberté évidemment toute formelle), voilà qui va prendre une importance centrale dans l'analyse que Marx fait des crises de son temps.

En effet, la première et principale thèse de Marx est que le système capitaliste, au sein duquel ces deux classes s'opposent (la classe bourgeoise et la classe prolétarienne), se révèle intrinsèquement contradictoire. Il n'est pas viable, car traversé par des contradictions insolubles, contradictions qui ne pourront être résolues qu'avec la suppression de la propriété privée, de l'État et de la lutte des classes qui en sont indissociables. D'où le nécessaire passage à la société communiste, que Marx imagine parfaitement transparente, rationnelle et pacifiée (non contradictoire). Par où l'on arrive au cinquième mode de production : le mode de production communiste, dans lequel la propriété privée est à nouveau abolie. Son avènement marquera la fin de la « préhistoire », comme dit Marx, et le début de la véritable histoire, celle où les hommes seront enfin libres de choisir leur destin au lieu d'être plongés dans l'aliénation et asservis par l'exploitation. La question qu'il nous faudra nous poser est donc la suivante : comment un projet d'émancipation de l'humanité aussi sublime sur le papier aura-t-il pu engendrer dans la réalité les pires totalitarismes qu'on ait connus dans l'histoire de l'humanité ?

Une philosophie de l'histoire inspirée de Hegel

Comme je l'ai suggéré, le stade ultime de l'histoire reproduit donc en quelque façon le communisme primitif, celui des commencements, mais enrichi de toutes les découvertes et de tous les progrès qu'ont apportés au fil de l'histoire les trois autres modes de production antérieurs (antique, féodal et capitaliste), de sorte que ce communisme final ne sera plus une société de subsistance, mais au contraire, une société prospère où le partage des richesses d'après la formule « à chacun selon ses besoins » permettra enfin de passer de l'aliénation des hommes à leur plein épanouissement. L'idée peut prêter à sourire, voire à rire ou à pleurer quand on songe à ce que l'Union soviétique ou la Chine en ont fait dans la réalité. Mais à l'époque de Marx, elle pouvait encore paraître sublime et généreuse de sorte que des dizaines, voire des centaines de millions d'hommes, et non des moindres si l'on songe à ce que fut l'engagement des intellectuels dans le communisme au XXe siècle, vont y adhérer. Mais laissons encore pour l'instant de côté les considérations politiques pour saisir plus en profondeur le sens de cette philosophie de l'histoire.

Comme je le suggérais plus haut, nous sommes ici en présence d'un schéma très hégélien, avec cette idée que le début de l'histoire contient en germe, en puissance, les divers modes de production que l'Histoire dépliera ultérieurement. C'est la raison pour laquelle le communisme final, aux yeux de Marx, s'instituera dans des sociétés qui ne seront plus des sociétés pauvres et primitives, mais au contraire, des sociétés qui, ayant développé toutes les forces productives dont elles étaient porteuses, seront des sociétés où le bien-être matériel sera possible en même temps que la liberté. La liberté et le bonheur de l'humanité, telles sont en effet, pour Marx, les deux grandes finalités de l'Histoire.

De ce point de vue, il reste encore un héritier des Lumières, d'un XVIIIe siècle « progressiste » et optimiste, même si sa théorie suppose que le dernier moment de l'Histoire – le communisme – est semblable au fruit une fois que la plante a déployé ses possibilités (le tronc, les branches, les feuilles). Le fruit symbolise en cela, comme chez Hegel, la recollection du déploiement qui s'est effectué au cours de l'Histoire, le fruit qui, à nouveau, contient de nouvelles graines en germes qui permettront aux hommes de repartir vers une autre histoire : non plus celle de l'exploitation de l'homme par l'homme et de la lutte des classes, mais une histoire de la liberté, de l'épanouissement de soi et du bonheur.

Il importe donc de garder à l'esprit que Marx n'aspirait pas seulement à l'égalité, mais à l'émancipation et au bien-être, à la liberté et au bonheur de l'humanité. Dans son esprit, le communisme était appelé à offrir aux hommes un monde merveilleux où toutes les possibilités humaines pourraient enfin s'épanouir. Pourquoi cet idéal magnifique en théorie a-t-il tourné à la catastrophe absolue dans les pays du « socialisme réel », partout où on a essayé de l'appliquer ? Telle est évidemment la question que nous aborderons dans la dernière partie de ce chapitre. Pour l'heure, et une fois ces préalables posés (la définition du mode de production avec ses forces productives et ses rapports de production, puis ce schéma historique global où le communisme final sera enrichi par le déploiement de l'Histoire), reste à voir comment Marx va proposer d'interpréter la crise, inévitable à ses yeux, du capitalisme.

Car voilà bien son sujet majeur : d'où vient que le capitalisme n'est pas viable, d'où vient qu'il est appelé avec une nécessité absolue – une « nécessité de fer », écrit Marx dans le livre I du *Capital* – à être anéanti par la révolution prolétarienne, c'est-à-dire à se dépasser dans le communisme ?

Des contradictions aux crises du capitalisme : vers la révolution prolétarienne

On trouve dans la pensée de Marx deux approches des crises et des révolutions. Une première approche, encore superficielle, mais qui n'en est pas moins très présente dans les discours marxistes ordinaires, explique de façon simple, pour ne pas dire simpliste, le caractère contradictoire du capitalisme par les crises de « surproduction ». La deuxième approche, infiniment plus profonde et plus juste, s'élabore à partir de la « théorie de la plus-value ». Elle est passionnante, bien qu'un peu ardue à saisir dans toutes ses subtilités, mais le jeu, comme vous allez voir, en vaut la chandelle.

Les crises de surproduction : première approche des crises du capitalisme

Que signifie exactement, en termes concrets, l'idée selon laquelle le capitalisme serait « contradictoire » et par conséquent intenable ? Pour le dire dans un vocabulaire contemporain, il ne saurait exister, aux yeux de Marx, de « développement capitaliste durable ». Une contradiction l'empêcherait, en effet, de se survivre éternellement à lui-même. À quoi tient-elle au juste ? Essayons de retracer le plus simplement possible le raisonnement de Marx, tel qu'il est par exemple exposé dans cet ouvrage de vulgarisation qu'est le *Manifeste du Parti communiste*.

Ce qui caractérise la production capitaliste, c'est la liberté d'entreprise. Très concrètement, cela signifie que les chefs d'entreprise détiennent la propriété privée des moyens de production. L'ouvrier peut naturellement posséder une maison, une voiture ou un jardin, mais la propriété privée des moyens de production lui échappe. Les chefs d'entreprise, eux, sont de libres entrepreneurs, ce qui signifie qu'ils peuvent décider de produire ce qu'ils veulent, comme ils le veulent, quand et où ils le veulent, et dans les quantités souhaitées par eux. Or, dans la mesure où la production capitaliste n'est ni planifiée, ni organisée par la collectivité, mais dépend de ses « individus-monades », libres, voire anarchiques, que sont les chefs d'entreprise, elle engendrera nécessairement ce que Marx appelle des « crises de surproduction ». En clair : étant donné que les capitalistes se mettront tous, par exemple, à produire la même chose au même moment, la production dépassera la consommation, si bien qu'il faudra détruire des richesses produites par les ouvriers.

Là résiderait, selon cette première approche, la contradiction centrale du capitalisme. Marx est donc convaincu que si on planifiait la production, on éviterait ces crises. À un moment donné, la propriété privée entrave, en effet, le développement des forces productives en créant en quelque sorte du gâchis, de la destruction de ces forces, la surproduction entraînant non seulement la destruction des produits, mais des faillites et par là même du chômage, lequel représente par excellence une destruction des forces productives. Voici comment Marx formule lui-même ce raisonnement :

> À un certain stade de leur développement, les forces productives matérielles de la société entrent en contradiction avec les rapports de production existants, ou ce qui n'en est que l'expression juridique, avec les rap-

ports de propriété au sein desquels elles s'étaient mues jusqu'alors. De formes de développement des forces productives qu'ils étaient, ces rapports de propriété en deviennent des entraves. Alors s'ouvre une époque de révolution sociale.

En d'autres termes, tant qu'il n'y avait pas de crise de surproduction, les forces productives, dans ce système de propriété privée et de libre entreprise, se développaient plutôt bien. Mais dès lors qu'interviennent des crises, les représentants de la classe ouvrière prennent conscience du caractère calamiteux de la production anarchique inhérente à la libre entreprise non planifiée. Que se passe-t-il alors ? Quand les forces productives sont détruites ou gâchées par l'impéritie de la production capitaliste, on entre dans une période de crise et, finalement, quand le processus se répète, dans une période révolutionnaire. Les petites entreprises, ou du moins les plus faibles, celles qui ont le moins de réserves, font faillite. Résultat : elles sont rachetées par les plus puissants, ce qui entraîne une concentration du capital. Ce monopole capitalistique provoque à son tour une prolétarisation des petits patrons qui, après avoir fermé leur firme, deviennent à leur tour des prolétaires. Conséquence selon Marx – et c'est sans doute là que son analyse est la plus fausse –, cette situation engendre à la fois une prolétarisation et une paupérisation des masses dans la mesure où, pour résister aux crises, les chefs d'entreprise sont obligés de comprimer les salaires et de resserrer les coûts sous peine de disparaître, si bien que cette situation débouche sur la révolution – une révolution inéluctable compte tenu de la multiplication des crises de surproduction. Voici comment Marx résume lui-même son argumentation dans le livre I du *Capital* :

> À mesure que diminue le nombre des potentats du capital qui usurpent et monopolisent tous les avantages de cette période d'évolution sociale [le nombre de ces potentats diminue car ils font faillite et sont avalés par les entreprises ayant survécu], s'accroissent la misère, l'oppression, l'esclavage, la dégradation, l'exploitation, mais aussi la résistance sans cesse grossissante et de plus en plus disciplinée de la classe ouvrière, unie et organisée par le mécanisme même de la production capitaliste.

Voilà pourquoi, ajoute Marx, « la production capitaliste engendre elle-même sa propre négation avec la fatalité qui préside aux métamorphoses de la nature ».

Ce dernier point est évidemment essentiel puisqu'il signifie que, dans cette perspective-là, c'est à la limite le capitalisme lui-même qui s'autodétruit, c'est lui le vrai sujet de l'histoire, le véritable agent de la révolution.

Un système voué à une autodestruction « dialectique »

Où nous retrouvons à nouveau une philosophie de l'Histoire tout à fait « dialectique » au sens hégélien du terme. Qu'est-ce en effet que la dialectique chez Hegel ? Fondamentalement, la dialectique désigne un processus par lequel un terme engendre son contraire et, du coup, se nie lui-même, s'autodétruit. C'est là, très exactement, la logique qui caractérise le capitalisme : c'est de lui-même qu'il engendre des crises de surproduction, donc des faillites, donc la prolétarisation et la paupérisation des peuples, donc la *résistance* des prolétaires de plus en plus nombreux et exaspérés, donc de plus en plus conscients et organisés politiquement, de sorte qu'au final, c'est bien le capitalisme qui engendre de lui-même sa propre liquidation révolutionnaire.

Theodor Adorno et Max Horkheimer, les deux pères fondateurs de l'École de Francfort (une école d'obédience marxiste fondée en Allemagne au début des années 1930), reprendront ce thème éminemment dialectique : le capital est le vrai sujet de l'Histoire, son véritable moteur, c'est lui qui provoque de son propre mouvement la révolution prolétarienne, lui qui engendre en ce sens sa propre négation. Et de fait, cette thèse correspond bien à un versant de la pensée de Marx, comme on peut le lire on ne peut plus clairement dans le livre I du *Capital* où Marx écrit ceci, qui peut laisser songeur : « La production capitaliste engendre elle-même sa propre négation avec la fatalité qui préside aux métamorphoses de la nature. »

C'est donc bien le capitalisme lui-même qui est le moteur de l'Histoire, c'est lui qui engendre dialectiquement son contraire : le communisme.

Une approche encore superficielle

Pourquoi cette approche des crises demeure-t-elle encore superficielle ? Pour un libéral pur et dur, elle ne pose en vérité aucun problème, les crises de surproduction ne lui apparaissant nullement comme pathologiques, mais au contraire comme normales, comme des respirations constitutives, et à la limite même souhaitables, des sociétés capitalistes, lesquelles leur survivent très bien. Un peu comme dans la théorie de l'évolution chez Darwin, notre libéral estimera que ces crises permettent finalement d'éliminer les canards boiteux, en l'occurrence les mauvais chefs d'entreprise, ceux qui ont investi dans des directions qui ne sont pas les bonnes ou qui n'ont pas accumulé suffisamment de réserves pour faire face. Bref, loin d'entraîner l'autodestruction du capitalisme, cette « sélection naturelle » permet au contraire à ce dernier de se renforcer après chaque crise. De fait, historiquement, après chaque crise – et Dieu sait si le capitalisme en a connu au XXe siècle ! –, le système, loin de s'effondrer, sort renforcé, devenant à la limite chaque fois plus riche et plus arrogant. En outre, les crises modernes n'ont que très peu à voir avec le processus de « surproduction » décrit par un Marx qui ignorait encore la dimension financière et spéculative du capitalisme. Ce n'est donc certainement pas sur ce point que sa théorie du capitalisme est la plus intéressante. J'ajoute – et nous y reviendrons avec la critique que Jaurès adresse à Marx – que la conviction de Marx selon laquelle les sociétés capitalistes conduiraient à la paupérisation des masses est si évidemment fausse que même les communistes les plus ardents ont dû y renoncer : de toute évidence, comme le soulignent les pères fondateurs de la social-démocratie en France (Jaurès) comme en Allemagne (Bernstein), le capitalisme, même s'il creuse les inégalités, ne conduit nullement à l'appauvrissement des masses mais à leur enrichissement matériel et intellectuel. Pour donner un exemple concret : les Français étaient en 2012, en moyenne, entre trois ou quatre fois plus riches – en vrai niveau de vie et réel pouvoir d'achat – que dans les années 1950, et vingt fois plus que dans les années 1800.

La théorie de la plus-value et l'analyse économique du capitalisme

Pour comprendre véritablement en quoi le capitalisme est contradictoire, cette première approche en termes de crise de surproduction ne suffit donc pas. Il faut aller plus loin et plus profond. Une deuxième approche de la théorie des révolutions va s'enraciner dans une tout autre analyse : la théorie de la plus-value. En quoi consiste cette fameuse théorie ? Elle est assez simple et pourtant relativement difficile à comprendre parce qu'elle prend à contrepied à peu près toutes nos idées reçues sur la façon de faire du profit. À vrai dire, elle a suscité tant de commentaires, tant d'objections et tant de réponses aussi aux objections qu'on a quelques scrupules à prétendre en formuler les traits principaux de façon brève. La chose est pourtant, à ce qu'il me semble, tout à fait possible pourvu qu'on saisisse les bons fils conducteurs et qu'on ne se laisse pas entraîner arbitrairement dans des débats inutiles.

Et pour commencer, il faut comprendre, c'est le préalable indispensable, pourquoi Marx ne se satisfait pas, pour expliquer la valeur d'une marchandise, des versions simplistes de la fameuse loi libérale de l'offre et de la demande.

La fausseté de la loi de l'offre et de la demande

Dans les théories libérales (selon Marx, tout au moins...), voire dans l'imaginaire collectif, on tend spontanément à croire que la valeur des marchandises dépend très largement, sinon exclusivement, de la loi de l'offre et de la demande. En d'autres termes, on s'imagine que le meilleur moyen de gagner de l'argent consiste à réaliser de bonnes opérations commerciales. En gros, l'idée, c'est que si j'achète une marchandise à bas prix et que je la revends beaucoup plus cher, je gagnerai au passage, je ferai du bénéfice et par conséquent je réaliserai une belle plus-value. Le capitalisme consisterait ainsi à acheter à bon marché et à revendre plus cher, et c'est tout simplement de cette façon que la plus-value ou ce qu'on appelle aussi le profit s'expliquerait.

Cette vision des choses est évidemment absurde dès qu'on y réfléchit un peu : même si elle peut expliquer l'enrichissement d'un individu à l'occasion d'un bon « coup » commercial, elle n'explique en rien l'accroissement des richesses au niveau de la société globale, *ce que l'un gagne étant perdu par l'autre comme dans un système de vases communicants*, de sorte que Marx n'aura aucun mal à démonter cette vision naïve de la valeur des marchandises.

Insistons encore un moment sur la fausseté de la loi de l'offre et de la demande ainsi comprise, fausseté qui, finalement, n'est peut-être pas aussi évidente qu'il n'y paraît. La tendance à penser que la valeur d'une marchandise est liée à sa rareté est si enracinée qu'il est difficile de s'en défaire. On pense naturellement que si on a vraiment besoin de quelque chose et que cette chose est rare, alors, bien sûr, les prix montent. N'est-ce pas là d'ailleurs la logique même des marchés ? Quand la demande s'accroît et que le produit est à la fois utile et rare, les prix augmentent. Quand l'Inde et la Chine entrent aujourd'hui dans le circuit de la consommation avec une croissance à deux chiffres, les matières premières sont à la hausse. On a ainsi l'impression que la loi de l'offre et de la demande est juste.

Sans doute, mais elle n'explique pourtant en rien comment s'opère la plus-value, *c'est-à-dire non pas l'augmentation des prix, mais la création de richesse, ce qui n'a, à la limite, rien à voir*. Car le capitalisme, justement, va être le seul système au cours de l'Histoire dans lequel on peut s'enrichir tout en créant de la richesse. Voyez bien le problème : dans l'exemple des prix qui montent parce que la demande augmente, il n'y a pas de création de richesse, seulement un phénomène de vases communicants. Or, comme nous allons le voir dans un instant, ce n'est pas ce type de fluctuation des prix que Marx appelle la plus-value, ce n'est pas elle qui fait l'essence du capitalisme, ce n'est pas de cette façon qu'il produit du profit, mais en créant de la richesse.

Comment s'enrichit-on en créant des richesses ?

Il suffit de réfléchir à un petit exemple pour bien comprendre ce que je viens de vous dire.

Imaginons que je fasse une bonne affaire en achetant une maison à un bon prix et que je la revende plus cher. Supposons, par exemple, que j'achète cette maison à des gens qui se trouvent dans le besoin – le mari a perdu son emploi, la femme ne travaille pas et ils sont pris à la gorge. Ils me cèdent leur maison pour 100 000 euros et je tombe sur des acquéreurs qui, eux, sont très pressés, très demandeurs, et à qui je la revends 150 000 euros : j'aurais bien réalisé un bénéfice de 50 000 euros.

C'est incontestable – mais ce n'est pas du tout ça que Marx appelle la « plus-value », pas du tout ça qui constitue l'essence du capitalisme.

Car si vous considérez la somme globale des richesses en jeu dans cet exemple – et voilà le point que Marx tente d'expliquer –, vous verrez qu'elle n'a nullement augmenté. L'argent a simplement changé de poche. La loi de l'offre et de la demande explique comment l'argent change de mains, mais elle n'explique pas la création de richesses. Or, le système capitaliste est justement celui où l'on crée de la richesse, où le propriétaire (le bourgeois, l'industriel) s'enrichira, fera de la plus-value et mettra de l'argent dans sa poche, mais nullement en le prenant dans la poche de quelqu'un d'autre : il l'acquiert en créant, au passage, de la valeur.

Prenons un second exemple, pour être tout à fait clair : imaginons un chef d'entreprise, comme Henry Ford, qui fonde une industrie automobile. Henry Ford a certainement gagné beaucoup d'argent, mais à sa mort, il laisse à la société américaine, non seulement l'entreprise qu'il a bâtie, avec les emplois qu'il a créés, mais aussi les richesses qu'il a produites, des milliers de voitures que vous continuerez à croiser sur les routes du pays. Ce capitaine d'industrie aura donc enrichi la société globale et pas seulement dérivé des sommes d'argent de la poche des autres vers les siennes.

Marx ne nie évidemment pas la validité de la loi de l'offre et de la demande, il remarque simplement qu'elle n'explique pas comment on s'enrichit en créant de la valeur. L'entrepreneur avisé qui montait une entreprise de chemin de fer aux États-Unis au tournant du XIXe siècle s'enrichissait, certes, mais au bout du compte son réseau ferré n'en couvrait pas moins une partie du territoire américain au profit de tous. Voilà donc deux exemples d'individus qui se sont enrichis en même temps qu'ils enrichissaient la société globale. Le capitalisme désigne ce système dans lequel, pour la première fois dans l'histoire de l'humanité, la richesse globale et la démographie augmentent de concert. Autrefois, quand la richesse d'une société augmentait, la démographie suivait le même mouvement si bien que l'augmentation de la population résorbait la richesse. Résultat : on restait aussi pauvre qu'auparavant – un peu comme dans les populations animales qui augmentent quand la nourriture est abondante et qui diminuent quand, pour une raison ou une autre, elle se raréfie.

Les sociétés capitalistes vont au contraire se caractériser par un processus de création de valeurs infini – et c'est cela qu'il faut expliquer.

Valeurs d'usage et valeurs d'échange

En fait, pour bien saisir l'objet de cette théorie de la plus-value, il faut entrer dans ce que Marx appelle la « théorie de la valeur travail ». La grande thèse de Marx – absurde de prime abord, mais fort juste en vérité –, c'est que la valeur des marchandises ne dépend pas en dernière instance de la loi de l'offre et de la demande, mais, en réalité, du *temps de travail social moyen* qui se trouve cristallisé en elles. Voilà donc la thèse à partir de laquelle Marx élabore sa théorie de la plus-value, c'est-à-dire du profit proprement capitalistique. Essayons de bien la comprendre et vous verrez qu'après, la théorie de la plus-value deviendra d'un seul coup lumineuse.

Les marchandises possèdent en fait deux formes de valeurs de nature toute différente.

D'un côté, il y a ce que Marx appelle la « valeur d'usage », autrement dit l'utilité de la marchandise. Si j'achète un pot de confiture, un paquet de cigarettes ou un stylo, la valeur d'*usage* consistera dans la consommation des produits : manger la confiture, fumer mes cigarettes ou écrire avec mon stylo sont des activités qui témoignent de l'utilité que présentent à mes yeux ces marchandises. J'achète toujours la marchandise pour sa valeur d'usage, mais ce n'est évidemment pas cette valeur-là qui fait son prix. La preuve, l'eau est vitale, d'un usage absolument nécessaire, mais elle est bien moins chère que mille autres marchandises dont je puis en revanche me passer – à commencer par l'alcool.

Mais alors, qu'est-ce qui détermine le prix d'une marchandise, c'est-à-dire ce que Marx appelle non plus sa valeur d'usage, mais sa « valeur d'échange » ? D'où vient que je peux échanger un pot de confiture contre un paquet de cigarettes ou un stylo, mais pas, par exemple, contre une voiture ou une maison ? D'où vient que le prix de ces trois produits, disons cinq euros, est à peu près le même, l'argent étant pour Marx une sorte d'équivalent général qui permet de faciliter les échanges ?

Réponse de Marx : ce qui fait la « valeur d'échange » des marchandises, c'est-à-dire leur prix (qui n'en est que la traduction monétaire), ce n'est pas leur valeur d'usage. Encore une fois, certains produits formidablement importants ne coûtent pas cher, tandis que d'autres, pourtant dépourvus d'utilité absolue (objets de luxe par exemple), seront infiniment plus onéreux sans revêtir pour autant le moindre caractère vital. Non, ce qui fait la valeur d'*échange* de la marchandise tient, selon Marx, au « temps de travail social moyen cristallisé » en elle. Pourquoi parler de « temps de travail social moyen » ? Parce que les entreprises capitalistes étant en concurrence entre elles, la valeur d'échange des marchandises qu'elles produisent – c'est-à-dire le prix auquel on les achètera – correspond au temps de travail qu'il faut en moyenne dans une société donnée, étant donné cette compétition, pour produire un paquet de cigarettes, un stylo, un pot de confiture ou une voiture – cela dit pour éviter d'emblée l'objection stupide qu'on oppose parfois à la théorie de la valeur travail, selon laquelle une marchandise ne coûte pas plus cher parce qu'elle serait fabriquée par un ouvrier qui travaille lentement. En effet, si un ouvrier travaille très lentement et mal, la marchandise qu'il fabrique ne coûtera pas plus cher, mais il aura en revanche de bonnes chances d'être renvoyé… C'est donc, selon Marx, le temps de travail social moyen cristallisé dans la marchandise qui fait la valeur de celle-ci.

Le salariat, condition de la plus-value

Soit, mais comment s'explique alors la plus-value ? Réponse : par l'invention du salariat, et c'est là, comme vous allez voir, que tous les fils vont enfin se nouer.

À la différence du régime féodal où les serfs n'étaient ni rémunérés ni salariés, la force de travail de l'ouvrier va être considérée au sein de la société capitaliste, sur ce qu'on appelle d'ailleurs pour cette raison le « marché du travail », comme une marchandise parmi d'autres. Or, que se passe-t-il quand on achète cette marchandise qu'est la force de travail de l'ouvrier, c'est-à-dire quand on lui propose un salaire ? Appliquons la théorie générale de la marchandise que nous venons d'examiner : comme toute marchandise, la marchandise « force de travail » va posséder une valeur d'usage et une valeur d'échange. La valeur d'échange correspondra au salaire (au prix que paye l'entrepreneur pour s'approprier la force de travail de l'ouvrier) et la « valeur d'usage » correspondra à l'utilité, à l'usage qu'il en fait (c'est-à-dire la « consommation » de la force de travail, à savoir le fait qu'une fois le salaire payé, le patron va pouvoir faire travailler l'ouvrier à son service, dans son entreprise).

Appliquons maintenant la théorie de la valeur travail à cette marchandise très particulière qu'est la force de travail de l'ouvrier. Son salaire pour vingt-quatre heures (donc, sa valeur d'échange) sera calculé, comme pour n'importe quelle autre marchandise, en fonction du temps de travail social moyen qu'il faut pour reproduire cette force de travail, c'est-à-dire, très concrètement, pour fabriquer les marchandises que l'ouvrier consommera pour vivre pendant ces mêmes vingt-quatre heures. Cette consommation inclura par exemple ses repas, ses vêtements, son logement, éventuellement ses moyens de transport et l'entretien de sa propre famille (puisque dans ce système, il faut bien que les travailleurs se reproduisent pour fabriquer d'autres travailleurs). Le capitaliste achètera donc la force de travail de l'ouvrier à sa juste valeur d'échange, c'est-à-dire, encore une fois, au « temps de travail social moyen » qu'il faut pour fabriquer les produits que l'ouvrier consomme en l'espace de vingt-quatre heures.

L'ouvrier, une marchandise comme les autres

Supposons maintenant par hypothèse qu'il faille six heures pour fabriquer les marchandises que l'ouvrier consomme en vingt-quatre heures. Imaginons (pour simplifier le calcul) que le patron rémunère son ouvrier six euros (un euro de l'heure) et qu'il le fasse travailler douze heures par jour. La plus-value réalisée sera égale à la différence entre la valeur d'échange (6 heures = 6 euros) et la valeur d'usage (12 heures = 12 euros), elle sera donc, dans notre exemple, de six heures, c'est-à-dire de six euros par jour. Une fois que le patron a acheté la marchandise « force de travail » à son « juste » prix (juste au sens où il s'agit de sa valeur d'échange sur le marché du travail), il dispose, comme pour n'importe quelle autre marchandise, de la valeur d'usage de ce qu'il vient d'acheter. De même que quand j'achète un paquet de cigarettes, je peux les fumer, de même quand j'achète la « force de travail » de l'ouvrier, je peux la consommer, je peux faire travailler l'ouvrier (consommer la marchandise que j'ai achetée). La seule différence entre la marchandise force de travail et les autres, c'est qu'elle rapporte plus qu'elle ne coûte, parce que sa consommation est créatrice de valeur, créatrice de travail : fumer une cigarette ne crée aucune richesse, mais consommer la force de travail de l'ouvrier, c'est-à-dire le faire travailler, produit de la richesse. C'est donc au cours de ce processus que le patron va pouvoir s'enrichir en enrichissant le monde dans lequel il vit. Pour cela, il suffit que la force de travail de l'ouvrier produise plus de richesse qu'elle n'en consomme pour se reproduire.

La plus-value ne s'explique donc pas par la loi de l'offre et de la demande, mais par la « loi de la valeur travail » : par la différence entre la valeur d'usage et la valeur d'échange de la force de travail de l'ouvrier. L'ouvrier travaille plus longtemps qu'il ne coûte en temps de travail social moyen nécessaire à fabriquer les marchandises qu'il consomme dans la journée.

Le capitalisme, un système explosif

On comprend dès lors, selon cette deuxième approche des crises et des révolutions, pourquoi le système capitaliste est bien, aux yeux de Marx, un système explosif. Quelles sont, en effet, les conséquences de cette théorie de la plus-value en termes politiques, en termes de « contradiction du capitalisme », pour parler comme Marx ?

Comment le système de la plus-value se traduit par une double lutte sociale

La première conséquence d'un système fondé sur la recherche de la plus-value, c'est l'exacerbation inévitable de la lutte des classes. Une double lutte à vrai dire : du côté du salaire et du côté du temps de travail.

D'un côté, en effet, l'intérêt de l'ouvrier est évidemment de voir augmenter son salaire – en termes marxiens : de pouvoir consommer davantage de marchandises en vingt-quatre heures – s'il s'agit d'un travailleur journalier dont la force de travail est achetée pour vingt-quatre heures. La détermination du salaire se fera donc dans un constant rapport de force. L'ouvrier peut fort bien prétendre que pour renouveler et entretenir sa force de travail, il a besoin de beaucoup plus que des seuls moyens assurant sa simple subsistance, qu'il a besoin d'une voiture, de vacances, de soins, de vêtements de bonne qualité, bref, de mille choses qu'il est seul à pouvoir évaluer. Comme l'intérêt du capitaliste est directement contraire – dans le schéma de base tout au moins, plus le salaire est faible, plus le profit est grand –, une lutte s'engage inévitablement autour de la question du salaire, c'est-à-dire de la valeur d'échange de la marchandise « force de travail ».

De l'autre côté, celui du temps de travail, on retrouve une tension analogue. Le capitaliste a acheté la force de travail, en principe, pour vingt-quatre heures (dans notre exemple journalier), mais, bien évidemment, l'ouvrier ne peut pas travailler vingt-quatre heures sur vingt-quatre. Où va-t-on placer le curseur ? Rien ne permet de le dire *a priori*, de sorte que c'est, là aussi, dans la lutte entre les classes que la durée journalière ou hebdomadaire du travail va être fixée, de même que celle des jours de repos ou de vacances. La discussion entre le propriétaire de la force de travail et le détenteur du capital se fera toujours dans un rapport de force.

Bref, dans les deux cas, du côté du salaire comme de la durée du travail, la lutte des classes est d'autant plus difficile à éteindre que d'un point de vue objectif, les deux parties qui s'opposent ont, en un sens, sinon également raison (pour Marx, comme pour Rousseau, la propriété c'est le vol), du moins également leurs raisons à faire valoir.

Dernière précision, avant d'analyser les conséquences sociales et politiques de cette analyse : le meilleur moyen d'accroître le profit ou la plus-value sans aggraver la lutte des classes – sans diminuer les salaires ni prolonger le temps de travail –, consiste à augmenter la productivité en fournissant, par exemple, aux ouvriers des machines plus performantes, voire une formation plus pointue. Tel sera l'objet de ce que Marx appelle la « théorie de la plus-value relative ». Reste que, par-delà cette précision, la quête du profit s'inscrit toujours dans un contexte global qui est bien celui de la lutte des classes.

La naissance des organisations syndicales

D'où la deuxième conséquence : la naissance des organisations syndicales et, avec elles, des partis révolutionnaires, naissance qui procède d'une analyse de l'Histoire que Marx greffe directement sur son analyse économique de la plus-value. Si les ouvriers sont séparés les uns des autres et que les propriétaires, eux, sont puissants, le conflit opposera un renard libre (le capitaliste) dans un poulailler libre (les ouvriers dispersés). Les travailleurs n'auront aucun moyen de faire pression sur le chef d'entreprise pour obtenir une augmentation de salaire ou une diminution de leur temps de travail. Si, en revanche, les ouvriers s'organisent – et c'est tout l'enjeu du syndicalisme –, s'instaure alors un rapport de force qui leur sera plus favorable. La lutte des classes, d'une certaine manière, s'équilibrera, et des partis politiques révolutionnaires s'installeront également au cœur de cette logique.

La redistribution ou l'instauration du communisme

Pour mettre fin à cette inextricable lutte des classes, il faudra donc d'abord s'approprier les moyens de production. Pour cela, il suffit que les prolétaires s'organisent et, comprenant qu'il n'y a finalement aucune raison pour que le capitaliste soit propriétaire des moyens de production qui devraient appartenir à tous, fassent la révolution – tel est du moins le raisonnement de Marx, auquel on pourra reprocher de faire bon marché de la créativité très particulière propre au chef d'entreprise : Marx oublie que ce dernier est animé lui aussi par des rêves, des projets qui lui sont personnels, qu'il invente, innove, crée quelque chose, son entreprise, que nul autre que lui peut-être n'aurait pu créer, en quoi il est une sorte d'artiste de l'économie. Tout cela, bien sûr, Marx le passe par pertes et profits tant il va de soi à ses yeux que la propriété, c'est le vol, et que les moyens de production doivent être mis en commun, partagés par tous.

Poursuivons cependant son raisonnement : une fois la propriété privée abolie par la révolution, la question se pose aussitôt de savoir qui va gérer la propriété des moyens de production, qui va remplacer les entrepreneurs. Cette gestion doit-elle, par exemple, revenir à un État d'un type nouveau, l'État communiste, au risque de créer une nouvelle bureaucratie, ou au contraire à des conseils ouvriers, selon un modèle autogestionnaire ou conseilliste encore à inventer ? Au sein même du mouvement communiste, d'importantes divergences se feront jour entre partisans d'un État bureaucratique et partisans de l'autogestion.

Enfin, c'est aussi la question de la redistribution qui, inévitablement, se pose elle aussi : que ce soit un État communiste ou des conseils ouvriers qui s'approprient la plus-value, on devra faire en sorte que la redistribution s'effectue au profit de la collectivité au lieu d'être réservée aux seuls membres de la classe bourgeoise. Mais qui en décidera et comment, selon quelles procédures ? Ici encore, toute une pléiade d'interrogations viennent compliquer le schéma initial.

La théorie des idéologies

La théorie de la plus-value est un bon exemple de la façon dont Marx va greffer sur son analyse économique une analyse sociologique des idéologies qui vont naître à l'occasion des conflits de classes.

Qu'est-ce qu'une « idéologie » selon Marx ? Le terme n'a pas le même sens chez lui que dans le langage journalistique dégradé qui sévit aujourd'hui où il est souvent dépourvu de connotations péjoratives pour désigner tout simplement une doctrine en général. Chez Marx, le terme est toujours pris en un sens négatif : il désigne par excellence une conscience fausse, des idées à la fois *partielles et partiales*, des discours non pas soucieux de vérité, mais des discours, si nobles soient-ils en apparence, en réalité intéressés, leur finalité cachée étant toujours de conforter la domination de la classe dominante sur la classe dominée.

La caractéristique philosophique la plus profonde des idéologies réside dans ce que Marx nomme le « fétichiste ». Le fétichisme, dans son vocabulaire, c'est l'illusion qui consiste à ne voir en toute chose que le produit, le résultat, en oubliant toujours l'activité de production qui est derrière. Par exemple, la conscience qui est plongée dans l'idéologie s'imagine spontanément que la valeur des marchandises est une qualité intrinsèque, qu'elle tient à leur nature propre, à leur utilité. Elle croit que l'or vaut cher parce qu'il est rare et qu'il possède des qualités particulières (il ne rouille pas, il est imputrescible, etc.). Elle incline donc à penser que l'or possède une valeur en soi, indépendamment du travail qu'il a fallu accomplir pour l'extraire de la mine, alors que la valeur de l'or tient simplement au fait que son extraction requiert justement un travail long et difficile. C'est donc le caractère extrêmement coûteux de l'activité d'extraction qui détermine selon Marx la valeur de l'or, l'idéologie « fétichiste » consistant à oublier cette dimension de l'activité humaine, de la production, au profit du produit.

Le fétichisme

Au sens large, si on quitte le seul registre de l'économie, celui qui vit dans des idéologies fétichistes ne sait jamais d'où lui viennent les idées et les valeurs qu'il défend, il ne sait pas pourquoi il pense ce qu'il pense, pourquoi il s'habille de telle manière, pourquoi il choisit telle décoration d'intérieur, pourquoi il élève ses enfants de cette façon et pas d'une autre, etc. Chez lui, les idées sont toujours coupées de leur origine, de leur mode de production. Le bourgeois croit en ses valeurs comme si elles étaient éternelles, tombées du ciel, comme si elles allaient de soi et qu'il était indécent de les remettre en question. Le plus souvent, il ne voit pas qu'elles sont produites par un système économique dans lequel il a intérêt à défendre telle ou telle idée. La caractéristique principale de l'idéologie consiste donc dans le fait de ne pas savoir pourquoi on pense ce qu'on pense, dans l'oubli, volontaire ou inconscient, du processus de fabrication des idées et des valeurs. D'où sa dimension *partielle*. Mais l'idéologie est également *partiale* car elle défend, le plus souvent sous des discours nobles et des prétentions à l'universalité (Marx pense par exemple aux droits de l'homme de 1789 qui ne sont à ses yeux qu'une farce destinée à mettre sur le marché du travail des ouvriers prétendument « libres »), les intérêts en réalité inavoués et inavouables de la classe dominante.

La critique des Droits de l'homme

Dans *La Question juive* (1844), Marx s'est livré à une très célèbre critique de la Déclaration des droits de l'homme de 1789 qu'il considérait (à mon avis tout à fait à tort, mais nous y reviendrons plus loin) comme l'archétype, le parangon de l'idéologie bourgeoise. Pourquoi ? Parce que, dans la société de lutte des classes vouée à la recherche permanente de la plus-value, on a intérêt à faire semblant de croire que les individus sont libres et égaux (égalité formelle). Marx voit dans cette déclaration d'intention, non seulement une pure fiction (dans la réalité, ce n'est pas l'égalité qui domine mais les inégalités les plus criantes), mais surtout, il voit dans l'idéologie des droits de l'homme un moyen insidieux de consacrer la séparation des individus entre eux, de renforcer l'individualisme qui caractérise à ses yeux la société bourgeoise. Déclarer que les citoyens sont des individus, c'est contribuer au niveau des idées à faire en sorte que les ouvriers restent autant qu'il est possible séparés les uns des autres, de sorte qu'inorganisés, ils affrontent le patronat en ordre dispersé, ce dernier étant dès lors en position de force.

Plus les travailleurs seront « atomisés », plus ils seront comme des monades repliées sur elles-mêmes et isolées les unes des autres, plus le propriétaire pourra aisément négocier les salaires ou augmenter le temps de travail. À l'inverse, plus ils seront regroupés en syndicats ou en partis politiques, plus les rapports de force leur seront favorables. Conclusion : l'idéologie des droits de l'homme ne serait rien d'autre qu'une idéologie de la séparation des individus, de l'« individu monadique », dit Marx, soit l'archétype d'une idéologie individualiste servant les intérêts de la classe dominante. Encore une fois, je reviendrai dans un instant sur cette analyse, brillante, mais si évidemment fausse que Marx semble être lui-même tombé dans le piège de ce qu'il nomme l'idéologie.

L'État comme « superstructure » de la classe dominante

Dernière remarque sur les conséquences proprement politiques de cette théorie de la plus-value : l'État, dans cette perspective, n'est pas autre chose, pour reprendre le langage de Marx, que la « superstructure de la classe dominante », l'instrument politique qui permet, avec l'aide de la police, de l'armée, mais aussi des systèmes éducatifs et des moyens de propagande qui inculquent l'idéologie dominante, de conforter le pouvoir des dominants, de les garantir contre les crises et les révolutions. Marx ne voit dans la structure politique de l'État qu'un instrument intéressé et partial tout entier au service de la domination.

Là aussi, nous verrons que l'analyse de Marx, pour sophistiquée qu'elle soit, ne tient pas véritablement face à un examen approfondi : on ne peut pas sérieusement réduire l'État moderne, républicain, à ce seul rôle d'agent de la domination des dominants. Comme le montrera Jaurès, et avec lui toute la tradition sociale-démocrate, l'État démocratique peut être aussi un milieu neutre dont les classes populaires elles-mêmes peuvent s'emparer par le biais des élections. Mais nous allons y revenir plus en profondeur en examinant maintenant quelques-unes des principales critiques que la pensée de Marx a pu susciter au cours de l'Histoire.

Avec l'analyse de la théorie des crises et des révolutions, nous avons vu en quoi le capitalisme était, selon Marx, un système contradictoire, forcément voué à s'autodétruire, à se dépasser vers une société sans classes, sans État, sans propriété privée et sans exploitation. Nous avons vu aussi comment, sur cette analyse économique, se greffait toute une série de conséquences politiques et idéologiques. Venons-en maintenant aux difficultés que soulève sa pensée, aux critiques les plus fortes suscitées par son œuvre. Commençons par la critique de sa critique de l'idéologie des droits de l'homme.

La signification véritable des « droits liberté » de 1789

Il est sur ce point très intéressant de comparer Marx et Tocqueville, dont les lectures respectives des Déclarations de 1789 et de 1848 sont diamétralement opposées, notamment quant à la nature de ce qu'on appelle les « droits liberté », ces droits qui forment l'essentiel de la grande Déclaration : la liberté d'opinion et de circulation, la sûreté (le droit de ne pas être arbitrairement arrêté par la police), le droit de propriété, etc.

Pour Tocqueville et, plus généralement pour tous les grands penseurs libéraux, comme Benjamin Constant, ces droits définissent avant tout *des limites à l'intervention légitime de l'État*. C'est là leur finalité principale : il s'agit de mettre des *bornes* à l'intrusion absolutiste de l'État monarchique, ces bornes définissant, cela dit au passage mais c'est essentiel, la sphère de la société civile. L'idée qui domine la Déclaration de 1789, c'est que l'État, naguère encore absolutiste, n'aura désormais plus le droit d'empiéter sur la société civile, plus le droit d'empêcher les individus de circuler, de leur interdire d'exprimer librement leurs opinions dans la presse, de les arrêter au nom d'insupportables lettres de cachet, de confisquer arbitrairement leurs biens, etc. Ces fameux « droits liberté » ne sont donc pas simplement inhérents aux individus égoïstes dont parle Marx : ils marquent en réalité, aux yeux des libéraux, la ligne de démarcation entre l'État et la société, le premier ne pouvant légitimement régenter, voire absorber la seconde selon son bon vouloir – attitude qui définira de manière la plus sûre le totalitarisme, c'est-à-dire les régimes dans lesquels non seulement les droits de l'homme sont bafoués, mais où la société civile est littéralement « dévorée » par l'État.

Loin de se réduire à n'être que la superstructure du capitalisme, la quintessence de l'idéologie bourgeoise et le moyen de légitimer la domination de la classe dominante, les droits de l'homme et l'État républicain qui les promeut sont plutôt une sorte de milieu « neutre » où toutes les classes sociales sont appelées à se situer et à travailler : ils bénéficieront autant, sinon plus, à la classe ouvrière qu'à la bourgeoisie.

Droits de l'homme et politique : la critique de Marx par Claude Lefort

Dans un article remarquable, intitulé « Droits de l'homme et politique » et publié en 1980 dans la revue *Libre*, Claude Lefort (1924-2010), qui lui-même venait du trotskisme mais avait depuis longtemps rompu avec lui pour devenir un des meilleurs théoriciens de la démocratie en même temps qu'un des plus intéressants critiques du totalitarisme soviétique, a montré de manière très argumentée en quoi Marx s'était radicalement mépris sur la véritable nature des droits de l'homme. Au fond, Marx n'a perçu que leur version bourgeoise, sans voir qu'ils permettaient aussi à la classe ouvrière de résister à la domination.

Voyez, par exemple, le cas de la liberté d'opinion et de publication : il faut beaucoup d'aveuglement à Marx pour n'y voir qu'une consécration de l'individu monade, égoïste et replié sur lui-même, alors que de toute évidence, la liberté d'expression, comme d'ailleurs la liberté de circulation, sont de celles qui permettent tout au contraire la communication, les contacts et les relations entre individus. Il fallait vraiment que Marx fût aveuglé par sa volonté acharnée de démontrer que les droits de l'homme ne visaient qu'à empêcher le prolétariat de nouer des rapports de force favorables face aux capitalistes, pour ne pas s'apercevoir que ces droits s'avéraient finalement beaucoup plus favorables à la résistance du monde ouvrier qu'au monde bourgeois lui-même.

Aucune des conquêtes sociales qui caractérisent les sociétés occidentales et leurs États providence (assurance maladie, retraite, assurance chômage, liberté syndicale, liberté de critique et d'expression dans la presse, laïcité, etc.) n'aurait été obtenue si les droits de l'homme et la démocratie n'y avaient pas été établis. Marx se trompe sur ce point pour une raison dont on voit mal comment elle pouvait lui échapper : de toute évidence, les pauvres sont plus nombreux que les riches, les ouvriers et les employés plus nombreux que les grands patrons, si bien que les droits qu'on accorde à l'ensemble de la population, à commencer par le droit de vote et le suffrage universel qui sera instauré dans le sillage de la grande Déclaration, permettront en réalité aux classes dominées de s'exprimer, de critiquer l'État bourgeois et de le transformer à leur profit dans des proportions considérables. Encore une fois, aucune des conquêtes sociales qui caractérisent les sociétés occidentales et leurs États providence n'aurait été obtenue si les droits de l'homme n'y avaient pas été établis.

Le communisme, un retour en arrière archaïque vers l'absolutisme et l'Ancien Régime ?

L'erreur commise par Marx sur le sens des droits liberté contenus dans la Déclaration de 1789 a donc fait débat, non seulement entre marxistes et libéraux, mais aussi, comme nous le verrons dans un instant, entre marxistes et sociaux-démocrates, entre partisans de la révolution prolétarienne et partisans d'un réformisme démocratique. Mais ce conflit touchant la première génération des droits de l'homme s'est doublé d'une seconde querelle touchant leur deuxième génération, celle des droits sociaux qui apparaissent lors de la révolution de 1848.

Le droit au travail fera tout particulièrement débat dans la société française, notamment au sein de l'Assemblée constituante où siège Tocqueville. Le député Mathieu dépose en effet un amendement pour qu'on inscrive ce droit dans la Constitution au titre de créance (on parlerait aujourd'hui de « droit opposable ») que les individus peuvent adresser à l'État. Tocqueville prononce alors à la Chambre un discours d'une grande profondeur contre le droit au travail. Son argument est simple : si ce droit à trouver un emploi n'est pas une plaisanterie, si l'État doit vraiment s'engager à fournir du travail aux ouvriers, s'il s'agit réellement d'un « droit opposable », alors il faut que l'État devienne propriétaire et se fasse lui-même industriel et entrepreneur : c'est le seul moyen pour lui de distribuer des emplois. Or dans cette hypothèse, poursuit Tocqueville, nous nous acheminons vers le communisme dont l'inscription du droit au travail dans la Constitution n'est que le préalable.

Tocqueville et Marx ne se connaissaient pas, mais dans son petit livre intitulé *La Lutte des classes en France* (1850), Marx reprend, sans le savoir, presque mot pour mot l'argumentation de Tocqueville, bien sûr en inversant les signes : ce que le libéral juge négatif, le communiste le tient pour admirable. Oui, derrière la revendication des droits créances, d'un droit opposable à l'État tel que le droit au travail, c'est bien, pour Marx comme pour Tocqueville, le communisme qui se profile à l'horizon, l'appropriation par la collectivité de la propriété privée, condition sans laquelle l'État ne saurait s'engager à donner du travail aux chômeurs.

Marx est donc paradoxalement d'accord avec Tocqueville : l'un et l'autre ont compris que le droit au travail, c'est le loup dans la bergerie, le bras armé du communisme. Mais il faut bien voir ce qui inquiète les libéraux à cette époque et qui n'est pas du tout ce à quoi nous pensons aujourd'hui. À vrai dire, Tocqueville, comme tous les libéraux de son temps, pense à la menace d'un retour de l'absolutisme, ce régime honni auquel la Révolution française a mis fin – d'où l'importance accordée à la conquête de ces fameux « droits liberté », non pas tant en tant que droits de l'individu, mais parce qu'ils limitent l'intervention abusive et arbitraire de l'État absolu. Tocqueville, dont la pensée s'inscrit dans les pas de celle de Constant et Sieyès, ne voit d'abord et avant tout dans le communisme qu'un archaïsme, un retour en arrière, une manière de rétablir l'État absolu de l'Ancien Régime, avec ses prérogatives sur la société civile. Dans la mesure où la grandeur de la révolution de 1789 réside à leurs yeux dans le fait d'imposer des limites à la mainmise arbitraire de l'État sur la société des individus, le communisme lui apparaît moins comme une entreprise révolutionnaire que comme un idéal réactionnaire, comme un archaïsme, comme une tentative à peine déguisée de *Restauration* au sens politique du terme.

Jean Jaurès et la critique sociale-démocrate

De là le fait qu'on va retrouver aussi dans la tradition du socialisme démocratique, c'est-à-dire d'un socialisme qui, finalement, ne rejette pas les fondements du libéralisme politique, l'idée selon laquelle Marx se serait trompé sur les formidables potentialités réformistes de la Déclaration des droits de l'homme, y compris pour la classe ouvrière. C'est là notamment un thème développé de façon très remarquable par Jaurès dans un article de 1901 intitulé « Questions de méthode ». Ce petit essai se présente comme une étude critique du *Manifeste du Parti communiste*. Jaurès y développe contre Marx une critique en trois temps, critique décisive sur le plan historique puisqu'elle va puissamment contribuer à fonder théoriquement la doctrine sociale-démocrate française, républicaine, c'est-à-dire la différence entre le socialisme démocratique et le communisme.

La social-démocratie de Jaurès contre la dictature du prolétariat

Pour commencer, explique Jaurès, il faut en finir avec la fameuse et détestable théorie marxiste de la « dictature du prolétariat », cette dictature qui, une fois la propriété privée abolie, devrait être instaurée pour achever la révolution et extirper les derniers restes de la bourgeoisie, bref, pour pratiquer ce qu'on appellera dans d'autres contextes une « épuration ». Jaurès perçoit très tôt les raisons pour lesquelles cette dictature du prolétariat est par essence contraire à l'esprit même de la démocratie : si le prolétariat met en place une dictature au-delà de quelques jours ou de quelques semaines, on risque fort de voir émerger une nouvelle classe bureaucratique, ou plutôt une « bande », dit-il, dont les agissements sortiront fatalement et définitivement du cadre démocratique.

La révolution ne peut venir que des Lumières

Pourquoi Jaurès défend-il alors le réformisme ? On touche ici à son deuxième argument : la théorie marxiste de la paupérisation est fausse sur le plan factuel. La vérité, c'est que la classe ouvrière s'enrichit indéniablement au fil du temps. Non seulement l'idée que le capitalisme va appauvrir le peuple est factuellement fausse, mais elle est fausse aussi sur le plan psychologique et politique, car, comme ne cesse de le dire Jaurès à partir d'une conviction antimarxiste aussi juste que profonde, « ce n'est pas du dénuement absolu que pouvait venir la libération absolue, comme le pensait Marx », mais au contraire du progrès des Lumières, de l'éducation et des mœurs.

Assez proche de Tocqueville sur ce point, il observe que le prolétariat se cultive et s'enrichit malgré tout, profitant justement des fameux droits de l'homme, du suffrage universel (masculin) instauré en 1848 et de cette liberté démocratique qui permet de conquérir l'État sans passer par une révolution violente ni par la dictature du prolétariat. Cet argument est sans doute décisif dans l'édification d'une pensée sociale-démocrate réformiste : il fait éclater au grand jour l'opposition majeure entre socialisme démocratique et communisme révolutionnaire (ou prétendu tel).

L'État-arbitre selon Jaurès : un milieu « neutre » ouvert aussi aux dominés

Du coup, contrairement à Marx là encore, Jaurès en vient à penser que l'État n'est pas, ou en tout cas pas seulement, un instrument de domination de la classe dominante sur les dominés. Cet État bourgeois, qui ne représenterait qu'une classe sociale, n'a même jamais existé, relève-t-il. La vérité, c'est que l'État est un milieu relativement « neutre » dans lequel l'ensemble des luttes de classes se réfracte, les intérêts de la classe ouvrière aussi bien que ceux de la classe bourgeoise. L'État démocratique, dit Jaurès, est donc un État-*arbitre*. Quant au pluralisme politique et aux droits de l'homme, ils constituent eux aussi un milieu neutre dans lequel la classe ouvrière évolue tout autant que la classe bourgeoise. L'État réfracte en lui l'état de la lutte des classes, mais il est, ou en tout cas il peut devenir, l'instrument de la classe ouvrière au moins autant que celui de la classe bourgeoise. Et il faut donc s'en emparer, mais par des élections libres et des luttes sociales qui se maintiennent dans le cadre du droit démocratique, par l'argumentation, la conviction, l'élévation du niveau intellectuel et culturel des masses, pas par la violence. Voilà pourquoi Jaurès est partisan d'un socialisme démocratique, d'un socialisme qui conquiert légalement le pouvoir et qui ira peut-être jusqu'à supprimer la propriété privée, mais qui fera la révolution par les urnes et dans les urnes, dans un cadre républicain donc, non par la violence ni en instaurant une quelconque dictature du prolétariat.

La critique trotskiste

Ce débat sur la nature de l'État démocratique pose bien évidemment une autre question, tout aussi cruciale : celle de ce qu'on a appelé « l'autonomie du politique ». Est-il vrai, comme le pense Marx, que le politique n'est qu'une « superstructure » de la sphère économique, une espèce de reflet de la situation matérielle d'un pays, un théâtre de marionnettes de part en part déterminées par l'économie « en dernière instance » ? C'est là déjà ce que Trotski (1879-1940) commence à contester. Peu avant sa mort, Trotski faisait en effet valoir, non sans profondeur, que si la dictature du prolétariat devait perdurer indéfiniment en Union soviétique – en prenant la forme de la dictature d'une bureaucratie stalinienne –, cela signifierait que la théorie marxiste de l'État est fausse. En effet, on se souvient que d'après cette théorie, l'État ne ferait que servir les intérêts de la classe dominante, elle-même adossée à la propriété privée. Or, poursuit Trotski en substance, si un État oppresseur continue d'exister (sous la forme de la bureaucratie stalinienne), alors même que la propriété privée a été abolie et la lutte des classes supprimée, du moins selon le discours officiel porté par Lénine et Staline, c'est forcément qu'il y a bien une autonomie du politique par rapport à l'économie.

Les antitotalitaires de gauche

Deux anciens trotskistes ayant rompu définitivement avec leurs amours de jeunesse, Cornelius Castoriadis et Claude Lefort, qui créèrent dans le Paris des années 1950 le groupe « Socialisme ou Barbarie », vont poursuivre et approfondir la critique trotskiste du stalinisme. Ils vont notamment la prolonger par une analyse philosophique beaucoup plus fine de la nature exacte de la bureaucratie totalitaire. Accuser Marx d'être stalinien n'a évidemment guère de sens : c'est un anachronisme d'autant plus contestable qu'à titre personnel, Marx aurait probablement été hostile à Staline. Reste que, selon Lefort et Castoriadis, dont les analyses sont au départ très proches sur ce point, les germes du totalitarisme sont bien présents dans la pensée de Marx. Et ce pour deux raisons que je voudrais vous indiquer brièvement.

L'illusion d'une science de l'Histoire

La première raison, fort bien exposée par Castoriadis dans son grand livre, *L'Institution imaginaire de la société* (1975), pourrait être simplement résumée de la façon suivante : s'il existe une science de l'Histoire, une science vraiment « scientifique » capable de démontrer au sens strict que le communisme est une nécessité absolue, le capitalisme ne pouvant qu'engendrer dialectiquement son contraire, il n'y a, dans ces conditions, plus aucun motif d'accepter quelque forme de pluralisme que ce soit. Pour vous donner un exemple amusant, je vous rappellerai qu'au début de son livre intitulé curieusement *Pour une morale de l'ambiguïté,* Simone de Beauvoir, alors communiste, donc stalinienne de stricte obédience, a formulé les choses avec ce dogmatisme de béton qui la caractérisait si bien : « La vérité est une, seule l'erreur est multiple, voilà pourquoi la droite est pluraliste ! » Renversons la proposition, alors parfaitement admise comme allant de soi au sein du PCF : si la vérité est une et s'il y a une science de l'Histoire, alors les communistes n'ont aucune raison d'autoriser des élections libres ni davantage la pluralité des partis politiques. Il est logique que ce soit au contraire le « guide génial », incarnation même de la vérité scientifique, ou à tout le moins le comité central qui prenne la direction des opérations.

Voici comment Castoriadis formule l'argument totalitaire par excellence :

> S'il y a une théorie vraie de l'histoire, s'il y a une rationalité à l'œuvre dans les choses, il est clair que la direction du développement doit être confiée aux spécialistes de cette théorie, aux techniciens de cette rationalité. Le pouvoir absolu du Parti et, dans le parti, des coryphées de la science marxiste-léniniste, selon l'admirable expression forgée par Staline à son propre usage est fondé en raison et possède un statut philosophique. Toute démocratie n'est que concession à la faillibilité humaine de dirigeants aux procédés pédagogiques.

L'analyse est imparable. Elle se poursuit en montrant parfaitement que si l'on peut injecter quelques petites doses de pluralisme pour des raisons pédagogiques, afin que les gens s'approprient mieux la vérité, il n'y a en revanche aucune raison fondamentale d'être pluraliste, puisque la vérité est une et que le parti la détient en la personne de son chef suprême, forcément dans le vrai. De là, évidemment, le Parti unique, la suppression des élections libres, et l'attribution au comité central du monopole de « l'information », c'est-à-dire de la propagande. La direction des opérations politiques et historiques est dès lors définitivement confiée à ce sommet de la pyramide que représente le Comité central du Parti et, si possible, au Guide suprême, à Staline en personne.

Pour les théoriciens de la gauche antitotalitaire que sont Lefort et Castoriadis, c'est donc à travers cette théorie de la science de l'Histoire que le marxisme révèle ses potentialités totalitaires.

Le fantasme d'une société transparente à elle-même

Dans l'article déjà cité, « Droits de l'homme et politique », Claude Lefort ajoute un second argument à celui de Castoriadis. Il n'insiste pas seulement sur l'antipluralisme inhérent à l'idée qu'il existerait une science de l'Histoire. Il s'en prend aussi à cette espèce de fantasme fou qu'est l'idéal d'un gouvernement « panoptique », cette prétention surréaliste de *Big Brother* à tout voir tout le temps, la société sans classes et sans tension étant désormais parfaitement transparente aux yeux du chef suprême. Lefort montre en quel sens le fantasme d'une société absolument transparente à elle-même, cette espèce de métaphysique de la présence à soi d'une société qui ne serait plus divisée, implique un des travers les plus saillants du totalitarisme : l'idée que celui qui s'oppose à la prétention totalitaire à tout voir et tout régenter, c'est-à-dire celui qu'on va nommer le « dissident », est forcément fou, hors raison, puisque la raison scientifique démontre qu'il n'y a plus aucun motif de s'opposer à la volonté du guide génial. De là le fait que les dissidents sont envoyés, non pas à proprement parler dans une prison, mais de préférence dans un hôpital psychiatrique. Voici comment Lefort lui-même formule son argumentation sur ce point :

> La représentation marxiste de la société comme espace réellement divisé et destiné à devenir réellement unifié, espace tout visible, tout intelligible en droit au moins, cette représentation implique un point de vue sur le pouvoir alors même que celui-ci n'est que virtuel. La prétention à embrasser le cours de l'histoire, à étaler le jeu de ses articulations en référence à ce point de rupture radical nommé révolution et, pareillement, la prétention à une vision globale de la société ici et maintenant, cette double prétention fonde le projet de la direction révolutionnaire, celui du parti ouvrier, qui a vocation à engendrer l'État totalitaire.

S'il n'y a plus de divisions de classe, il n'y a donc plus aucune raison d'avoir des opinions divergentes, puisque celles-ci s'enracinaient précisément dans la lutte. En outre, si le Guide génial voit tout et s'il peut adopter le point de vue de la fin de l'Histoire, il n'y aura pas davantage de raison d'autoriser le suffrage universel que le pluralisme des partis, ni surtout de laisser au peuple lui-même la direction des opérations. Cette dernière devra être confiée à ceux qui

« savent ». D'où la mise en place d'une technocratie ou, pour mieux dire, d'une « scientocratie » totalitaire au sein même de la doctrine marxiste.

Par sa conception d'une science de l'Histoire, d'une société transparente à elle-même, de la nécessaire abolition de l'État, de la lutte des classes et de toute division politique ou sociale, le marxisme porte déjà en germe ce qu'Orwell décrira si bien dans *1984* – ouvrage publié en 1948, où le célèbre personnage de *Big Brother* est évidemment un alter ego de Staline. La façon dont la critique antitotalitaire de gauche portée, en France, par Castoriadis et Lefort, a fait ressortir les potentialités totalitaires du marxisme me paraît non seulement profonde mais, hélas, juste.

Cela dit, on peut être en désaccord total avec les implications politiques du marxisme tout en reconnaissant le caractère profond et pertinent de nombreux passages de l'œuvre de Marx, à commencer par la « théorie de la plus-value », qui montre à juste titre en quel sens la possibilité même de la lutte de classes se greffe inévitablement sur la logique du profit. Plus profonde et prophétique encore, l'idée selon laquelle, dans une société de compétition ouverte sur le monde, la loi de l'innovation et de la rupture avec la tradition règne sans partage, la logique de l'innovation permanente envahissant l'espace public, me paraît aussi particulièrement forte : oui, Marx a raison, le capitalisme c'est la révolution permanente, de sorte que le XXe siècle occidental sera nécessairement un siècle de déconstruction et d'innovations tous azimuts, dans l'art comme dans les sciences et les mœurs.

C'est ce que j'ai d'ailleurs appelé, dans plusieurs de mes livres, les « contradictions de l'homme de droite » : le capitaine d'industrie ne comprend en général pas facilement qu'en se faisant le porte-parole d'un système qui organise la révolution permanente, c'est bien sûr lui (et ses semblables) qui détruit au premier chef traditions et héritages – on en voit les conséquences sur l'école –, lui qui, bien davantage que la gauche bohème, est à l'origine véritable de cette formidable déconstruction des valeurs traditionnelles qui a dominé l'ensemble du XXe siècle dans le monde capitaliste tout au moins.

La vérité, c'est que le monde bourgeois ne peut paradoxalement se maintenir qu'en s'en prenant en permanence à tout ce qui est de l'ordre de la tradition, cette liquidation perpétuelle des autorités et des valeurs traditionnelles étant une condition préalable indispensable à l'innovation, elle-même ayant pris l'allure d'une contrainte absolue, d'un cahier des charges indiscutable dans cette logique de concurrence généralisée qu'on appelle la mondialisation libérale. Paradoxalement, le capitalisme apparaît ainsi comme beaucoup plus destructeur des traditions ou des autorités traditionnelles que les mouvements pseudo-révolutionnaires tels que Mai 68 lesquels n'ont, au final, que contribué à augmenter la puissance de la société de consommation sur les individus : « Jouir sans entraves », « Sous les pavés la plage », « Il est interdit d'interdire », etc. sont des slogans parfaitement libéraux qui ont trouvé leur traduction réelle dans l'émergence d'une société d'hyperconsommation généralisée. Sur ces deux points au moins, la pensée de Marx nous incite encore à la réflexion.

5

FREUD

Le sexe et l'inconscient

Nous allons aujourd'hui parler de Freud (1856-1939) – ou plutôt de sa théorie psychanalytique, car je ne m'intéresserai pas ici à sa personne. Quand on aborde un grand penseur, on peut toujours hésiter entre deux options : on peut s'intéresser surtout à l'homme ou, au contraire, essentiellement à son œuvre. La première attitude – qui répond à des questions du type « Qui était-il pour dire ce qu'il a dit ? d'où parlait-il ? » –, est généralement privilégiée par les adeptes de ce que Nietzsche appelait la « généalogie ». Freud prenait-il de la cocaïne ? Apparemment, oui. Était-il amoureux de sa mère ? Sûrement. A-t-il couché avec sa belle-sœur ? C'est bien possible, mais je vous propose de laisser ces interrogations et bien d'autres du même style de côté pour m'en tenir à la seule question qui vaille à mes yeux face à une grande œuvre, à savoir : « Qu'a dit Freud, en quoi consiste au juste son apport, quel est le fond de sa pensée, pourquoi a-t-elle fait le tour du monde au point d'être enseignée dans toutes les universités et lycées de tous les pays ? » Il doit bien y avoir dans son œuvre, et non pas dans sa personne qu'on abandonnera à ses biographes, quelque chose de remarquable pour expliquer un tel succès.

Disons-le d'emblée : Freud, tout simplement, est un immense penseur. On peut ne pas partager ses idées, critiquer la psychanalyse, douter de ses capacités à guérir, encore plus à être une véritable science. On peut s'en prendre encore, si l'on y tient, à ce qu'elle est devenue dans certaines écoles qui se réclament à tort ou à raison de Freud, mais on ne peut nier qu'il soit un des plus grands penseurs du XXe siècle, et c'est cela, bien évidemment, qui doit d'abord nous intéresser et que je voudrais vous montrer aujourd'hui. J'avoue avoir en horreur un certain goût contemporain pour l'abaissement des grands hommes. N'oublions jamais l'avertissement de Bernard de Chartres : nous ne sommes jamais, c'est le lot des tard venus, que des nains juchés sur les épaules de géants. Il me semble qu'il y a assez de platitude dans le monde d'aujourd'hui pour qu'on puisse aimer admirer les profils qui dépassent, pour qu'on s'abstienne de les dénigrer et de chercher à les détruire à tout prix.

C'est donc avec un réel bonheur que je vais tenter de vous présenter les principales idées de Freud, les principes qui ont fondé sa psychologie des profondeurs, mais j'insisterai aussi sur sa vision plus générale du monde, sur sa perception de la condition humaine. Son œuvre majeure à mes yeux, *L'Introduction à la psychanalyse* (1917), est un livre éblouissant de clarté et de profondeur. C'est en grande partie de cet ouvrage que je partirai donc aujourd'hui.

Il s'agit à l'origine d'un cours que Freud avait dispensé à des médecins nullement versés dans la psychologie, encore moins dans la psychanalyse. Du coup, le ton est très didactique, très pédagogique

– la traduction française est malheureusement souvent fautive et fort lourde, mais nous la contournerons quand il le faudra. Freud a tenté d'y présenter les fondements de sa théorie en même temps que sa vision générale de la condition humaine. Le livre comporte trois grandes parties, consacrées aux trois moments les plus forts de la doctrine psychanalytique : la théorie des lapsus et des actes manqués, la fameuse théorie des rêves et la théorie des névroses, des symptômes névrotiques. Je les commenterai ici dans une perspective philosophique et non seulement psychologique afin de cerner ce qui constitue, selon Freud, le cœur de la condition humaine.

L'INCONSCIENT DYNAMIQUE

Mais pour comprendre ces trois grands moments, il faut avoir en tête quelques préalables – à vrai dire deux : d'abord, il faut comprendre en quoi et pourquoi la notion « d'inconscient dynamique », avec les deux concepts essentiels qui l'accompagnent, le *refoulement* et la *résistance*, sont considérés par Freud comme les premiers piliers de sa doctrine ; ensuite, il faut saisir ce qui constitue selon lui la structure fondamentale du sujet humain, avec ses fameuses « trois instances de la personnalité » : le « ça », le « surmoi » et le « moi ». Essayons d'exposer le plus clairement possible ces quelques notions avant d'entrer dans la description de ces moments caractéristiques fondamentaux de la vie psychique que sont les lapsus, les rêves et les symptômes névrotiques (voire, le cas échéant, psychotiques).

L'inconscient et le préconscient

Commençons par l'inconscient dynamique.

C'est, selon Freud, le « schibboleth » de la psychanalyse, son critère distinctif le plus fondamental (nul ne pouvant se réclamer de la psychanalyse sans en accepter l'hypothèse). Or, contrairement à ce que prétendent parfois les psychanalystes, Freud l'emprunte très largement à la philosophie, en particulier à Schopenhauer et à Nietzsche qui tous deux étaient déjà très anticartésiens et fort hostiles aux philosophies de la conscience. L'un et l'autre n'ont cessé d'affirmer, et ce bien avant Freud, que la part consciente de notre vie psychique ne représentait jamais que la pointe émergée de l'iceberg, tout un monde inconscient se cachant derrière cet épiphénomène – ou ce « phénomène superficie », dit Nietzsche – qu'est la conscience.

Si Freud exagère un peu (et même beaucoup...) le caractère inédit de sa prétendue « découverte », c'est qu'il pense lui apporter quelque chose de radicalement nouveau par rapport aux philosophes, fussent-ils des philosophes de l'inconscient comme Schopenhauer et Nietzsche : à savoir la différence entre le « préconscient » et l'inconscient proprement dit, c'est-à-dire, nous allons voir pourquoi dans un instant, ce que Freud nomme l'inconscient « dynamique ».

Expliquons rapidement ce point. Le *préconscient* désigne chez Freud tous les éléments de la vie psychique que nous n'avons pas actuellement à l'esprit, mais qui peuvent revenir sans difficulté dès lors qu'on y pense. Au moment où je vous parle, par exemple, il est probable que vous n'avez pas votre date de naissance présente à l'esprit, ni même votre adresse, ou encore le prénom de vos parents ou de vos grands-parents, etc. Tout simplement, vous n'y pensez pas, voilà tout. Mais si je vous posais la question, vous sauriez les retrouver sans peine. Le préconscient englobe donc tout ce qui n'est pas actuellement conscient au moment où l'on parle, mais qui peut revenir à la conscience sans la moindre difficulté.

Le refoulement

L'« inconscient dynamique » c'est, d'une certaine manière, tout l'inverse. Le terme « dynamique » (du grec *dynamis*) évoque la « puissance », la « force ». Il désigne ce qui a été refoulé ou chassé de la conscience par l'effet d'une force, d'une *dynamis*, force que Freud appelle le « refoulement ». Le *refoulement* constitue en cela le premier concept clé, directement lié à la notion d'inconscient dynamique. En clair, il s'agit de ces souvenirs pénibles, souvent des souvenirs d'enfance, que l'on a chassés de la conscience avec beaucoup de force et d'insistance une fois le « surmoi » formé (c'est-à-dire l'instance qui incarne en nous les interdits moraux, les tabous fixés et inculqués par les parents et par la société). On ne veut plus en entendre parler, qu'il s'agisse du souvenir de jeux sexuels prohibés ou encore d'épisodes pénibles et généralement honteux de la vie infantile ou adolescente.

Chassés de la conscience par la puissante censure du « surmoi », ces événements se retrouvent pour ainsi dire enfouis dans cette espèce de réservoir de souvenirs et de faits psychiques qu'est l'inconscient dynamique. Ces éléments refoulés deviennent alors « inconscients », non parce que nous n'y pensons pas (comme dans le cas du préconscient), mais parce que nous ne voulons tellement pas y penser que nous les chassons par la puissance du refoulement hors de notre conscience – de sorte qu'ils ne reviendront pas non plus facilement au cours de l'analyse, même lorsque l'analyste demandera à son patient d'y réfléchir.

La résistance

Voilà pourquoi, après celui du refoulement, le deuxième concept clé, lui aussi directement lié à la notion d'inconscient dynamique, est celui de « résistance ». Freud désigne par ce terme la force qui s'oppose à ce que les souvenirs indésirables, enfouis dans le grand réservoir de l'inconscient dynamique, reviennent à la surface, à la conscience. La vaincre n'est pas chose facile et, en un sens, tout le travail analytique consiste à convoquer les aspects de la vie psychique qui se heurtent à des résistances et qui, par conséquent, ne reviendront pas facilement à la conscience. Les résistances seront bien sûr d'autant plus fortes que le refoulement aura été puissant : plus la force de refoulement aura été grande, plus les représentations ou les souvenirs chassés de la conscience auront du mal à revenir à refaire surface. Résistance et refoulement marchent donc de pair et c'est cet inconscient-là, le seul qui soit réellement dynamique qui, comme nous le verrons plus loin, s'avérera pathogène ; c'est de lui que partent les symptômes névrotiques et psychotiques, la maladie mentale et la souffrance psychique.

Nous parlions de deux préalables ou de deux « prérequis » indispensables pour comprendre l'analyse freudienne de la condition humaine à travers les lapsus, les rêves et les névroses. Ce deuxième préalable, c'est la fameuse théorie des trois instances de la personnalité. Dans *L'Introduction à la psychanalyse*, cette doctrine n'est pas encore parfaitement arrêtée, mais les idées s'y trouvent déjà esquissées. Freud distingue dans tout sujet humain trois parties, et ce sont les conflits entre ces trois instances de la personnalité qui seront à l'origine des névroses et des psychoses, le déchirement qui s'installe entre elles étant le principal facteur d'apparition de l'angoisse.

Le « ça » (ou la libido)

La première instance est le « ça » (en allemand, *Das Es*) qui correspond à ce que Freud appelle la « libido », les deux termes étant plus ou moins équivalents. Le « ça » regroupe, en effet, les pulsions, les instincts et les désirs de tous ordres, que Freud place globalement sous la catégorie de la sexualité (qu'il ne faut pas confondre avec la « génitalité » au sens strict, laquelle renvoie au stade adulte de la libido). Le « ça » freudien rappelle à bien des égards le « vouloir vivre » de Schopenhauer ou encore ce que Nietzsche désignait déjà comme le monde des « instincts » (*Triebe* : c'est le même terme en allemand chez lui et chez Freud).

Le « surmoi »

La deuxième instance de la personnalité est le « surmoi ». Le « surmoi » regroupe les interdits intériorisés par le sujet, la censure morale, bref, tout ce qui est réprouvé, tabou, dans une société donnée. Le surmoi n'est généralement pas très heureux de ce qu'il trouve dans le ça, dans cette libido pleine de désirs. La plupart du temps, le surmoi de l'adulte réprouve la libido – pas toujours et pas tout entière, fort heureusement, mais assez souvent et en assez grande partie quand même –, de telle sorte que de nombreux conflits psychiques surviendront entre le ça et le surmoi. Ces conflits, une fois refoulés, donc inconscients, seront source de symptômes névrotiques.

Le « moi »

Lorsqu'un conflit psychique se fait jour entre le ça et le surmoi, entre les désirs interdits et l'instance de la censure morale, une troisième instance de la personnalité intervient : le « moi ». Le « moi », explique Freud, c'est « l'économe ». C'est en quelque sorte l'aiguilleur, l'arbitre qui tentera de régler au mieux les conflits qui éclatent entre les deux premières instances. Et quand il n'y parvient pas, quand le moi ne réussit pas à faire son travail, l'angoisse apparaît. La théorie de l'angoisse est ainsi liée à ce que les psychanalystes nomment la « désintrication » de la personnalité, son effondrement sous le poids de conflits trop déchirants. Quand la personnalité est déchirée, quand la culpabilité se développe, quand les « passions tristes » s'installent du fait de conflits psychiques irrésolus par le moi, l'angoisse fait son apparition. Elle peut rester planante, comme une espèce de vague à l'âme, de spleen ou de souffrance abstraite ; elle peut aussi, nous y reviendrons, se fixer sur des situations ou des objets particuliers, comme dans le cas des phobies (peur du noir, des insectes, des algues, de la maladie, de l'enfermement, des petits animaux tels que les serpents, les souris, etc.).

Angoisse et conflits psychiques

L'angoisse est toujours l'effet d'un déchirement non réglé de la personnalité : on est angoissé quand le conflit entre le ça et le surmoi n'est pas résolu et, au fond, on pourrait presque dire que la culpabilité est le stade conscient de l'angoisse. Cela dit, quand on est dans la culpabilité, on sait encore à peu près pourquoi l'on se sent coupable. Comme dans la peur, il y a un objet (il est normal d'avoir peur quand un avion tombe en panne, qu'on croise un animal vraiment dangereux, qu'on risque un accident, etc.). Dans le cas de l'angoisse, le plus souvent, on ne sait pas trop pourquoi on est angoissé, parce que la culpabilité, liée au déchirement entre les instances de la personnalité, a été elle-même refoulée. Or, l'angoisse est un sentiment insupportable et nous verrons à propos des névroses à quel point elle peut envahir nos vies jusqu'à entraîner l'apparition de la « maladie ». Selon la formule canonique de Freud, le malade est celui qui devient « incapable de jouir et d'agir » : il est tellement paralysé, tellement épuisé par ses conflits psychiques qu'il s'en trouve pour ainsi dire bloqué, coincé, dans l'incapacité d'éprouver du plaisir et de passer à l'action.

Une fois munis de ces deux éléments – l'inconscient dynamique et la théorie des trois instances de la personnalité (le ça, le moi et le surmoi) –, tâchons d'entrer dans l'analyse de la condition humaine telle que Freud la construit progressivement à travers sa théorie des lapsus, des rêves et des névroses.

Et commençons par le commencement : l'analyse des lapsus et des actes manqués, le lapsus n'étant lui-même qu'un cas particulier d'acte (verbal) manqué. Les lapsus viennent souvent se loger dans des mots déformés, des mots qui n'ont pas de sens grammaticalement parlant, du moins dans un dictionnaire… et qui pourtant sont tout à fait sensés pour ceux qui les entendent, et même plus sensés que des mots normaux ! Un des exemples donné par Freud est celui d'un homme de condition modeste qui rencontre un millionnaire, un grand bourgeois, un homme « important » qui, malgré la distance sociale qui les sépare, le traite avec des égards, avec délicatesse et respect, comme s'ils faisaient partie du même monde. L'homme modeste, très touché que ce personnage de haut rang l'ait pris en considération, s'exclame tout joyeux : « Ah, il m'a traité de manière tout à fait *famillionnaire* ! »

Les lapsus sont lourds de sens

Dans le dictionnaire, le mot « famillionnaire » n'existe évidemment pas : sur un plan grammatical, morphologique, il n'a aucun sens. Néanmoins, tout le monde comprend immédiatement ce qu'il signifie, et tout le monde saisit qu'en vérité, loin de n'avoir aucun sens, le mot en possède en réalité deux, puisqu'il suggère à la fois le millionnaire et le familier. En disant qu'il a été traité de manière « famillionnaire », notre homme veut dire que le millionnaire l'a considéré de manière familière. Gardez bien cette idée à l'esprit : un lapsus, dénué de sens d'un point de vue grammatical, peut s'avérer plein de sens, il en est même « bourré », étant plus signifiant qu'un mot ordinaire : cela peut paraître banal à première vue, mais il y a en filigrane, derrière cette interprétation, pourtant très simple, du lapsus, un thème philosophique de première profondeur : l'idée, comme chez Hegel ou Spinoza, que le réel est de part en part rationnel *puisque même ce qui paraît irrationnel et dénué de sens est en vérité explicable et sensé*. Là aussi, nous y reviendrons plus loin.

Mais, pour l'instant, continuons l'analyse des lapsus.

Prenons un autre exemple : l'autre jour, un ministre de l'Intérieur voulant à la télévision dire quelques mots de son collègue et néanmoins ami Jean-Louis Borloo, commence son intervention en ces termes qui ont fait rire la France entière (enfin, celle qui s'intéresse encore à la politique...) : « Jean-Louis Bordeaux, heu, pardon..., Jean-Louis Borloo. » Éclatement de rire général, car on entend immédiatement bien plus de choses sous-entendues dans « Jean-Louis Bordeaux » que dans un simple « Jean-Louis Borloo ». On peut entendre qu'on a affaire à un homme qui apprécie le bon vin (réputation sans doute excessive si on l'entend de façon malveillante, mais qui est du moins assez répandue pour prêter à rire). Mais on peut entendre aussi que le sympathique ministre de l'Écologie est un rien « bordélique ». On aperçoit donc en filigrane trois messages tout à fait sensés : la personne réelle, bien sûr, c'est-à-dire en l'occurrence Jean-Louis Borloo, mais aussi un drôle de « Jean-Louis qui boit du bordeaux » et enfin un troisième « Jean-Louis qui, quand il a bu du bordeaux, devient bordélique ». Au final, il y a donc bien plus de sens dans le lapsus que dans le nom correct : il comporte toutes sortes de connotations ou d'harmoniques, comme on dit en musique, de sorte que si « Jean-Louis Bordeaux » n'existe pas, on comprend parfaitement qu'on l'ait inventé et ce que ce glissement suggère.

L'interprétation que Freud donne des lapsus est très simple au premier abord : le lapsus résulte de la perturbation d'une intention consciente. Il y a en lui deux intentions qui se télescopent. D'abord, ce qu'il appelle la « tendance perturbée », c'est-à-dire l'intention consciente : le ministre de l'Intérieur voulait dire « Jean-Louis Borloo », mais une perturbation est venue percuter cette intention de plein fouet, comme une voiture qui grillerait un feu rouge à un carrefour et qui viendrait emplafonner un autre véhicule. Une tendance perturbatrice inconsciente vient donc percuter la première intention et le lapsus fait en quelque sorte figure de compromis, d'amalgame entre les deux : il ressemble à une voiture accidentée et laisse pantois celui qui vient de le commettre.

En quoi cette théorie des lapsus est-elle déjà, bien que fort simple et, à vrai dire, assez évidente, malgré tout intéressante ? D'abord, parce qu'elle va révéler la puissance des résistances que l'inconscient dynamique oppose aussitôt à la conscience : la plupart du temps, en effet, quand quelqu'un commet un lapsus et qu'il est embêté, il vous déclare que ça ne veut rien dire, que c'est juste un coup de fatigue, un moment d'inattention qu'il ne faut pas sur-interpréter, que d'ailleurs, les psychanalystes exagèrent, qu'ils nous barbent avec leur manie de tout scruter qui tourne au délire d'interprétation, etc.

Dans cette pseudo-explication par la fatigue transparaît précisément ce que Freud appelle une résistance – en l'occurrence une résistance à l'interprétation psychanalytique : on ne veut pas s'avouer qu'une partie de notre inconscient a fait d'un coup irruption dans un discours conscient et qu'en effet le ministre de l'Intérieur pensait très probablement que son collègue était un peu bordélique, ou un peu trop porté sur le bon vin, ou même s'il ne le pensait pas lui-même (car cette réputation n'est pas forcément fondée), du moins savait-il qu'elle était répandue. Il ne souhaitait évidemment pas le dire tout haut, mais l'explication par la fatigue selon laquelle le lapsus n'aurait pas de signification ne résiste guère, c'est le cas de le dire, à l'analyse.

La psychanalyse et le rationalisme hégélien

Loin d'être insensé, le lapsus est au contraire lourd de sens. Philosophiquement, comme je l'ai suggéré plus haut, cette idée va plus loin qu'il n'y paraît : elle dévoile une filiation profonde de la psychanalyse avec la métaphysique rationaliste qui va de Leibniz et Spinoza jusqu'à Hegel. De nombreux disciples de Freud croient que leur métier consiste à découvrir et arpenter le continent de « l'irrationnel ». J'ai entendu mille fois des amis psychanalystes me dire : « Ce qui est formidable, chez Freud, c'est que, contrairement aux philosophes rationalistes, toujours plongés dans l'illusion de la conscience et de la transparence, Freud, lui, découvre le corps, le sexe, l'inconscient, l'irrationnel, bref, le continent de la modernité ». Il s'agit en réalité d'un contre-sens total. Si Freud parle de la folie et des lapsus, de la libido et du sexe qui paraissent de prime abord se situer plutôt hors rationalité, c'est justement pour souligner que rien n'advient sans raison, que tout est explicable. Le fondateur de la psychanalyse est un rationaliste absolu, un défenseur acharné du « principe de raison », du fameux *Nihil est sine ratione* (« Rien n'advient sans raison ») de Leibniz. Freud lui-même n'a cessé d'y insister, notamment dans le dernier chapitre de son livre la *Psychopathologie de la vie quotidienne* (1904), tout entier consacré à affirmer la validité d'un déterminisme radical : toutes nos pensées, tous les actes de la vie psychique, même les plus insignifiants en apparence, comme sont les lapsus ou les actes manqués, ont tous et toujours leur raison d'être, et ce qui semble en apparence irrationnel dans la vie psychique (folie, rêves, actes manqués, lapsus, etc.) est en réalité parfaitement explicable et rationnel.

On trouve ainsi chez Freud une structure de pensée qui est celle que les grands systèmes métaphysiques les plus rationalistes avaient déjà mise en place sur le plan philosophique et que Freud reprend sans même en avoir conscience, peut-être même en croyant, non sans un certain orgueil, qu'il rompt avec la tradition philosophique. En réalité, comme pour Leibniz, Spinoza ou Hegel, il va de soi pour Freud que le réel est parfaitement rationnel au sens où il n'y a pas de mystère en lui, où tout y est explicable, déterminé, où il y a toujours une cause, une raison d'être aux phénomènes psychiques même les plus aberrants en apparence. Et si l'irrationnel (apparent) lui-même est rationnel, alors, c'est bien évidemment que *tout est rationnel* : si même l'irrationnel est explicable, alors rien, vraiment plus rien, n'advient sans raison, plus rien n'est sans cause. Voilà déjà, sur le plan philosophique, une première idée à retenir de cette analyse des lapsus : Freud, qui veut être un scientifique, un héritier des Lumières, s'ouvre certes au continent de l'inconscient, du sexe et de ce qu'on tient d'ordinaire pour la sphère de l'irrationnel, mais c'est pour mieux le rationaliser, l'expliquer. Freud est le contraire d'un irrationaliste – en quoi il s'éloigne à coup sûr de la tradition philosophique antimétaphysique et déconstructrice, beaucoup plus radicale, inaugurée par Schopenhauer et par Nietzsche.

La théorie des rêves

Deuxième étape de cette analyse de la condition humaine : la théorie des rêves.

Là encore, nos rêves les plus fous, *a priori* inexplicables, peuvent s'avérer en réalité parfaitement rationalisables, tout à fait explicables par des causes rationnelles. On se réveille parfois le matin avec des rêves tellement délirants, tellement fous, qu'on se demande où on a bien pu aller chercher des choses pareilles. On rêve, par exemple, de gens qu'on n'a pas vus depuis des années et dont on se demande bien pourquoi ils resurgissent d'un coup, parfois dans des situations scabreuses qui nous paraissent proprement insensées. On commence un rêve avec un personnage, puis c'est un autre qui prend sa place de façon totalement incohérente, on se retrouve dans des situations bizarres ou obscènes qui, en temps normal, nous seraient odieuses, etc. Tout le travail de Freud vise à montrer que même dans nos rêves les plus fous, il y a toujours une logique à l'œuvre, celle de l'imagination, cette faculté d'inventer des histoires, de construire des intrigues, mais non sans raison. L'imagination, c'est par excellence la faculté de la fiction au sens où l'on parle de fiction littéraire, et si l'on veut comprendre le rêve, en rendre raison, il faut d'abord et avant tout se demander à quoi servent ces histoires imaginaires, quelle est leur fonction.

La grande thèse de Freud, si je la formule de façon abrupte avant de l'expliquer, c'est que le travail de l'imagination qui anime nos rêves a d'une manière générale pour fonction de réaliser, de satisfaire sur un plan symbolique des désirs plus ou moins frustrés, voire plus ou moins interdits dans la réalité. Question : pourquoi, dans ces conditions, nos rêves sont-ils d'ordinaire si incohérents, pourquoi paraissent-ils aussi irrationnels, pourquoi, en d'autres termes, les histoires qu'invente l'imagination pour réaliser nos désirs secrets sont-elles le plus souvent si tordues, si déformées ?

Pour le comprendre et pour répondre à ces questions, pour comprendre la théorie freudienne, apparemment quelque peu étrange, selon laquelle le rêve est fondamentalement la réalisation imaginaire d'un désir, le plus simple est de partir d'une autre forme de rêve, le « rêve éveillé », où l'on peut saisir la thèse freudienne à l'état pour ainsi dire chimiquement pur.

Les rêves éveillés

Freud distingue en effet quatre types de rêves.

Le premier, c'est le rêve éveillé ou, comme on dit en anglais, le « rêve de jour » *(daydream)*. Si vous en voulez un exemple littéraire, c'est la fable de « Perrette et le pot au lait ». Perrette se raconte une histoire dont on voit bien qu'elle a pour seule et unique finalité de réaliser dans l'imaginaire certains désirs inassouvis dans la réalité : elle vend son lait, achète un cent d'œufs, élève les poulets, les échange contre un cochon, et le cochon contre une vache et son veau… jusqu'à ce que hélas, perdue dans sa rêverie imaginaire, elle se prenne le pied, chute, et brise le pot au lait en même temps que ses fantasmes. La fable de La Fontaine donne une idée parfaite de la structure fondamentale du rêve éveillé. Souvenez-vous des quelques vers qui en tirent la leçon, ils sont en tout point admirables :

> Quel esprit ne bat la campagne ?
> Qui ne fait châteaux en Espagne ?
> Picrochole, Pyrrhus, la Laitière, enfin tous,
> Autant les sages que les fous ?
> Chacun songe en veillant, il n'est rien de plus doux :
> Une flatteuse erreur emporte alors nos âmes :
> Tout le bien du monde est à nous,
> Tous les honneurs, toutes les femmes…

Bien avant Freud, La Fontaine saisit les caractéristiques fondamentales du rêve éveillé, à la fois son universalité – nous en faisons tous –, ses principaux thèmes – l'argent, le sexe, les honneurs, le pouvoir, etc. –, mais aussi la logique fondamentale :

celle de la réalisation imaginaire des désirs frustrés dans la réalité.

Qu'est-ce, en effet, qu'un rêve éveillé ? Dans un petit article publié, pour la traduction française, dans le recueil intitulé *Essais de psychanalyse appliquée*, « La création littéraire et le rêve éveillé » (1908), Freud dévoile à son lecteur la matrice de son interprétation des rêves nocturnes : le rêve éveillé consiste à s'inventer des historiettes imaginaires, des fictions qui réalisent des désirs non satisfaits dans la vie réelle. Ainsi des rêves d'argent : on « dirait », à la manière des enfants qui se racontent une fable, qu'on aurait fait un héritage, gagné à la loterie, bénéficié d'un don exceptionnel, etc. et le soir, avant de s'endormir, on s'imagine en train d'acquérir un chalet à la montagne, une maison au bord de la mer, sans oublier la Ferrari, le bateau, les cadeaux à la famille et aux amis, à tante Ninette et tonton Jean, les quelques dons à une organisation caritative (faute de générosité, on risquerait d'être puni par le petit Jésus...). Je plaisante, bien sûr, et chacun pourra broder à sa manière sur ces thèmes fondamentaux, mais je pense que nous connaissons tous, à quelques variantes près, l'expérience psychique en question. Bien évidemment aussi, le fait que le pot au lait se brise (que la rêverie s'arrête à un moment donné) est structurel, lié par essence à la nature la plus profonde du rêve éveillé : la rêverie ne peut, elle aussi, que se briser, puisqu'il s'agit d'une fiction tout opposée au réel.

Il en va de même de ces rêves d'amour qui ont fait le succès des éditions Arlequin : le valet qui épouse la fille du roi ou la secrétaire son patron. On est un héros blessé à la guerre, mais malgré le sang qui coule, on sauve un bataillon entier et on est récompensé car une Sharon Stone éperdue d'admiration et d'amour vous tombe dans les bras…

Les rêves de réussite sociale, qui combinent en général l'argent et l'amour, sont encore une variante fort courante : on est un champion de tennis imbattable, un pianiste virtuose, un footballeur exceptionnel, un acteur ou un chanteur adulé du public comme dans la chanson (« Je m'présente, je m'appelle Henry, j'voudrais bien réussir ma vie, etc. »), cette réussite sociale magnifique apportant fortune et succès féminins (ou masculins).

Et puis il y a les rêves de vengeance, tout aussi répandus. Un individu vous a humilié dans la vie réelle et voilà qu'on lui rive son clou et qu'il prend trois paires de claques devant tout le monde : on va beaucoup mieux après ! Évidemment, les scénarios peuvent se compliquer à l'infini, broder sans fin sur un point de départ ancré dans la réalité : dans l'imaginaire, tout est permis, on peut forger des vengeances sophistiquées, la vengeance étant, comme chacun sait, un plat qui se mange froid, offrant par là tout un horizon au travail de l'imagination.

Ces rêves possèdent deux caractéristiques amusantes.

La première, c'est que, comme le dit si justement et joliment La Fontaine, la construction de « châteaux en Espagne » est du monde l'activité psychique la mieux partagée ; la seconde, c'est que, si ces réalisations imaginaires de nos désirs inavouables et inassouvis étaient subrepticement projetées en public, avec haut-parleur et grand écran, nous serions morts de honte, écrasés sous le poids du ridicule : car nous savons fort bien qu'il s'agit là d'une activité profondément infantile, commandée de part en part par cette logique de la frustration qu'il n'est jamais bien élégant ni flatteur de faire connaître aux autres.

En dehors du fait que ces fictions nous sont communes et que leur publicité nous ferait honte, elles ont aussi une vertu calmante : réaliser un désir, fût-ce sur un mode imaginaire, fait quand même plutôt du bien. Le rêve endormi, ou rêve nocturne, aura d'ailleurs la même structure que le rêve diurne : il apaise et c'est en ce sens que Freud dira de lui qu'il est « le gardien de notre sommeil ». Quand un désir vient troubler votre sommeil, le fait de se raconter une histoire qui le satisfait fût-ce de manière imaginaire permettra de continuer à dormir. Le rêve est un calmant, certes fantasmatique, mais néanmoins puissant et efficace.

Les rêves infantiles

Après le rêve éveillé, vient le « rêve infantile » dont le propre est de réaliser un désir qui n'est pas interdit. Du coup, le rêve n'est pas déformé. Bien que nocturne, conçu alors que nous sommes endormis, il est aussi clair et compréhensible que nos fantasmes diurnes : j'ai soif et je rêve que je bois ; je désire ardemment ma voisine et elle vient justement me rendre visite dans mon lit ; j'ai envie de sucreries et voilà qu'on m'apporte un gâteau géant. Bref, un désir vient nous agiter pendant la nuit, nous troubler pendant notre sommeil et on se raconte une histoire où ce désir est tout simplement satisfait, sans la moindre déformation, comme dans le rêve éveillé. Quand on se réveille de ce type de rêve, on n'a généralement aucun mal à comprendre ce qui s'y est joué. On peut être éventuellement surpris, tel désir peut nous paraître un peu étrange parce qu'on n'y avait pas vraiment pensé, on avait un peu refoulé la chose, mais enfin, après réflexion, on comprend sans trop de difficulté le sens de son rêve.

Les rêves déformés des adultes

Le troisième type de rêve, le rêve si je puis dire « normal », c'est-à-dire en réalité totalement anormal, c'est le rêve déformé. Le rêve déformé est en effet le lot ordinaire de l'adulte. Pourquoi est-il déformé ? C'est ici que le schéma initial va se compliquer quelque peu et que va se déployer la thèse principale de Freud. Imaginez, par hypothèse, que le « ça » exprime des désirs que le « surmoi » réprouve vigoureusement, des désirs incestueux par exemple. Un conflit éclate alors entre le ça et le surmoi, conflit dans lequel les deux instances ont des intérêts radicalement opposés : le ça aimerait bien qu'on raconte une histoire où le désir interdit est satisfait, comme dans le rêve éveillé ou même comme dans le rêve infantile ; mais le surmoi, lui, n'en veut à aucun prix – on ne plaisante pas avec le tabou de l'inceste ! Que peut faire le moi, cette instance chargée de la synthèse, de l'économie ou du compromis ? Voici la solution, qui va expliquer la déformation du rêve : l'imagination, pilotée par le moi, racontera une histoire dans laquelle le ça trouvera son compte, mais il faudra quand même que l'intrigue et les personnages en soient suffisamment déformés pour que le surmoi ne s'en aperçoive pas, pour tromper en quelque sorte la veille de la censure morale. L'imaginaire du moi va donc « coder » l'histoire comme on code un message – c'est ce que Freud, dans son jargon, nomme l'« élaboration du rêve », rêve qui, du coup, se trouvera totalement déformé. Les personnages seront par exemple différents d'un moment à l'autre : on commence une histoire avec un personnage X, puis elle continue avec un personnage Y et se termine avec un personnage Z. Trois personnages vont ainsi se succéder sans que l'on sache trop pourquoi ils ont changé – l'interprétation consistant à défaire le travail de l'élaboration, du codage, à le remonter à rebours pour dévoiler les points communs inconscients qui expliquent ces passages toujours pleins de sens.

On voit ici en quoi consiste l'activité de déformation du rêve : elle s'exerce de telle sorte que le surmoi ne se retrouve pas trop lésé, tandis que le ça y trouve quand même son compte, l'histoire étant tellement déformée et bizarre que le surmoi ne voit pas le problème et ne saisit pas assez clairement le sens de l'intrigue qu'on raconte pour s'en offusquer (comme tout moraliste, il est un peu niais). Le ça, lui, comprend très bien ce qui se passe, tandis que le moi a trouvé une espèce de compromis grâce à la déformation. Au lieu que la narration soit parfaitement claire, comme dans le rêve éveillé ou infantile, on a désormais affaire à des aventures cryptées, raison pour laquelle le rêve nous apparaîtra au réveil comme tout à fait étrange.

Le problème soulevé par les cauchemars

Quatrième type de rêve : le cauchemar. Quand la censure du surmoi n'a pas été trompée, lorsque l'histoire n'est pas suffisamment déformée pour que le surmoi ne s'aperçoive pas des horreurs que le ça est en train de quémander, le conflit psychique éclate au grand jour et le déchirement du sujet fait place à l'irruption de l'angoisse qui réveille aussitôt le dormeur. Le cauchemar survient donc, selon Freud, quand un désir absolument interdit n'a pas été suffisamment codé ou crypté pour que le surmoi ne s'en aperçoive pas. Du coup, le désir interdit fait irruption dans l'univers du surmoi qui, scandalisé, horrifié et angoissé, tire le sujet de son sommeil en sursaut. Le rêve cesse ici de jouer sa fonction de gardien du sommeil.

Sans entrer plus avant dans le détail de cette typologie des rêves – on trouvera le meilleur exposé de cette théorie dans le chapitre 14 de *L'Introduction à la psychanalyse* auquel je vous renvoie – on notera seulement que nous retrouvons, comme pour les lapsus et les actes manqués, cette structure hégélienne dans laquelle l'irrationnel est finalement rationalisé, expliqué en raison : en partant d'un phénomène en apparence incompréhensible, irrationnel, Freud finit par expliquer pourquoi le rêve est déformé et pourquoi, bien que la réalisation d'un désir soit censée en principe engendrer du plaisir, le rêve peut parfois s'avérer très pénible, comme dans le cas du cauchemar.

L'analyse des symptômes névrotiques et la condition humaine

La théorie des actes manqués et des rêves n'est en fait qu'une propédeutique. Elle est finalement destinée à préparer la troisième étape, celle dans laquelle

Freud livre véritablement sa vision de la condition humaine à travers une étiologie (une analyse des causes) des maladies psychiques, des symptômes névrotiques ou psychotiques.

Les phobies

Commençons, avant de nous élever vers les abstractions théoriques, par évoquer un exemple particulièrement courant de symptôme névrotique, un symptôme qui offre du reste l'intérêt d'être, sur un mode plus ou moins mineur, présent dans la vie de presque tous les adultes réputés « normaux » : il s'agit de ce que les psychanalystes appellent les phobies.

Et d'abord, qu'est-ce qu'une phobie ? Il s'agit de ces peurs paniques qui peuvent s'emparer de nous face à des situations ou des objets pourtant tout à fait inoffensifs : l'obscurité (la peur du noir serait probablement la première phobie, peut-être même la matrice de toutes les autres), un ascenseur qui tombe en panne, une petite souris, des insectes, des serpents non venimeux, des algues au fond de l'eau, toutes choses qui n'ont jamais tué personne…

Pour vous donner un exemple, je me trouvais l'autre jour sous les tropiques en compagnie d'un ami très cher, grand chasseur et grand pêcheur, et voilà qu'un petit crapaud traverse le chemin juste devant nous. J'attrape la petite bête pour la mettre à couvert dans l'herbe haute en pensant au poème que Hugo lui a consacré et que j'ai toujours trouvé juste et touchant – et je vois l'ami s'enfuir en courant, fou de panique, littéralement tétanisé d'angoisse. Un peu gêné quand même, il me livre aussitôt une explication qui est le type même de la rationalisation guidée par une belle résistance : « Quand j'étais petit, j'ai mis le pied sur un crapaud et c'était gluant, répugnant ! » Voilà l'archétype de la fausse « bonne raison ». D'abord, je suis à peu près certain que l'épisode est imaginaire : il est bien rare qu'on mette le pied sur un crapaud. Mais admettons même : contrairement à ce qu'on prétend, un crapaud n'a en réalité rien de « gluant » – pas plus que les serpents ne sont « visqueux ». Mais admettons encore et allons plus loin : on peut avoir posé mille fois le pied sur quelque chose d'immonde – tout vrai Parisien sait de quoi je parle –, sans développer pour autant une phobie. Les phobies ne naissent pas comme ça, et en toute hypothèse, l'angoisse irrationnelle qui s'empare du sujet phobique en présence de son objet de panique est totalement disproportionnée par rapport à la réalité de la menace (le malheureux crapaud n'a jamais tué personne, il est à tous égards inoffensif) – ce dont les pseudo-explications ne rendent évidemment jamais compte.

Tous ou presque, nous connaissons ou avons connu des phobies, tous ou presque, nous sommes à des degrés divers, confrontés à ce type de schéma : comme Freud le souligne à juste titre – et nous y reviendrons –, entre le sujet qu'on dit « fou » et celui qu'on dit « normal » (ou qui s'imagine tel), la différence n'est que de degré, non de nature : c'est une différence quantitative et non qualitative – quantité de quoi ? C'est ce que nous verrons plus loin.

Une histoire de la libido : les quatre stades

Pour bien saisir l'approche freudienne des névroses (par exemple de ces petits symptômes névrotiques que sont les phobies), le mieux est de partir des quelques notions fondamentales que Freud expose de manière extraordinairement pédagogique et claire au chapitre 22 de son *Introduction à la psychanalyse*. Son cours porte en l'occurrence sur l'histoire de la libido. La libido, je le rappelle, désigne l'ensemble des pulsions et des désirs que Freud regroupe sous le nom générique de « sexualité ». La libido, au sens large, peut donc comprendre la faim ou la soif, elle ne désigne pas seulement la sexualité génitale au sens étroit du terme. Dans ce chapitre 22, Freud entreprend de raconter l'histoire de la libido, depuis le fœtus ou le nourrisson jusqu'à la sexualité adulte, en montrant qu'elle passe par quatre grands stades. Pour rendre son exposé plus vivant et plus clair, il compare cette évolution à la migration d'un peuple qui, comme dans le cas de la conquête de l'Ouest aux États-Unis, traverserait un continent d'un bout à l'autre.

Le stade autoérotique

Le premier stade, c'est la libido « autoérotique », celle du fœtus et même du nourrisson. Dans la mesure où le bébé ne sait pas marcher et ne distingue pas très bien ce qui est un tant soit peu loin de lui, il n'y a quasiment pas pour lui de monde extérieur en dehors de son propre corps. Le fœtus, et même encore le tout petit, est donc autoérotique par nature, il évolue dans un « narcissisme primaire » où sa libido est forcément tournée vers lui-même, presque totalement autocentrée. Dans une perspective pourtant très différente *a priori*, Piaget décrira lui aussi l'évolution de l'enfant vers l'adulte comme un trajet de « décentrement », comme un chemin par lequel l'enfant construit progressivement le monde objectif en se détournant peu à peu du seul souci de soi, de l'égocentrisme primaire et radical qui constitue inévitablement son point de départ : que ce soit du reste sur le plan moral ou sur le plan intellectuel, le souci de l'autre est construit, pas donné au départ. C'est une conquête, pas un don naturel.

Au départ, le nourrisson n'a guère d'autre objet que lui-même. Voyez les bébés dans leurs berceaux : en dehors du sein maternel ou de la tétine, ils passent le plus clair de leur temps à sucer leurs doigts de pied, leurs poings, bref, tout ce qu'ils peuvent trouver d'eux-mêmes – tous comportements dont on n'hésiterait pas à dire, s'il s'agissait d'adultes, qu'ils relèvent du narcissisme le plus extravagant.

Le stade oral

Au deuxième stade – au stade « oral » –, la libido commence à se décentrer, à se détourner un tant soit peu de soi pour se porter sur des objets extérieurs. Il se confirme ici que le processus par lequel on passe de la petite enfance à l'âge adulte est un processus de décentration. Mais cela ne va nullement de soi : ce n'est que péniblement et peu à peu qu'on cesse d'être égocentrique pour aller vers des objets, vers le monde extérieur. À ce stade, la libido est totalement dominée par l'oralité : le plaisir, pour l'essentiel, provient de tout ce qui peut entrer dans la bouche. Le petit enfant aime d'abord et avant tout sucer, et en dehors des parties de son propre corps, il découvre bien sûr quelques objets admirables : le sein de sa mère, qui commence à devenir réellement un objet extérieur, ou, à défaut, la tétine de son biberon. Notons tout de suite qu'il restera à l'âge adulte quelque chose de ce stade primitif. Pourquoi s'embrasse-t-on ? Pourquoi cette passion érotique pour les seins, pourquoi même la « succion » fait-elle partie de l'acte sexuel adulte normal sinon parce qu'il existe dans l'histoire de la libido ce que Freud appelle des « fixations », c'est-à-dire des parties de la libido adulte qui restent attachées – et elles peuvent l'être dans des proportions très variables – à certains stades antérieurs de l'évolution générale. On notera, du reste, que les animaux ne s'embrassent guère de sorte que « l'étayage », comme dit Freud, c'est-à-dire les préliminaires qui marquent une différence entre le besoin (animal) et le désir (humain), semblent bien faire partie de la seule sexualité humaine.

Le stade sadique-anal

On passe ensuite au troisième stade, que Freud appelle le « sadique-anal ». Sans entrer dans les détails, disons que ce stade désigne le moment où, aux alentours de trois/quatre ans, l'enfant fait l'apprentissage douloureux de la propreté. On sait bien qu'au stade antérieur, les tout-petits n'éprouvent ni gêne ni honte à jouer avec leurs excréments sans penser aucunement à mal. Les « mauvaises odeurs » n'existent pas pour eux, elles ne les gênent en rien. Le « surmoi » n'est pas encore en place. En même temps, Freud note avec beaucoup de perspicacité, me semble-t-il, que cette époque est aussi celle des satisfactions sadiques, celle au cours de laquelle la plupart des enfants prennent un certain plaisir à torturer les animaux. Ils font du mal à leur hamster ou à leur chat, arrachent les ailes des mouches, écrasent les fourmis, etc. Ne refusons pas la réalité : si on entend par perversion une satisfaction d'ordre sexuel qui n'est pourtant pas liée à l'acte sexuel proprement dit, il faut reconnaître que l'enfant, à ce stade, est bien un « pervers polymorphe », selon la fameuse formule si « scandaleuse » de Freud lui-même.

La sexualité adulte : quatre scénarios

Puis, après une phase où la sexualité se met un peu en veilleuse – la fameuse « période de latence », qui se situe autour des dix ans (disons des huit/douze ans) – vient le temps de l'adolescence : on passe finalement au quatrième stade, à la sexualité génitale adulte marquée par la recherche d'un partenaire amoureux. L'objet sexuel s'humanise enfin : on sort en principe de la sexualité infantile, c'est-à-dire « perverse » au sens strict, au sens où la sexualité infantile ne porte pas, par définition même, sur des objets sexuels « normaux ». À ce moment-là, quatre scénarios peuvent se mettre en place qui seront susceptibles de conduire à l'apparition de symptômes névrotiques (voir le schéma ci-contre).

LA CONDITION HUMAINE SELON FREUD

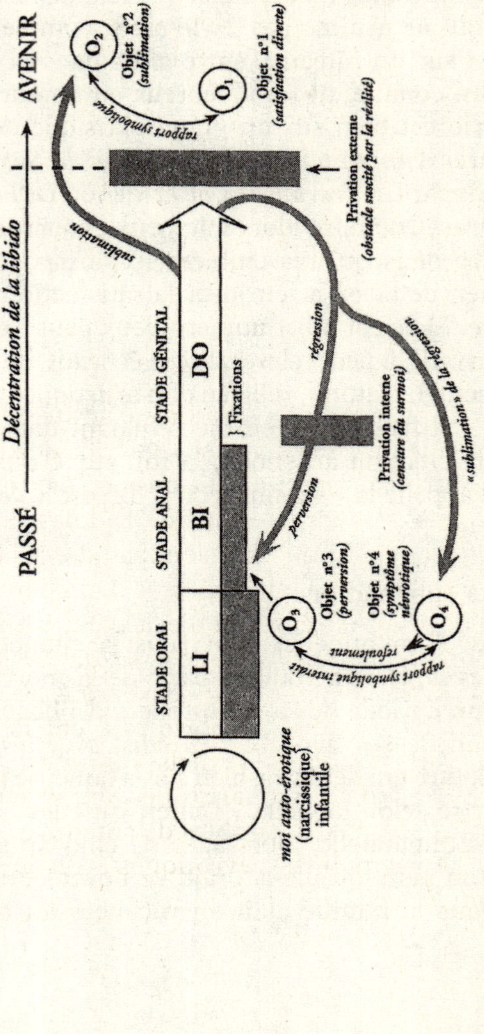

Premier scénario, la libido se tourne vers un objet sexuel normal, un partenaire amoureux, que j'appellerai l'objet numéro un. L'objet numéro un, c'est la femme ou l'homme avec qui je fais l'amour. Imaginons par hypothèse qu'une privation intervienne : je tombe amoureux d'une femme ravissante, mais qui ne m'aime pas, et je mets, comme on dit, le pied sur un râteau. J'entre alors dans la catégorie bien connue du « malheureux en amour » et ce scénario est bien sûr un grand classique de la littérature, d'*Andromaque* à *Un amour de Swann*, en passant par *Les Travailleurs de la mer* ou *La Princesse de Clèves*. Que faire alors ? Je peux choisir un objet numéro deux qui ressemblera le plus possible au premier, de façon à retrouver la satisfaction la plus proche. Mais cet objet numéro deux peut être aussi un dérivatif, il peut relever, le cas échéant, du monde intellectuel, culturel, religieux ou artistique : je compense ma frustration en me réfugiant dans la lecture, la création artistique, la foi, etc. C'est ce que Freud appelle la « sublimation ». Tel est le *deuxième scénario*.

♦ La sublimation

Sœur Emmanuelle, dont j'eus la chance d'être l'un des amis, m'a souvent parlé de la mort de son père, un épisode de sa vie qu'elle a d'ailleurs relaté dans un de ses livres, *Le Paradis, c'est les autres* (2004), titre qui détourne bien sûr la fameuse formule de Sartre selon laquelle « l'enfer, c'est les autres ». Sœur Emmanuelle, alors âgée de cinq ou six ans, a vu son père, qu'elle adorait, se noyer devant elle alors que la famille était en vacances au bord de la mer. Lorsqu'elle raconte cette scène terrible, elle ajoute souvent : « Un homme, c'est petit. » La formule signifie que si vous comptez sur l'amour d'un mortel, vous êtes mal parti, car il peut disparaître à tout moment. Dès qu'un homme est né, il est assez vieux pour mourir. En revanche, si vous êtes aimé(e) par le Christ, c'est du solide, l'être divin ne risquant pas, lui, de mourir et pouvant vous aimer au-delà même de votre mort, quoi qu'il arrive et quoi que vous fassiez. On peut bien entendu donner de la vocation religieuse de Sœur Emmanuelle une interprétation purement théologique. Mais si l'on est psychanalyste, on pensera plutôt qu'elle s'explique par la logique de la sublimation : face à la perte d'un objet d'amour, on peut toujours se réorienter vers un objet symbolique, en l'occurrence vers un objet d'amour religieux.

Freud entend ainsi par « sublimation » l'ensemble des compensations artistiques, culturelles, intellectuelles ou religieuses susceptibles de compenser la perte d'un premier objet d'amour. Malheureux en amour, on s'efforcera d'élaborer autre chose en devenant, par exemple, un passionné d'art ou d'idées. Dans le cas de Sœur Emmanuelle, on peut dire que la figure de Jésus-Christ est l'objet numéro deux (interprétation évidemment réductrice pour un croyant, mais cohérente pour un psychanalyste). Après la perte du père humain (objet numéro un), Dieu fera figure de père symbolique – de père « sublimé ».

♦ Les fixations

Imaginons maintenant – et nous allons entrer dans le *troisième scénario* – que, pour une raison ou pour une autre, la sublimation ne soit pas possible, par exemple, tout simplement, parce que la personne ne dispose pas du bagage culturel requis. Pour sublimer, en effet, il faut déjà posséder une certaine culture, savoir lire et écrire, bien sûr, mais aussi connaître, par exemple, l'histoire de l'art ou s'intéresser aux religions, à la philosophie, à la littérature, etc. Si vous ne savez ni lire ni écrire, que vous êtes un petit paysan du XVIIIe siècle vivant au fin fond de la campagne, vous aurez beaucoup plus de mal à sublimer qu'un lettré. Supposons donc qu'en plus de l'impossibilité d'atteindre à l'objet numéro un, l'objet numéro deux nous soit également interdit ou difficile d'accès. Que pourra faire cette libido, sachant que, chez Freud comme chez Spinoza, la libido ne renonce jamais à rien. Selon Spinoza, on n'échange une jouissance que pour une autre plus grande et Freud est totalement spinoziste à cet égard.

C'est ici que la métaphore du peuple migrant que j'évoquais plus haut nous sera très utile pour comprendre ce qui va se passer dans cette hypothèse. Imaginez, écrit Freud, que la libido se développe, évolue du stade autoérotique à la sexualité normale, tout comme un peuple traverse un continent d'est en ouest. Que se passe-t-il alors ? Souvenez-vous des westerns où le convoi, avec ses caravanes, aperçoit une vallée particulièrement accueillante, fertile et agréable, où on peut chasser et pêcher, où l'herbe est verte et le climat doux. Il est probable qu'une partie de la caravane décidera de s'y établir. C'est ce que Freud appelle une « fixation ».

Une partie de la libido choisira donc de se fixer, elle aussi, en un lieu agréable, mais si on veut en comprendre au fond la logique, il faut bien voir qu'elle le fera en fonction de deux motifs complémentaires : d'abord parce qu'elle y aura trouvé d'intenses satisfactions (on peut rester très attaché au stade oral, par exemple, parce qu'on y aura éprouvé de grands plaisirs), mais aussi parce que la libido aura le cas échéant rencontré des obstacles sur sa route. Quand la caravane se heurte à des Indiens qui entendent stopper sa progression, un certain nombre de colons choisiront de se fixer dans la vallée plutôt que de poursuivre plus avant et de risquer une guerre. Dans l'éducation d'un enfant, cela signifie que si l'on crée des difficultés à tel ou tel stade, si l'on est par exemple excessivement sévère sur l'apprentissage de la propreté, ou au contraire pas assez, on risque de faciliter les fixations. Il faut savoir fluidifier et faciliter les transitions, en quoi, ici comme ailleurs, l'éducation est un art difficile.

Dans son mécanisme, la fixation implique donc qu'une partie de la libido, des affects ou des pulsions, reste attachée à une phase antérieure ou infantile de son développement, soit parce qu'elle s'y plaît, soit parce qu'elle a du mal à aller plus loin, soit les deux.

Quelles seront alors les conséquences de ces fixations ? Elles seront cruciales et ce pour une raison de fond : plus les fixations seront importantes, plus on aura tendance à faire marche arrière pour éviter les obstacles. Reprenons notre métaphore pour bien comprendre cette logique de la fixation : si la caravane, craignant les attaques d'Indiens, laisse de nombreuses carrioles en arrière, il s'ensuivra que les convois de tête, ceux qui continueront la route, seront affaiblis d'autant ; pour peu qu'ils se heurtent à une résistance de taille, ils auront donc davantage tendance à faire demi-tour. Mais pour aller où ? Pour revenir vers le campement dressé à l'arrière, dans la vallée. En outre, plus nombreux seront les convois de tête à faire marche arrière, plus les hommes susceptibles de venir à bout des Indiens se feront rares, moins la caravane sera forte pour vaincre les difficultés qui se présentent sur sa route.

Il en va de même avec les fixations : plus il y aura de fixations à des stades infantiles, plus la libido sera faible s'agissant d'aller de l'avant, de se tourner vers l'avenir pour surmonter les obstacles. Et elle sera d'autant plus faible qu'elle aura davantage de raisons, face à l'obstacle, de revenir en arrière, une fixation impliquant que l'on s'est bien plu à tel ou tel endroit du passé.

♦ La régression

Ces fixations seront donc pathogènes, elles seront les premiers facteurs d'apparition de la maladie ou, à tout le moins, des symptômes névrotiques, car elles vont faciliter le *troisième scénario* (en dehors de la satisfaction normale ou de la sublimation), à savoir la « régression ». La régression, synonyme de retour en arrière vers un stade antérieur ou infantile de la libido, signifie que l'on commence à s'acheminer vers la maladie. Imaginez que vous reveniez vers le stade sadique-anal, que vous vous sentiez plus ou moins envahi par des pulsions sadiques ou par des souvenirs du temps où vous jouiez encore avec vos matières fécales : votre « surmoi » protestera assurément contre le retour à cette fixation et les interdits se mettront très violemment en marche pour proscrire la régression en question (objet numéro trois).

♦ L'apparition des symptômes névrotiques

Du coup, vous vous mettrez en quête d'un objet numéro quatre – et c'est précisément là qu'apparaît le symptôme névrotique. *Ce quatrième objet sera, en effet, à l'objet numéro trois ce que l'objet numéro deux était à l'objet numéro un* : en clair, le symptôme, c'est en quelque sorte la « sublimation » de la régression, sublimation due au fait que la régression est évidemment censurée, interdite par le surmoi qui réprouve en général les activités sexuelles infantiles (perverses).

Le sujet va donc déformer ou sublimer la régression, comme dans le rêve qui est codé, crypté, pour échapper à la censure morale. Au lieu, par exemple, de revivre en direct, sans déformation, le stade anal, répugnant pour un adulte, nous nous mettrons, en grandissant, à collectionner des timbres (ou tout autre objet), Freud rapprochant volontiers la manie du collectionneur de l'activité des petits enfants au stade anal (expulsion-rétention). L'adulte, lui, prend un malin plaisir, un plaisir dont il doit bien avouer qu'il est fort peu explicable rationnellement, à échanger, accumuler, revendre et racheter des timbres, des pièces de monnaie ou à vrai dire un peu n'importe quoi du moment que ça peut faire de belles collections. Nous nous sommes tous, plus ou moins, livrés un jour ou l'autre à une activité de ce type et c'est pourquoi Freud n'a pas tort de dire qu'on est tous plus ou moins névrosés, qu'on a tous des phobies (ou des idées obsédantes), qu'on nourrit tous des symptômes plus ou moins lourds liés à des régressions refoulées. L'objet numéro quatre donc (ici, la collection de timbres), qui représente comme une *sublimation de la régression*, gardera toujours un lien symbolique plus ou moins étroit avec l'objet numéro trois (qui, lui, est violemment interdit).

Les perversions

Il est essentiel ici de bien comprendre la nature exacte de la différence entre les perversions et les symptômes névrotiques. La perversion intervient, en effet, quand la régression, à la différence de ce qui a lieu avec le symptôme, n'est pas interdite par le « surmoi », donc pas déformée : le sujet revient alors au stade sadique-anal, il peut être par exemple fasciné par les matières fécales, virer à certaines formes sévères de fétichisme, voire être carrément sadique. On pourrait dire en ce sens que la névrose (ou le symptôme névrotique) n'est finalement pas autre chose qu'une perversion interdite par le « surmoi ».

Pour qu'il y ait névrose, il faut donc, si je résume tout ce que nous venons de voir, trois éléments : *premièrement*, il faut des fixations très fortes (une partie de la caravane est restée en rade dans la vallée) ; *deuxièmement*, il faut qu'il y ait eu régression vers ces fixations, il faut que les satisfactions directes soient prohibées ou interdites pour une raison ou pour un autre ; *troisièmement*, il faut qu'il y ait eu refoulement : le sujet tente par exemple de revenir au stade sadique-anal, mais le refoulement intervient face aux protestations du surmoi qui refoule cette régression dans les profondeurs de l'inconscient. D'où un comportement bizarre marqué par l'apparition de symptômes névrotiques, par exemple caractérisé par la prolifération de phobies, d'idées obsédantes, d'une angoisse planante, etc. tous phénomènes plus ou moins pathologiques qui ne sont jamais que des régressions masquées à un stade antérieur du développement de la libido.

Voilà donc, selon Freud, le schéma global dans lequel nous sommes tous, plus ou moins, impliqués. À des degrés divers, nous connaissons tous des satisfactions directes, des sublimations et des régressions se traduisant par de petites ou de grandes perversions ou par des symptômes névrotiques plus ou moins sévères selon que la régression est plus ou moins violente et plus ou moins interdite. Qui n'a pas eu peur du noir ou de tel petit animal, des insectes, des rats, des serpents, des ascenseurs, des souris ou des algues au fond de l'eau ? Qui n'est pas allé vérifier trois fois que le gaz ou la porte du garage sont bien fermés ? Qui ne s'est jamais livré à ces petits paris avec soi-même en marchant sur des dalles dans la rue et en se disant « si je réussis à ne pas mettre le pied sur la rainure, j'aurai mon bac ou je gagnerai à la loterie, etc. ». C'est à partir de ce schéma général que Freud expliquera ces deux grands symptômes névrotiques que sont, entre autres, les phobies et les idées obsédantes.

De cette conception de la condition humaine, Freud tire une conclusion très forte à laquelle je voudrais maintenant revenir un instant : celle selon laquelle il n'y a pas de différence majeure entre le normal et le pathologique, entre la folie et ce qu'on tient pour l'état de normalité. Entre ces deux pôles, que la pensée classique tenait au contraire pour radicalement opposés, Freud ne voit au fond que deux différences, mais elles ne sont que de degré, que de nature quantitative. À défaut de satisfactions directes, le malade mental est quelqu'un qui a investi une part trop importante de sa libido dans le passé, c'est quelqu'un qui n'a pas réussi à l'investir davantage dans le présent ou le futur. C'est la raison pour laquelle il sera incapable, comme dit Freud, de « jouir et d'agir ».

Les psychoses

Quand j'étais étudiant en licence de psychologie (convaincu que je ne serais jamais reçu à l'agrégation de philosophie, j'avais entrepris à tout hasard une licence de lettres et une de psychologie...), un psychiatre que j'admirais beaucoup pour sa clarté, son intelligence et ses qualités pédagogiques nous dispensait un superbe cours de psychologie clinique. Le professeur Hanus (c'était son nom que je cite pour lui rendre hommage) nous racontait une blague pour nous faire comprendre la différence entre les névroses et les psychoses. Le psychotique, nous disait-il, est celui qui a quitté le réel et qui se met à délirer. À la différence de ce qui se passe dans les névroses, le délire constitue, en effet, la principale caractéristique des psychoses. Le psychotique, poursuivait-il, est celui qui pense que « deux plus deux font cinq ». Et si vous essayez de le convaincre du contraire, il vous en voudra, pensera que vous lui êtes hostile, qu'une conspiration a été ourdie contre lui, etc. Bref, il devient paranoïaque. Son délire de persécution le convainc que c'est vous qui êtes dans l'erreur, si bien que vous n'arriverez à rien face à un psychotique persuadé qu'il y a des Mickeys dans l'évier, si vous lui dites : « Mais non, tu vois bien que c'est impossible, qu'il ne peut pas y avoir de

Mickeys dans l'évier ! » Dans ce cas, vous ne ferez que le conforter dans l'idée que vous êtes de mèche avec les Mickeys et que vous faites décidément partie du complot. Impossible, donc, de le convaincre rationnellement.

Le névrosé, hélas, pense également que « deux plus deux font cinq », mais « ça l'emmerde », précisait alors le professeur Hanus, et le fait que « ça l'emmerde » est justement le signe qu'il est beaucoup moins malade que le psychotique, qu'il tient encore au réel, qu'il ne nous a pas entièrement quitté. Mais s'il ne délire pas, il y a malgré tout chez lui quelque chose qui ne va pas. Le grand névrosé obsessionnel, par exemple, a honte de ses symptômes, mais il n'y peut rien. On a beau lui expliquer – d'ailleurs, il peut fort bien se l'expliquer à lui-même : il est tout sauf idiot et il sait parfaitement qu'il a un comportement bizarre –, aucune explication raisonnable ne vient à bout du symptôme tant le refoulement est puissant et les résistances importantes.

Un psychiatre allemand a formulé cette idée de manière assez comique, la plaisanterie étant plus profonde qu'il n'y paraît. Le névrosé, disait-il, construit des châteaux en Espagne : comme Perrette, il passe ses journées dans ses rêves éveillés, si bien que l'imaginaire prend chez lui le pas sur le réel, sans pour autant aller jusqu'à la bouffée délirante. Le névrosé construit, donc, des châteaux en Espagne, le psychotique y habite et le psychiatre encaisse le loyer ! Voilà une belle formulation de ce trio singulier que forment le névrosé, le psychotique et le psychiatre (ou le psychanalyste)…

Par-delà l'humour, on notera que la structure fondamentale de la condition humaine ici décrite est assez tragique : elle ne connaît pas d'issue parfaite, la santé mentale idéale n'ayant guère d'existence.

Principe de plaisir et principe de réalité

Quelques mots, enfin, sur la fameuse distinction établie par Freud entre le « principe de réalité » et le « principe de plaisir », une distinction très contestée au sein de ce courant quelque peu délirant qu'on appelle le « freudo-marxisme » de Wilhelm Reich (1897-1957) et même de Herbert Marcuse (1898-1979). Comme vous allez voir, la distinction freudienne est en vérité tout à fait pertinente.

Qu'est-ce que le « principe de plaisir » ? C'est le principe qui régit par excellence le monde de l'enfance, l'univers du petit qui veut tout et tout de suite, qui est absolument incapable de différer la réalisation de ses plaisirs – ce pourquoi il pleure, fait des caprices, des colères quotidiennement. Si son ballon lui échappe et traverse la route, il veut le récupérer toute affaire cessante, même si un camion de quinze tonnes arrive : comme il ne sait pas attendre, différer la réalisation d'un désir pour tenir compte d'un réel qui peut être hostile, il faut le surveiller en permanence, ne pas le quitter une seconde des yeux.

Le « principe de réalité » obéit à une logique inverse sans pour autant s'opposer nécessairement au principe de plaisir. En effet, le principe de réalité, explique Freud, n'est jamais qu'une « modification » du principe de plaisir : son objectif reste bien la réalisation des désirs, mais l'individu « réaliste » sait désormais qu'il faut tenir compte du réel et des obstacles qu'il nous oppose parfois pour le réaliser. Il n'abandonne donc en rien la quête du plaisir – Freud est sur ce point, comme je vous l'ai dit déjà, parfaitement spinoziste : à ses yeux, toute notre activité psychique vise à satisfaire des désirs et à obtenir du plaisir –, mais pour réaliser ce but, il lui faut désormais tenir compte du réel – comme dans le conte des trois petits cochons dont je vous dirai un mot dans quelques instants : le premier cochon incarne à merveille le principe de plaisir tandis que le troisième donne l'exemple du principe de réalité, le deuxième étant un stade intermédiaire entre les deux – une sorte d'adolescence entre la petite enfance et l'âge adulte.

Le rat et la poule

Une expérience bien connue des zoologistes illustre fort bien la différence entre les deux principes. Imaginez une cage rectangulaire, une sorte de couloir dont trois côtés sont fermés par des grillages, mais dont le quatrième côté, celui du bout du couloir, reste ouvert. Le rectangle formé par la cage doit être assez long, comme une impasse d'environ trois mètres de long bordée donc de deux grillages, close à son extrémité par une grille, mais, encore une fois, ouverte par derrière. Faites entrer une poule dans la ruelle que forme la cage, et placez de la nourriture derrière l'extrémité close par une grille. La poule passe le cou à travers la grille, elle tente désespérément de picorer la nourriture placée de l'autre côté de la grille sans jamais parvenir à l'atteindre de sorte que si on la laisse dans cette cage, pourtant ouverte, elle va mourir de faim. Jamais il ne lui vient à l'idée qu'elle pourrait faire demi-tour, s'éloigner de la nourriture pendant quelques instants pour sortir de la cage et revenir, une fois dehors, vers l'objet de son désir et de sa survie. Comme le petit enfant, elle vit dans le principe de plaisir : la poule veut tout, tout de suite, et elle est à ce point incapable de différer la satisfaction de son plaisir qu'elle n'a même pas l'idée de regarder de l'autre côté.

Mettez en revanche un animal intelligent comme le rat. Très rapidement, il tourne la tête, regarde derrière lui, puis avec son museau, il va flairer ce qui se passe dans le couloir. Très vite, il comprend qu'il lui faut faire demi-tour, quitte à s'éloigner dans un premier temps de la nourriture, pour sortir du couloir par le côté ouvert de façon à revenir vers elle dans un second temps. Cette expérience a également été tentée avec la pieuvre, animal lui aussi très intelligent, qui adopte le même comportement que le rat. Et plus on répète l'expérience, plus l'animal intelligent fait vite. Au bout de trois ou quatre expériences, il se dirige immédiatement vers la nourriture en contournant la cage : c'est le principe de réalité. Il n'a évidemment pas abandonné l'objectif de réaliser son désir, mais il a compris qu'il faut tenir compte du réel pour y parvenir. Guidée par le principe de plaisir, la poule meurt, guidé par le principe de réalité, le rat, non seulement parvient à survivre, mais il le fait dans la pleine satisfaction de ses plaisirs.

Le freudo-marxisme

Le freudo-marxisme va développer contre Freud une thèse assez absurde, mais que j'évoque quand même parce qu'elle sera à l'origine d'un courant de pensée qui aura un certain écho dans le sillage de Mai 68, tout au long des années 1970 : l'antipsychiatrie. L'idée maîtresse se trouve déjà chez Marcuse, dans son livre pionnier, *Éros et civilisation.* L'argument de Marcuse est le suivant : alors que la théorie psychanalytique est révolutionnaire, la pratique (la thérapeutique, si l'on veut), est profondément réactionnaire. En effet, que montre Freud (selon Marcuse, bien sûr) ? D'abord et avant tout que ce sont les interdits incarnés par le surmoi qui, si l'on y réfléchit bien, sont à l'origine des conflits psychiques (avec le malheureux ça qui est sans cesse brimé par les tabous, par la censure et les « préjugés bourgeois »). Or, au lieu d'appeler, comme il devrait logiquement le faire, à une véritable révolution contre l'ordre moral de sociétés aliénantes, Freud défend une pratique analytique qui ne vise qu'à réadapter les individus à une réalité qui les rend fous ! Il faut donc ajouter Marx à Freud pour associer une pratique révolutionnaire qui abat le monde bourgeois à une théorie révolutionnaire, celle de la psychanalyse, qui a démontré qu'il était pathogène. De là, le lien entre freudo-marxisme et antipsychiatrie, c'est-à-dire avec la thèse selon laquelle, à la limite, le fou est le seul être en bonne santé, une sorte d'extralucide, de révolutionnaire qui comprend bien mieux que l'individu dit « normal », combien le monde bourgeois est pathogène. Le fou devient alors une figure de la révolution, une espèce d'alter ego du militant.

Quelques psychanalystes maoïstes sont allés très loin dans cette idéologie délirante. Je me souviens de certains d'entre eux, et non des moindres, qui défendaient dans les années 1970, avec un sérieux papal, qu'il n'y avait plus de fous en Chine, attendu que les interdits du monde bourgeois ayant disparu, les causes principales des maladies mentales (des conflits intrapsychiques) étaient éliminées. Juste un détail : l'histoire a montré que loin d'avoir disparu de Chine, les fous y avaient pris le pouvoir et qu'ils allaient faire, au nom de l'émancipation des masses, quelque soixante-dix millions de morts... Simple détail.

Comme Nietzsche ou Max Weber, Freud était convaincu qu'il n'y a pas de société parfaite, pas de société sans surmoi ni tabous, et que du reste, si une telle société était concevable, ce serait une horreur : rien n'est plus atroce, si l'on y réfléchit trois secondes, que la formule : « Il est interdit d'interdire ! » Interdire les pulsions de haine, le racisme, le viol, le vol, l'antisémitisme, le sadisme, j'en passe et des moins bonnes...

Donc, comme Nietzsche, mais à la différence notable de Marx, Freud pense que, de toute façon, le réel est tragique, intrinsèquement contradictoire. Nous n'avons presque jamais le choix entre une bonne solution (le communisme, une société sans classes et sans interdits pathogènes), et une mauvaise (le capitalisme plein de contradictions et de tabous), mais nous n'avons le choix qu'entre plusieurs mauvaises solutions, la réalité étant toujours plus ou moins frustrante, l'idéal étant de l'ordre du compromis, pas de la transparence parfaite. C'est ce que Max Weber appelait les « antinomies de l'action historique ». L'idée même qu'en transformant la société, on pourrait supprimer les maladies mentales est complètement folle – elle conduira du reste à enfermer les gens normaux, les dissidents, dans l'hôpital psychiatrique, renversement des choses qui serait amusant s'il n'avait été aussi sinistre. Pour autant, on n'est pas obligé d'éprouver la nostalgie de l'Angleterre victorienne ni de l'Autriche puritaine du XIXe siècle… Affaire de compromis, encore une fois…

La psychanalyse appliquée aux contes de fées

Une fois comprise cette distinction entre principe de plaisir et principe de réalité, je voudrais vous donner encore, avant de conclure, un exemple assez intéressant de « psychanalyse appliquée ». Je pense à la façon dont Bruno Bettelheim (1903-1990), un freudien orthodoxe, a appliqué la psychanalyse à l'interprétation des contes de fées (dans son livre, *Psychanalyse des contes de fées*).

Bettelheim commence par faire remarquer qu'à la différence des adultes, les enfants demandent qu'on leur raconte, voire qu'on leur répète parfois mot pour mot, presque indéfiniment les mêmes histoires. Après avoir lu un roman, l'adulte en général en prend un autre – on ne relit pas le même livre tous les jours –, l'enfant, lui, a tendance à demander qu'on lui répète, avant de s'endormir, le même conte de fées à la virgule près. Si, par exemple, quand on raconte *Les Trois Petits Cochons*, on dit « ouf et pif » ou « ouf et paf » au lieu de dire « ouf et pouf », on se fait à tous les coups reprendre par le petit qui proteste : « Non, non papa, c'est pas ça, c'est "ouf et pouf", pas "ouf et pif" ! »

Ensuite, Bruno Bettelheim fait observer avec justesse qu'un conte de fées doit forcément se terminer bien – dans le style : « Ils se marièrent et eurent beaucoup d'enfants... » – sans quoi ce ne serait plus tout à fait un conte de fées, mais plutôt une fable par exemple, ou une nouvelle romanesque. Il y a toujours, nous verrons pourquoi dans quelques instants, une leçon d'optimisme dans les contes de fées, une issue heureuse à des difficultés qui sont celles de la vie psychique.

La troisième caractéristique des contes de fées est plus intéressante encore. Elle réside dans le fait que les personnages ne sont pas des personnages complets. La plupart du temps, ils illustrent une partie seulement de la personnalité ou d'un conflit psychique. Comme dans les westerns, le shérif n'a pas de sexe, souvent pas de femme, il est parfait, dépourvu de vices, mais aussi d'affectivité : il incarne la loi, il est le surmoi à l'état chimiquement pur. Rien ne dépasse. Aucun être humain réel ne lui ressemble, non pas seulement par ce qu'il est une caricature, mais bien plutôt parce qu'il incarne un seul et unique aspect de la personnalité : le surmoi à l'exclusion radicale du ça, et même à certains égards du moi.

Cendrillon et les châtiments

Les contes de fées, tout comme les rêves – et c'est une quatrième caractéristique essentielle –, comportent toujours une part de magie, d'irrationnel ou à tout le moins de fantastique et on fera aussi observer que les châtiments les plus sévères n'y gênent jamais les enfants. Dans *Cendrillon*, par exemple, du moins dans la version des frères Grimm, les méchantes sœurs sont punies de manière atroce :

on les oblige à enfiler des chaussures en fer préalablement chauffées à blanc dans la cheminée et bourrées de lames de rasoir ! Les petits n'en sont nullement troublés : ils sont favorables à une justice vigoureuse et il leur semble tout à fait normal que les méchants soient punis, y compris quand le récit est émaillé de détails ou de passages sadiques qu'il ne faut surtout pas sauter. Les enfants les adorent et il est manifeste qu'ils leur font plutôt du bien : tant que le sadisme et la violence sont enrobés de justice, ils ne sont ni « méchants » ni réellement dangereux.

Le complexe d'Œdipe : *Ivanhoé*

Comment Bettelheim interprète-t-il ces différentes caractéristiques ? L'idée générale qu'il développe dans son livre, c'est que les contes de fées sont en quelque sorte la projection, sinon sur grand écran du moins dans le récit, des grands conflits psychiques qui animent en général le monde de l'enfance – en quoi ils rappellent à bien des égards les rêves éveillés. Un conte est la projection imaginaire, riche en fictions et en récits, de ces grands conflits psychiques qui troublent la vie des petits, qui évoluent aussi en fonction de l'âge et du sexe – il existe des contes de fées qui touchent davantage les filles, d'autres plutôt les garçons.

Voyez par exemple *Ivanhoé*, à l'origine un conte de fées, où un jeune homme très courageux se bat contre un ignoble vieillard qui a enfermé une ravissante jeune fille dans un donjon : d'évidence, il s'agit d'une mise en scène à peine voilée du complexe d'Œdipe, où le fils tente de récupérer sa mère que le vieillard a mise de côté et gardée pour lui.

Le goût de l'enfant pour la répétition et son besoin d'une fin heureuse obéissent dans ces conditions à la nécessité de maîtriser le conflit psychique, de lui trouver une issue heureuse. De même s'agissant du phénomène si étrange de la répétition : il s'agit de donner à l'enfant la possibilité de répéter le conflit jusqu'à ce qu'il trouve une solution, jusqu'à ce qu'il l'intègre et que finalement il le dépasse : quelquefois, la demande de tel ou tel conte prend fin d'un seul coup, du jour au lendemain, parce que le conflit qu'il raconte de manière voilée est résolu ou du moins dépassé.

Donnons encore quelques exemples, plus parlants que celui du chevalier blanc.

Les Trois Petits Cochons

Le conte des *Trois Petits Cochons* illustre à merveille l'idée que dans les contes, les personnages ne sont pas complets mais sont seulement des « morceaux de personnages ». La version originale (anglaise) des *Trois Petits Cochons* est du reste à cet égard plus belle, plus cruelle et plus forte que celle de Walt Disney. On y voit de manière beaucoup plus claire encore que les trois petits cochons ne forment en vérité qu'un seul et unique personnage qui passe peu à peu du principe de plaisir au principe de réalité, de la petite enfance à l'âge adulte en transitant un instant par cet état intermédiaire qu'est l'adolescence. Le conte porte ainsi sur les avantages qu'il y a à quitter le monde de l'enfance pour entrer dans celui des adultes : on fait miroiter à l'enfant qu'il vaut la peine de travailler, de faire des efforts, de mûrir, bref de passer du principe de plaisir au principe de réalité.

Souvenez-vous : que fait le premier petit cochon ? Il veut tout, tout de suite, et c'est pourquoi il bricole une maison de paille à la hâte, la plus facile à fabriquer, celle qui demande le moins de travail, qui prend le moins de temps et permet de retourner jouer sans tarder. Mais c'est aussi celle qui protège le moins. « Qui craint le grand méchant loup ? » chante, narquois, le petit cochon qui s'en va jouer du violon… mais qui va se faire bientôt dévorer. Le deuxième évolue déjà à mi-chemin entre le principe de plaisir et le principe de réalité. Il consacre plus de temps à bâtir sa maison de bois, un ouvrage plus difficile, qui nécessite que l'on commence à différer un peu le plaisir, mais le protège déjà un peu mieux. Le troisième, enfin, incarne le principe de réalité achevé : il prend tout son temps pour édifier sa maison de briques, c'est dire qu'il a su différer le plaisir assez longtemps pour se protéger réellement du loup. Il n'a que mépris pour ses deux petits frères qu'il juge stupides, dénués d'intelligence autant que de rigueur morale.

Que raconte la version originale ? Le loup mange les deux premiers cochons et, contrairement à la version édulcorée par Walt Disney, ils ne ressusciteront pas, ce qui prouve bien qu'il s'agit du même personnage. Pourquoi ? Parce que le troisième petit cochon tend un piège au loup : ce dernier passe par la cheminée et tombe dans la marmite, après quoi le troisième cochon le mange avec ses deux frères à l'intérieur ! Le troisième cochon récupère ainsi les deux premiers, il les intègre en lui, ils ne forment plus qu'un seul et même personnage : message parfaitement compréhensible pour les enfants, puisque cela revient à leur dire que s'ils prennent le temps de passer du principe de plaisir au principe de réalité, ils pourront se protéger contre tous les dangers, surmonter les peurs et devenir ainsi adultes.

Les trois souhaits

Autre exemple, évoqué par Freud lui-même, du fait que dans les contes de fées les personnages ne sont pas complets : le conte des « trois souhaits ». Dans cette histoire, une fée vient rendre visite à un couple de pauvres bûcherons et leur propose, comme toujours, de réaliser trois souhaits. La femme sent une odeur de choucroute et de saucisses, et n'y tenant plus s'exclame : « Je voudrais une paire de saucisses ! » Le mari, fou de rage, l'insulte en lui faisant observer qu'elle aurait pu demander des sacs d'or avec lesquels elle aurait pu acheter des milliers de saucisses et bien d'autres choses encore : « Ah, s'écrie-t-il emporté par la colère, je voudrais que tes fichues saucisses te soient pendues au nez ! » Le mari est en réalité aussi stupide que sa femme : il a lui aussi gâché un souhait de sorte qu'il ne reste plus qu'à utiliser aussi bêtement le troisième : bien entendu, les deux personnages de l'histoire ne peuvent plus faire autrement que de supplier la fée de faire en sorte que les saucisses soient détachées du nez de la femme. En d'autres termes : quand un conflit psychique survient entre le « ça » (représenté par la femme) et le « surmoi » qui punit bêtement (le mari), le « moi » s'efforce de réparer les dégâts et de trouver une solution. Telle est la leçon de ce conte : quand on est malade, en proie à un conflit psychique, on ne peut ni jouir ni agir – la maladie épuise.

Shéhérazade ou la fonction thérapeutique des contes

Souvenez-vous de l'histoire qui ouvre les *Mille et Une Nuits*, celle de Shéhérazade et du roi Shariar, un sommet dans l'art du conte de fées. Je rappelle le conte à grands traits. Le roi Shariar s'aperçoit qu'il est trompé par les femmes de son harem. Fou de colère, il fait tuer tous ses serviteurs, coupant tout ce qui dépasse, la tête et le reste. Et afin d'être absolument certain de n'être plus jamais trompé, il décide de coucher chaque nuit avec une vierge et de la tuer au matin. Résultat : le roi massacre toutes les jeunes filles de son royaume, jusqu'à ce que Shéhérazade, la fille du grand vizir, se dévoue pour prendre la place de la prochaine vierge, promise à la mort. Mais Shéhérazade, pour éviter d'être sacrifiée à son tour, lui raconte tous les soirs un conte, en prenant cependant grand soin de ne pas le terminer. Pris de curiosité, le roi Shariar lui laisse la vie sauve pour connaître la suite le lendemain. La fille du grand vizir raconte ainsi au roi mille et un contes, jusqu'à ce qu'il soit enfin guéri de ses pulsions meurtrières. Où l'on voit, selon Bettelheim, la fonction thérapeutique des contes de fées.

Quand on lit de près la description que le texte des *Mille et Une Nuits* nous donne de Shéhérazade, on comprend qu'en vérité Shéhérazade et Shariar ne sont pas deux personnes différentes, mais deux parties de la même personne : Shariar incarne le « ça » débridé, la libido meurtrie qui se vautre sans scrupule dans la luxure et le meurtre, tandis que Shéhérazade personnifie de toute évidence la sublimation et la vertu morale, c'est-à-dire le surmoi. La réconciliation des deux par le mariage qui clôt l'histoire, et ce grâce aux contes, symbolise la réconciliation de la personnalité, une issue qui se concrétisera dans le fait qu'ils se marient et auront un enfant : ils deviennent ainsi une seule et même personne, mais enfin complète, riche de toutes les instances de la personnalité.

Voyez comment le texte nous décrit Shéhérazade :

> Elle avait beaucoup de lectures et une mémoire si prodigieuse que rien ne lui avait échappé de tout ce qu'elle avait lu. Elle s'était heureusement appliquée à la philosophie, à la médecine, à l'histoire et aux arts. Elle connaissait les vers et les histoires populaires ainsi que les maximes des rois et des sages, et elle était vertueuse, spirituelle, distinguée.

En outre, elle était prête à risquer sa vie même, ce qui témoigne d'un sens éthique du sacrifice hors du commun. Shéhérazade n'est que « surmoi » et le roi Shariar n'est que « ça ». Toute l'histoire des *Mille et Une Nuits* visant à nous montrer comment les deux instances peuvent se réconcilier pour former une personnalité enfin complète et harmonieuse.

Psychanalyse et philosophie

Pour terminer, je voudrais évoquer une question qu'on me pose souvent : si la philosophie a pour but, comme je l'ai parfois écrit, « d'apprendre à vivre », si elle est même un « art de vivre » (Schopenhauer) qui entend aider les humains à « vaincre les peurs », voire une espèce de « médecine de l'âme » (Épicure), en quoi peut-on encore la distinguer de la psychanalyse ? N'est-elle pas, au fond, comme le pense Freud, une préfiguration approximative, une sorte d'esquisse plus littéraire que scientifique de la véritable « psychologie des profondeurs » qui fera l'objet de ses découvertes théoriques ?

Cette vision des choses, qui connut dans les années 1970 une certaine vogue dans les départements de sciences humaines, repose sur une erreur si fondamentale qu'il n'est pas inutile de la dissiper. En effet, ce n'est pas parce que la philosophie s'est définie dès l'origine comme une quête de la sagesse, voire comme une thérapeutique de l'esprit, qu'on doit pour autant la confondre avec la psychologie, encore moins avec les modernes théories du « développement personnel ». Elle s'en distingue au contraire radicalement. La confusion vient du fait qu'à première vue, l'objectif peut paraître identique : il s'agit de parvenir autant qu'il est possible à vaincre les peurs, à une forme de sérénité en faisant un sort à l'angoisse. Mais ce n'est pas du même sentiment que l'on parle ici et là, l'angoisse métaphysique et l'angoisse psychologique étant de nature tout à fait différente, les moyens de les aborder n'étant pas non plus les mêmes. Voici, en quelques mots, pourquoi.

Selon Freud, que je tiens, vous l'avez bien compris, pour l'un des plus grands penseurs du XXe siècle – cela dit pour éviter tout amalgame avec les critiques ordinaires portées par les philosophes contre lui –, l'apparition de l'angoisse s'explique essentiellement, comme nous l'avons vu, par la « désintrication », c'est-à-dire par l'éclatement ou la fragmentation de la personnalité. Lorsque surgit un conflit interne entre le « ça » et le « surmoi », entre les désirs inavouables et les interdits moraux, et lorsque cet « économe » ou ce régulateur qu'est censé être le « moi » ne parvient pas à régler le différend, le refoulement et l'angoisse se mettent en marche. En principe, le but de l'analyse est, via le transfert, de rendre autant qu'il est possible au moi la maîtrise de ce conflit afin de parvenir à des solutions qui remettent le sujet en état de « jouir et d'agir », selon le célèbre mot de Freud dont nous avons déjà vu la signification.

Imaginons un instant que quelqu'un parvienne ainsi, grâce au travail analytique et au transfert, sinon à un état de santé psychique parfait, ce qui n'a guère de sens, du moins à une situation dans laquelle les principaux conflits seraient sous contrôle. La perfection est bien sûr impossible en la matière, mais faisons un instant l'hypothèse qu'on s'en approche : alors, en principe, l'angoisse psychique serait vaincue, les phobies ou les idées obsédantes les plus invalidantes commenceraient à s'estomper, permettant à l'individu de s'approcher d'une certaine sérénité. Or c'est là, exactement là, en ce point idéal, qu'apparaîtrait malgré tout en pleine lumière la différence entre l'approche psychanalytique et ce qui préoccupe depuis toujours la philosophie.

Car notre individu, par hypothèse « presque guéri », n'en aurait pas moins toujours à affronter, comme vous et moi, non plus des conflits internes, mais des problèmes existentiels intrinsèquement liés à la finitude humaine, au fait que nous sommes des mortels. La santé mentale même la plus sublime ne nous empêcherait ni de mourir, ni de perdre un être cher, ni de souffrir ni, le cas échéant, de nous ennuyer ou d'être malheureux en amour. Bref, l'angoisse liée aux conflits psychiques et l'angoisse liée à la finitude humaine ne sont pas de même nature. On pourrait dire – je force volontairement le trait pour me faire comprendre – que la psychanalyse s'occupe de l'angoisse pathologique, de celle qui naît de conflits internes dont, à la limite, on devrait, au moins en droit sinon en fait, pouvoir faire l'économie. La philosophie s'intéresse à l'angoisse existentielle – sentiment absolument « normal », lié quoi qu'on fasse, santé ou pas, à la condition humaine en tant que telle.

Quand bien même on en aurait fini avec l'angoisse pathologique, celle qui est liée à la possibilité permanente de la mort de ceux que nous aimons resterait intacte. En ce sens, psychanalyse et philosophie ne se recouvrent nullement. Elles ne s'opposent pas non plus d'ailleurs, et peuvent même se compléter pourvu qu'on mette fin de part et d'autre aux sempiternels procès en sorcellerie.

6

KARL POPPER

Qu'est-ce que la science ?

Popper est ce qu'on appelle un « épistémologue ». *Épistèmê*, en grec, c'est la science. C'est donc un théoricien de la science, un philosophe des sciences, et c'est sans doute le plus important et le plus profond du XXe siècle. Même si je suis passionné par la philosophie générale, il me semble impossible de ne pas vous parler aussi d'épistémologie, de cette partie de la philosophie qui est consacrée à la réflexion sur les sciences, et tout particulièrement à la question de savoir ce que c'est au juste que la science comme type de discours, ce que c'est que le travail scientifique, bien sûr, mais aussi, ce que c'est que la science en tant que telle, par rapport à d'autres dimensions de la vie de l'esprit : la religion, la philosophie, les sciences humaines comme la psychanalyse ou la sociologie, par exemple. Et Karl Popper, de ce point de vue-là, est quelqu'un de passionnant, quelqu'un qui a une réflexion non seulement sur la vérité, mais aussi – comme on le verra – sur la politique.

Popper est né à Vienne en 1902 – et mort à Londres, en 1994. Il est d'abord tenté par le marxisme, dans sa jeunesse, mais il faut dire qu'il s'agit du marxisme autrichien, un marxisme critique, peu stalinien, qui n'a rien à voir avec, par exemple, notre parti communiste français de l'époque. En réalité, Popper sera un authentique social-démocrate durant toute sa vie. Ni communiste, ni libéral, bien que l'un de ses amis les plus proches, Friedrich Hayek, soit un des grands théoriciens du néolibéralisme. Il sera vraiment social-démocrate, non seulement en pratique, mais aussi en théorie et nous verrons en quel sens il est même l'un des grands théoriciens de la social-démocratie.

Il a été aussi tenté par la psychanalyse. Il a travaillé notamment avec le psychanalyste Alfred Adler, avec lequel il s'est occupé d'enfants en difficulté. Popper est quelqu'un qui connaît donc bien le marxisme et la psychanalyse. Il les connaît pour ainsi dire « de l'intérieur », et c'est important à noter car, comme vous allez voir, il va en faire une critique très forte, mais justement une critique qui est informée sur le fond, qui n'est pas une critique externe, seulement polémique.

Popper fut aussi un passionné de musique, membre de la société des concerts privés et de l'association des amis de Schönberg.

Mais bien sûr, il est d'abord passionné par la science, notamment par la physique, la mécanique d'Einstein qu'il suit de très près. Au moment où Einstein fait l'objet de toutes les critiques – on a oublié à quel point la théorie de la relativité, mais aussi la personne même d'Einstein avaient fait l'objet de critiques médiocres, y compris antisémites, dans les années 1930 –, Popper sera évidemment à ses côtés, avec des arguments puissants que je vous exposerai tout à l'heure. Il a également beaucoup publié. C'est un écrivain infatigable et un pédagogue hors pair. Peut-être le livre le plus touchant, c'est mon livre préféré en tout cas, c'est *La Quête inachevée*, une autobiographie qu'il publie en 1976. Je conseillerai aussi son livre politique majeur, *Misère de l'historicisme*, qui parodie un titre de Marx, qui parodiait lui-même un titre de Proudhon : *Philosophie de la misère*, *Misère de la philosophie*, *Misère de l'historicisme* : le titre de Proudhon, le titre de Marx et le titre de Popper se renvoient les uns aux autres. Sur le plan proprement philosophique, ses deux grands ouvrages sont *Conjectures et réfutations* et *La Logique de la découverte scientifique*. Cela dit, à titre personnel, je trouve que son livre le plus intéressant, avec *La Quête inachevée*, c'est *Conjectures et réfutations*. Sur Popper lui-même, le meilleur exégète, le plus intelligent et le plus profond à mes yeux, est mon ami Alain Boyer qui a publié sur notre auteur un excellent petit livre, aux Presses de l'École normale supérieure : *Karl Popper. Une épistémologie laïque*. Mais il existe aussi d'autres très bons livres, ceux de René Bouveresse par exemple, qu'on peut utilement lire si on veut se faire une idée de cette épistémologie complexe et subtile dès qu'on entre dans le détail.

Aujourd'hui, bien entendu, je me bornerai à vous présenter les principes fondamentaux de cette réflexion foisonnante, principes dont vous allez voir qu'ils sont à la fois vrais et profonds, ce qui n'est finalement pas si fréquent.

La « falsifiabilité », intuition fondamentale de Popper

La grande idée de Popper, fort bien exposée dans *Conjectures et réfutations*, c'est que, contrairement à ce qu'on pense spontanément, le but de la science n'est pas de vérifier des hypothèses, mais tout au contraire, la démarche scientifique authentique consiste à essayer de réfuter, de « falsifier », comme dit Popper, les hypothèses que l'on a émises. « Falsifier », c'est un anglicisme, veut dire chercher à réfuter, à tester par des expérimentations une hypothèse en essayant par tous les moyens de montrer qu'elle est fausse. Un peu comme Descartes rejette toutes les certitudes grâce à son fameux doute radical afin de voir ce qui résiste finalement à son entreprise critique, le savant authentique est celui qui cherche à réfuter les hypothèses qu'il a, le cas échéant, lui-même formulées et qu'il tient spontanément pour vraies ou plausibles.

Voyez déjà, avant d'entrer plus en profondeur, combien cette idée de Popper est contre-intuitive, peu évidente. D'ordinaire, en effet, on a tendance à croire que l'activité scientifique consiste à tout faire pour vérifier des thèses ou des hypothèses, que la science procède par vérifications. Est-ce que vous avez bien vérifié, par une expérimentation solide, la thèse que vous défendez ? Voilà ce que spontanément on a envie de demander aux scientifiques. Pas du tout, dit Popper, le rôle de la science, le travail scientifique authentique, c'est un travail de falsification, entendu au sens de réfutation. Le vrai scientifique, c'est celui qui part d'une hypothèse, d'une conjecture, et qui essaie par tous les moyens de la réfuter, de montrer qu'elle est fausse, et si ça tient le coup, si l'hypothèse résiste à des tests difficiles, alors ça devient intéressant. En d'autres termes, la science procède par *Conjectures et réfutations* – ce qui, au passage, vous donne le sens du titre du livre de Popper.

Deux fausses conceptions de la science : l'intellectualisme cartésien et l'empirisme anglais

Je vais revenir au sens véritable de cette démarche qui repose sur une idée profonde, celle selon laquelle il y a dissymétrie entre l'erreur et la vérité (on peut prouver absolument qu'une proposition est fausse, pas qu'elle est vraie). Mais n'anticipons pas sur cette thèse, et commençons par écarter, comme le fait Popper, les attitudes fausses, les mauvaises conceptions de la science : l'intellectualisme et l'empirisme.

Selon Popper, le modèle de l'intellectualisme se trouve chez Descartes. Certes, comme je viens de vous le dire, Descartes commence par le doute et c'est une bonne chose, mais ce doute est bientôt suspendu par lui au profit d'une certitude absolue, d'une évidence qui résisterait au doute, à savoir son fameux *cogito* : « Je pense donc je suis », qui pour Descartes est absolument certain. Je peux douter de tout, mais pas de ça. C'est donc à une certitude absolue que le doute fait finalement place. Pourquoi Descartes procède-t-il ainsi ? Parce qu'il est en réalité animé par le projet de reconstruire toute la science en allant de cette première certitude à toutes les autres : on va aller de certitudes en certitudes, en quelque sorte, en les enchaînant. Dans les *Méditations*, il essaie, une fois le doute levé, d'enchaîner les vérités une à une à partir d'une certitude première, d'un principe premier absolument certain, pour former une espèce de chaîne de certitudes ininterrompue. Donc, à partir d'une première proposition qu'il tient pour évidente, certaine, Descartes prétend enchaîner les évidences.

Aux yeux de Popper, c'est une démarche qui ne tient pas la route, en tout cas une attitude tout sauf scientifique. Pourquoi ? D'abord, parce qu'il y a un cercle vicieux : toute proposition première, par définition, est une proposition non démontrée. En mathématique, ça s'appelle les axiomes ou les postulats. Par définition, les premiers principes ne sont pas démontrés. Ce qu'on appelle la démonstration, c'est-à-dire le passage, justement, des axiomes aux théorèmes – le théorème étant une proposition démontrée –, suppose par définition que l'on parte de propositions qui ne sont pas démontrées. C'est ce qu'on appelle aujourd'hui une « axiomatique ». Dans une théorie mathématique, on part toujours, par définition même, de termes non définis et de propositions non démontrées. Sinon on tomberait dans un cercle vicieux, dans un *regressus* à l'infini, puisqu'il faut toujours d'autres propositions pour démontrer les premières, et d'autres termes pour définir ceux qui ne le sont pas. On régresserait à l'infini, sans parvenir jamais à une proposition première qui soit certaine.

Donc, la proposition première de Descartes, son *cogito*, n'est pas démontrée, elle est seulement, du moins selon lui, « évidente ». Pour Popper, bien sûr, ce genre de propos est risible : la notion « d'évidence », pour un scientifique, c'est celle dont on se méfie le plus. Que d'absurdités ont été proférées en son nom, combien d'aberrations ont été tenues comme « évidentes » au fil de l'histoire des sciences ? Combien d'erreurs grossières tenues pour des certitudes absolues ? Des milliers. Par conséquent, en appeler à l'évidence, c'est le contraire d'une attitude scientifique authentique.

Laissons donc là l'intellectualisme cartésien, et tournons-nous vers l'empirisme. Qu'est-ce que l'empirisme et que nous propose-t-il comme conception de la science qui ne soit pas de l'ordre de l'évidence des cartésiens ? L'empirisme – nous avons analysé la théorie humienne de la science au chapitre 10 –, réside d'abord dans la conviction fondamentale que l'intellect humain est passif au départ et qu'il procède par observation, par observations répétées. On observe des séquences. Et passivement – la statue de Condillac est « odeur de rose », c'est une cire vierge ; une autre métaphore de Hume veut que l'esprit humain soit au départ une page blanche dans laquelle on n'a pas encore imprimé des caractères –, eh bien, à partir de cet esprit passif, c'est l'observation qui va en quelque sorte imprimer des séquences dans cette cire de l'esprit, vierge à l'origine. C'est à partir de cette observation de séquences d'événements qui se répètent et qui se suivent qu'on va tenter de formuler des hypothèses.

Bien entendu, cela suppose un minimum d'activité de l'esprit, cela implique que l'esprit humain ne soit pas tout à fait passif, qu'il ne soit pas comme une cire molle où s'impriment des caractères et, dans l'empirisme, on ne sait jamais trop comment cette activité de l'esprit s'introduit, mais enfin, acceptons qu'à l'observation, le scientifique finisse par ajouter des hypothèses. Par exemple, on a observé cent fois, mille fois, que le jour succède à la nuit, ou que l'eau bout autour de cent degrés, et donc, on va faire une hypothèse et après on essaiera de la vérifier. C'est ce qu'on appelle le « raisonnement par induction ». Le raisonnement par induction, c'est l'idée qu'ayant observé des quantités de fois que l'eau bouillait autour de cent degrés, on va émettre, à partir de tous ces cas particuliers, une loi générale : « l'eau bout à cent degrés », et puis après coup, chaque répétition de l'expérience viendra en quelque sorte la vérifier, la renforcer.

Hume savait très bien lui-même, et c'est pourquoi il était sceptique, que le raisonnement par induction ne pouvait jamais conduire à une certitude absolue. Je peux avoir observé mille fois que l'eau bout à cent degrés, sans être absolument certain que la mille et unième fois elle va en faire autant, ni être absolument certain que, dans des conditions un peu différentes, elle fera la même chose. Et c'est vrai que si je monte en haut des Alpes, l'eau ne bouillira plus à cent degrés, et la proposition générale sera justement falsifiée. Donc, la répétition des observations ne conduit jamais à une certitude absolue. Voilà pourquoi Hume considérait que toute science, parce qu'elle repose sur le raisonnement par induction, sur l'observation empirique, n'est qu'une croyance parmi d'autres, comme la religion – ce qui à l'époque, en plein siècle des Lumières, était une thèse très audacieuse, pour ne pas dire scandaleuse. Car dans cette perspective empiriste, la science ne parvient jamais qu'à des probabilités : je tiens pour vraie la proposition « l'eau bout à cent degrés » parce que j'y crois, et j'y crois pourquoi ? Parce que j'ai observé la répétition de cette expérience des centaines de fois et que, tout simplement, j'attends qu'elle se reproduise à nouveau. Mais voyez en quoi l'empirisme, c'est le scepticisme même, une forme de « psychologisme », comme dira Husserl : la science n'est finalement qu'un sentiment parmi d'autres, un sentiment de croyance, ce que les disciples allemands de Hume traduiront par le mot *fürwahrhalten*, un « tenir pour vrai ». Je tiens pour vrai que l'eau bout à cent degrés, parce que j'ai l'habitude d'observer que l'eau bout à cent degrés, mais c'est une croyance, c'est une attente, une expectation si je puis dire, une probabilité. Ce n'est nullement une certitude absolue, une vérité démontrée, mais un état psychologique – ce qui, encore une fois, explique le scepticisme des grands empiristes.

Aux yeux de Popper oui, évidemment, Hume a raison au moins sur un point. Si on fonde la science tout entière sur l'observation entendue au sens où il l'entend, sur le raisonnement par induction, alors, en effet, il va de soi que nous ne parvenons jamais à aucune certitude. Je m'attends à ce qu'il fasse jour demain, parce que maintenant c'est la nuit, mais au fond, je ne sais pas pourquoi. Bien sûr, si on procède de cette manière-là, avec cette idée que la répétition des expériences va vérifier progressivement, ou augmenter la probabilité de vérité d'une proposition, d'une hypothèse, alors évidemment, on est conduit au scepticisme. Mais, dit Popper, la science ne procède pas ainsi. Ni comme chez Descartes, par une chaîne d'évidences ou de certitudes, ni comme chez Hume comme une chaîne de vérifications par induction, par répétitions de séquences observées, mais la science procède par conjectures et réfutations.

La science procède par conjectures et réfutations

Conjectures, pourquoi ?

Parce que l'esprit, contrairement à ce que disent les empiristes, n'est pas passif. Popper est ici un héritier de Kant. Il s'inscrit explicitement dans la tradition du rationalisme critique. Même s'il n'est pas à proprement parler kantien et s'il se sépare de Kant sur plusieurs points, c'est tout de même dans l'espace de la philosophie critique qu'il s'inscrit, en quoi il pense que l'esprit n'est pas passif. Du reste, si on part d'un esprit purement passif, comme le font les empiristes, on ne sort jamais de cette passivité. Si l'esprit est comparable à une statue de cire ou à une page blanche, on ne voit pas pourquoi ni comment il se mettrait un jour à faire activement des hypothèses. On ne comprend jamais chez les empiristes par quel miracle une activité s'introduit dans la statue de cire. Si nous sommes vraiment une statue de cire, nous restons et resterons à jamais statue de cire, point final. Je ne sais pas si vous avez vu une statue de cire se mettre à faire des hypothèses scientifiques, mais moi jamais. On ne voit pas bien par quel tour de passe-passe ça pourrait advenir si on ne suppose pas la possibilité d'une activité de l'esprit, ce que Kant appelle une « spontanéité de l'entendement ». Il y a une spontanéité, une espèce de créativité de l'esprit humain qui fait de et par lui-même des hypothèses quand il regarde le réel. C'est ça, les conjectures. Au lieu de se dire : je vais accumuler les expériences pour les vérifier, le vrai scientifique est celui qui va imaginer des expérimentations, c'est-à-dire des tests de falsification (réfutation) de l'hypothèse qu'il a lui-même émise. Voilà le vrai scientifique. C'est celui qui s'acharne contre lui-même, qui pousse l'esprit critique à son maximum, qui cherche à mettre en doute ce qu'il a lui-même édicté, mais sans s'arrêter, comme Descartes, à la première évidence venue.

La dissymétrie entre l'erreur et la vérité

Dans *Conjectures et réfutations*, Popper donne un exemple pour illustrer cette notion de falsifiabilité des propositions scientifiques, un exemple tout simple et très pédagogique. Soit la proposition : « Tous les cygnes sont blancs. » Je peux, attitude empiriste, essayer de vérifier la proposition en faisant des observations dans les lacs, à Londres ou ailleurs. Je vais observer, je vais accumuler dix mille, cinquante mille, cent mille cas de cygnes blancs, et j'aurai de plus en plus le sentiment que la proposition est, sinon absolument certaine, du moins de plus en plus probable. J'aurai accumulé ce que je prends pour des « vérifications ». Bien évidemment, je ne parviens pas de cette manière-là – c'est le scepticisme de Hume –, à une certitude absolue, mais enfin, il m'apparaît comme probable que tous les cygnes sont blancs. En revanche, dit Popper, si je vois un seul cygne noir – et il existe bel et bien des cygnes noirs –, donc : si je vois un seul cygne noir, à bec rouge en plus, alors je sais une fois pour toutes et absolument que la proposition « tous les cygnes sont blancs » est fausse. Là, voyez-vous, j'ai une certitude absolue. Ce qui est intéressant dans cet exemple, c'est qu'on y voit apparaître l'une des thèses centrales de Popper : il y a dissymétrie entre le vrai et le faux.

Si je n'ai jamais de certitude absolue s'agissant de la vérité – et vous verrez comment cette thèse poppérienne antidogmatique aura des conséquences politiques antitotalitaires : un des grands reproches que fera Popper au marxisme, à la prétendue « science de l'histoire », c'est qu'elle affirme à tort détenir une vérité scientifique absolue sur la politique – donc, s'il n'y a jamais de certitude absolue s'agissant de la vérité, en revanche, s'agissant de l'erreur, je puis être absolument certain. Je suis totalement certain que la proposition « tous les cygnes sont blancs » est fausse. Dissymétrie entre l'erreur et la vérité. J'ai fait l'hypothèse – la conjecture –, que tous les cygnes étaient blancs. J'ai installé un test, non pas de vérification, mais de falsification de cette hypothèse, je suis allé voir dans tous les lacs de Londres, non pas si je trouvais des cygnes blancs, mais si d'aventure je ne pourrais pas en dénicher un d'une autre couleur et j'ai trouvé, effectivement, un cygne noir à bec rouge. Je sais donc maintenant en toute certitude que mon hypothèse était fausse, alors je rejette la conjecture qui a été réfutée.

L'épistémologie poppérienne apparaît ainsi comme une synthèse de ce que l'intellectualisme et l'empirisme ont de juste, et elle rejette en revanche leurs deux défauts majeurs. Ce que le rationalisme a de juste, c'est la volonté de certitude, la volonté de sortir du scepticisme : je sors du scepticisme par le rejet certain de l'erreur. Et en revanche, ce que l'empirisme a de juste, c'est qu'il faut recourir à l'expérience. Contrairement à ce que dit Descartes, il ne faut pas se contenter d'enchaîner *a priori* des suites d'évidences, ou de pseudo-évidences, de certitudes ou de pseudo-certitudes. Il faut recourir à l'expérience pour parvenir à falsifier, réfuter, les hypothèses scientifiques. Quand les hypothèses résistent, elles peuvent alors faire partie de ce que Bachelard, un autre philosophe des sciences contemporain de Popper, appelait les « vérités sanctionnées ». On peut dire qu'une vérité qui a résisté à des tests importants de falsification, de réfutation, est une vérité qui va appartenir à cette « histoire sanctionnée » des sciences. On ne dira pas pour autant que c'est une vérité absolue, l'esprit critique doit toujours rester éveillé, mais on dira cependant que c'est une « vérité sanctionnée », une vérité qui a résisté à des tests sérieux et qui continue à le faire.

Comme je vous le disais, Karl Popper s'était beaucoup intéressé à la pensée d'Einstein mais aussi à la manière dont Einstein travaillait. Il avait beaucoup d'admiration, non seulement pour sa théorie de la relativité, mais pour la façon dont il concevait la science. À titre d'illustration de sa propre théorie de la dissymétrie entre l'erreur et la vérité, avec la critique de toutes les variantes du « vérificationnisme » qu'elle implique, Popper raconte comment il a été fort impressionné par le fait qu'Einstein avait, en 1919, joué toute sa théorie sur un test de falsification. Alors qu'il était contesté par de nombreux collègues physiciens, qu'on le critiquait de toute part, Einstein accepte de jouer sa théorie de la relativité sur un test de falsification, un test risqué mais qui permettra de voir si sa théorie est infirmée/falsifiée ou pas. Il s'agit de l'expérience d'Eddington. Je vais vous la raconter dans une seconde, mais pour vous en faire ressortir tout l'enjeu, il faut rappeler que dans l'esprit de Popper, ce risque pris par Einstein va contraster avec l'attitude qui est en général celle du marxisme et de la psychanalyse.

Ce qui frappe Popper quand il entend Einstein dire à peu près ceci : « Voilà, je vais jouer toute ma théorie sur une expérimentation, sur un test de falsification », c'est que, a contrario, du côté de la psychanalyse et du marxisme, on est constamment dans le vérificationnisme. Quand un marxiste ouvre les journaux, tout vient conforter sa vision du monde, aucun fait ne contredit jamais sa doctrine. Même chose avec le psychanalyste : on est toujours dans le fameux « Bon Dieu mais c'est bien sûr ! », tout confirme l'hypothèse quelle qu'elle soit. Freud, par exemple, nous explique que le rêve est la réalisation d'un désir. Normalement, la réalisation d'un désir, ça devrait faire plaisir. Bon, il y a des cauchemars. C'est pas grave, on bricole aussitôt ce que Popper appelle une « hypothèse *ad hoc* », en clair : une sorte de rustine qui vient colmater la brèche ouverte par un fait qui contredit la théorie. En l'occurrence, on dira que le cauchemar étant la réalisation d'un désir interdit, il heurte de plein fouet l'instance qui interdit, l'instance de la censure, le « surmoi ». Du coup, dans les deux cas de figure, que le rêve soit agréable ou qu'il soit désagréable, la théorie est, comme dit encore Popper, « immunisée », en quelque sorte vaccinée contre le réel ! Attention, cela ne signifie pas forcément que Freud a tort, mais cela signifie que sa théorie étant infalsifiable par l'expérience, elle n'est pas scientifique, mais au sens propre du terme, *méta-physique*, au-delà de la physique, au-delà de toute expérimentation scientifique possible. Elle ne pèche pas parce qu'elle serait fausse, parce qu'elle aurait été réfutée par une expérience, mais tout au contraire, parce que personne ne peut ni ne pourra jamais démontrer qu'elle est fausse, immunisée qu'elle est définitivement contre le réel. On a le bec cloué, si je puis dire.

Même chose avec le marxisme. Si un ouvrier est au parti communiste et qu'il est révolutionnaire, on dira que c'est normal, qu'il fait preuve de « conscience de classe » ; mais s'il s'inscrit dans les phalanges fascistes de Mussolini ou dans le parti national-socialiste hitlérien, eh bien on trouvera aussitôt une autre explication : il est contaminé par l'idéologie dominante, il appartient à la fraction dominée de la classe dominante, il subit la violence symbolique de plus puissants que lui, donc il est parti de l'autre côté. Dans les deux cas de figure, que l'ouvrier soit communiste ou fasciste, la théorie de l'idéologie est confirmée. Rien ne peut jamais réfuter ni Marx ni Freud. Voilà ce qu'écrit Karl Popper à leur propos : « Ce n'était pas un doute sur la vérité de ces théories qui me préoccupait, mais au contraire, ce qui était préoccupant, c'est que rien ne pouvait jamais les réfuter. »

Au contraire, l'attitude d'Einstein, le 29 mai 1919, au moment de cette fameuse expédition d'Eddington, consiste à jouer toute sa carrière, toute sa théorie, sur une seule expérimentation. La théorie de la relativité affirme que les rayons lumineux décrivent une courbe dès qu'ils sont dans un champ de gravitation d'un corps massif. À proximité du Soleil, par exemple, les rayons lumineux doivent décrire une courbe dans son champ de gravitation. Pour tester cette affirmation, cette « conjecture », le seul moyen d'observer des rayons lumineux d'une étoile située dans le champ de gravitation du Soleil, c'est d'attendre une éclipse et d'envoyer une expédition qui prenne des photos de cette éclipse pour voir si les rayons lumineux sont courbés ou non. Je ne vais pas rentrer dans les détails – c'est passionnant en soi, mais ce qui importe ici, c'est la façon dont le principe de falsifiabilité va être illustré par cet exemple – mais, en substance, Einstein dit ceci : tel jour, telle heure, de tel endroit en Afrique, vous prenez une photo, vous verrez telle chose, et si ce n'est pas le cas, c'est que j'ai tout faux. Voilà. L'expédition se met en route, les scientifiques prennent les photos à tel endroit précis de l'Afrique, telle heure précise, et la théorie d'Einstein – je ne dis pas qu'elle est vérifiée, qu'elle est confirmée –, mais elle résiste, elle résiste à un vrai test de falsification sur lequel il avait évidemment pris des risques.

C'est ce qui va permettre à Popper cette comparaison entre la vraie science et certaines sciences sociales comme le marxisme et la psychanalyse, ces fausses sciences qui ne sont jamais remises en question par rien. Et au fil de cette comparaison, Popper va pouvoir en fin de compte énumérer un certain nombre de critères qui permettent de définir la scientificité d'une science, autrement dit, de définir avec précision ce qu'est une véritable science. Voyons ces critères.

Une vraie science, c'est d'abord et avant tout, cela vous l'avez déjà compris, une théorie falsifiable. Un sujet de bac, il y a quelques années, posait aux malheureux élèves la question suivante : À quoi reconnaît-on une hypothèse scientifique avant même de l'avoir testée ? Il fallait répondre ceci (mais les pauvres qui n'avaient pas eu un cours sur Popper n'avaient aucune chance de comprendre le sujet !) : au fait qu'elle est testable, falsifiable. Avant même d'avoir tenté de la falsifier, on voit que l'hypothèse du rêve chez Freud, l'explication du rêve comme réalisation d'un désir, n'est pas falsifiable. Quoi que vous fassiez, avant même d'expérimenter, vous savez que vous ne pourrez pas prouver que c'est faux, et donc ce n'est pas scientifique, au lieu que l'hypothèse d'Einstein est falsifiable, il est possible de montrer que c'est faux. On reconnaît donc une hypothèse scientifique au fait qu'elle est falsifiable. C'est dire que la science est non seulement – contrairement à ce que disent les empiristes –, une activité de l'esprit, une démarche qui n'a rien de passif, mais c'est aussi une prise de risque. Le scientifique authentique est dans l'audace, dans le risque. Une bonne hypothèse scientifique, c'est non seulement une hypothèse qui est réfutable, mais c'est une hypothèse risquée : voici le deuxième critère. Plus une hypothèse est risquée, plus elle est réfutable, plus elle est scientifique et plus elle a des chances d'être féconde, plus elle va nous apporter de connaissances nouvelles.

Le critère de la falsifiabilité et du risque apparaît ainsi comme le critère qui va permettre à Popper de séparer vraies sciences et fausses sciences. Voyez, par exemple, l'astrologie. Lisez de près les horoscopes et vous verrez que presque toujours ils font bien attention de ne jamais rien dire qui soit aisément réfutable. On reste toujours dans le vague : « Reposez-vous, prenez soin de vous, ça ira mieux, votre santé en a besoin, etc. » Ça ne mange pas de pain. Si jamais vous vous prenez le pied, ou vous attrapez le cancer, on ajoutera une hypothèse *ad hoc* pour expliquer qu'il y a des cas particuliers, qu'on parlait en général, que de toute façon, vous auriez dû prendre soin de vous plus tôt, etc. Les diseuses de bonne aventure savent parfaitement faire des horoscopes à la chaîne qui ne sont jamais réfutables.

La métaphysique et la religion se meuvent aussi dans un domaine qui n'est pas réfutable, et donc, non scientifique. « Dieu existe » est le prototype d'une proposition que personne ne pourra par définition jamais réfuter. Personne ne peut invalider la proposition « Dieu existe ». Ce qui explique, du reste, que l'athéisme militant, celui qui prétend argumenter contre l'hypothèse de l'existence de Dieu, soit à mes yeux un peu absurde lui aussi, parce qu'il prétend réfuter l'existence de Dieu, prouver l'inexistence de Dieu, par exemple en évoquant le mal dans le monde, ce qui est évidemment aussi impossible que de prouver son existence. Peut-être même encore plus, parce que au moins, il y a quelques preuves de l'existence de Dieu qui, certes, ne prouvent rien du tout au sens strict, mais qui à tout le moins ne sont pas totalement dénuées de sens – la preuve par la contingence du monde, par la beauté du monde, par exemple : il faut bien qu'il y ait une cause du monde, le monde est très bien fait, il faut bien qu'il y ait un créateur intelligent, etc. Encore une fois, cela ne prouve évidemment rien du tout à mes yeux, mais ça a un certain sens, tandis que vouloir démontrer l'inexistence de Dieu, alors là, aucune chance d'y arriver. Même chose pour la superstition, du reste : si je vous garantis qu'il y a un esprit dans la pièce, que je suis en communication avec lui, vous ne pourrez jamais démontrer qu'il n'y en a pas. Par définition, la religion, la métaphysique et la superstition sont non réfutables. Mais c'est évidemment leur faiblesse : ce n'est pas une force, c'est un manque de scientificité.

Et puis il y a, dans la même rubrique, le marxisme et la psychanalyse et, d'une manière plus générale, une bonne partie des sciences humaines et sociales. Je voudrais encore vous donner quelques exemples plus puissants et plus profonds que ceux que je viens d'évoquer simplement pour me faire comprendre.

Par exemple, quand je dis, selon le marxisme, que l'avènement du communisme est nécessaire, que le capitalisme, comme l'affirme Marx dans le livre I du *Capital*, « engendre sa propre négation avec la nécessité qui préside aux métamorphoses de la nature, », je prévois donc que le capitalisme s'autodétruira, qu'il se dépassera lui-même dans une société sans classes et sans exploitation, sans État et sans aliénation : le communisme. Si je pose que l'avènement du communisme est nécessaire, nécessaire au sens où il adviendra nécessairement, la prophétie est évidemment, par définition même, non réfutable : vous ne pouvez imaginer aucun test qui permette de la réfuter. Tant que le communisme n'est pas encore advenu, l'espoir est toujours permis. Pour prendre une forme réfutable, il faudrait, par exemple, indiquer une date, un moment précis de l'histoire – Marx pensait qu'en Angleterre et en France, c'était pour bientôt, en quoi, comme vous voyez, il se trompait, mais il n'avait bien entendu indiqué aucune date précise qui aurait permis de rendre la prophétie réfutable.

Autre exemple, celui-là plus général, celui du déterminisme, du principe selon lequel rien n'advient dans le monde sans raison. Aussi curieux que cela puisse paraître, ce principe fondamental de toute science n'est pas lui-même scientifique. La plupart des scientifiques s'y trompent. J'avais récemment cette discussion avec une amie biologiste qui se disait totalement convaincue, comme d'une évidence enfantine, que le déterminisme, c'est-à-dire la proposition selon laquelle tout effet a une cause, est une proposition scientifique. Erreur totale. C'est une hypothèse par excellence métaphysique ou, si l'on préfère cette formulation, méta-scientifique, et il fallait toute la lucidité de Popper pour s'en rendre compte (il est vrai après Kant, qui avait déjà dénoncé le caractère métaphysique du principe de raison). Car de toute évidence, la proposition selon laquelle tout effet a une cause n'est pas elle-même réfutable. On ne peut imaginer aucun test, aucune expérience qui puisse la réfuter. Par définition, vous pouvez toujours postuler l'existence d'une cause cachée, que vous ne voyez pas, ou pas encore. Vous ne pouvez jamais inventer un test qui montrerait qu'un événement n'a pas de cause. Jamais, par exemple, vous ne pourrez réfuter l'idée qu'un acte humain, ou un événement dans le monde, ne serait pas conforme au principe du déterminisme, n'aurait pas de cause. Vous ne pourrez jamais prouver qu'un acte est gratuit, qu'il est produit par un « libre arbitre », une spontanéité absolue. Le premier psychanalyste ou le premier spinoziste venu pourra toujours vous faire observer que cet acte, en apparence gratuit et désintéressé, n'est en vérité, « par en dessous », que l'effet de motivations cachées, de causes inconscientes, voire inavouables. Il pourra toujours invoquer l'hypothèse d'une causalité inconsciente, non visible, une cause X ou Y encore inconnue, pour maintenir le principe du déterminisme. En quoi vous voyez bien qu'il n'est pas lui-même une proposition scientifique. Il fonde la science, mais il n'en fait pas partie.

On peut, à partir de cet exemple, définir logiquement ce qui fait qu'une proposition est scientifique, qu'elle est réfutable : pour être falsifiable, *il faut qu'elle exclue la possibilité de certains événements dans le monde*. Autrement dit, une hypothèse scientifique authentique doit prendre des risques, elle doit exclure la possibilité de quelque chose dans le réel. Si vous acceptez aussi bien A que non-A, si vous acceptez aussi bien que le rêve est désagréable ou qu'il est agréable, si votre théorie rend compte des deux, alors ce n'est plus une théorie réfutable, ce n'est plus une théorie scientifique.

Prenons un dernier exemple, pour bien mettre en lumière encore cette dernière idée. Considérons la théorie des révolutions chez Marx. Marx pensait que la révolution anticapitaliste – il n'a cessé de le dire, de l'écrire, et il n'a jamais varié sur ce point –, Marx, donc, pensait que la révolution anticapitaliste se produirait au moment où ce qu'il appelle les « forces productives » d'une société – disons la classe ouvrière et les forces en jeu dans l'industrie – seraient tellement épanouies, avancées, et l'industrie elle-même si développée que ça ferait exploser les rapports de production, c'est-à-dire l'organisation de la production industrielle autour du régime capitaliste de la propriété privée. C'est la propriété privée, le fait que la production n'est pas planifiée et que la production est anarchique, qui engendre selon Marx des crises de surproduction, donc des destructions massives des forces productives qui engendrent elles-mêmes une contradiction intenable entre des forces productives très développées d'un côté, et de l'autre, un régime de la propriété privée des moyens de production, la liberté d'entreprise anarchique. Marx était convaincu que cette contradiction-là finirait par faire exploser le capitalisme et qu'on passerait inévitablement à une société socialiste. Du coup, il allait de soi pour lui que la révolution adviendrait dans les pays les plus avancés, les plus industrialisés, ceux dans lesquels il existait déjà une classe ouvrière, la France et l'Angleterre.

Pas de chance, la première révolution socialiste, comme on sait, se produit en Russie, c'est-à-dire dans le pays le plus archaïque d'Europe, le moins industrialisé, un pays de paysans, bref, tout le contraire de ce que prévoyait Marx. Marx était convaincu que la révolution adviendrait en Angleterre et en France et elle advient en Russie, pays complètement dénué d'industries, pays agricole, sans aucune espèce de développement des forces productives, pratiquement sans capitalisme. La théorie ne colle absolument pas au réel. Que fait Lénine ? Il s'empresse de mettre en place une « hypothèse *ad hoc* », une rustine destinée à immuniser la théorie contre les atteintes insupportables du réel qui ose la contredire. Il va bricoler d'urgence une hypothèse pour expliquer ce que la théorie originelle n'explique pas, pour clouer le bec à ce qui pourrait venir la réfuter. Au lieu de changer la théorie, de corriger ses hypothèses, il va « immuniser » la théorie. Une fois qu'on aura mis en place l'hypothèse *ad hoc*, plus rien ne pourra la contredire, plus rien ne pourra la falsifier, plus rien ne pourra l'entamer.

Quelle est cette hypothèse *ad hoc* qui permet d'expliquer que la révolution – contrairement à ce que disait Marx –, advient en Russie et pas en Angleterre ni en France, pas dans des pays développés ? C'est la fameuse doctrine léniniste du « maillon le plus faible ». Il y a une chaîne de pays capitalistes, une chaîne de pays qui se tiennent les coudes pour empêcher la révolution d'advenir. Or, qu'est-ce qui lâche en premier, qu'est-ce qui casse en premier dans une chaîne ? Eh bien, c'est le fameux « maillon le plus faible ». On va expliquer le fait que la révolution advienne en Russie en déclarant que ce pays est le maillon le plus faible parmi la chaîne des autres pays d'Europe qui s'entraident pour empêcher la révolution d'advenir. C'est le maillon le plus faible, alors, forcément, c'est là que ça casse. Pas de chance, ce n'est pas dans un pays capitaliste développé, c'est dans un pays très archaïque, un pays de paysans...

Une fois qu'on a mis cette « hypothèse *ad hoc* » en place, la théorie est définitivement « immunisée ». Avant sa mise en place, la théorie des révolutions de Marx pouvait encore prétendre être un peu scientifique, elle pouvait être contredite par la réalité. Maintenant, elle est vaccinée : elle ne peut plus être contredite par la réalité. Mais aux yeux de Popper, comme vous l'avez compris, ce n'est nullement une force, mais au contraire un formidable signe de faiblesse, car elle devient non scientifique, non falsifiable. Ça ne signifie pas qu'elle soit fausse, du reste. Encore une fois, Popper ne dit pas que la théorie psychanalytique ou la théorie marxiste sont des théories fausses. D'ailleurs, s'il disait ça, ce serait absurde puisque ce qu'il leur reproche justement, c'est qu'on ne peut pas montrer qu'elles sont fausses ! Simplement, elles ne sont pas scientifiques, expérimentales, ce qui n'est pas la même chose.

Les sciences sociales, pour l'essentiel – en tout cas la sociologie de la connaissance, la critique des idéologies et l'économie politique de type marxiste, mais aussi la psychanalyse –, n'appartiennent pas au domaine de la science authentique, des sciences expérimentales. Réciproquement, plus une théorie sera risquée et audacieuse, plus elle sera falsifiable, et plus elle sera véritablement scientifique. Il y a donc, aux yeux de Popper, des degrés dans la scientificité d'une théorie. La théorie des révolutions de

Marx possédait au départ un petit degré encore de scientificité, mais une fois corrigée par Lénine avec la « théorie du maillon le plus faible », c'en est fini de cette possible scientificité du marxisme.

UNE TRÈS AUDACIEUSE THÉORIE DE L'OBJECTIVITÉ

Voyons maintenant comment, à partir de cette théorie de la science, Popper va élaborer une très belle théorie de l'objectivité, une théorie qui va placer, comme déjà chez Kant, l'éthique de la discussion, l'intersubjectivité, au cœur de l'objectivité scientifique. Qu'est-ce, en effet, que l'objectivité scientifique ? La réponse que Popper apporte à cette question est tout à fait originale, très profonde : elle va permettre, nous verrons comment dans quelques instants, de relier la théorie de l'objectivité scientifique à la question politique fondamentale, celle de la démocratie. Son approche de la question politique va entretenir un rapport d'analogie parfaite avec sa théorie de la science. Je vous indique tout de suite le principe de cette analogie, mais nous allons bien sûr y revenir plus longuement dans quelques instants : de même qu'une hypothèse vraiment scientifique est une hypothèse réfutable, une société vraiment démocratique, c'est une société dans laquelle, si l'on peut dire, les dirigeants sont réfutables. C'est une société dans laquelle on peut changer les dirigeants sans violence, par l'élection. Il y aura donc, dans la philosophie de Popper, une analogie très profonde entre théorie de la science, théorie de l'objectivité et théorie de la démocratie.

Reprenons notre question : qu'est-ce qu'être objectif, que ce soit d'ailleurs à la télévision, dans une discussion ou dans un travail scientifique ? De même que Popper pourfend le mythe selon lequel la science consisterait à vérifier des hypothèses, alors qu'elle consiste à essayer de les falsifier, de même, il faut à ses yeux casser cet autre mythe selon lequel l'objectivité se confondrait avec l'impartialité, avec une espèce de neutralité. Cette idée, qui vient immédiatement à l'esprit, est en réalité absurde. Quand on nous dit qu'un journaliste est objectif à la télévision, souvent on s'imagine que cela signifie qu'il ne prend pas partie, qu'il est neutre, impartial. Un journaliste ne devrait pas, pense-t-on, donner son opinion politique, être militant, il devrait se borner à rapporter les faits en les commentant le moins possible, etc. Spontanément, nous avons tendance à penser que l'objectivité et l'impartialité sont des concepts pratiquement interchangeables. Du reste, on a développé à propos de la figure du savant toute une mythologie selon laquelle le savant authentique serait un « poisson froid », un être qui ne s'intéresserait qu'aux idées, qui incarnerait la rigueur intellectuelle, qui ne vivrait que dans le ciel de la pensée, etc.

Curieusement, on trouve, comme le note Popper, une justification de ce mythe de l'impartialité, dans la sociologie marxiste, par exemple dans la fameuse « Théorie critique » de l'École de Francfort développée dans les années 1930 par Horkheimer et Adorno, ou encore dans la sociologie de la connaissance d'un Pierre Bourdieu en France. En effet, le projet qui anime la sociologie de la connaissance d'inspiration marxiste, que ce soit la sociologie à la Bourdieu ou la Théorie critique de l'École de Francfort, c'est qu'il faut en finir avec le mythe de la science pure, le mythe de la science désintéressée. Derrière la recherche scientifique, il y a toujours des intérêts cachés, des intérêts économiques, par exemple, qui font qu'on cherche dans telle direction et pas dans telle autre, qu'on s'intéresse à tel sujet de recherche et pas à tel autre. En ce sens, du point de vue marxiste, la science pure (ce que Horkheimer appelle la « théorie traditionnelle ») est un mythe. Paradoxalement, cette critique de la science prétendument désintéressée va renforcer l'idée commune selon laquelle l'idéal, ce serait justement qu'elle soit réellement désintéressée ! Et la conclusion qu'on en tire le plus souvent, c'est que, malheureusement, un tel idéal n'existe pas dans le réel où les intérêts plus ou moins avouables sont toujours cachés derrière la recherche en apparence la plus désintéressée. Du coup, conclusion de cette conclusion : la science n'est jamais impartiale, il n'y a jamais vraiment d'objectivité. Il faut donc faire un gros travail pour essayer au moins de s'approcher un peu de cet idéal d'objectivité. Il faut, comme dit Bourdieu, « objectiver », et même « objectiver l'objectivation » : dire d'où l'on parle et pourquoi on parle. Un travail un peu comparable à celui d'un analysant, de quelqu'un qui entre en analyse et qui tente de tirer au clair son inconscient. Dans le même sens, il faudrait, pour parvenir à plus d'objectivité, dévoiler l'inconscient de la science, les intérêts cachés derrière toute recherche, mettre au clair l'inconscient du savant, l'inconscient du journaliste, les intérêts inavoués ou inavouables qui se blottissent derrière nos prises de position apparemment impartiales et neutres.

Mais c'est une tâche infinie, qui n'aboutit jamais pleinement. Du point de vue de Marx ou de Freud (ou d'ailleurs de Nietzsche et de sa généalogie), il n'y a pas, il ne peut pas y avoir de neutralité, il n'y a pas d'impartialité réelle, pas de « métalangage » comme dit encore Lacan, puisqu'il y aura toujours des intérêts inconscients, des intérêts inavoués, et peut-être inavouables, derrière toutes nos opinions, derrière toutes nos idées et nos prises de position, quelles qu'elles soient. Pour être le moins impartial possible, il faut faire un travail sur soi, comme on fait une psychanalyse pour « tirer au clair » son inconscient, pour savoir ce qu'on a dans les « souterrains » comme disait Dostoïevski. C'est seulement quand on a terminé son analyse (mais peut-on vraiment la terminer ?), c'est seulement quand on a « sociologisé », objectivé, mis au jour de manière sociologique les intérêts qui nous poussent dans telle ou telle direction, qu'on pourrait parvenir à cette espèce d'idéal d'objectivité impartiale, dont vous voyez que, paradoxalement, il reste celui de la sociologie marxiste ou de la psychanalyse, quand elles nous disent qu'il n'y a pas de science neutre, qu'il n'y a pas de science impartiale, qu'il n'y a donc jamais d'objectivité véritable.

Déjà dans les années 1930, comme je vous le disais, Max Horkheimer avait développé cette idée dans un petit texte fondateur de l'École de Francfort : *Théorie traditionnelle et théorie critique*. La théorie critique, pour Max Horkheimer, s'apparente à la fois à la psychanalyse et au marxisme, dans la mesure où elle tente de dévoiler l'inconscient de la théorie traditionnelle. La théorie traditionnelle, c'est justement celle qui se croit pure, qui pense qu'elle n'est pas animée secrètement par des intérêts. Elle se veut autonome, coupée de la société, complètement objective et impartiale. La « théorie critique » tente de lui faire prendre conscience du fait qu'elle est secrètement animée, inconsciemment téléguidée par des intérêts qui la poussent dans telle ou telle direction sans qu'elle s'en aperçoive. Voilà ce que dit à ce sujet Max Horkheimer dans un petit texte que j'ai d'ailleurs traduit dans mon jeune temps, *Théorie critique hier et aujourd'hui (Kritische Theorie gestern und heute)*, un texte datant des années 1970, dans lequel Max Horkheimer, parvenu à la fin de sa vie, raconte l'histoire intellectuelle de l'École de francfort. Il explique comment et pourquoi il a fondé cette Théorie critique, et puis comment les choses ont évolué. Je vous en cite ce passage tout à fait significatif :

> Comment naquit la théorie critique ? Je voudrais tout d'abord vous faire comprendre la différence entre la théorie traditionnelle et la théorie critique. Qu'est-ce que la théorie traditionnelle ? Qu'est-ce que la théorie au sens de la science, de la science positive, la physique, les mathématiques ? Permettez-moi de vous donner une définition très simplifiée de la science. La science, c'est la mise en ordre de faits de notre conscience telle qu'elle permet finalement d'attendre chaque fois à tel endroit exact de tel espace et du temps ce qui doit exactement y être attendu. Cela vaut même pour les sciences humaines, lorsqu'un historien affirme quelque chose avec une prétention à la scientificité, on doit alors être en mesure d'en trouver la confirmation dans les archives. L'exactitude est dans ce sens le but de la science. Toutefois – et c'est ici qu'apparaît le premier thème de la Théorie critique –, la science elle-même ne sait pas pourquoi elle met en ordre les faits justement dans telle direction, ni pourquoi elle se concentre sur certains objets et non sur d'autres. Ce qui manque à la science, c'est la réflexion sur soi, l'autoréflexion, la connaissance

des mobiles sociaux qui la poussent dans une certaine direction, par exemple à s'occuper de la Lune, et non pas du bien-être des hommes. La science manque d'autoréflexion, c'est-à-dire qu'elle ne réfléchit pas sur ses finalités, sur ses choix, sur les raisons pour lesquelles elle est animée dans telle direction et pas dans telle autre.

Pourquoi met-on de l'argent sur la recherche spatiale et pas sur la recherche sociale, se demande par exemple Horkheimer ? Vous voyez que dans cette perspective, l'objectivité ne sera atteinte qui si on a objectivé les intérêts qui déterminent la théorie traditionnelle. Le sens de ce texte est clair : l'objectivité n'est qu'un idéal. Ce serait l'idéal de l'exhibition, si je puis dire, de la prise de conscience des intérêts inconscients qui déterminent la théorie traditionnelle. Comme nous l'avions vu dans de précédents chapitres, les philosophies du soupçon en reviennent toujours à ce que Nietzsche appelait l'attitude « généalogique ». Il s'agit toujours, comme dans toute généalogie, de dévoiler ce qu'il y a dans les souterrains. La théorie traditionnelle, comme toute théorie, n'est, comme dit Nietzsche, qu'un « masque », une cachette qui dissimule des intérêts que la théorie critique entend bien exhiber, mettre au jour.

C'est précisément cette conception « généalogique » de l'objectivité que Popper va faire littéralement exploser en vol. Disons-le clairement : c'est l'attitude qu'il déteste le plus. Car en son fond, la question du généalogiste, Nietzsche le dit clairement et Foucault plus encore après lui, ce n'est pas « qu'est-ce que tu dis ? », mais « qui es-tu, pour dire ce que tu dis ? ». « D'où parles-tu ? », comme on disait en 1968 : à partir de quelle classe sociale, de quelle position de pouvoir, de quelle légitimité tires-tu ta prétention à prendre la parole dans une assemblée générale ? Aux yeux de Popper, cette vision de l'objectivité est à la fois inquisitoriale et absurde.

D'abord parce que, si on pousse jusqu'au bout cette fausse conception de l'objectivité, si on pense qu'une proposition scientifique n'est vraiment objective que quand on a trouvé tous les intérêts qui sont cachés derrière, alors la conclusion est forcément sceptique. Jamais vous ne pourrez être certain d'avoir trouvé tous les intérêts qui sont cachés derrière une idée quelle qu'elle soit. Jamais. Par définition, vous pourrez toujours faire l'hypothèse qu'il y a encore des motivations inconscientes que vous n'avez pas mises au jour, que vous n'avez pas perçues, à côté desquelles vous êtes passé. Jamais la psychanalyse ne s'achève vraiment, sinon par une décision, par une espèce de coup de force, mais vous pouvez toujours supposer que derrière le masque, il y a encore un autre masque, que « derrière toute cachette, il y a une autre cachette », comme dit Nietzsche, et derrière tout fond, un arrière-fond, et ainsi de suite à l'infini. Souvenez-vous de la leçon sur Schopenhauer : c'est ce qu'il appelle déjà le « sans fond », l'*Ungrund*. Même chose avec perspectivisme nietzschéen, avec ce que Nietzsche appelle le « nouvel infini », dans *Le Gai Savoir* : derrière toute interprétation, derrière toute objectivation des intérêts, il y a une autre interprétation possible, une autre objectivation plus profonde, de telle sorte que, d'interprétation en interprétation, d'analyse en analyse, on remonte à l'infini, on ne parvient jamais à l'objectivité, et donc on tombe dans une forme extrême de scepticisme. Vous ne pouvez jamais parvenir à l'objectivité si vous partez de cette hypothèse-là et, par conséquent, comme chez Hume, Schopenhauer, Nietzsche, et plus généralement, dans toutes les philosophies à structure généalogique, la conclusion ultime, c'est un scepticisme radical.

Mais en outre, la question de savoir « d'où tu parles » n'a pas le moindre intérêt, aucune pertinence pour qui s'intéresse à l'objectivité d'un discours. Ce qui doit nous intéresser, selon Popper, ce n'est en aucun cas le lieu d'où quelqu'un s'exprime, mais ce qu'il dit et si ce qu'il dit est falsifiable ou non. Voici un texte de Popper que je trouve tout à fait admirable sur ce point, un extrait de *Conjectures et réfutations*, du reste fort bien commenté par Alain Boyer dans le petit livre que j'évoquais tout à l'heure :

> Si on me demandait : Comment savez-vous ? Comment savez-vous ce que vous savez ? Comment savez-vous ce que vous dites ? Quelle est la source ou la base de votre information ? Je répondrais : Je ne sais pas. Mon affirmation était simplement une conjecture, mais peu importe la ou les sources d'où elle a pu sortir. Il y en a plusieurs possibles et il se peut que je n'en sois pas conscient. Les questions d'origine ou de généalogie ont de toute façon peu à voir avec les questions de vérité. Mais si le problème que j'essayais de résoudre par mon hypothèse vous intéresse, vous pouvez m'aider en la critiquant aussi sévèrement que vous pourrez, et si vous pouvez désigner un test expérimental dont vous pensez qu'il pourrait la réfuter, c'est avec joie que je vous y aiderai.

De ce point de vue, l'objectivité ne consiste plus à essayer de tirer au clair l'inconscient social ou personnel du savant, l'inconscient social de la recherche, comme dans la Théorie critique, mais à poser clairement la question de savoir si l'hypothèse est falsifiable et si on est capable ensemble – le mot « ensemble » est très important –, d'inventer un test de falsification. En quoi, dans la théorie de l'objectivité poppérienne, on rencontre deux éléments fondamentaux – c'est ce que Popper appelle une « épistémologie sans sujet ». Ça veut dire quoi ? Ça veut dire qu'on ne s'intéressera pas à la question « d'où parles-tu ? », on ne s'intéressera pas à la question du statut, de l'origine sociale, de la position politique ou autre du sujet qui émet l'hypothèse. C'est une « épistémologie sans sujet » au sens où ce qui m'intéresse dans l'hypothèse, c'est l'hypothèse elle-même, pas le sujet qui la formule, pas la manière dont le sujet, le scientifique en l'occurrence, en est arrivé à la formuler. Ce qui m'intéresse, c'est la discussion qui va s'engager autour de l'hypothèse et ce sont les tests qu'on inventera pour la falsifier, pour essayer de la réfuter. C'est en ce sens qu'on a affaire ici à une épistémologie sans sujet.

Cette vision de l'objectivité signifie aussi quelque chose d'essentiel sur le plan moral, à savoir qu'on peut critiquer les idées sans critiquer les hommes qui les portent : on n'est pas obligé de se haïr, on n'est pas obligé de se détester parce qu'on est en désaccord, on contraire, on peut chercher *ensemble*. La discussion scientifique n'est pas la continuation de la guerre par d'autres moyens, ça n'est pas la continuation de la lutte des classes : voilà ce que veut dire Popper. Épistémologie sans sujet : on peut détruire l'hypothèse sans détruire le bonhomme qui est derrière, ce qui est quand même infiniment plus sympathique que cette conception de la discussion comme reflet de la lutte des classes.

Je vous disais que cette théorie de l'objectivité possède deux caractéristique, voici justement la deuxième : à partir du moment où il ne s'agit plus de savoir d'où parle quelqu'un, mais de tester ensemble les hypothèses qui sont les siennes, alors, l'intersubjectivité, le dialogue, la discussion se trouvent désormais placés au cœur de l'objectivité : la publicité au sens de l'espace public, au sens de l'*Öffentlichkeit* ouverte par l'*Aufklärung*, par les Lumières, devient partie prenante de la théorie de l'objectivité. L'éthique de la discussion s'installe au cœur du cœur de toute quête d'objectivité. L'objectivité, ce n'est pas seulement un rapport à l'objet, c'est aussi une éthique des sujets, de ces sujets qui entrent en libre discussion dans un espace public, celui de l'argumentation scientifique, de la publication scientifique dans des revues, dans des colloques, dans des académies, bref, dans des lieux de débat où l'intersubjectivité est indispensable à l'obtention de l'objectivité.

Voyez, c'est très paradoxal mais nullement contradictoire, au contraire : « l'épistémologie sans sujet », entendue au sens où je ne m'intéresse pas à l'origine sociale, ethnique, religieuse ou autre de celui qui a formulé une hypothèse scientifique, mais où je m'intéresse à la question de savoir si, ensemble, nous sommes capables d'inventer un test qui puisse permettre de la détruire, de la réfuter, eh bien cette « épistémologie sans sujet » entendue en ce sens-là, est en revanche une « épistémologie de l'intersubjectivité », de la discussion publique. Il y a là quelque chose d'extrêmement profond et sur ce plan, Popper est kantien, car Kant est le premier, dans *Critique de la raison pure*, à avoir placé comme nous l'avons vu l'intersubjectivité au cœur de la théorie de l'objectivité.

De la théorie de l'objectivité à celle de la démocratie

Passons maintenant au troisième étage de l'édifice : après la définition de la science, après celle de l'objectivité, voyons comment Popper formule une théorie de la démocratie tout à fait intéressante, elle aussi. Nous avons vu à quel point il était à l'opposé absolu de ce que Ricœur appelait les « philosophies du soupçon », à l'opposé absolu des « généalogies », bref, de tout ce qui va faire la mode philosophique des années 1960, de ce que nous avions appelé, Alain Renaut et moi, la « Pensée 68 ». Pour les mêmes raisons, il sera aux antipodes du dogmatisme stalinien qu'il dénonce dans son petit livre, *Misère de l'historicisme*. Sa théorie de la démocratie va faire la liaison entre théorie scientifique et théorie politique et cette liaison va se faire à nouveau par le biais de la notion de falsifiabilité. Et là encore, Popper commence par rejeter les visions communes, les préjugés ordinaires. De même qu'il a rejeté les lieux communs qui font de la science une démarche de vérification, de même qu'on a abandonné la vision commune de l'objectivité comme impartialité et réhabilité au passage la figure du savant comme être de passion qui est tout sauf un poisson froid, de même, Popper va critiquer l'opinion courante selon laquelle la question politique fondamentale, la question de la société juste, serait celle de la souveraineté.

Spontanément, la conscience commune s'imagine que la grande question politique, la seule qui vaille, c'est la question de savoir *qui doit gouverner*. Pour Popper, ce n'est pas du tout la question pertinente. Et ce n'est pas seulement le sens commun qui se trompe, en l'occurrence, mais une bonne partie de l'histoire de la philosophie politique. C'est sans cesse le même poncif qui revient : est-ce que celui qui doit gouverner, c'est le roi ? Est-ce que c'est le peuple ? Monarchie, démocratie ? Est-ce le prolétariat ? Dictature du prolétariat, communisme. Chaque fois, dans l'univers de la philosophie politique comme dans celui de l'opinion publique, on évoque la différence entre monarchie, démocratie, communisme etc., au nom de la question « qui doit gouverner ? ». Or, la vraie question, ça n'est pas celle de la nature des gouvernants, mais celle du contrôle des gouvernants. Que ce soit un seul, que ce soit une classe sociale, que ce soit le peuple tout entier, que ce soient les représentants du peuple, peu importe à la limite. Le vrai problème, c'est de savoir comment contrôler, comment « réfuter » les gouvernants, les dirigeants, si je puis dire pour faire le lien avec la réflexion sur la science. Comment les changer, s'en débarrasser sans violence ?

Est par conséquent légitime, aux yeux de Popper, tout régime dans lequel les dirigeants peuvent être remplacés, renvoyés dans leurs foyers, sans qu'il soit besoin pour autant de recourir à la force brutale. Telle est la supériorité du régime démocratique sur tous les autres. Mais voyez qu'ici, il est dit démocratique, non pas au sens où c'est le peuple qui gouvernerait, mais au sens où c'est le peuple qui peut « dégager » les dirigeants sans violence, les remplacer sans recourir à la force brutale. Du reste, nos démocraties sont presque toujours des monarchies, au mieux des oligarchies, au sens étymologique du terme : c'est un seul qui gouverne, entouré de quelques-uns. Mais elles sont démocratiques en ce sens que par le vote, tous les cinq ans par exemple, on peut renvoyer le président de la République chez lui et le changer par un autre qui nous plaît mieux (ou qui en tout cas plaît mieux à la majorité…).

UNE CRITIQUE DU NÉOLIBÉRALISME ANALOGUE À CELLE DU MARXISME

Voyez le parallèle entre théorie scientifique et gouvernement démocratique. Dans la théorie scientifique comme dans celle de l'objectivité, il s'agit de pouvoir réfuter une hypothèse sans incriminer le sujet qui la porte (c'est cela l'épistémologie sans sujet). Du côté de la théorie politique, Popper écarte la question : « Qui gouverne ? », exactement comme il a écarté la question : « D'où parles-tu ? » Que ce soit le peuple, que ce soit un monarque, fût-il républicain, les représentants d'une classe sociale, des soviets, un Parlement, etc., dans tous les cas de figure, c'est la question du contrôle des dirigeants qui est essentielle, pas celle de la nature ou de l'essence du pouvoir. A-t-on affaire à une monarchie, une oligarchie, une république ? Peu importe au fond. Ce qui importe, en revanche, c'est qu'il soit possible, dans ce régime, de contrôler et de remplacer sans violence les dirigeants quels qu'ils soient. Où l'on retrouve toujours chez Popper ce souci de la non-violence. Il faut dire que Popper a quitté l'Autriche, son pays natal, à cause du nazisme. Il a été abrité à la London School of Economics, où il va enseigner pendant des années. Il sera toujours reconnaissant à son ami Hayek de l'avoir aidé, dans ce périple difficile que fut pour lui la fuite hors de son pays gagné par le nazisme.

J'ajouterai néanmoins ceci, en guise de conclusion. Popper sera toujours d'une très grande honnêteté intellectuelle. Malgré son amitié indéfectible pour Hayek – dont je rappelle qu'il fut l'un des plus grands théoriciens du néolibéralisme –, Popper, bien que *mezzo voce*, pour ne pas le heurter, développera une critique radicale du néolibéralisme, en particulier de la sacralisation des théories du marché, une critique du reste tout à fait analogue à celle qu'il développe contre le marxisme et la psychanalyse, et pour les mêmes raisons – en substance, parce que les théories de la « main invisible », les théories de la « ruse de la raison » selon lesquelles le marché serait le meilleur système pourvu qu'on le laisse libre de pourvoir à l'allocation des richesses et que l'État n'intervienne pas, sont parfaitement non falsifiables, donc non scientifiques. L'utopie néolibérale, comme l'utopie marxiste, n'a aucun caractère scientifique. Ce qui chagrinera beaucoup les néolibéraux, parce qu'ils croyaient avoir, lorsque Popper avait quitté le marxisme, recruté un nouvel adepte. Popper restera toute sa vie un authentique social-démocrate et, pour tout dire, un authentique démocrate tout court.

7

HEIDEGGER

La question de l'Être et la critique de la technique

Martin Heidegger (1889-1976) est une des figures majeures de la pensée contemporaine. Avec mon vieil ami Alain Renaut[1], nous avions donné à l'École normale supérieure, rue d'Ulm, un séminaire sur ses trois livres les plus importants à nos yeux, *Être et temps*, bien sûr, mais aussi ses ouvrages sur Kant et sur Nietzsche. Ce cours était destiné aux étudiants qui préparaient l'agrégation, puis nous avions publié, en 1988, un essai intitulé *Heidegger et les Modernes* : ayant donné ce cours, nous lui avions adressé une lettre pour lui poser certaines questions sur son œuvre – il prit le temps de nous faire une réponse, brève mais manuscrite et, avec le recul, cela me paraît encore impressionnant, un peu comme si nous avions reçu une lettre de Nietzsche ou de Hegel, Heidegger restant à mes yeux (et pas seulement aux miens) *le* grand philosophe allemand du XXe siècle, et ce en dépit même du caractère désastreux de ses prises de position politiques en faveur

1. Même si nos routes ont en grande partie divergé, l'amitié garde ses droits.

du nazisme, un engagement sur le sens duquel je reviendrai évidemment ici. Comme Gide, à qui l'on demandait qui était à ses yeux le plus grand poète français et qui avait répondu « Hugo, hélas », j'ai envie de dire de Heidegger qu'il est, hélas, le plus grand philosophe du XXe siècle, à tout le moins celui qui a le mieux compris ce qu'était l'essence même de la philosophie.

L'importance de Heidegger se mesure du reste à l'influence considérable qu'il a exercée sur beaucoup d'autres penseurs du XXe siècle : Hannah Arendt, Leo Strauss ou Emmanuel Levinas, par exemple, qui furent d'ailleurs tous trois ses élèves dans les années 1920, à l'université de Marburg, mais aussi Sartre, Merleau-Ponty, Derrida, Foucault, Ellul, Lefort, Castoriadis, et nombre d'autres encore aujourd'hui. Son œuvre n'en reste pas moins extrêmement difficile, d'abord en raison d'un jargon parfois déroutant, surtout dans certaines traductions françaises qui sont parfois franchement délirantes à force d'être ridiculement sophistiquées là où le texte allemand, finalement, est beaucoup plus simple.

Je m'efforcerai donc, dans cette leçon, de « traduire » la pensée de Heidegger dans un langage intelligible en me concentrant sur les deux axes principaux de son œuvre, sur les deux thèmes à mon sens les plus fondamentaux et les plus intéressants : d'une part, sa critique du « monde de la technique » comme apogée de la « métaphysique de la subjectivité », de l'autre ce que Heidegger appelle la « question de l'Être », question qui l'amène à jeter un regard critique d'une ampleur et d'une profondeur peut-être bien inégalées sur l'ensemble de la tradition métaphysique occidentale, de Platon jusqu'à

Nietzsche. Je vous expliquerai en termes compréhensibles ce que signifie le reproche que Heidegger adresse à cette tradition qui aurait, selon lui, « oublié la question de l'Être », en laquelle il voit pourtant la question fondamentale de la philosophie.

À première vue, cela ne semble pas très parlant : qu'est-ce, au juste, que cette étrange « question de l'Être » ? En quoi consiste cet « oubli » qu'aurait pratiqué la métaphysique occidentale, et pourquoi cela devrait-il nous intéresser ? Pas évident au premier abord. Mais vous allez voir que derrière ces problématiques, en apparence très abstraites et très jargonneuses, se cachent en réalité des interrogations tout à fait fondamentales et réellement précieuses pour comprendre l'époque dans laquelle nous vivons : une époque que Heidegger désigne comme celle du « monde de la technique ». Que faut-il entendre par là ? C'est justement ce que nous allons examiner en premier lieu.

La question de la technique

Commençons, donc, par cette fameuse critique du « monde de la technique », autrement dit du monde contemporain, le monde de la technique, tel que Heidegger le conçoit, renvoyant aussi bien au capitalisme moderne (au libéralisme américain) qu'au communisme soviétique – deux régimes qu'il considère comme équivalents en leur fond, car étant tous deux des visages politiques de ce qu'il appelle, nous verrons pourquoi un peu plus loin, la « métaphysique de la subjectivité », disons, pour l'instant et pour en rester à une première approximation : deux visages de l'anthropocentrisme, de la domination de l'homme sur le monde. Que cette domination, écrit Heidegger, s'effectue au nom de la liberté individuelle comme dans le libéralisme américain ou au nom du collectif, comme dans le communisme soviétique, ne change au fond pas grand-chose à ses yeux : dans les deux cas, le monde est soumis à l'emprise de la subjectivité humaine elle-même réduite à la technique.

Je pense que cette identification est plus que contestable : le totalitarisme stalinien a produit des effets autrement désastreux sur le plan humain que nos démocraties pacifiques et pacifiées, sociétés libérales dans lesquelles la liberté et le bien-être des peuples, quoi qu'en disent ceux qui ignorent tout de l'histoire et de la géographie, sont à proprement parler incomparables. Il n'en reste pas moins que l'analyse de Heidegger est d'une réelle profondeur et je voudrais aussi vous montrer combien elle est précieuse pour comprendre ce que nous appelons aujourd'hui la « mondialisation ». Bien que le terme ne soit pas encore en circulation à l'époque où il écrit, nous verrons que le « monde de la technique » tel qu'il le décrit recouvre parfaitement ce que nous entendons aujourd'hui par la « globalisation ».

Repartir de la distinction kantienne entre impératif hypothétique et impératif catégorique

La question de la technique et du monde qu'elle engendre possède déjà, avant Heidegger, une assez longue histoire au sein de la philosophie occidentale. Elle commence au moins avec Kant, plus précisément avec l'opposition que Kant met en place entre deux formes de rationalité : celle de l'« impératif catégorique » et celle des « impératifs hypothétiques ». Laissons le jargon de côté et tâchons de comprendre ce que signifient concrètement ces expressions.

Dans la *Critique de la raison pratique*, son grand livre de philosophie morale, Kant nomme « impératifs hypothétiques » les impératifs qui portent sur les moyens et non sur les fins. La structure des impératifs hypothétiques réside dans la formule « si, alors » : *si* vous voulez faire ceci, *alors* employez tel ou tel moyen ; *si* vous voulez guérir de la grippe, *alors* prenez tel médicament, faites-vous vacciner, etc. D'où, comme vous voyez, un premier rapport avec l'essence la plus profonde de la technique, cette dernière portant justement sur les moyens davantage que sur les fins, sur les instruments plus que sur les objectifs qu'on se propose de réaliser : de là son caractère à elle aussi « hypothétique ». Dans le raisonnement hypothétique ou technicien, en effet, les fins sont toujours subordonnées à un « si » : elles ne sont pas posées *absolument*. Un « technicien » de la médecine, un expert en cancérologie, ne vous dira pas qu'il faut absolument arrêter de fumer, mais seulement que « si » vous voulez éviter le cancer du poumon, il est hautement préférable de le faire. À vous de voir. Du reste, un bon médecin peut employer sa « technique », aussi bien pour tuer que pour guérir (et même sans doute plus aisément...). En revanche, il est ferme sur les moyens à employer dès lors que la fin est posée. L'expert, le technicien, ne pose donc pas des fins, des objectifs, il les laisse flotter dans le registre du « si », de l'hypothèse. On ne dit pas qu'il faut absolument guérir de la grippe ou éviter à tout prix le cancer.

On peut préférer une vie courte mais intense à une existence longue et ennuyeuse. À la limite, on peut même vouloir se suicider. À chacun de décider. La question de savoir si on posera telle ou telle finalité n'est pas soulevée par l'impératif hypothétique, lequel ne porte que sur les moyens adéquats pour réaliser une fin donnée, pas sur le devoir moral en tant que tel, sur le « il faut » réaliser tel ou tel objectif.

Ce « il faut » fait en revanche tout l'objet de l'impératif catégorique, lequel, à la différence du premier, ne s'intéresse à la limite pas aux moyens, mais exclusivement aux fins qu'un être moral digne de ce nom devrait se proposer. Prenons un exemple simple : dans la vie politique, si du moins on pense qu'elle entretient un lien avec des exigences morales, on doit en principe servir l'intérêt général plutôt que les intérêts égoïstes et particuliers. Un homme politique digne de ce nom, s'il se soucie un tant soit peu d'éthique, doit privilégier des objectifs universels, le bien commun, des fins qui valent pour la collectivité tout entière plutôt que pour tel lobby particulier. L'objet premier de l'impératif catégorique est justement de déterminer quelles sont les fins qu'un être moral doit poser *absolument*. De là le fait qu'il s'exprime sans hypothèse, sans passer par un « si… alors », mais au contraire de manière catégorique, par un « il faut » ou un « tu dois » : tu dois absolument prendre en compte l'intérêt général, même lorsqu'il passe par la mise à l'écart de tes intérêts égoïstes particuliers ou ceux de tes amis, et il n'y a pas de « mais » ni de « si » qui vaille ! Voilà comment s'exprime l'impératif catégorique, en quoi il s'écarte du tout au tout de la logique technicienne de l'impératif hypothétique.

Adorno et Horkheimer : raison instrumentale et raison objective

Comme le remarquent Theodor Adorno et Max Horkheimer, deux philosophes allemands contemporains de Heidegger et plutôt inspirés par le marxisme, l'impératif catégorique répond aux exigences de la « raison objective », tandis que l'impératif hypothétique renvoie à ce qu'ils appellent la « raison instrumentale » – et qui ressemble fort à ce que Heidegger va désigner sous le nom de technique. Dans l'expression « raison objective », le mot objectif n'est pas à entendre au sens où on parle de l'objectivité à la télévision ou dans un débat politique, voire scientifique, pour désigner le fait qu'on n'est pas de parti pris, pas préoccupé par des convictions « subjectives ». Non, le terme doit s'entendre en un tout autre sens, comme synonyme de « but » ou de « fin » : la raison objective, c'est celle qui, comme dans l'impératif catégorique de Kant, fixe des *objectifs*, impose à la subjectivité des fins éthiques ou politiques. C'est ce que Kant appelle la « raison pratique ». Dans le sillage de Kant, ces deux grands théoriciens de l'École de Francfort, une école philosophique fondée en Allemagne au début des années 1930, vont donc, eux aussi, réfléchir sur le monde de la technique en opposant à leur tour, notamment dans leur livre intitulé *La Dialectique des Lumières (Dialektik der Aufklärung)*, publié en 1944, ces deux formes de rationalité héritées de la philosophie kantienne.

D'un côté, et pour reprendre leurs catégories, la raison *instrumentale* ne prend en considération que l'efficacité. C'est (du moins à leurs yeux de marxistes), la rationalité capitaliste par excellence :

on ne s'occupe que d'accroître le profit, la rentabilité, indépendamment des fins visées. « *Si* tu veux ceci, *alors* fais cela » : si tu veux dégager du profit, alors emploie telle ou telle technique de production, supprime des emplois superflus, gagne des marchés nouveaux, etc. voilà ce que nous dit en substance la raison instrumentale, technicienne ou rentabiliste. À la limite, elle peut s'occuper aussi bien, avec la même froideur et la même exigence rationnelle, de la production de voitures dans une usine que de celle de cadavres dans un camp de concentration.

De l'autre côté, la raison *objective* se préoccupe, elle, comme son nom l'indique, des « objectifs » à réaliser. C'est la raison de l'impératif catégorique kantien, c'est la « raison pratique » de Kant, celle qui fixe des fins (« tu dois absolument faire ceci », « tu ne dois absolument pas faire cela »). Pour Adorno et Horkheimer, encore marxistes à l'époque, la raison objective considère, par exemple, que l'humanité aurait intérêt à une organisation rationnelle de l'économie et à ce qu'on fasse, pour y parvenir, une révolution qui permette de supprimer la propriété privée et la lutte des classes. Nous avons là un objectif posé, du moins en principe et dans l'esprit de nos deux penseurs, par la raison, laquelle tient (selon eux : on pourrait en discuter, mais peu importe ici) qu'il est plus rationnel d'aller vers une société sans classe plutôt que de maintenir une société capitaliste contradictoire, dominée par la raison instrumentale et animée par le seul souci du profit.

La thèse de Max Weber sur la raison instrumentale

Sur la question de la technique et de son histoire, il existe un maillon intermédiaire entre Kant et nos théoriciens de l'École de Francfort : je pense à la distinction établie par le grand sociologue allemand Max Weber (1864-1920) entre la « rationalité *par rapport à une fin* » *(Zweckrationalität)* et la « rationalité *par rapport à des valeurs* » *(Wertrationalität)*, distinction qu'à coup sûr Heidegger a présente à l'esprit quand il élabore sa conception du monde de la technique. La rationalité par rapport à une fin correspond tout à fait à la raison instrumentale, à l'impératif hypothétique : elle nous invite tout simplement à choisir les bons moyens étant donné la fin qu'on se propose de réaliser – mais elle ne dit pas qu'il faut absolument réaliser une telle fin et reste ainsi dans le domaine du « si… alors ». La rationalité par rapport à des valeurs tient au contraire les valeurs qu'elle vise pour catégoriques, pour absolument posées.

Heidegger reprend largement cette problématique dans son analyse de l'émergence du monde de la technique. Mais, comme vous allez voir, il lui donne une dimension nouvelle, plus profonde et plus ample, car il en fait tout simplement la principale clé de lecture du monde contemporain. À ses yeux, la technique domine intégralement l'époque moderne, que celle-ci, revête, comme je vous l'ai déjà suggéré, la forme du totalitarisme soviétique ou de la démocratie libérale à l'américaine. Il n'est pas inutile de lire ici très exactement ce que Heidegger dit lui-même, dans son livre intitulé *L'Introduction à la métaphysique* (1935), de ces deux visages politiques de la métaphysique de la subjectivité et de la technique moderne que sont le libéralisme et le socialisme :

> Cette Europe qui, dans son incurable aveuglement, se trouve toujours sur le point de se poignarder elle-même, est prise aujourd'hui dans un étau entre la Russie, d'une part, et l'Amérique, de l'autre. La Russie et l'Amérique sont toutes deux, au point de vue métaphysique, la même chose : la même frénésie sinistre de la technique déchaînée et de l'organisation sans racine de l'homme normalisé…

Nous reviendrons plus loin sur la dimension proprement politique de ce texte qui explique largement l'engagement nazi de Heidegger, l'Allemagne hitlérienne, en tant que milieu de l'Europe, en tant que « Mitteleuropa », lui ayant semblé être la seule nation capable de desserrer les mâchoires de l'étau formé par les deux visages politiques, l'individualiste et le collectiviste, de la technique moderne. Mais tenons-nous-en pour l'instant encore à l'analyse de la technique proprement dite.

Pour montrer comment elle en est venue à se confondre avec notre monde moderne qu'elle domine de toute part, Heidegger en retrace l'évolution à travers deux époques ou deux étapes successives, en lesquelles il voit aussi autant de « visages » – politiques, sociaux et métaphysiques – de la modernité. Heidegger est un très grand historien de la philosophie, mais il s'est toujours intéressé aussi à la métaphysique cachée derrière les aspects les plus visibles et les plus politiques du monde dans lequel nous vivons – en quoi il tente sans cesse de dégager ou de déceler les arrière-mondes (les soubassements philosophiques) qu'il dissimule et qui le rendent compréhensible.

La première époque, dans l'émergence du monde de la technique, fut ouverte par Descartes et les Lumières. Elle se caractérise déjà par ce que Heidegger appelle la « métaphysique de la subjectivité », Descartes ayant entrepris de reconstruire toute la philosophie à partir du sujet, du cogito, du fameux « Je pense, donc je suis », comme nous l'avons vu dans notre leçon consacrée au cartésianisme.

DESCARTES OU LA PREMIÈRE ÉTAPE DANS L'AVÈNEMENT DU MONDE DE LA TECHNIQUE

Qu'est-ce qui caractérise l'univers de Descartes, et plus généralement celui des Lumières et de la Révolution française puisque, comme le déclarait déjà en substance Tocqueville au début de *La Démocratie en Amérique*, les jacobins ne sont au fond que des cartésiens « sortis des écoles » et descendus dans la rue ? Comme Tocqueville, Heidegger considère que d'un point de vue métaphysique, la Révolution de 1789 n'est que le visage politique de ce cartésianisme qui va installer au cœur de l'histoire occidentale trois thèmes fondamentaux – la métaphysique de la subjectivité se caractérisant justement par ces trois traits. Je vous les indique d'entrée de jeu avant de les analyser plus en profondeur un par un.

Le premier trait, c'est ce qu'on pourrait appeler l'idéologie de la table rase, c'est-à-dire l'idée révolutionnaire selon laquelle il faut en finir avec les traditions (l'Ancien Régime pour les jacobins, les héritages passés et les préjugés pour le doute cartésien), pour tout reconstruire dans un second temps à partir d'un an I ou à partir d'un principe premier (le *cogito* comme première certitude fondatrice).

Le deuxième trait réside dans l'idée que la nature, le monde tout entier, obéit au principe de raison, que rien n'y advient sans raison, de sorte que l'univers cesse d'être mystérieux ou sacré pour devenir un objet de science.

Le troisième trait découle du deuxième : si la nature est « désenchantée », si elle n'est plus « animée », s'il n'y a plus « d'âme du monde », comme disaient les Anciens, mais seulement des phénomènes mécaniques explicables par la causalité, alors elle peut être dominée par la volonté des hommes, elle n'est plus qu'un stock d'objets manipulables et corvéables à merci pour les besoins d'une humanité désormais impérieuse – où l'on voit déjà se profiler en filigrane la naissance du monde de la technique.

Tabula rasa : déconstruction des traditions et naissance de la logique « constructiviste »

L'idéologie de la table rase est donc le premier trait de la « métaphysique de la subjectivité ». De même que Descartes pratique le fameux doute hyperbolique qui balaye les préjugés, passe au crible toutes les idées héritées, transmises par la tradition, par l'école, les parents ou simplement la nation, de même, la Révolution française entend bien faire elle aussi *tabula rasa* de l'Ancien Régime. Elle reproduit en cela au niveau de l'histoire réelle le geste cartésien par excellence, lequel comprend deux moments : d'abord abolir tout ce qui précède pour ensuite tout reconstruire à partir de zéro, à partir d'un principe premier (le *cogito*) à partir d'un « An I ».

L'idéologie de la table rase se prolonge ainsi dans une logique qu'on peut qualifier de « constructiviste » puisqu'il s'agit bien dans tous les domaines, politique, philosophie ou science, de tout reconstruire à partir d'un principe premier, lequel est du reste situé dans la subjectivité de l'homme : dans le *cogito* qui se saisit en toute certitude selon Descartes ou dans le « peuple souverain » qui doit désormais devenir le véritable moteur d'une histoire enfin maîtrisée par les hommes – où l'on voit en quel sens cette révolution adossée à la table rase du passé relève bien de la métaphysique de la subjectivité puisqu'elle pose le sujet humain, individuel (*cogito*) ou collectif (le peuple) comme fondement de l'édifice scientifique ou politique.

Pour Descartes, nous l'avions vu ensemble dans une précédente leçon, le *cogito* représente la première certitude, la pierre angulaire à partir de laquelle on pourra refonder l'ensemble de la philosophie. Il s'agit donc bien, Heidegger a raison – mais Hegel l'avait déjà dit pratiquement dans les mêmes termes – d'une philosophie du sujet, d'une « métaphysique de la subjectivité », en ce sens que c'est le sujet transparent à lui-même, sûr de sa certitude qui est le fondement des autres vérités « claires et distinctes ».

Si l'on poursuit le parallèle entre l'histoire des idées et celle de la vie politique, dans l'espace de l'histoire réelle, et non plus seulement de la philosophie, les révolutionnaires français entendent bien eux aussi reconstruire le monde politique et social à partir d'un fondement premier, à partir de cet instant zéro qu'est censé être la Révolution, mais aussi à partir de la subjectivité des hommes réunis en peuple souverain ou représentés au sein de l'Assemblée nationale que les révolutionnaires créent pour que les lois soient enfin fabriquées *par et pour* les sujets humains. Cet humanisme juridique et politique apparaît ainsi comme l'équivalent historique du cartésianisme sur le plan philosophique.

Tel est donc le premier trait de cette métaphysique de la subjectivité : faire table rase du passé, puis reconstruire à partir d'un point d'Archimède (le cogito pour les cartésiens, le peuple révolutionnaire pour les jacobins).

Un monde désenchanté, explicable par la science car conforme au principe de raison

Le deuxième trait renvoie à la révolution scientifique des XVIIe et XVIIIe siècles. Pour un homme du Moyen Âge (ainsi pensent en tout cas les philosophes des Lumières, même si c'est sans doute caricatural), la nature est encore perçue comme animée, dotée d'une âme (animisme) et le monde semble traversé par des forces occultes, invisibles et mystérieuses. Dans cette vision du monde, la nature est un être vivant et l'Univers tout entier apparaît comme une espèce de « gros animal » (c'est ce qu'on appelle « l'hylozoïsme » : l'idée que la matière – *hylè* est un animal – *zoon*). La nature, la terre, est encore perçue comme une divinité, celle que les Grecs nommaient Gaïa, comme un « cosmos », un ordre harmonieux, juste beau et bon, et le but de l'alchimiste est de parvenir un jour à maîtriser ces forces occultes pour tenter, pourquoi pas, de transformer le plomb en or. Comme dans les contes de fées de notre enfance, il s'agit d'un univers plus ou moins magique où les arbres pourraient, la nuit, se mettre à marcher et à parler. C'est un monde enchanté. La science moderne, à partir de Descartes, va justement travailler à « désenchanter le monde », selon la célèbre formule de Max Weber, à le dédiviniser en extirpant ces forces occultes de l'Univers pour le considérer enfin comme n'obéissant qu'aux seules lois rationnelles du mécanisme et de la physique moderne.

L'émergence de la science moderne est liée indissolublement à l'idée rationaliste et mécaniste selon laquelle rien, ni dans la nature ni dans l'Histoire, n'arrive sans raison, sans cause. Tout doit pouvoir s'expliquer dans les phénomènes naturels, et s'il reste de l'ignorance, de l'obscurité dans nos connaissances, ce n'est pas dû au fait qu'il y aurait intrinsèquement des mystères dans la nature, des forces occultes, sacrées et impénétrables en soi, mais simplement au fait que les recherches scientifiques ne sont pas encore assez développées. Simple question de temps, en somme. Il n'y a donc plus d'irrationalité radicale dans la nature, de forces occultes, invisibles à jamais, de divinités cachées dans les tréfonds de la terre. C'est cette conviction que va exprimer, dans le sillage de Descartes, le fameux « principe de raison suffisante » formulé pour la première fois par Leibniz : « *Nihil est sine ratione* », rien n'arrive sans raison, sans cause.

Si je dis « dans le sillage de Descartes », c'est parce que ce fameux principe de raison, formulé en effet par Leibniz, n'est en réalité qu'une variation sur un principe que Descartes avait déjà découvert : le principe d'inertie. Souvenez-vous de vos cours du lycée : le principe d'inertie signifie tout simplement qu'un corps ne change ni de vitesse ni de direction tant qu'un autre corps ne vient pas le choquer et ainsi les modifier. Pour qu'une boule de billard change de direction et de vitesse, il faut qu'une autre boule la percute (ou que l'air la freine). Ce principe, traduit en termes abstraits ou philosophiques, comme va le faire Leibniz, signifie donc bien que rien n'arrive sans raison ou sans cause.

Tout cela vous paraît peut-être aujourd'hui banal, évident. Mais si l'on y réfléchit, ce simple principe d'inertie, traduit en termes abstraits sous la forme du principe de raison, représente en vérité une abyssale révolution dans la pensée. Il signifie, en effet, sur un plan philosophique plus profond, que le monde est de part en part explicable, que rien, en lui, ne saurait résister à la puissance du rationnel tel que le progrès scientifique va désormais la manifester au fil des décennies. Là réside le postulat fondamental du rationalisme.

Pour nous, bien sûr, petits humains, une part de mystère demeure toujours plus ou moins, et un savant digne de ce nom ne prétendra jamais qu'il détient la science achevée : ce serait se rendre égal à Dieu, qui est omniscient, et nous ne sommes, encore une fois, que des êtres finis. C'est là d'ailleurs la raison pour laquelle nous nous représentons le progrès des sciences, sans même y réfléchir plus avant, comme étant d'évidence infini. La notion d'omniscience ou de « savoir absolu » pour parler comme Hegel, nous semble religieuse ou métaphysique, pas scientifique. Il n'en reste pas moins que, s'il y a et s'il y aura toujours de l'ignorance pour nous, en vérité ou en soi – « du point de vue de Dieu », comme dirait Leibniz –, tout est rationnel, soumis par essence au principe de raison, si bien que le savant travaille désormais dans un cadre d'où les forces invisibles et mystérieuses ont disparu. Le mécanisme cartésien et le rationalisme inaugurent en cela le désenchantement du monde. Tout a une raison d'être, tout a une cause : il s'agit seulement de la trouver, si bien que tout, du moins en droit sinon en fait, est explicable. Il n'y a pas de mystère en soi, il n'y a que des mystères pour nous, parce que la science n'est jamais achevée, mais elle progresse sans cesse : telle est la conviction qui va porter le rationalisme moderne, depuis Descartes jusqu'à nos jours.

Où l'on voit que ce rationalisme nouveau par rapport au monde ancien – ce mécanisme que Heidegger considère comme un des traits les plus fondamentaux de la métaphysique de la subjectivité – implique aussi une « ontologie », c'est-à-dire une définition du réel comme étant par essence soumis au principe de raison, autrement dit, à la pensée humaine. En ce sens, la science moderne n'est aux yeux de Heidegger, à la différence de ce que pensaient les hommes des Lumières et, encore aujourd'hui, la plupart des scientifiques, qu'un prolongement de la métaphysique de la subjectivité. En quoi Heidegger rejoint Nietzsche : la science, par son rationalisme de principe, n'est qu'un rejeton de la métaphysique moderne qui tient que le réel est rationnel par essence, par définition conforme aux principes de raison et de causalité sans lesquels aucune explication scientifique ne serait possible. Pour Heidegger, la science est donc en ce sens profondément idéaliste, l'idéalisme se définissant chez lui, comme d'ailleurs chez Hegel, par l'idée que le réel est rationnel, que rien n'advient en lui sans raison, de sorte que, pour reprendre la formule inaugurale de la philosophie qu'on trouve déjà chez Parménide : « Être et pensée sont le même. »

Dans cette perspective propre à l'humanisme, à la démocratie et à la science modernes – trois notions inséparables qui marchent pour ainsi dire de pair – le réel sera progressivement soumis par les progrès de la recherche au principe de raison qui, désormais, apparaît comme le principe le plus fondamental de la pensée humaine.

De là le troisième trait essentiel de la métaphysique de la subjectivité : la soumission théorique du réel à la pensée humaine va s'accompagner d'une soumission pratique. Comme le dit, là encore, Descartes, grâce à la science moderne, nous allons, nous les humains, pouvoir enfin nous rendre « comme maîtres et possesseurs de la nature ». Dans cette vision tout à fait anthropocentriste du monde, nous en devenons pour ainsi dire les propriétaires impérieux, voire impérialistes (où l'on voit au passage comment certains écologistes se nourriront de la pensée heideggérienne et notamment de sa critique des temps modernes). Cela revient à dire que si nous ne sommes pas tout à fait l'égal de Dieu (ce qu'indique le petit « comme », que Descartes glisse pour ainsi dire par un reste de prudence dans sa célèbre formule), nous n'en sommes pas non plus très loin : le scientifique est celui qui porte sur le monde un regard qui, au fur et à mesure que la science progresse, sera appelé à se rapprocher sans cesse davantage du « point de vue de Dieu », du point de vue d'un Être omniscient qui aurait tout rationnalisé, pour lequel tout serait à la fois parfaitement transparent et rationnel. Où l'on voit, là encore, combien, paradoxalement, l'horizon de la religion et de la métaphysique reste secrètement présent dans toute activité scientifique, et cela même quand le savant se croit tout à fait rationaliste et athée. L'idéal de la systématisation rationnelle du monde triomphe ainsi avec le principe de raison où il est pour ainsi dire inscrit dès l'origine.

Les Lumières : dominer le monde pour assurer le bonheur et la liberté des hommes

Après le projet révolutionnaire de faire table rase du passé et l'adhésion au principe de raison suffisante appliqué au réel, le troisième trait de la métaphysique de la subjectivité réside dans ce qu'on pourrait appeler le « principe de volonté ». Dans la métaphysique de la subjectivité, le sujet humain se définit toujours, depuis Descartes, par deux traits fondamentaux : d'un côté l'entendement, qui est la faculté théorique, celle qui est en jeu dans la science et qui applique le principe de raison au monde, et de l'autre, la volonté, qui forme le côté, non plus théorique, mais pratique ou moral (et politique) de l'activité du sujet.

C'est désormais au nom de cette faculté pratique que l'humanité va entreprendre de dominer le monde, de le soumettre aux objectifs, aux fins qu'elle se propose de réaliser en matière de bien-être et de liberté. Avec Descartes et l'humanisme moderne, avec, par exemple, la Déclaration des droits de l'homme, nous entrons dans une phase de l'histoire humaine où l'anthropocentrisme devient absolument dominant. De là aussi une autre idée, qui va s'épanouir avec les Lumières et la Révolution française, à savoir l'idée de progrès selon laquelle la reconstruction du monde, à partir de la *tabula rasa*, doit être ordonnée à l'accouchement d'un univers moral et politique où les êtres humains seront plus libres et plus heureux.

Remarquons bien que nous ne sommes pas encore, à ce stade, dans le monde de la technique, puisque la science et la raison visent encore une finalité objective : construire un monde où la liberté et le bonheur seront enfin accessibles à tous. Au moment où elle prend son essor, avec le siècle des Lumières, ce fameux XVIIIe siècle de Hume, de Kant et de nos encyclopédistes, Voltaire, Diderot, d'Alembert et les autres, la première étape de la métaphysique de la subjectivité, celle qui, selon Heidegger, prépare et précède l'avènement du monde de la technique mais ne s'y réduit pas encore, celle que j'identifie pratiquement à la révolution scientifique, apparaît portée, j'allais dire englobée, par un gigantesque projet pratique, volontariste, à la fois moral et politique. Il n'est pas seulement question de comprendre l'Univers, de percer les mystères de la nature grâce à l'application du principe de raison, mais il s'agit en outre de construire une civilisation nouvelle, d'édifier un monde moral et politique, celui qu'entend engendrer la Révolution française, où les hommes seront enfin, du moins en principe, plus libres, plus égaux et plus heureux.

L'histoire possède donc aux yeux des grands esprits de l'époque une *finalité supérieure* – en quoi on voit bien que nous ne sommes pas encore dans le règne achevé de la raison instrumentale ou technique. En d'autres termes, il y a bel et bien alors une « politique de civilisation » qui se met en place dans la mesure où, j'y insiste, on vise, par les Lumières et le progrès des sciences, un objectif double, qui va bien au-delà de la seule connaissance : apporter aux peuples la liberté et le bonheur, l'émancipation des hommes et le bien-être enfin démocratisé – ce bonheur dont Saint-Just déclarera bientôt qu'il est « une idée neuve en Europe ». Où l'on voit bien, pardon d'y insister mais c'est essentiel, que nous sommes encore dans l'orbite de la raison objective.

S'il est un événement qui, entre tous, témoigne de ce nouvel état d'esprit, un événement qui cristallise par contrecoup tous les espoirs mis dans cette révolution mondiale que représente l'avènement de la science moderne, c'est bien le fameux tremblement de terre qui dévaste la ville de Lisbonne en 1755. Il fera, si l'on en croit Voltaire, qui l'évoque dans son *Candide*, 30 000 morts dans la journée. On pense aujourd'hui qu'il en fit en réalité beaucoup plus, probablement entre 50 000 et 100 000. Ce qui est certain, à tout le moins, c'est que toute la ville basse est détruite. Si vous allez aujourd'hui à Lisbonne, vous verrez qu'on y a conservé, en souvenir du séisme, les ogives de la cathédrale, miraculeusement restées intactes. La catastrophe est sans équivalent en Europe et tous les grands esprits sont marqués par l'événement. Ils y réfléchissent, ils en débattent, ils s'interrogent. Et que disent-ils, de manière unanime ou presque (Rousseau, déjà romantique et critique à l'égard du progrès est l'exception) ? En substance ceci : la nature est méchante avec les hommes, la nature c'est l'ennemi, elle appartient globalement à la catégorie du nuisible – on n'est guère écologiste à l'époque ! Elle nous envoie des catastrophes et nous rend sans cesse la vie difficile, mais justement, grâce aux progrès des sciences et des techniques, nous allons pouvoir enfin la domestiquer, la civiliser et la cultiver. Mieux, nous allons être capables de prévoir et par conséquent de prévenir les catastrophes naturelles. Du coup, et l'on voit ici la mission plus que scientifique de la science, sa finalité plus que théorique mais aussi morale, sociale et politique : nous allons bel et bien, grâce à elle, pouvoir rendre l'humanité plus libre et plus heureuse.

Plus libre doublement, d'ailleurs : par rapport à la tyrannie de la nature, d'abord, comme je viens de le suggérer, et c'est là pour ainsi dire une liberté extérieure ; mais aussi par rapport à soi-même, par rapport à la superstition qui asservit les esprits, par rapport à l'obscurantisme du Moyen Âge – d'où la métaphore des Lumières, justement, qui évoque la lutte contre l'obscurité de l'obscurantisme. Liberté intérieure, donc, face à la superstition mais aussi liberté extérieure par rapport à une nature qu'on maîtrise enfin théoriquement (on parvient à la connaître vraiment) mais aussi pratiquement : si l'arbre n'est plus habité par un dieu, s'il n'a plus d'âme, s'il n'est plus sacré, alors je puis sans scrupule (on n'est toujours pas écologiste !) le passer par la cheminée pour me chauffer ou le débiter en planches pour fabriquer des meubles. En quoi la science moderne va bientôt engendrer, Max Weber a raison et Heidegger reprendra le thème, bien que sous d'autres vocables, un véritable « désenchantement du monde », c'est-à-dire le retrait de ces divinités multiples qui étaient censées autrefois l'habiter et lui donner une âme.

Où l'on voit aussi comment, à cette émancipation de l'humanité, à cette liberté intérieure et extérieure que se propose d'apporter la science, s'ajoute l'idéal du bonheur ou, tout au moins, du *bien-être* – double finalité, liberté et bonheur, que l'on regroupera bientôt sous le beau nom de « Progrès ». Voilà bien les Lumières et l'essence, avec elles, de cette première période de la métaphysique moderne de la subjectivité : la croyance optimiste en l'avenir, la conviction qu'un idéal est né, qui doit animer la politique et qui englobe la science elle-même, le sentiment que l'histoire possède enfin un sens et que ses avancées peuvent se mesurer à une aune bien établie : l'émancipation progressive de l'humanité et son cheminement, lent mais certain, vers le bien-être – ce qu'on nommera, pris ensemble, l'humanisme ou encore, la république.

Un monde soumis aux fins de l'homme

Avec l'anthropocentrisme moderne, avec la métaphysique de la subjectivité qui érige l'homme en fondement et maître de toutes choses, le monde sera donc, d'une certaine manière, non seulement désacralisé mais aussi dévalorisé : il n'est plus, ainsi parle Heidegger, qu'un « stock d'étant » sans la moindre valeur intrinsèque, un grand réservoir d'objets matériels n'ayant pas d'autre signification ni d'autre destination que de servir désormais les fins de l'humanité. Dans cette optique, la nature ne sera plus qu'une « réserve de bois », la montagne « une carrière de pierres », la rivière une « force hydraulique », etc. C'est la raison pour laquelle Heidegger définit notre nouvelle relation au monde comme *Gestell*, c'est-à-dire comme un rapport de domination ou d'« arraisonnement » (c'est ainsi que les traducteurs français ont rendu le mot allemand *Gestell*), l'époque moderne étant caractérisée par la manière dont l'humanité entend mettre à sa portée la totalité du monde. En d'autres termes, la métaphysique moderne n'est pas seulement spéculative ou contemplative : elle est également porteuse d'un projet *pratique* et *volontariste* qui vise à assurer la domination du sujet sur la nature et sur l'histoire.

Ces trois traits – idéologie de la table rase, promotion de la raison et de la volonté – vont ainsi caractériser la première époque de la métaphysique de la subjectivité, à la fois cartésienne et centrée sur le rationalisme des Lumières lequel, par rapport au cartésianisme, introduira dans les sciences la dimension de l'observation et de l'expérimentation, mais qui héritera cependant à bien des égards, malgré cette distance, des principes rationalistes et mécanistes inaugurés par le cartésianisme. À ce stade, comme je l'ai déjà suggéré, nous ne sommes donc pas encore dans l'univers de la technique, mais plutôt dans celui de la science, puisque des finalités objectives subsistent : nous ne sommes pas encore entrés dans le règne absolu de la raison instrumentale proprement dite (qui ne considère que les moyens à l'exclusion des fins), la raison continuant encore, dans la philosophie des Lumières, à poursuivre des objectifs, en l'occurrence la liberté, le bonheur et le progrès. En cette première époque de la « métaphysique de la subjectivité », la rationalisation du monde demeure donc finalisée (subordonnée à des finalités supérieures) alors même que dans le monde de la technique, qui se déploie dans un deuxième temps, ces fins disparaîtront totalement.

Deuxième époque : l'avènement du règne de la technique

Qu'est-ce que le monde de la technique à proprement parler ? Pour Heidegger, la technique considérée d'un point de vue philosophique, c'est le devenir-monde de cette ultime figure de la métaphysique moderne qu'est la « volonté de puissance » ou la « volonté de volonté » telle que Nietzsche l'a définie. Ce n'est plus, ou en tout cas plus seulement, la philosophie de Descartes qui la sous-tend, mais c'est désormais vers la pensée de Nietzsche qu'il faut, selon Heidegger, se tourner pour comprendre l'avènement de l'univers technicien, pour saisir son soubassement philosophique. Si l'infrastructure philosophique de l'humanisme moderne prend son essor avec Descartes, l'infrastructure philosophique du monde de la technique trouve son achèvement dans la doctrine nietzschéenne de la volonté de puissance que Heidegger considère donc comme la critique radicale, mais au contraire comme l'achèvement ultime de la métaphysique de la subjectivité.

Pour comprendre ce thème central dans la pensée de Heidegger, (thème qui peut choquer à première vue, la plupart des héritiers de Nietzsche considérant ce dernier, non pas du tout comme un métaphysicien, mais au contraire comme le plus grand critique de la métaphysique), il faut bien voir en quel sens Heidegger interprète le concept nietzschéen de « volonté de puissance ». Ce qu'il veut dévoiler par cette analyse, à mes yeux profonde et juste, c'est la façon dont Nietzsche inaugure la disparition, pour ne pas dire la liquidation des objectifs, des fins que l'idéologie rationaliste et humaniste des Lumières assignait encore au progrès. On pourrait aussi parler d'une substitution radicale de la raison instrumentale à la raison objective, ou encore d'un remplacement de la raison pratique (rationalité morale) par des impératifs désormais purement techniciens : il ne s'agit plus, en effet, de maîtriser le monde pour rendre l'humanité plus libre et plus heureuse, mais de maîtriser pour maîtriser, d'accroître notre force pour le seul souci de l'intensité, pour le seul plaisir de l'accroissement en tant que tel.

Tâchons de passer de ces formules quelque peu énigmatiques et abstraites à leur signification concrète dont vous allez voir qu'elle est en réalité tout à fait pertinente et précieuse pour comprendre les temps modernes.

La volonté de puissance nietzschéenne comme arrière-fond métaphysique de la technique

Je vous rappellerai d'abord brièvement que pour Nietzsche (nous avions déjà étudié cet aspect dans la leçon qui lui est consacrée), la vie, c'est-à-dire le réel, se confond avec la « volonté de puissance » : « La volonté de puissance, écrit-il dans un aphorisme célèbre, est l'essence la plus intime de l'être » –, signifiant par là que le réel est un tissu de forces, un tissu formé d'une multiplicité infinie d'instincts ou de pulsions. Cette définition du réel comme vie, comme océan de pulsions vaut, comme chez Schopenhauer, pour toutes les réalités qui forment ce qu'on appelle le monde, qu'il s'agisse du réel de la pierre qui tombe (force de gravitation), de la plante qui pousse (la croissance des êtres vivants) ou de la volonté humaine. Dans tous les cas de figure, pour Nietzsche comme pour Schopenhauer, nous avons fondamentalement affaire à la même force vitale, à la « vie » ou à la « volonté de puissance ». La volonté de puissance, ce n'est donc pas comme on le croit parfois en faisant un contresens total, la volonté qui veut le pouvoir, mais la volonté qui se veut elle-même, en ce sens qu'elle veut sa propre intensification. Comme Spinoza, Nietzsche pense que ce qui renforce nos forces vitales nous apporte de la joie, et ce qui les amenuise nous rend triste. La volonté de puissance ne veut plus rien d'autre qu'elle, elle n'a plus d'objectif, elle ne veut plus ni ceci ni cela, ni le bonheur ni la liberté, mais sa propre force, sa propre intensification, son propre accroissement. Avec la volonté de puissance, le vouloir humain abandonne toute visée émancipatrice pour se retourner sur lui-même et devenir, comme le dit Nietzsche lui-même, « volonté de volonté », quête de la puissance en tant que telle – en quoi vous commencez peut-être à percevoir en quel sens elle sous-tend la technique, la raison instrumentale qui ne vise, elle non plus, aucune fin, aucun objectif extérieur.

Dans le grand livre qu'il consacre à Nietzsche, Heidegger montre de façon convaincante que c'est en ce sens que cette structure de la volonté de puissance constitue l'infrastructure métaphysique du monde de la technique, ou, ce qui revient au même à ses yeux, la dernière figure de la subjectivité métaphysique. Dans la technique, en effet, on ne considère plus les fins ni les objectifs : seuls comptent l'accroissement des moyens, la maîtrise pour la maîtrise, la rentabilité et la productivité perçues comme des fins en soi. Le capitalisme moderne, depuis qu'il a pris la forme de la mondialisation libérale, est de ce point de vue l'archétype même d'une volonté de puissance technicienne déchaînée dans l'univers politique.

Première et deuxième mondialisation

Qu'est-ce, en effet, que la mondialisation ? Il faut en fait distinguer une première et une deuxième mondialisation, ou si vous préférez, deux âges, deux époques de la mondialisation. La première se confond avec la révolution scientifique, avec le moment cartésien que nous avons analysé plus haut. Pour la première fois dans l'histoire de l'humanité, la science moderne met en place un discours universel, à portée réellement mondiale en ce sens qu'il prétend valoir pour tous les êtres humains, pour le peuple comme pour les nobles, pour les riches comme pour les pauvres, pour les puissants comme pour les faibles, mais aussi pour les Allemands, comme pour les Français, les Chinois ou les Indiens. La science produit un discours qui, pour la première fois dans l'histoire de l'humanité, est un discours transclasses sociales et transfrontières. Avant ce XVIIe siècle cartésien et occidental, nous étions, pour employer une image, dans la collection « contes et légendes » : il y avait des cosmologies, des mythologies, des littératures, des religions, des philosophies, mais toutes étaient de portée seulement locale, régionale, limitées à une civilisation ou à une nation. Le discours scientifique, lui, traverse les classes sociales et les frontières, raison pour laquelle Condorcet, par exemple, établit un lien entre révolution politique et révolution scientifique. De fait, le discours scientifique gagnera le monde entier par l'intermédiaire des écoles et des universités.

Dans cette première mondialisation, comme dans le premier âge de l'humanisme (de la métaphysique de la subjectivité), l'humanité reste donc encore orientée vers un projet, c'est tout l'esprit des Lumières, vers des finalités, des grands desseins, des objectifs encore grandioses, extérieurs et supérieurs à la volonté des hommes : on veut la liberté et le bonheur, l'émancipation de l'humanité et son bien-être. En cela, nous sommes encore dans la raison « objective » et l'idéologie du progrès.

La chute des Lumières dans la technique

La deuxième mondialisation advient lorsque cet immense projet humaniste est pour ainsi dire victime d'une chute, au sens platonicien ou biblique du terme. Au cours de la seconde moitié du XXe siècle, le grandiose projet des Lumières tombe en effet dans l'infrastructure de la compétition généralisée, ce qu'on appelle, dans nos écoles de management, le *benchmarking*, dans cette concurrence permanente et tous azimuts qui caractérise notre époque – compétition des entreprises entre elles, mais aussi des pays, des cultures, des universités, des laboratoires, etc. L'histoire n'avance plus animée par la représentation d'une fin, par le projet de construire un monde meilleur, animée par des objectifs tels que la liberté, le bonheur et le progrès, comme pouvaient encore l'imaginer Voltaire ou Hugo, Jaurès, le général de Gaulle, Churchill ou le chancelier Adenauer. Dans le capitalisme mondialisé, les acteurs n'avancent plus que poussés par la logique de la survie, de l'adaptation et de l'urgence, par l'obligation, par la contrainte absolue – mécanique, automatique, anonyme et aveugle – d'innover en permanence, d'innover pour innover, simplement pour ne pas crever, pour ne pas être balayé, un peu comme dans la sélection naturelle de Darwin où une espèce qui ne s'adapte pas est condamnée à disparaître.

Dans la mondialisation technicienne, une entreprise qui n'innove pas en permanence de façon à être plus compétitive, plus rentable et plus productive que sa voisine, est forcément vouée à la mort. Ce tournant historique est décisif : il marque l'avènement du monde de la technique, en ce sens que les finalités s'estompent, voire disparaissent totalement au profit du nouveau cahier des charges de l'innovation. Nous n'avançons plus par rapport à la représentation d'un but, mais uniquement poussés par l'obligation absolue d'accroître les moyens dont nous disposons, d'augmenter les forces productives, aurait dit Marx. Il ne s'agit plus là d'un projet, encore moins d'un grand dessein, mais simplement d'un cahier des charges totalement contraignant. D'où la liquidation progressive du sens qui caractérise la vie politique moderne.

Voilà ce à quoi aboutit le règne sans partage de la technique, c'est-à-dire de cette volonté de puissance qui a pris la forme de la volonté de volonté. Ce que veut d'abord et avant tout un chef d'entreprise, c'est être compétitif, ce qui signifie innover pour survivre. Pour survivre, il est en permanence contraint de se renouveler, de ne pas « s'embourgeoiser », de ne pas s'endormir, d'améliorer constamment sa productivité et sa rentabilité, qu'il s'agisse de ses produits, de sa communication, de son informatisation, de la gestion de ses ressources humaines, etc. Dans tous les domaines, l'entreprise doit innover sans cesse mais, désormais, sans savoir *pourquoi* ni *en vue de quoi*, en vertu de quelle finalité plus haute, si bien que l'homme moderne est devenu « le fonctionnaire de la technique », selon une formule qu'on trouve dans les *Chemins qui ne mènent nulle part* (1950).

Dans ce passage du premier âge de la métaphysique de la subjectivité au second, passage qui est aussi celui de la science à la technique proprement dite, les fins de l'histoire et de la vie humaine se sont totalement obscurcies. D'où la grande crise de l'idée de progrès qui frappe l'Occident depuis la fin du XXe siècle et dont témoigne, entre autres, l'émergence du mouvement écologiste.

La question numéro un n'est pas de savoir s'il y a du progrès dans nos existences : il est clair que la science progresse, que les techniques progressent aussi dans tous les domaines. Cela n'est pas douteux, mais la grande question que posent les écologistes, dans le sillage de cette critique du monde de la technique, c'est plutôt celle de savoir dans quelle mesure le progrès est bien un progrès. Avons-nous vraiment le sentiment d'être plus libres et plus heureux parce que nos téléphones portables auront plus de mémoire et plus de pixels l'année prochaine ? Pas sûr… La grande question que pose la crise du progrès est bien de savoir si ce progrès technique et *définalisé,* si ce « procès sans sujet » comme disait dans le même sens Althusser à propos du capitalisme –, apporte véritablement liberté et bonheur.

Cette conception du monde de la technique (que Heidegger développe notamment dans « La question de la technique » [1953], un bref essai publié dans ses *Essais et Conférences* [1958], mais surtout dans un autre petit texte intitulé « Le dépassement de la métaphysique »), possède de multiples applications possibles : on peut faire une lecture technicienne (au sens de Heidegger) des marchés financiers, de la mondialisation économique et financière ou encore des médias, eux aussi asservis au monde de la technique car dominés par la logique de l'audience, de l'Audimat. De là le culte de la vitesse, la rapidité de l'information, mais aussi sa disparition progressive au profit de la simple communication. Pour le patron d'une chaîne ou d'un journal, il n'est pas question de perdre la course avec ses rivaux, avec la chaîne ou le journal qui lui sert de *benchmark*, avec qui il doit se comparer. En cela, la logique de l'Audimat est devenue la logique même du monde, qu'il s'agisse d'être lu, écouté ou reconnu. À défaut de ne pas faire l'Audimat suffisant, un artiste, un homme politique ou un écrivain se verront à coup sûr « sélectionnés », comme une espèce mal adaptée dans l'Univers de Darwin. Quand nos altermondialistes s'inquiètent de la « marchandisation du monde », comme si plus rien ne pouvait désormais échapper à l'empire de la technique et du marché, ils se montrent sans le savoir sans doute plus heideggériens que marxistes...

Bien sûr, tout ce que je vous dis là n'est pas à proprement parler « dans » l'œuvre de Heidegger. Il ne parle pas comme cela, c'est mon langage et mes exemples que j'utilise ici, mais il me semble que c'est là ce qu'on peut aisément tirer de son analyse de la technique comme « devenir-monde » de la volonté de puissance. Contrairement à nombre de penseurs qui ont littéralement pillé Heidegger sans l'avouer – un vieux nazi allemand n'est pas une référence agréable, même s'il se trouve que ce vieux nazi est génial – j'aime bien rendre à César ce qui est à César et, en revanche, je n'aime pas faire semblant d'être original et profond sur le dos d'un autre. Passons et revenons au fil principal : quelles conséquences politiques peut-on encore tirer de cette critique très radicale de la modernité technicienne comme dévastation de la Terre et destruction du sens ?

LES LEÇONS POLITIQUES À TIRER DE LA CRITIQUE DU MONDE TECHNIQUE

Une réponse humaniste possible (qui n'est pas celle de Heidegger)

Une première réponse possible, face à cette analyse de la technique que j'ai donc formulée très librement, dans les termes qui sont les miens, mais dans l'esprit de Heidegger, serait paradoxalement celle d'un humanisme renouvelé. On pourrait la formuler de la façon suivant : si le monde nous échappe, si l'Histoire n'a plus de sens, plus de grand dessein en perspective, alors la question cruciale devient de savoir comment reprendre la main sur un monde qui paraît désormais hors de contrôle. C'est ici toute la problématique contemporaine de la régulation internationale qui se met en place, que ce soit dans le domaine financier d'ailleurs, ou dans celui de l'écologie par exemple. Elle est au cœur de la réponse humaniste, pour qui la priorité consisterait avant tout à retrouver des marges de manœuvre face à ce

« procès sans sujet » qu'est devenue l'Histoire, à réaménager une place à la politique afin de redonner à notre évolution historique le caractère démocratique et républicain qu'elle a perdu.

Pour l'essentiel, en effet, la démocratie républicaine, celle des révolutionnaires français, nous faisait la promesse que nous allions enfin maîtriser notre destin et faire collectivement l'histoire. Or, l'analyse heideggérienne du monde de la technique – et celle de Marx avant lui, quand il soulignait que « les hommes font leur histoire sans savoir l'histoire qu'ils font » – montre que notre histoire nous échappe comme jamais car elle n'a même plus de finalité et qu'en outre, les foyers de compétition qui lui servent de moteur étant désormais en nombre infini, plus personne ne maîtrise le processus historique. Une réponse humaniste consisterait donc à tout faire pour reprendre la main, à franchir un cran supplémentaire, à sortir par exemple de l'État nation pour œuvrer à la mise en place d'une gouvernance mondiale, comme tente de le faire tant bien que mal le G20 aujourd'hui : aller plus haut pour réguler le monde et reprendre la main en établissant une sorte de démocratie mondiale.

Le nazisme comme réponse de Heidegger au « défi de la technique »

Cette perspective humaniste, qui vise à reprendre la main par un surcroît de volonté, donc de subjectivité, n'est évidemment pas celle de Heidegger. On perçoit aisément pourquoi : si vous avez bien compris la logique profonde de sa lecture de la modernité technicienne, il est évident qu'aux yeux de

Heidegger, la « faute » première, le point de départ de toute cette « déréliction » *(Vefall)*, réside déjà dans le cartésianisme et dans la métaphysique de la subjectivité qu'il instaure. Bien entendu, je l'ai souligné moi-même, le monde de Descartes et celui des Lumières ne sont pas encore le monde technicien puisque des finalités y subsistent. Reste qu'une fois le sujet cartésien installé en posture de « maître et possesseur de la nature », le glissement progressif vers le monde de la technique est, du moins aux yeux de Heidegger, inéluctable : une fois posé que la volonté et la raison sont souveraines, une fois l'homme érigé en « gardien de l'étant » et dominateur de la Terre, on entre dans une logique qui conduira peu à peu à l'abolition de la raison objective au profit de la raison instrumentale, au profit d'un univers dans lequel la volonté finit par se vouloir elle-même, par ne rien désirer d'autre que son propre accroissement, que la maîtrise pour la maîtrise, la domination pour la domination. Bref, on passe inévitablement de la science à la technoscience, de la première à la deuxième mondialisation, de l'époque de Descartes à celle de Nietzsche, de la volonté qui vise encore la liberté et le bonheur à la volonté qui ne vise plus que sa propre intensité. Je ne vous exposerai pas, ici, le maillon intermédiaire que Heidegger place entre ces deux pôles (qu'il situe dans la « raison pratique » de Kant), ni toutes les subtilités de son interprétation de la technique, très bien développées déjà dans « Qu'est-ce que la métaphysique ? » (1929), un texte qui figure dans *Questions I*.

Une chose est sûre : c'est que Heidegger a clairement refusé toute réponse humaniste aux défis de la technique. Il a maintes fois exprimé la conviction, pour les raisons que je viens justement d'indiquer, que ce n'était assurément pas par un surcroît de subjectivité et de démocratie, par une sorte d'hypervolontarisme mondialisé qu'on sera à même de résoudre les défis que nous adresse la technique, la démocratie n'étant rien d'autre à ses yeux que le visage politique revêtu par la métaphysique de la subjectivité à son comble. On ne combat pas le mal par un mal plus grand : fondée sur l'idée métaphysique illusoire d'autonomie et d'auto-institution, la démocratie ne peut qu'appartenir au registre de la modernité technicienne et de sa planétarisation. Il n'y a donc rien à en attendre. Vouloir davantage de démocratie pour reprendre la main et étendre la régulation à l'échelle d'une gouvernance mondiale, voilà donc qui constituerait aujourd'hui, pour Heidegger, la pire des solutions. Cela reviendrait à entreprendre de soigner le mal par le mal, à vouloir plus de démocratie, donc plus de métaphysique de la subjectivité, donc plus de volonté de maîtrise. C'est très exactement en ce sens qu'en 1976, dans un entretien accordé au *Spiegel* en 1966 et publié à titre posthume, Heidegger déclare tranquillement que « seul un Dieu peut encore nous sauver » *(Nur noch ein Gott kann uns retten)* : c'est une métaphore, bien sûr. Heidegger n'est pas croyant. Mais il veut dire que le salut ne peut pas venir de l'homme pensé comme sujet de la métaphysique, puisque c'est justement ce dernier qui est à l'origine des dérives techniciennes de la modernité.

De là aussi l'engagement de Heidegger dans le national-socialisme. Sans revenir en détail sur cet épisode plus que fâcheux (je renvoie à cet égard à notre essai de 1988, *Heidegger et les Modernes*, coécrit avec Alain Renaut), je rappellerai seulement que Heidegger possédait bien évidemment sa carte du parti nazi puisqu'il fut nommé en 1933 recteur de l'université de Fribourg, un poste très sensible, éminemment politique, tout particulièrement sous le régime nazi. Comme tout représentant officiel du régime, il termine bien évidemment tous ses discours par des « *Heil Hitler !* » enthousiastes. On sait, notamment grâce à ses cours des années 1930 et 1940, que Heidegger avait une très grande admiration personnelle pour Hitler et qu'il attendait vraiment de l'Allemagne nazie qu'elle desserre le fameux étau où la vieille Europe lui semblait coincée entre le libéralisme américain et le collectivisme soviétique. Cela ne fait aucun doute, et si Heidegger reconnaît par la suite avoir commis une « grosse bêtise », il n'en maintiendra pas moins, jusqu'à la fin de sa vie, l'idée qu'il y avait bel et bien une « grandeur et une vérité interne du mouvement » national-socialiste *(große und innere Wahrheit der Bewegung)*. Il ne fait aucun doute non plus qu'il voyait dans les juifs des « déracinés », cosmopolites potentiels ou réels, dont il se méfiait au point de contribuer à les exclure d'une université dont il redoutait, il le dit lui-même, qu'elle perde son caractère allemand à force d'être « enjuivée ». Du reste, on voit mal comment on aurait pu adhérer à l'hitlérisme dans les années 1930 sans être en quelque façon antisémite et le fait qu'il ait eu une maîtresse juive, Hannah Arendt, ne change évidemment rien à ce constat.

Est-ce à dire que, pour Heidegger, cette « grandeur » du nazisme dont il parle encore longtemps après la guerre, aurait résidé dans la promesse d'une autre relation à la technique ? Et, plus généralement, quelle relation établir entre l'œuvre et l'engagement ? Pour quelles raisons de fond, internes à sa critique même de la modernité technicienne, Heidegger a-t-il cru dans les pouvoirs salvateurs du nazisme, dans la « grandeur et la vérité interne » de ce mouvement ? Cet engagement est à vrai dire tout à fait compréhensible dès lors qu'on perçoit combien, dans sa perspective, la démocratie ne saurait en aucun cas être le régime susceptible d'apporter ce salut. En quoi le nazisme pouvait-il, dans ces conditions, être perçu par Heidegger comme une réponse appropriée au problème posé par le monde de la technique ou comme une réponse efficace permettant d'en conjurer les périls ?

Il faut revenir, pour bien le comprendre, à cette notion de « Mitteleuropa » qu'incarnerait l'Allemagne. Heidegger était convaincu, comme je vous l'ai dit, que l'Amérique et la Russie, le libéralisme américain d'un côté et le collectivisme soviétique de l'autre, ne représentaient jamais que les deux faces de la politique moderne, les deux versants possibles, au plan politique, de la métaphysique de la subjectivité, du monde de la technique. À cet égard, individualisme libéral et totalitarisme communiste reviennent, à ses yeux, métaphysiquement au même. Je vous relis le texte de l'*Introduction à la métaphysique* (1935) que je vous citais tout à l'heure :

> La Russie et l'Amérique sont toutes deux, au point de vue métaphysique, la même chose ; la même frénésie de la technique déchaînée et de l'organisation sans racines de l'homme normalisé.

« Sans racine », parce que le déracinement cartésien fait en permanence table rase du passé – révolutionnarisme détestable aux yeux de Heidegger qui ne cesse, à son encontre, de mobiliser ce qu'Adorno nommera le « jargon de l'authenticité » *(Jargon der Eigentlichkeit)*, c'est-à-dire le vocabulaire typiquement nazi du *Blut und Boden*, du sang et du sol, des racines et du terroir (de cette terre « qui ne ment pas »). C'est dans cette optique que Heidegger ne cesse de faire appel à un troisième terme, qui ne soit ni la démocratie libérale ni le totalitarisme soviétique, pour contrecarrer la déréliction du monde, son effondrement dans « l'affairisme américanisé » ou le productivisme planifié.

Seule l'Allemagne peut nous sauver

Bien d'autres passages de son œuvre confirment en tout point cette analyse et montrent à quel point, pour Heidegger, la démocratie ne saurait en aucun cas nous sortir de ce marasme : « La planète est en flammes, déclare-t-il dans son cours sur Héraclite de 1943. L'essence de l'homme est sortie de ses gonds, la réflexion historico-mondiale ne peut venir que des Allemands, à supposer qu'ils trouvent et défendent la germanité *(Das Deutsche)* », c'est-à-dire ce qui est vraiment allemand chez les Allemands.

Vous voyez l'idée : seule l'Allemagne, en tant que Mitteleuropa, peut sauver le monde. Seule elle incarne cette Europe du milieu prise en tenaille entre l'Amérique et la Russie, entre ces deux écueils que sont le visage démocratique et le visage collectiviste de la même domination de la subjectivité devenue technicienne. Dans *L'Époque des conceptions du monde* (1938), il précisait déjà sa pensée sur ce point crucial :

> Ce n'est que là où l'homme est déjà par essence sujet [dans la métaphysique de la subjectivité] qu'est donnée la possibilité de l'aberration dans l'inessentiel, du subjectivisme au sens de l'individualisme [les États-Unis] ; mais ce n'est également que là où l'homme reste sujet que la lutte expresse contre l'individualisme et pour la communauté (communisme) en tant que champ et but de tous les efforts et de toute espèce d'utilité, a un sens.

Autrement dit, ce n'est que sur la base de l'avènement de la métaphysique de la subjectivité – que Nietzsche, en dernier métaphysicien, aurait poussée à son comble – que la politique peut prendre soit la forme libérale, soit la forme collectiviste. C'est à partir de cette lecture du monde que Heidegger voit dans l'Allemagne nationale-socialiste la possibilité d'une réaction salutaire contre ces deux visages (individualiste et collectiviste) de la modernité technicienne : « Le national-socialisme, persiste-t-il à dire encore en 1966, est bien allé dans cette direction », c'est-à-dire dans le sens d'une tentative « pour aider l'homme à établir une relation satisfaisante avec la technique ».

De très nombreux autres écrits, notamment ses cours de 1942-1943, montrent par ailleurs à quel point Heidegger confiait au national-socialisme allemand, à cette Mitteleuropa dont il croyait que Hitler exalterait les potentialités en exaltant sa germanité, la charge d'amorcer une révolution antitechnicienne.

On objectera à Heidegger (sans même évoquer d'autres objections éthiques évidentes), qu'on pourrait procéder à une tout autre lecture du nazisme, y voir au contraire le comble du monde de la technique, ne serait-ce que par le caractère industriel de la destruction des juifs dans ces usines de la mort que furent les camps d'extermination et les chambres à gaz. On peut aussi considérer la « mobilisation totale » qui caractérise le nazisme comme la forme achevée du monde technicien et non comme une réaction à son encontre.

Dans un premier temps – et jusqu'en 1945 –, Heidegger plaidera pourtant en faveur du national-socialisme. Il sera même, comme tant d'autres intellectuels allemands, littéralement fasciné par Hitler. Les faits, à cet égard, sont désormais établis. Il suffit, sur ce point, de lire son célèbre « Discours du rectorat » ou encore son texte terrifiant sur l'université allemande. En tant que recteur, Heidegger participe très activement à la germanisation de l'université, y compris, comme je l'ai suggéré plus haut, à l'exclusion des assistants juifs qu'il fait chasser de l'université en déclarant qu'il faut lutter contre « l'enjuivement de l'université allemande » *(gegen die Verjudung der deutschen Universität)*. Assez misérablement, il va même jusqu'à retirer de la réédition de ses œuvres son hommage à Husserl, qui était son maître et qui était juif. Sa femme, Elfriede, professe à ses côtés un antisémitisme plus virulent encore. Cette ambiance nazifiée n'empêchera nullement Heidegger de tomber amoureux de Arendt – et il est probable que l'antisémitisme, chez lui, était davantage une position idéologique de principe de toute façon obligatoire en raison de son statut de recteur, qu'une conviction personnelle appliquée dans sa vie privée. Mais il ne sert à rien de nier la réalité comme l'ont fait tant de disciples français de Heidegger qui se sont longtemps livrés à un pur et simple exercice négationniste de dénaturation des textes qu'il vaut mieux, pour cette raison, lire en allemand que dans des traductions qui, non seulement les édulcorent, mais en falsifient parfois radicalement et volontairement le sens authentique.

Reste à examiner ce que Heidegger a pu penser de tout cela et proposer comme perspective nouvelle une fois le nazisme vaincu et après que lui-même, dans une posture forcément difficile après la guerre, sera, selon un autre jargon de l'époque, « dénazifié ».

Après le national-socialisme :
le pas de l'écrevisse

Heidegger va opter pour une autre approche du problème de la technique : ce qu'il appelle le *Zurückschritt* en arrière, le « pas de l'écrevisse », ce crustacé qui marche, comme on sait, à reculons. Ce sera peut-être bien le fin mot de sa dernière philosophie.

Il ne s'agit pas de « dépasser » *(Uberwinden)* ou de surmonter le monde de la technique par davantage de maîtrise – encore une fois, on ne soigne pas le mal par le mal –, pas non plus de réagir, comme le mouvement national-socialiste, par un retour romantique, nostalgique et brutal à la germanité perdue, mais de pratiquer la déconstruction de la métaphysique pour revenir, en quelque sorte, à un en deçà de la métaphysique – le *Zurückschritt* n'impliquant d'ailleurs pas forcément un retour en arrière, mais plutôt une déconstruction qui peut s'accomplir au présent afin de parvenir à la *Gelassenheit*, terme souvent traduit par « sérénité », ce qui n'est pas très heureux.

Gelassenheit, en allemand, évoque plutôt une attitude consistant à « laisser les choses être », une sorte de « lâcher-prise », plutôt que de « sérénité ». Non plus l'attitude volontariste, arrogante et impérieuse de la métaphysique de la subjectivité, mais une attitude de laisser-être qui consisterait moins à combattre ou à déplorer le règne de la technique qu'à le laisser se déployer, toutefois sans vraie transposition possible sur le plan politique.

L'honnêteté m'oblige à dire que cette attitude n'a pas grand sens à mes yeux : elle me paraît moins dictée par le souci d'inventer réellement une voie nouvelle que par les impasses dans lesquelles la pensée de Heidegger s'est elle-même enfermée. C'est en butant finalement sur ce point que Heidegger n'a pas réussi à acquérir tout à fait le statut d'un grand philosophe. Mais je suis là pour vous exposer malgré tout sa pensée du mieux que je peux, je laisserai donc de côté mes propres jugements.

On peut dire, en résumé, que Heidegger abandonne à la fois le totalitarisme nazi et l'idée démocratique au profit d'un « retrait du politique », pour reprendre la formule de certains de ses disciples derridiens. Le *Zurückschritt* signifie bien aussi qu'« on se retire », ce qui reste évidemment assez peu satisfaisant pour quiconque s'intéresse à la politique.

La question de l'être

Venons-en maintenant à l'aspect strictement philosophique, parfois très abstrait mais réellement profond, de sa pensée. Il me faut vous en dire quelques mots parce qu'il constitue l'arrière-plan de sa critique du monde de la technique. De même que, pour Heidegger, la pensée de Descartes représentait en quelque sorte l'arrière-fond des Lumières et celle de Nietzsche l'arrière-fond métaphysique de l'univers technicien, de même la « question de l'Être » constitue-t-elle l'arrière-fond « antimétaphysique » de la pensée de Heidegger. Pourquoi tient-il tant à cette fameuse « question de l'Être » ? Pourquoi la tient-il pour la question fondamentale de la philosophie, une question que toute la tradition métaphysique, de Platon à Nietzsche, n'aurait selon lui cessé d'oublier ? Et pourquoi la faire resurgir ?

De la différence ontologique ou différence entre l'être et l'étant

Pour comprendre cette distinction fondamentale chez Heidegger, le plus simple est de partir de l'interrogation leibnizienne, ce que Heidegger lui-même fait d'ailleurs dans plusieurs textes : « Pourquoi y a-t-il quelque chose plutôt que rien ? » Quand on décompose cette proposition, on constate qu'elle comporte plusieurs éléments intéressants.

Nous trouvons d'abord le « Pourquoi », c'est-à-dire la question de la cause, du fondement, de la raison d'être des choses et du monde ; vient ensuite la question du « il y a » des choses, des objets, un monde (c'est ce « il y a » que Heidegger va nommer « Être », avec une majuscule) ; enfin, on trouve la question de la chose elle-même, la question de la nature du quelque chose (ce que Heidegger va appeler « l'étant »), puis, au final, celle du néant, de la contingence : après tout, le monde pourrait n'avoir jamais existé, voire cesser aujourd'hui ou demain de persévérer dans l'existence.

Cela fait donc, si l'on résume, quatre questions différentes, toutes les quatre contenues dans cette petite phrase pourtant toute simple en apparence – Pourquoi y a-t-il quelque chose plutôt que rien ? Je résume : 1) la question de la cause première du monde (question dont on sent tout de suite qu'elle renvoie presque naturellement à la théologie, à l'idée d'un créateur du monde) ; 2) la question de l'Être, du « il y a » ; 3) la question de l'ontologie, c'est-à-dire de la nature des étants, des « quelque chose », et enfin, 4) la question de la possibilité du néant, du non-être du monde et de sa contingence possible.

Quatre questions, donc, toutes quatre d'une profondeur et d'une ampleur abyssales, ce qui n'est pas mal pour une si petite phrase ! Tâchons maintenant de saisir, à partir de l'analyse de cette simple proposition, ce que Heidegger entend par « différence ontologique », c'est-à-dire la différence entre l'Être et l'étant, différence qui, encore une fois, est la pierre angulaire de toute sa pensée.

J'aimerais que vous perceviez bien la différence entre les deux registres, les deux niveaux de la proposition : *le fait qu'il y ait* des choses n'est pas identique aux choses elles-mêmes, le fait qu'il y ait des arbres n'est pas identique aux arbres (qui pourraient ne pas exister). Or, le fait *qu'il y ait* des choses, c'est justement ce que Heidegger appelle « l'Être » et qu'il distingue soigneusement de la chose elle-même, c'est-à-dire de ce qu'il appelle « l'étant », la chose particulière en tant que telle. Le fait qu'il y ait quelque chose devant moi (une table, des gens, des arbres ou des chaises) doit être distingué de ces choses en tant que telles. L'Être des étants est un fait en soi qui pose question, qui renvoie par exemple à la problématique de l'origine, de la création, ou tout simplement du mystère de l'Être du monde.

En allemand, « il y a » se dit *« es gibt »*, et Heidegger joue sur le sens du verbe « donner » *(Geben)* qu'on entend encore dans la formule *« es gibt »* qui signifie littéralement « ça donne ». En français, on traduit par « il y a » – mais Heidegger entend dans l'Être pensé sur le mode du *« es gibt »* quelque chose comme l'idée secrète et mystérieuse qu'il y a eu une sorte d'événement *(Ereignis)*, une espèce de « donation d'existence », une venue à la présence de quelque chose qui désormais existe, qui est un étant. Voilà l'Être. L'Être, c'est ce pur fait du « il y a ».

« L'étant », en revanche, désigne chez Heidegger la chose même qui est là, pas le fait qu'elle soit, mais la chose en tant que telle, dans sa spécificité que les sciences vont étudier (un vivant, arbre ou chat, un non-vivant, table en bois ou en pierre, etc.). Mais encore une fois, le fait qu'il y ait de l'Être doit être soigneusement distingué de l'étant lui-même.

La plupart du temps – mais c'est là l'habitude illusoire par excellence que Heidegger va entreprendre de critiquer – la question de l'Être se pose à nous sous la forme d'une interrogation théologique, c'est-à-dire métaphysique au sens propre du terme (*méta* signifie en grec « au-delà », en l'occurrence, au-delà de la physique, au-delà des étants) : on se demande quelle est la cause du « il y a », le fondement de l'existence même du monde, et dans la tradition, on répond d'ordinaire, comme le fait d'ailleurs Leibniz, en invoquant une cause première qui est Dieu. Du coup, par cette réponse même, on oublie aussitôt le « mystère de l'Être », le fait qu'il est à proprement parler « étonnant », et même sidérant qu'il y ait un monde devant nous et que nous y soyons nous-mêmes plongés – étonnant au sens profond de cet étonnement philosophique dont parlait déjà Schopenhauer dans le même sens que reprend finalement Heidegger.

Le fait qu'il y ait des choses et que nous-mêmes existions fait question, du moins tant qu'on ne se précipite pas vers une réponse théologico-métaphysique en termes de cause première, comme si on voulait à tout prix calmer l'inquiétude philosophique par une bonne grosse réponse rassurante.

Résumons-nous en essayant en même temps d'aller un peu plus loin, plus au fond de l'interrogation heideggérienne. Face aux étants, aux choses qui sont devant nous, nous pouvons en définitive adopter quatre attitudes différentes, choisir quatre approches possibles. Elles formeront ce que l'on pourrait appeler, en termes kantiens, « l'architectonique » heideggérienne, l'architecture fondamentale de sa pensée – et c'est pourquoi, même si cela peut paraître quelque peu abstrait à première vue, il faut avoir cette architecture, en vérité limpide, présente à l'esprit si on veut pouvoir entrer dans son œuvre.

Première approche du monde : l'approche « ontique » ou scientifique

Dans le lexique heideggérien, qui joue sur les étymologies grecques, l'approche la plus commune, en termes de connaissance, est l'approche scientifique du monde. Ce dernier est alors en quelque sorte réduit à la seule sphère de « l'ontique » (du grec *ontos*, qui désigne « l'étant »). Pour l'essentiel, en effet, la recherche scientifique en reste au niveau de l'étant, elle ne pose pas la question de l'Être, du « il y a ». Il est rare, en effet, qu'un biologiste qui travaille, par exemple, sur le cancer se demande pourquoi il y a quelque chose plutôt que rien, pourquoi il y a dans son laboratoire des souris, des boîtes de Petri, des trieuses d'ADN, des drosophiles, etc. Il essaie tout simplement, en savant et en expert, de comprendre son sujet. Il examine une chose, un organisme vivant, en l'occurrence, une cellule, des gènes, etc. pour découvrir comment ils sont faits et comment ils fonctionnent ou dysfonctionnent. Pour comprendre l'étant en tant que tel (et non le fait qu'il soit là), le savant va le décortiquer, le disséquer, le regarder au microscope, le soumettre à toutes sortes d'expériences, etc. mais tout cela, il le fait en restant dans la sphère de l'étant, de l'ontique. Et même s'il cherche l'origine des souris dans la chaîne de l'évolution, il ne sortira pas de cette sphère-là : c'est toujours à partir d'un étant qu'il explique un autre étant. Le biologiste, du moins en tant que biologiste (il peut bien sûr, mais par ailleurs, comme tout être humain en général, s'intéresser à la théologie et à la métaphysique), ne se demande pas pourquoi il y a des souris. Ce n'est pas son problème, il ne pose pas la question de l'Être de la souris. Ou bien s'il se la pose – pourquoi y a-t-il des souris ? –, alors ce n'est plus en tant que scientifique, mais en tant que métaphysicien.

Deuxième approche :
l'approche onto-théologique

La deuxième attitude envisageable face au monde qui est devant nous, c'est justement celle qui consiste à poser la question en termes de causalité, en termes de « pourquoi », à se demander « pourquoi y a-t-il quelque chose ? ». C'est la question du fondement. La réponse la plus classique que lui apporte la métaphysique est la réponse théologique ou, comme l'appelle Heidegger, « onto-théologique », puisqu'on explique la présence du monde, du fait qu'il y ait des étants *(onto)* par l'existence d'un Étant suprême *(theos)*. Telle était, par exemple, comme je vous le disais, la démarche de Leibniz – mais on la rencontre chez la plupart des croyants encore aujourd'hui : on cherche la cause de ce qui est devant nous, puis la cause de la cause, et ainsi de suite jusqu'à remonter à une cause première. Et on se dit qu'il faut bien que le monde ait été créé, et comme ce monde semble plutôt bien fait, il faut qu'il ait été créé par un être surpuissant et surintelligent. Le monde ne peut pas être né de rien, il ne peut pas être sans cause, il faut donc qu'il y ait une cause première. Et, encore une fois, comme nous observons par ailleurs que le monde est admirablement bien conçu, on imagine que cette cause est intelligente. On isole donc une cause première et on prétend que le monde existe parce que Dieu l'a créé. Avec cette réponse rassurante, le monde est enfin bien ancré dans l'existence, bien garanti dans son être. Il n'y a plus de problème, on a réponse à tout : la question du « il y a » ne se pose plus, il n'y a plus de mystère, la religion a réponse à tout et c'est ce que Heidegger, comme on va voir, appelle justement « l'oubli de l'Être », oubli qui caractérise à ses yeux toute l'histoire de la métaphysique. Mais avant d'examiner de plus près sa déconstruction de l'illusion « onto-théologique », il faut encore évoquer une troisième attitude, celle qui caractérise toute la philosophie traditionnelle depuis Platon et Aristote : l'attitude « ontologique ».

Troisième approche : l'approche ontologique

La troisième attitude possible est celle des philosophes depuis Platon et Aristote : elle consiste à s'interroger sur les critères qui nous font dire qu'une chose « est », sur les critères qui définissent un objet, une chose. C'est sans doute Kant qui, aux yeux de Heidegger, pousse le plus loin cette interrogation dans la *Critique de la raison pure.* Qu'est-ce qu'une chose, qu'est-ce qu'un objet, en quoi consiste la « choséité de la chose », l'objectivité de l'objet, ou, comme dit Heidegger dans son jargon, « l'étantité de l'étant » *(die Seiendheit des Seienden)* ? Qu'est-ce qui fait qu'un étant est un étant et que nous distinguons spontanément une chose possible d'une chose impossible ?

Prenons un exemple pour bien faire comprendre cette question qui peut sembler à première vue étrange tant elle est loin des préoccupations de la vie quotidienne. Voyez comment, dans les mathématiques modernes, dans ce qu'on appelle la théorie des ensembles, on définit le néant, l'ensemble vide, celui qui ne peut, par définition même, contenir aucun élément. Il suffit d'énoncer la propriété suivante pour en obtenir la définition : « $x \neq x$ », c'est-à-dire la propriété « être différent de soi », être une chose qui se contredirait elle-même, par exemple un cercle carré. En énonçant une telle propriété, j'obtiens immédiatement, sans même y réfléchir, la définition d'un ensemble vide – ce qui prouve en creux, négativement, que je détiens, sans même y penser, quelque chose comme un critère de ce qui peut exister ou non, un critère, donc, de l'étantité de l'étant : la propriété « être différent de soi » ou « se contredire soi-même » correspond immédiatement dans mon esprit au néant, à un « ensemble vide » (il n'y a pas d'existence contradictoire possible).

Mais pourquoi pensons-nous ainsi ? La voilà, la question de l'ontologie ou, comme dit Heidegger, la « question directrice » de la métaphysique (la question fondamentale étant celle de l'Être, que l'onto-théologie s'empresse d'oublier, nous allons y revenir). D'où vient que spontanément, le mathématicien considère comme une évidence le fait qu'à la propriété « être différent de soi » ($x \neq x$) ne correspond rien, qu'il n'y a pas d'élément qui puisse entrer dans un tel ensemble, qui puisse être différent de soi. Cela signifie, pour Heidegger, que sans même y penser et pour ainsi dire subrepticement, on a fait du principe d'identité ou du principe de non-contradiction un critère de l'étantité de l'étant, un critère sans lequel une chose ne saurait être une chose.

Que dit Kant à ce propos dans la *Critique de la raison pure* ? Qu'une chose qui n'occuperait aucun volume, qui ne se situerait ni dans l'espace ni dans le temps, n'existerait pas. Pour qu'un étant soit un étant, pour qu'une chose soit une chose, il faut qu'elle soit à la fois spatiale et temporelle. Sans ces deux critères – l'espace et le temps – nous n'aurions guère qu'un fantôme. Ces deux critères de l'ontologie kantienne définissent l'étantité d'un étant ou, pour le dire plus simplement, sans ces deux critères-là, une chose ne saurait être une chose, un objet un objet. Ces critères, Kant les explicite dans sa « table des catégories » : pour qu'un objet soit un objet réel, il faut non seulement qu'il soit situé dans l'espace et dans le temps, mais il faut aussi qu'il possède une certaine quantité de matière, de force, qu'il ait une cause, etc.

Bien entendu, la question de l'ontologie est déjà présente dans la philosophie bien avant Kant. On la trouve, par exemple, déjà chez Platon quand il affirme que l'intelligible est « plus étant » que le sensible : tandis que le sensible se contredit constamment, l'Idée, en revanche, est stable. L'eau perçue par les sens, par exemple, peut être tantôt brûlante et liquide, tantôt glacée et solide : au niveau de la sensation, elle se contredit sans cesse. Ce qu'il y a de stable dans l'eau, c'est donc son idée, ce qu'elle a d'intelligible, ce qui est saisi, non pas par les sens, mais par la pensée – ce qu'on désignerait aujourd'hui par une formule scientifique, la formule « H_2O ». Seule l'Idée intelligible cachée derrière le réel sensible est vraiment réelle. Mais l'ontologie reste présente dans la philosophie bien après Kant aussi, même là où on l'attend le moins : quand Marx affirme que ce n'est pas la conscience des hommes qui détermine leur être social, mais que leur être social détermine leur conscience, il pose que l'économie (l'infrastructure) est plus réelle que les superstructures idéologiques, que la pensée.

Cette approche, on le voit, n'est plus celle du scientifique qui décortique l'objet pour comprendre comment il marche, mais elle ne se confond pas non plus avec celle du théologien ou du métaphysicien, qui cherche une cause première, un fondement premier du monde. Cette troisième approche, c'est par excellence celle du philosophe qui pose, dans ce qu'on appelle la « théorie de la connaissance », la question de l'ontologie, c'est-à-dire la question de l'objectivité de l'objet (de l'étantité de l'étant).

Quatrième approche : la « déconstruction » de la métaphysique (Abbau der Metaphysik)

Revenons un instant à l'onto-théologie, à la deuxième approche, celle qui explique l'existence des étants par un Étant suprême, par une cause première – Dieu. En quoi correspond-elle, selon Heidegger, à un « oubli de l'Être » ? Réponse toute simple, que nous avons d'ailleurs déjà partiellement évoquée : parce que, dans cette perspective théologique, la question du « il y a », ne fait justement plus problème. Quand un théologien ou un métaphysicien répond à la question « pourquoi y a-t-il quelque chose plutôt que rien ? » en invoquant un « Étant suprême » (qu'il s'agisse d'un Dieu ou d'un quelconque Big Bang posé comme une origine absolue, à la limite peu importe), il pose une fondation ultime. Par là même, la question du « il y a » cesse d'être problématique, d'où ce que Heidegger appelle « l'oubli de l'Être », Heidegger voulant dire par là que le mystère de l'Être, le mystère de la contingence du monde ou, ce qui revient au même, de la possibilité du néant, disparaissent du même coup. Si Dieu a créé le monde et qu'il est éternel, on est tranquille.

Heidegger, ici, s'inspire largement (sans toutefois le dire) de ce que nous avions vu chez Schopenhauer, à savoir la distinction entre « étonnement philosophique » et « étonnement scientifique ». Dans l'étonnement scientifique, nous nous demandons « comment ça marche », mais en restant à l'intérieur de l'ontique, de l'étant. Avec l'étonnement philosophique, on va au-delà du monde des étants, on soulève la question de l'Être : pourquoi y a-t-il quelque chose ? Or, dans la réponse onto-théologique ou métaphysique, le mystère du « il y a » ne fait plus question puisque nous possédons la réponse. D'où l'idée selon laquelle cette réponse coïncide avec l'oubli de l'Être, au point que cet oubli, pour Heidegger, peut être considéré comme la structure fondamentale de la métaphysique. « L'oubli de l'Être est l'oubli de la différence entre l'être et l'étant », écrit-il, puisque dans l'explication théologique du monde, on fonde en quelque sorte tous les étants sur un Étant suprême. C'est cet oubli de la Différence qui marque « l'avènement de la métaphysique ».

Mais si on déconstruit cette réponse par une cause première, cette réponse qui supprime le mystère du « il y a » – ce à quoi s'attelle déjà Kant dans la *Critique de la raison pure,* une démarche que Heidegger reprend à son compte –, et si on pratique le *Zurückschritt,* le pas de cette écrevisse qui marche à reculons alors, explique Heidegger, la question de l'Être, la part de mystère inhérente à toute présence, la part d'invisible présente derrière tout visible, pourra resurgir.

Telle est à ses yeux la question la plus fondamentale et elle explique pourquoi Heidegger – ce sera même tout le sens de sa philosophie – a entrepris de dépasser *(Überwinden)* ou de « déconstruire » *(Abbauen)* la métaphysique – (où l'on voit, cela dit au passage, que Derrida ne fait, contrairement à ce que s'imaginent nombre d'étudiants américains fort ignorants de l'histoire de la pensée occidentale, qu'emprunter ce terme à Heidegger). En déconstruisant les réponses de la métaphysique et de la théologie classiques (une entreprise déjà amorcée par Kant), nous pourrons recouvrer le sens du mystère de l'Être et réparer son oubli en remontant, pour ainsi dire, de l'oubli à la remémoration. Nous pourrons par là même, et c'est là l'enjeu pratique de cette déconstruction, instaurer un nouveau rapport au monde, un rapport non plus dominateur et anthropocentrique, mais centré sur une attitude de sérénité, de « laisser-être » *(Gelassenheit)*. Une telle attitude est d'autant plus souhaitable aux yeux de Heidegger que la technique ne se contente pas, comme la métaphysique de la subjectivité dont elle est issue, d'oublier l'Être : elle va plus loin encore dans l'aveuglement, puisqu'elle oublie, selon Heidegger, l'oubli lui-même. Voyons, afin d'achever le raisonnement et de comprendre jusqu'en son fond ultime le sens de sa critique de la technique, en quelques mots en quoi.

La technique ou « l'oubli de l'oubli » de l'Être

Pourquoi Heidegger va-t-il jusqu'à affirmer que la technique pratique non seulement l'oubli, mais « l'oubli de l'oubli » de l'Être ? La réponse peut maintenant être brève. Dans l'attitude onto-théologique, on l'a vu, l'oubli de l'Être, l'occultation du mystère du monde, de la question du « il y a », procède de la prétendue découverte d'une cause première qui supprime ce mystère en lui substituant une fondation ultime : la question de l'Être disparaît pour ainsi dire dans la réponse. Tel est le premier oubli.

Que le monde de la technique redouble en quelque façon cet oubli, qu'elle incarne ainsi une sorte « d'oubli de l'oubli », s'explique aisément si l'on se souvient de ce que nous avons vu à propos des deux époques de la modernité ou les deux étapes de la construction du monde de la technique. Dans la première phase de la métaphysique, chez Leibniz par exemple, la question : « Pourquoi y a-t-il quelque chose plutôt que rien ? » est encore posée. Même si on y répond de façon à l'oublier au plus vite, elle n'en reste pas moins encore présente et même très explicitement. Dans la technoscience, en revanche, elle ne se pose même plus. La question du « il y a » est totalement oubliée ou occultée : on ne peut même plus y répondre mal, par un fondement ultime, puisqu'elle n'est tout simplement plus présente dans le champ de la pensée. On a pour ainsi dire oublié qu'on avait oublié l'Être : oublié qu'en épousant la réponse théologique, on avait fermé la question du mystère du « il y a » et, par conséquent, refermé l'étonnement philosophique, lequel cède donc entièrement la place à l'étonnement scientifique. Et encore... Dans le monde de la technique, on est davantage dans la performance que dans l'étonnement, fût-il seulement scientifique, dans le pragmatisme et dans la science appliquée davantage que dans la recherche fondamentale...

L'angoisse

On comprend dès lors pourquoi, dans « Qu'est-ce que la métaphysique ? » (1929), Heidegger désigne par « angoisse » l'état qui correspond à ce que

Schopenhauer désignait comme l'étonnement philosophique. Pourquoi l'angoisse ? Parce qu'il s'agit bien du sentiment qu'on éprouve lorsqu'en déconstruisant les réponses onto-théologiques traditionnelles offertes par la métaphysique, on redécouvre la contingence du monde, la possibilité que le monde n'existe pas, l'hypothèse du néant. Si on rejette les explications métaphysico-religieuses, il faut bien alors admettre qu'il se pourrait qu'il n'y ait finalement rien. Au terme de la déconstruction des réponses illusoires, le monde apparaît de nouveau comme flottant, comme nullement garanti dans son être par un fondement premier (Dieu). Du coup, le sentiment de notre finitude et de notre vulnérabilité, le sentiment que notre propre vie est contingente et fragile, ne peut que nous envahir : dès qu'un être est né, il est assez vieux pour mourir, et rien ne garantit qu'il accédera à l'éternité. D'où l'angoisse. On retrouvera la même idée, bien que sous une forme dégradée et moins puissante, dans le roman de Sartre, *La Nausée* (1938), le terme de « nausée », qui désigne le sentiment que produit en nous l'impression que le monde est « flottant », étant directement calqué par Sartre sur l'angoisse heideggérienne.

Mais de même que Heidegger pense, pour les raisons que nous avons dites, que face aux défis de la technique, un surcroît de volonté (pour instaurer, par exemple, des formes nouvelles de régulation, voire une gouvernance mondiale) ne saurait constituer la solution, de même dans le champ philosophique, il lui semble évidemment impossible de pratiquer la déconstruction de la métaphysique comme s'il s'agissait de quelque chose qu'on décide volontairement, comme si on allait s'approprier, sur le modèle d'un sujet dominant, maître et possesseur, l'histoire de la métaphysique. Mais alors, comment surmonter l'oubli de l'Être, *a fortiori* l'oubli de l'oubli, de façon à échapper à l'extrême « détresse » où nous plonge, selon Heidegger, le monde de la technique ?

C'est sur cette question que Heidegger reconnaît avoir changé de point de vue dans la deuxième partie de son œuvre. C'est ce qu'il a appelé lui-même la *Kehre*, le « tournant » qui, dans sa pensée, va séparer le premier Heidegger du deuxième, le jeune et le vieux Heidegger, si je puis dire. La *Kehre* renvoie à la notion de *Gelassenheit*, à l'idée qu'il faut lâcher prise, se laisser envahir, ne pas s'imaginer qu'on peut déconstruire par une volonté impérieuse de transparence la métaphysique pour se retrouver devant le mystère de l'Être et élaborer ainsi une attitude nouvelle.

Cette conception repose évidemment la question du politique ou d'une sagesse politique : vers quoi le « pas de l'écrevisse » nous conduit-il ? Quelle pourrait être la traduction politique de cette philosophie du *Zurückschritt* ? Ce n'est, à vrai dire, pas très clair. Au final, Heidegger ne propose plus rien. Dans sa *Lettre sur l'humanisme* (1947), il nous en avertit déjà, en nous mettant en garde contre l'idée que sa philosophie pourrait être considérée comme une philosophie morale, humaniste ou antihumaniste, peu importe. C'est pour ainsi dire l'Être qui décide, mais même cette idée d'une décision attribuée à l'Être lui-même plutôt qu'à un sujet métaphysique n'a en vérité plus de sens : une fois qu'on est dans une attitude d'ouverture au mystère de l'Être, de *Gelassenheit*, il n'y a plus de volontarisme possible, ni sur le plan politique ni sur le plan philosophique.

L'HOMME EST LE « BERGER DE L'ÊTRE »

Afin de vous faciliter la lecture de cette œuvre difficile, deux remarques encore me paraissent utiles.

La première, c'est que ce tournant, cette *Kehre* qui implique l'abandon de toute attitude volontariste, en politique comme en philosophie, conduit Heidegger à infléchir progressivement son vocabulaire. Il n'y a plus de salut à attendre d'une pratique volontariste de la déconstruction. Dans ses premières œuvres, Heidegger parlait de « destruction » de la métaphysique *(Destruktion)*, ensuite de « déconstruction » (*Abbau* = le terme que lui reprend Derrida) puis de son « dépassement » *(Überwindung)* : toutes ces formulations sont encore en quelque façon « volontaristes ». Après le tournant, Heidegger les abandonne peu à peu pour parler plutôt de « *Verwindung der Metaphysik* », ce qu'on traduit tant bien que mal par « gauchissement » de la métaphysique. Il ne s'agit plus de dépasser impérieusement la métaphysique, comme si on pouvait en sortir pour aller vers un monde nouveau, mais plus modestement d'être, pour ainsi dire, « en décalage » par rapport à elle : la déconstruction des réponses onto-théologiques doit tout au plus ouvrir à une attitude de lâcher-prise, d'ouverture à l'être, de sérénité *(Gelassenheit)*. Il ne s'agit pas de surmonter la métaphysique de façon triomphale, mais de la mettre en quelque sorte de côté, à distance. Là encore, j'ai le sentiment que Heidegger exprime davantage une impasse de sa pensée qu'une voie réellement possible.

Deuxième remarque, on retrouve malgré tout chez Heidegger, malgré la rupture instaurée avec la tradition, les trois axes fondamentaux qui structurent toute grande philosophie : la théorie, la morale et la sotériologie (la théorie du salut, de la sagesse ou la spiritualité). Comme chez Nietzsche, sa « théorie » est bien évidemment une théorie antithéorique, puisqu'il s'agit de déconstruire la métaphysique, et sa « morale » est une morale antimoraliste, à la manière de Nietzsche, là encore, même si elle est très différente. Enfin, nous sommes bien en présence d'une forme de spiritualité, de doctrine de la sagesse, mais qui, elle aussi, ne passe plus par les voies de la métaphysique classique. Si j'emploie ces trois termes un peu inadéquats (ce pourquoi je les mets entre guillemets), c'est pour vous montrer que Heidegger occupe tout de même ces trois « cases » de la philosophie traditionnelle en dépit de son décalage par rapport à la métaphysique.

L'axe théorique

Dans *Sein und Zeit* (1927), la partie théorique de la philosophie correspond à ce que Heidegger nomme « l'analytique de la finitude », c'est-à-dire l'analyse de l'homme comme *Da-sein*, comme lieu de la question de l'Être, comme le seul vivant pour lequel cette question fait sens. Le *Dasein*, c'est en quelque sorte la version non subjectiviste, non métaphysique de l'homme. *Dasein*, en allemand, signifie le « là de l'Être » – *Da* signifiant « là » et *Sein* « l'être ». On traduit ce terme généralement en français par « l'être-là », ce qui ne veut à peu près rien dire d'ailleurs, alors qu'en allemand, c'est un terme on ne peut plus courant pour désigner tout simplement l'existence (voir p. 447). Laissons donc de côté les problèmes de traduction pour revenir au fond de l'affaire. Le *Dasein* désigne chez Heidegger le sujet qui, déconstruisant les réponses de l'onto-théologie, devient le lieu de l'Être au sens où il s'ouvre à nouveau à l'étonnement philosophique, à cette problématique du mystère de l'Être, du « il y a ». Ayant plus ou moins dépassé ou décalé l'approche métaphysique, le sujet redevient ce qu'il n'aurait jamais dû cesser d'être aux yeux de Heidegger, le « là de l'être ». Ou encore, comme il l'écrit dans sa *Lettre sur l'humanisme*, le « berger de l'être » : celui qui se fait à nouveau conscient de la fragilité du monde, de la finitude humaine et de la mort.

L'axe éthique et l'axe spirituel

Qu'en est-il de l'axe éthique ? Je vous le disais, il serait vain de chercher chez Heidegger une morale volontariste qui installerait à nouveau la subjectivité dans une posture cartésienne. En revanche, il est clair que celui qui pratique l'ouverture à l'Être et la déconstruction de l'onto-théologie est, selon le vocabulaire de Heidegger lui-même, dans une « authenticité » plus grande que celui qui reste aliéné ou prisonnier de la métaphysique de la subjectivité. Le volet théorique de la philosophie de Heidegger se prolonge donc, incontestablement, par une sorte d'« éthique de l'authenticité », en un sens très précis : l'homme authentique est *Dasein* et non sujet : il est ouverture au « il y a », au mystère de l'Être, et non pas triomphalement cartésien dans sa volonté de maîtriser le monde et de répondre de tout sur un mode rationaliste et comptable.

Enfin, la spiritualité, la sagesse présentes chez le second Heidegger se déclineront précisément à travers cette invitation au lâcher-prise : celui qui lâche prise, qui se porte en décalage ou qui se met en retrait de la métaphysique, peut accéder à la sérénité *(Gelassenheit)* – le problème étant que cette sérénité conduit, semble-t-il, et encore dans le meilleur des cas, à s'enfermer, comme Heidegger, dans sa hutte de Todtnauberg, au cœur de la Forêt-Noire, dans un retrait définitif du politique.

UNE PHILOSOPHIE NI NIHILISTE NI ENGAGÉE

Pour finir, je voudrais signaler quelques-unes des erreurs les plus grossières souvent commises à propos de la pensée de Heidegger.

La *première* consiste à faire de Heidegger un « philosophe du néant » et de la mort. Contresens total puisque ce terme, chez lui, renvoie simplement à la possibilité vertigineuse que le monde ne soit pas, à sa fragilité, à sa contingence, à son mystère qui resurgissent dès que la réponse métaphysique s'estompe. Ce que l'angoisse appréhende, c'est la contingence du monde, le fait même qu'il pourrait ne pas exister (à condition bien sûr de s'affranchir des réponses de la métaphysique classique). Ce « ne pas » auquel s'ouvre le *Dasein*, Heidegger le nomme « néant », lequel n'est qu'une autre face d'Être. Prétendre que Heidegger était fasciné par le néant, comme les fascistes hurlant « *Viva la muerte* », est ridicule. Surtout quand on cherche à expliquer par là sa proximité avec le nazisme. Heidegger, en vérité, n'a jamais été « nihiliste » au sens courant du mot, ni adorateur de la mort et du néant. Quand il évoque le néant, il ne vise nullement la tête de mort qui orne l'uniforme SS.

La *deuxième grande erreur*, notamment commise par Sartre, consiste à croire que Heidegger s'intéresse à la question du sens de la vie et qu'au fond, sa philosophie serait une philosophie « engagée » – engagée dans un combat volontariste contre la métaphysique. Cela revient à sous-estimer gravement le tournant survenu dans son œuvre. Cette *Kehre* l'amènera en effet, comme je vous l'ai expliqué, à ne plus envisager son rapport à la politique et à la philosophie comme une attitude conquérante, mais au contraire comme un lâcher-prise ou un laisser être. La sérénité ou la sagesse – si tant est qu'on puisse encore employer ce mot –, se situeront dans cette attitude où le *Dasein* et l'Être sont pour ainsi dire dans une relation de « coappartenance ». Le *Dasein* étant ouverture à l'Être, et non plus sujet impérieux qui tyrannise le réel avec son « principe de raison suffisante », cette question du « il y a », dans sa plénitude mystérieuse, pourra donc réapparaître.

Peut-on être à la fois génial et nazi ?

Si l'œuvre de Heidegger est, à certains égards, grandiose, ce n'est donc pas au sens où elle apporterait des « solutions » et ouvrirait une voie politique, sinon philosophique ou spirituelle radicalement nouvelle. Son génie réside plutôt dans son analyse des erreurs ou des illusions de la métaphysique, mais aussi dans son interprétation du monde contemporain comme monde de la technique. Sur ces deux volets, nous avons bien affaire à une pensée extraordinairement féconde et originale.

Heidegger s'est certes engagé lourdement dans le nazisme et il me paraît également absurde de vouloir à tout prix contester ou minimiser la gravité de ses errements politiques. Pour autant, il faut prendre le temps de le lire, et peut-être aussi de rappeler que les grands intellectuels du XXe siècle à ne s'être égarés, ni dans la proximité du nazisme ni dans celle du stalinisme, sont fort rares. Ce fut le mal du siècle. Et ce mal s'explique en partie par cette attitude de soupçon, généralisée dans les années 1930, à l'égard du monde démocratique, suspicion qui conduisit les uns vers le fascisme rouge, les autres vers le fascisme brun. Dans un cas dans l'autre, à s'en tenir exclusivement aux seuls griefs que l'on pourrait légitimement leur adresser, c'est quasiment à tout le XXe siècle intellectuel et philosophique qu'il faudrait renoncer... Dans les années 1930 à tout le moins, un penseur pouvait aisément être philosophiquement grandiose et s'égarer moralement et idéologiquement de manière, hélas, tout aussi grandiose. Tel fut le cas de Martin Heidegger – en quoi il ne fit que rejoindre la cohorte des intellectuels de premier plan qui, au XXe siècle, se firent les complices de l'un ou l'autre des deux grands totalitarismes qui ensanglantèrent l'époque.

8

SARTRE ET L'EXISTENTIALISME

Penser la liberté

Pourquoi parler encore de l'existentialisme et de Sartre, pourquoi d'ailleurs l'inscrire même dans une liste de grands penseurs ? Je crois qu'il faut le faire d'abord parce qu'il s'agit d'un des intellectuels français les plus emblématiques du XXe siècle. Bien que l'existentialisme soit une philosophie difficile d'accès, Sartre a réussi, avec Simone de Beauvoir (1908-1986), à en faire une véritable mode philosophico-médiatique dans le monde entier, bien au-delà du Saint-Germain-des-Prés de l'après-guerre, un cas presque unique dans l'histoire intellectuelle mondiale. Considéré par certains comme une « grande conscience », en tout cas comme un penseur engagé, Sartre a également exercé une influence considérable dans l'espace public, sur le plan politique, entendu au sens large. Longtemps fidèle compagnon de route du parti communiste, il n'en incarne que mieux la figure bien française, non seulement de l'intellectuel de gauche, mais de ce qu'on pourrait appeler « l'intellectuel total » – en quoi on le compare parfois à Voltaire : à fois philosophe, écrivain, romancier, homme de théâtre, de cinéma, journaliste et « publiciste » à ses heures, une activité qu'il déploie notamment à travers *Les Temps modernes*, la revue qu'il fonde en 1945, Sartre cumule tous les attributs essentiels de la figure de l'intellectuel, une légitimité encore confortée par sa critique radicale de la démocratie « formelle » et par son engagement en faveur du tiers-mondisme et, plus généralement, de tous les mouvements révolutionnaires qui passent à sa portée.

Au début des années 1950, au plus fort de la dictature stalinienne, Sartre n'hésite pas à déclarer tranquillement que la « liberté de critique est totale en Union soviétique » et que les anticommunistes sont des « chiens », propos qui visent son « petit camarade », Raymond Aron, son principal opposant et concurrent sur la scène intellectuelle française de l'époque. On peut trouver ses engagements détestables, parfois ridicules (Sartre sur un tonneau, en 1968, avec les maoïstes à côté de l'usine Renault…), sa légitimité de philosophe engagé le fait malgré tout apparaître comme *le* grand intellectuel français du XXe siècle.

Dans son livre, *Pour une morale de l'ambiguïté* (1947), Simone de Beauvoir a une de ces formules incroyables, qui vous laisse sans voix, mais qui donne bien le ton de ce que furent les engagements du couple dans cette période où le marxisme incarné par l'Union soviétique apparaissait, selon un mot célèbre, comme « l'horizon indépassable de notre temps » : « La vérité est une, seule l'erreur est multiple, voilà pourquoi la droite est pluraliste. » Ben voyons ! Le couple Sartre-Beauvoir nourrissait une véritable haine de la « démocratie bourgeoise », de son pluralisme, de ses élections libres (« pièges à cons »), mais, encore une fois, ce n'est pas sur cet aspect du personnage que je souhaite m'appesantir, mais plutôt sur le courant philosophique qu'il a représenté, sinon fondé, à savoir l'existentialisme.

Préférant toujours m'intéresser à ce qu'il y a de meilleur chez un penseur, je laisserai donc ici presque totalement de côté le militant politique pour me concentrer sur le philosophe. Ce fut, du reste, le principe adopté tout au long de ces leçons : présenter les grands penseurs sous leur jour le plus favorable en m'efforçant d'attirer votre attention sur ce qui me semble le plus intéressant chez chacun, plutôt que de critiquer avant même d'avoir compris réellement le fond de leur pensée. Je voudrais donc mettre en évidence le fond philosophique sur lequel s'appuie Sartre, sa pensée de la liberté comme principe fondamental de l'existence humaine.

L'Existentialisme est un humanisme

Je partirai de la célèbre conférence que Sartre donne à Paris, deux ans après la publication, en 1943, de *L'Être et le Néant*, son œuvre majeure. Cette conférence grand public, connue sous le titre *L'Existentialisme est un humanisme* et prononcée en 1945 devant un parterre plutôt mondain, a l'avantage de nouer les différents fils de l'existentialisme sartrien de manière simple et compréhensible. Au point même que Sartre a par la suite regretté de l'avoir publiée. À la vérité, il ne l'avait pas véritablement relue et je crois que l'éditeur lui avait un peu forcé la main. Sartre estimait en tout cas avoir donné là une version un peu trop exotérique ou populaire de son existentialisme. Quoi qu'il en soit, cette conférence a beaucoup contribué à diffuser sa philosophie dans le Saint-Germain-des-Prés de l'époque, sans doute parce qu'elle avait l'avantage d'être accessible aux non-spécialistes et c'est pourquoi, malgré les réserves de son auteur, je vous propose quand même d'en partir.

Sartre et Heidegger

Avant d'entrer dans le cœur de cette philosophie de la liberté, il faut encore rappeler que Sartre a beaucoup lu Heidegger, qu'il découvre en Allemagne, pendant la guerre, alors qu'il se trouve en captivité dans un Stalag. Il a surtout beaucoup travaillé *Être et Temps* (1927) de sorte qu'au lendemain de la guerre, il emprunte à Heidegger, sans toujours le dire, la plupart de ses idées et de son vocabulaire, mais sans les comprendre toujours correctement et en les tirant vers une philosophie de la subjectivité que Heidegger s'est au contraire efforcé toute sa vie de critiquer. Car Sartre est bien l'un des derniers grands représentants d'une philosophie du sujet. Les heideggériens ne manqueront d'ailleurs pas de lui en faire grief : comment Sartre avait-il osé déplacer les concepts directeurs de la philosophie heideggérienne pour les réintégrer, en les réaménageant pour ainsi dire de force, au sein d'une « métaphysique de la subjectivité » que Heidegger avait passé sa vie à déconstruire ? Dans le même sens, les grands représentants de la « Pensée 68 », de Derrida à Deleuze, en passant par Foucault, reprocheront en cœur à Sartre d'être un « humaniste bêlant », selon l'aimable formule de Foucault lui-même, si bien que tous développeront, au nom de la « mort de l'homme », une critique très radicale de l'existentialisme. Quoi qu'il en soit de la pertinence de cette critique, elle visait bien à reléguer Sartre au musée, à en faire le dernier philosophe d'une tradition humaniste que les nouveaux entrants entendaient bien liquider. Or, c'est justement sur cet humanisme existentialiste que j'aimerais ouvrir cette leçon, car, à l'encontre de ce que prétend Foucault, c'est à vrai dire ce qui me paraît chez Sartre, et de loin, le plus intéressant.

SIGNIFICATION DE LA FORMULE « L'EXISTENCE PRÉCÈDE L'ESSENCE »

Suivons donc le fil de sa pensée tel qu'il se déroule dans *L'existentialisme est un humanisme*, et commençons par la définition de l'existentialisme, définition qui passe d'abord et avant tout par une proposition fondamentale, celle selon laquelle, pour l'être humain, comme dit Sartre lui-même, « l'existence précède l'essence ». Pour ce qui est des choses et des animaux, c'est au contraire « l'essence qui précède l'existence ». Que signifient au juste ces deux formules à première vue quelque peu énigmatiques, et en quoi sont-elles fondatrices de l'existentialisme sartrien ?

Le principe premier de l'existentialisme

Elles renvoient d'abord à une idée que nous avons déjà rencontrée chez Pic et chez Rousseau : celle selon laquelle l'homme n'est pas programmé d'avance par une quelconque définition, pas enfermé dans un code immuable, dans ce que Sartre appelle ici une « essence », c'est-à-dire dans des catégories historiques (les classes sociales, le milieu, etc.) ou naturelles (le sexe, par exemple), qui le détermineraient *a priori*. Là réside sa liberté, dans le fait même de ne pas être prisonnier d'une prétendue « nature humaine » déterminante, dans le fait de pouvoir dépasser ou transcender tous les codes, et c'est cette liberté, bien entendu, qui est pour Sartre le propre de l'homme par excellence. Si « l'existence précède l'essence », c'est donc au sens où il n'y a pas de concept de l'homme qui précéderait son existence. L'homme mène d'abord son existence, et son essence, au fond, n'apparaît qu'à la fin de sa vie. On ne peut jamais la définir ou la déterminer au préalable : l'homme n'est rien d'autre que ce qu'il fait, tel est le premier principe de l'existentialisme. Dans le même sens, Sartre ajoute : « L'homme est d'abord un projet qui se vit subjectivement [...] rien n'existe préalablement à ce projet. »

Mais allons plus loin.

Cette proposition suggère aussi que dans la théologie traditionnelle, et dans la théologie chrétienne en particulier (que Sartre vise ici explicitement), mais tout autant dans la philosophie classique de Platon à Leibniz, on a vécu dans l'idée que Dieu aurait d'abord conçu l'être humain, en ayant pour ainsi dire dans son entendement un concept ou une « essence » de l'homme, après quoi il l'aurait fait exister. Tel serait le sens de la création divine : l'idée de l'être humain (son essence, donc) aurait précédé dans l'entendement divin son existence, sa création.

Précisons encore un peu le sens de ces formulations et des notions qu'elles impliquent.

Dans la logique traditionnelle, qu'est-ce qu'une « essence » entendue, comme le fait ici Sartre, au sens du « concept d'une chose » ? Qu'il s'agisse du concept de table, de chien ou du concept d'homme, deux traits le caractérisent : d'un côté la définition (par exemple, « une table est un plateau posé sur des pieds »), ensuite les éléments réels, les tables réellement existantes, situées dans l'espace et dans le temps, ce que les logiciens appellent l'extension. Pour tous les objets fabriqués, nous avons donc forcément d'abord un concept ou une essence, une idée de la chose qu'on veut fabriquer, après quoi on fait exister cette chose dont on a eu l'idée : ici, donc, l'essence précède clairement l'existence.

De la différence entre l'homme et les choses

Pour illustrer son propos, Sartre prend l'exemple, désormais célèbre, d'un coupe-papier. Voici un passage de *L'existentialisme est un humanisme* qui vous donnera un aperçu du style de Sartre quand il veut bien se montrer clair et pédagogue :

> Lorsqu'on considère un objet fabriqué, comme par exemple un livre ou un coupe-papier, cet objet a été fabriqué par un artisan qui s'est inspiré d'un concept ; il s'est référé au concept de coupe-papier, et également à une technique de production préalable qui fait partie du concept, et qui est au fond une recette. Ainsi, le coupe-papier est à la fois un objet qui se produit d'une certaine manière et qui, d'autre part, a une utilité définie.

Notez déjà ce point crucial, car c'est là, bien évidemment, que Sartre veut en venir avec cet exemple : si l'homme était conçu sur le modèle du coupe-papier, avec un concept ou une essence qui lui préexiste dans l'entendement d'un Dieu artisan, cela impliquerait qu'il y aurait une finalité de l'existence humaine, une destination de l'homme sur cette terre, donc en quelque façon une morale programmée d'avance, fixant *a priori* des fins à l'existence humaine – ce qui pour Sartre limiterait, voire anéantirait l'idée même de liberté. De même que le coupe-papier, c'est son essence, est « fait pour » ouvrir des livres, l'homme, s'il avait une essence en Dieu précédant son existence, serait lui aussi « fait pour » quelque destination, par exemple, « fait pour » servir les desseins de son créateur.

Mais poursuivons la lecture :

> On ne peut pas supposer un homme qui produirait un coupe-papier sans savoir à quoi l'objet va servir. Nous dirons donc que, pour le coupe-papier, l'essence – c'est-à-dire l'ensemble des recettes et des qualités qui permettent de le produire et de le définir –, précède l'existence [dans l'esprit de l'artisan qui fabrique le coupe-papier].

Un peu plus loin, Sartre s'en prend à la fois à la théologie chrétienne et à la philosophie classique :

> Lorsque nous concevons un Dieu créateur, ce Dieu est assimilé la plupart du temps à un artisan supérieur ; et quelle que soit la doctrine que nous considérions, qu'il s'agisse d'une doctrine comme celle de Descartes ou de la doctrine de Leibniz, nous admettons toujours que la volonté suit plus ou moins l'entendement, ou tout au moins l'accompagne, et que Dieu, lorsqu'il crée, sait pré-

cisément ce qu'il crée. Ainsi, le concept d'homme, dans l'esprit de Dieu, est assimilable au concept de coupe-papier dans l'esprit de l'industriel.

Autrement dit, Dieu conçoit d'abord l'essence de l'être humain, tout comme l'artisan commence par dessiner sur une feuille le plan du coupe-papier avant de le faire exister, et c'est ensuite, seulement dans un deuxième temps, qu'il fait passer l'être qu'il a conçu de l'essence à l'existence.

L'homme n'est pas programmé d'avance

De là, cette conclusion de Sartre contre l'idée, à ses yeux incohérente, qu'on puisse être à la fois existentialiste et chrétien (c'est Gabriel Marcel qui est ici visé) :

> L'existentialisme athée, que je représente, est plus cohérent. Il déclare que si Dieu n'existe pas, il y a au moins un être pour qui l'existence précède l'essence, un être qui existe avant de pouvoir être défini par aucun concept et que cet être c'est l'homme, ou comme dit Heidegger, la réalité humaine.

Sartre commet ici une erreur d'interprétation en commentant Heidegger, mais peu importe, il se trompe à peu près tout le temps en matière d'histoire de la philosophie, notamment sur Kant, Rousseau et Descartes : il n'est pas un bon historien de la philosophie, mais encore une fois, peu importe. L'idée qu'il propose est à tout le moins en elle-même parfaitement claire : ce qu'il veut dire, et c'est là le pilier le plus fondamental de son existentialisme, c'est qu'à la différence de ce que pensent la théologie et la métaphysique classiques, dans le cas de l'être humain, l'existence précède l'essence. C'est précisément là ce qui sépare l'homme de tous les autres êtres, des objets fabriqués comme des animaux.

Pourquoi ? Parce que chez l'animal, l'instinct commun à l'espèce joue en quelque sorte le rôle d'une essence préalable à l'existence des individus. Sans le savoir, Sartre s'inscrit ici, comme nous l'avions vu dans des leçons précédentes, dans la filiation directe de Pic de La Mirandole, Rousseau et Kant. Ainsi, les chatons ou les bébés tortues se comportent-ils comme s'ils étaient les exemplaires d'une archétype commun, un peu comme le coupe-papier est l'exemplaire d'un concept préalable, d'un plan formé par l'artisan, sauf qu'avec les animaux, c'est l'espèce qui tient lieu de concept : l'instinct naturel propre à une espèce fait que les chatons auront toujours les mêmes gestes quand ils tenteront d'attraper une souris, que les petites tortues iront toujours de la même façon vers l'océan dès qu'elles brisent leur coquille d'œuf, etc. Les animaux sont guidés par un instinct naturel commun à l'espèce qui joue pour ainsi dire chez eux le rôle d'un concept déterminant, comme s'ils répondaient à un programme informatique, à une espèce de logiciel, dirait-on aujourd'hui. De même qu'il y a des caractéristiques communes à tous les coupe-papiers dans l'esprit de l'artisan ou de l'industriel, de même existe-t-il des caractéristiques communes à l'espèce.

Une fois qu'on a bien compris cette idée, examinons maintenant les conséquences de la formule selon laquelle, en l'homme, l'existence précède l'essence.

Elle signifie d'abord et avant tout que l'être humain n'est rien de déterminé *a priori*, rien de programmé : il n'y a pas de destination de l'homme en général, il doit donc inventer sa vie, lui donner un sens par lui-même, en toute liberté. Pardon d'y insister, mais, vous voyez si vous avez suivi les leçons précédentes, qu'à l'encontre de ce que croit Sartre, cette idée est loin d'être entièrement nouvelle. Vous vous souvenez peut-être de notre leçon sur la naissance de l'humanisme, notamment de Pic de La Mirandole qui soutenait déjà que l'être humain était semblable à un « caméléon », capable d'adopter toutes les destinées faute d'être programmé par une essence située *a priori* en Dieu. S'il n'y a pas de nature humaine au départ et si l'être humain s'invente lui-même, alors il est libre de son destin : voilà déjà très exactement ce que déclarait Pic de La Mirandole. En d'autres termes, l'essence de l'homme est de ne pas avoir d'essence, sa nature de ne pas avoir de nature, et c'est en cela que réside sa liberté. On retrouve tout à fait la même idée chez Sartre – qui encore une fois, ne le sait pas lui-même et se croit, péché mignon mais fort commun dans la période contemporaine toujours friande de « nouvelle philosophie », absolument original alors qu'il s'inscrit en vérité dans une tradition déjà très ancienne.

Mais venons-en aux conséquences de cette affirmation bien particulière de la liberté humaine – car sur les conséquences, Sartre va se montrer particulièrement prolixe et parfois même, original.

Première conséquence : une philosophie de la liberté radicale

Lorsqu'on fabrique un coupe-papier, ou n'importe quel autre objet, on ne pourrait évidemment pas le créer si nous n'avions pas l'idée de ce à quoi il va servir. On connaît sa finalité : le coupe-papier servira à découper les pages d'un livre ou à ouvrir des enveloppes. Si on poursuit l'analogie, dans la perspective chrétienne ou cartésienne que Sartre conteste, Dieu aurait créé l'homme à la manière d'un artisan supérieur ayant une certaine idée de la finalité de l'existence humaine. Dans la morale chrétienne, par exemple, l'être humain a pour finalité de travailler à la gloire de Dieu, d'obéir aux commandements divins et de respecter la parole du Christ : « Aimez-vous les uns les autres », etc.

Bref, si l'essence de l'homme précède son existence, alors cette dernière possède une destination toute tracée : une morale prédéterminée accompagne toujours, selon Sartre, cette conception traditionnelle de l'être humain. Au contraire, si l'essence ne précède pas l'existence, il en va tout autrement : non seulement l'être humain est libre au sens où il n'est pas prédéterminé, mais il va devoir inventer sa vie, son destin, ses valeurs. Je m'empresse de dire qu'à titre personnel, je ne pense pas que l'homme *invente* véritablement ses valeurs, il les *découvre* plutôt comme quelque chose qui le transcende de toute part, mais si l'on veut nuancer un peu le propos de Sartre – toujours enclin à une certaine radicalité dogmatique –, on pourrait à tout le moins dire que l'homme est libre, sinon d'inventer des valeurs, du moins de choisir entre celles qu'il découvre déjà là dans le monde où il vit.

Dans sa pièce de théâtre, *Le Diable et le Bon Dieu* (1951), Sartre met ainsi en scène un individu qui doit sans cesse décider de ses propres engagements, qui doit en permanence inventer sa vie, y compris sur le plan moral. Dans *L'existentialisme est un humanisme*, il donne encore l'exemple d'un jeune homme venu le trouver pendant la guerre pour lui demander conseil : doit-il rejoindre la Résistance à Londres et abandonner sa mère, ou au contraire rester pour protéger les siens ? Sartre ne lui donne évidemment aucun conseil : il le renvoie à sa liberté souveraine, car dans la perspective de l'existentialisme, c'est à lui de déterminer ses valeurs et de hiérarchiser ses choix. Il est intégralement libre, puisqu'il n'est justement pas préformé par une morale qui lui préexisterait, qui serait inscrite dans son essence, comme il est dans l'essence des tortues, à peine sorties de l'œuf et préprogrammées par leur instinct, d'aller rejoindre l'océan…

Deuxième conséquence : ni l'histoire ni la nature ne sont notre code

Deuxième conséquence, et nous entrons là dans le vif du sujet : Sartre procède à une critique radicale du déterminisme. S'il n'y a pas d'essence qui préforme la vie humaine, pas de nature humaine déterminante *a priori*, si l'être humain n'est déterminé par aucun code naturel ou historique qui jouerait comme une espèce de logiciel, cela signifie, comme nous venons de le voir, qu'il est totalement libre d'inventer sa vie. Sartre pourrait en ce sens reprendre à son compte le mot célèbre d'un révolutionnaire français, Rabaut Saint-Étienne : « Notre histoire n'est pas notre code. » Mais Sartre pourrait dire aussi bien : « Notre nature n'est pas notre code. » Nous ne sommes programmés ni par notre instinct naturel ni par notre appartenance de classe ou notre milieu social. C'est d'ailleurs finalement sur ce seul point que Sartre que s'opposera à ses amis communistes : il n'y a pas davantage de déterminisme historique ou de programmation sociologique de l'être humain qu'il n'y a de déterminisme naturel.

Bien entendu, Sartre n'est pas fou, il sait bien, c'est une évidence qui ne saurait échapper à personne, que les hommes ont tous une histoire et une nature, ne serait-ce que parce qu'ils appartiennent à un milieu social et à un sexe biologique. Mais, et nous allons y revenir un peu plus loin à propos de la différence que Sartre fait entre une « situation » et une « détermination », les humains ne se laissent réduire ni à l'une ni à l'autre, ni à leur histoire ni à leur nature, contrairement à ce que prétend le matérialisme historique ou biologique. Dire que « notre histoire n'est pas notre code », c'est signifier que l'homme peut mettre son histoire (et sa nature) en perspective ou à distance, qu'il peut, comme pendant la Révolution française, se retourner contre sa tradition pour la critiquer – ce qui est bien entendu le sens profond de la formule de Rabaut Saint-Étienne. Il jouit donc, en ce sens, d'une liberté que seule la mauvaise foi permet de nier.

Pour les raisons que nous venons d'évoquer, les marxistes ont beaucoup critiqué cette thèse de Sartre. On peut même dire que la question de la liberté constitue un de ses rares points de rupture, peut-être même le seul, avec les communistes de son temps qui lui reprocheront de nier la sociologie et l'histoire en faisant de l'être humain une créature abstraite, désincarnée, coupée de la réalité sociale. Pour Marx, on s'en souvient, ce n'est pas la conscience des hommes qui détermine leur condition réelle, leur être social, mais c'est leur être social qui détermine leur conscience. Ce principe fonde toute la sociologie d'inspiration marxiste, par exemple celle d'un Bourdieu pour qui l'appartenance de classe détermine nos choix même les plus quotidiens : nos choix éthiques ou esthétiques, mais aussi celui de notre voiture, notre façon de nous habiller, de décorer notre intérieur, de recevoir à table, etc. Dans cette perspective, l'appartenance de classe joue quasiment le rôle d'une essence, d'un code déterminant des pratiques et des « habitus » de classe. Il y aurait ainsi une essence du prolétaire (la classe ouvrière, comme essence, précède l'ouvrier comme existence concrète) ou du bourgeois (la classe bourgeoise le précède ou le détermine à être ce qu'il est). En d'autres termes, la sociologie marxiste, par son déterminisme, va pour ainsi dire reconstituer une essence, elle va subrepticement réinstaller l'idée que l'essence précède l'existence et ce sera là bien entendu une pomme de discorde entre Sartre et ses camarades communistes.

C'est justement à ce type d'objections que Sartre va répondre en avançant une distinction cruciale dans sa pensée : la distinction entre « situation » et « détermination ».

On peut en effet se poser la question : n'y a-t-il pas, dans la défense sartrienne de la liberté, comme une extravagance philosophique ? Cet homme abstrait, qui serait totalement libre de ses choix, sur lequel aucun déterminisme social ou biologique ne viendrait peser, existe-t-il ailleurs que dans l'esprit d'un philosophe ? C'est pour répondre à cette objection légitime que Sartre met en place les deux concepts que je viens de citer. Il est essentiel, à ses yeux, de ne pas confondre *situation* et *détermination*. Nous sommes toujours, cela va de soi et nul ne saurait le nier sans nier la réalité, « en situation ». Il y a bien entendu une « condition humaine » : je suis né homme ou femme, prolétaire ou bourgeois, dans tel milieu social, dans telle nation, dans telle culture et telle langue, dans telle famille, etc. Je suis donc toujours déjà inscrit au sein d'une situation particulière qui, du reste, peut éventuellement se muer en détermination, comme nous le verrons tout à l'heure, et c'est justement ce que Sartre appelle la « mauvaise foi ».

Mais cette situation ne se transforme pas forcément en détermination, elle ne saurait se confondre avec une privation totale de liberté : ce n'est pas parce que je suis née femme que je suis obligée de vivre dans la domesticité, rivée à ma cuisine et à l'éducation de mes enfants. Ce n'est pas parce que je viens au monde prolétaire que je deviendrai nécessairement un « rouge », un révolutionnaire : je peux aussi militer dans un parti fasciste. J'ai le choix. De même, naître bourgeois n'implique pas forcément que je devienne réactionnaire. La preuve : Engels et

Marx étaient des bourgeois et pourtant des révolutionnaires. Dans tous ces cas de figure, nous avons donc affaire à des *situations* et non à des *déterminations* qui viendraient anéantir la liberté – situation car je suis un être humain de tel siècle, issu de tel milieu social, dans telle condition physique. À la différence d'un tigre, je suis incapable de faire des bonds de trois mètres. Suis-je moins libre pour autant ?

Là réside toute la différence entre situation et détermination : oui, nous sommes bien toujours « en situation », dit Sartre, mais c'est justement par rapport à des situations données que notre liberté s'exerce. Pour être ouvrier, on n'en est pas moins libre d'être de droite ou de gauche. De même, comme le féminisme de Simone de Beauvoir tend à l'établir, pour être femmes, les femmes n'en sont pas moins « des hommes comme les autres ». Rien ne les oblige à se laisser enfermer dans ce que les catégories du machisme traditionnel considèrent comme relevant des valeurs féminines. Le concept de situation permet ainsi de donner à l'idée de liberté une dimension moins abstraite et moins délirante qu'il n'y paraît à première vue si l'on se borne à une lecture hâtive et superficielle. Sartre n'évacue pas le poids de la biologie ou de l'histoire, simplement, il se refuse à y voir des codes qui nous programmeraient de part en part.

Troisième conséquence : il n'y a pas de nature humaine

Autre conséquence dont la postérité sera considérable : il n'y a pas de nature humaine. Sur ce point, Sartre pense, en partie à tort en partie à raison, devoir s'opposer à toute la tradition philosophique, aux penseurs grecs et chrétiens comme aux philosophes des Lumières. Il regarde en effet le XVIIIe siècle comme la grande période des idéologies de la nature humaine, qu'il croit voir culminer chez Kant et Rousseau – il fait sur ce point une erreur totale, mais peu importe au fond : encore une fois, Sartre n'a jamais été un historien de la philosophie et il serait vain de lui reprocher les erreurs de lecture qu'il commet sur les grands auteurs du passé. Ce qui compte, c'est le fond de sa pensée – peu importe que son idée de la liberté et sa critique de la nature humaine soient déjà présentes, comme je vous l'ai montré dans des leçons précédentes, chez Pic de La Mirandole, Rousseau, Kant, Husserl ou Heidegger. Sartre, c'est comme je vous l'ai dit le péché du siècle, se croit absolument original quand il affirme que si l'essence ne précède pas l'existence, alors on ne saurait affirmer qu'il existe des « caractères humains », une espèce de nature humaine qui déterminerait nos comportements de part en part.

Affirmer, par exemple, que « les hommes sont méchants », comme le font Machiavel ou Hobbes, qui voit en l'homme un « loup pour l'homme » n'a, dans cette perspective existentialiste, plus aucun sens. Mais déclarer qu'il est bon par nature, qu'ils ont intérêt à la paix et à l'harmonie comme le prétendent de nos jours certaines éthiques évolutionnistes, n'en a pas davantage. Pour Sartre, ces considérations n'ont aucune pertinence : attendu que l'existence précède l'essence, il n'y a de prédétermination ni à la méchanceté ni à la bonté, ni à quoi que ce soit d'autre. L'homme n'est par conséquent ni bon ni mauvais par nature : il est libre, il invente son existence et son histoire (comme le pense l'humanisme depuis Pic). Mais de cette absence de nature humaine, la philosophie existentialiste tirera plusieurs thèses ou conséquences majeures, dont certaines sont relativement nouvelles par rapport à la tradition, à commencer par l'antiracisme et l'antisexisme.

Quatrième conséquence : l'antiracisme et l'antisexisme

En raison de son postulat fondamental, l'existentialisme sera une philosophie antiraciste aussi bien qu'antisexiste. Qu'est-ce que le racisme ? Le racisme (et l'antisémitisme tout autant) réside au plus profond dans l'idée que les individus particuliers ne seraient finalement que les exemplaires d'une espèce, d'une catégorie générale, que tous seraient porteurs des caractéristiques communes à leur prétendue « race ». Comme dans la théorie des ensembles, ils ne seraient en quelque sorte que l'extension de la propriété *p* qui définit leur classe d'appartenance. Le raciste, sans même s'apercevoir qu'il est raciste, estime que le juif est intelligent, qu'il aime l'argent, que l'Africain est joueur, mais paresseux, qu'il a le rythme dans le sang, que l'Arabe est fourbe, comme d'ailleurs l'Oriental, et autres clichés absurdes du même tonneau que chacun, hélas, ne connaît que trop bien.

Mais s'il n'y a pas d'essence de l'homme, il n'y a pas non plus de race. Et c'est notamment cet antiracisme de principe qui conduira Sartre à accompagner les mouvements de décolonisation et les luttes de libération nationale. Dans *Les Damnés de la terre*

(1961), un livre préfacé par Sartre, Frantz Fanon se montre ainsi très sartrien quand il plaide pour que les peuples colonisés fassent usage de leur liberté pour combattre le colonisateur par la violence. Cet antiracisme existentialiste aura des implications considérables sur la seconde moitié du XXe siècle.

Pour les mêmes raisons, l'existentialisme est aussi un antisexisme : s'il n'y a pas d'essence de l'être humain en général, il n'y a pas davantage d'essence de la femme, pas de nature féminine. La femme n'est nullement vouée par nature à ce que les protestants allemands appelaient les trois « K » : *Kinder, Kirche, Küche* (les enfants, la cuisine et l'église). D'où la formule selon laquelle « les femmes sont des hommes comme les autres ». De fait, le féminisme de Simone de Beauvoir reposera sur un rejet radical de l'idée, chère au féminisme différentialiste qui domine largement aux États Unis, qu'il existerait des valeurs typiquement féminines.

Avec Sartre et Simone de Beauvoir, on a affaire à un féminisme universaliste, pour ne pas dire « républicain », en tout cas un féminisme de l'égalité entre les sexes qu'un auteur comme Élisabeth Badinter pourra reprendre aujourd'hui à son compte et prolonger. Les deux femmes s'étaient d'ailleurs battues ensemble pour le droit à l'avortement et la reconnaissance des tortures infligées aux femmes pendant la guerre d'Algérie. Le féminisme de Simone de Beauvoir n'a jamais consisté à prétendre qu'il y aurait des valeurs féminines et des valeurs masculines, les premières étant dominées par les secondes bien qu'étant égales ou supérieures (d'où la nécessité de les libérer). Tel n'est pas son axe de réflexion et de combat. C'est aussi, pour la même raison, un féminisme hostile à la parité et à la discrimination positive : les femmes n'ont pas à être représentées ici ou là, à l'Assemblée nationale ou dans les entreprises en tant que femmes, grâce à une politique humiliante de quota, mais en tant qu'êtres humains en général, puisqu'il n'y a pas de nature humaine, ni pour la femme ni pour l'homme, ni pour quelque race que ce soit.

Cinquième conséquence : éléments pour une critique de la psychanalyse

De là aussi les éléments d'une critique de la psychanalyse analogue à celle du sociologisme et du biologisme : il n'y a pas plus d'essence du névrosé obsessionnel, de l'hystérique ou du psychotique qu'il n'y a d'essence du Noir, du juif, de l'Arabe ou d'essence humaine en général. C'est dans cette perspective que Sartre esquissera une analyse existentielle des maladies mentales, une phénoménologie, par exemple, de l'évanouissement, de la perte de conscience, qui s'efforce de concilier la notion de pathologie mentale avec l'idée de liberté, en quoi il inspirera, au moins pour une part, le courant de l'antipsychiatrie, né dans les années 1960. Il s'agit en effet de rejeter l'idée, chère à la psychanalyse traditionnelle, selon laquelle il y aurait des structures psychiques fondamentales qui détermineraient les individus inexorablement, des types humains basiques tels que l'hystérique, le phobique, le paranoïaque, l'obsessionnel, etc. qui concourraient à produire l'idée que le comportement du sujet, pris dans ces structures, serait entièrement guidé par elles, le malade n'étant en quelque sorte que l'exemplaire d'une essence générique. Dans cette hypothèse, souvent avancée par les psychanalystes, ces structures psychiques fonctionneraient à nouveau comme des essences censées nous déterminer de part en part.

Voyons, maintenant que quelques-unes des conséquences principales de la proposition fondatrice selon laquelle « l'existence précède l'essence » sont bien mises en place, comment l'existentialisme sartrien va se déployer autour de certains concepts fondamentaux et commençons par les deux principaux, ceux qui donnent le titre de l'ouvrage majeur de Sartre : l'être et le néant. Comme vous allez voir, les deux termes possèdent ici une signification bien particulière, un sens tout à fait compréhensible et limpide à partir de ce que nous venons d'exposer.

LES CONCEPTS FONDAMENTAUX DE L'EXISTENTIALISME SARTRIEN

L'être et le néant

S'il n'y a pas de nature humaine, pas d'essence de l'homme, ni de la femme, ni du Chinois ni du juif, ni de l'Africain, ni de l'obsessionnel, etc., si aucune essence, par conséquent, ne précède ni ne détermine notre existence, alors l'être humain est à proprement parler « néant », entendez : il n'est « rien » de déterminé *a priori*, « rien » d'identifiable d'entrée de jeu. Les choses en revanche, par exemple cette table ou cette chaise, sont ce qu'elles sont, elles sont identiques à elles-mêmes, parfaitement conformes au principe d'identité. L'être humain, lui, n'est curieusement jamais ce qu'il est, il est toujours en excès de soi, dédoublé par rapport à lui-même, « en projet » comme dit Sartre. Paradoxalement, il n'est donc jamais en adéquation avec lui-même, contredisant ainsi en permanence le principe d'identité. Or, c'est ici, dans ce décalage avec soi, dans ce « ne pas » être soi, que nous voyons apparaître ce que Sartre appelle le « néant ». À première vue, les formules que je viens d'utiliser paraissent toutes plus ou moins contradictoires, pour ne pas dire franchement creuses. Un peu de patience : vous allez voir qu'elles prennent tout leur sens dès qu'on comprend le phénomène tout à fait concret et compréhensible qu'elles décrivent en arrière-fond, à savoir le phénomène de la conscience de soi tel que nous le saisissons dans la moindre expérience d'introspection.

Si nous procédons, en effet, à une analyse « phénoménologique » de la conscience, c'est-à-dire par une analyse descriptive du phénomène de la conscience de soi, sans projeter quoi que ce soit d'extérieur sur l'objet analysé, qu'observons-nous ? Pensez à n'importe quelle expérience d'introspection, de réflexion sur soi, que ce soit chez un analyste ou encore, par exemple, lors d'une quelconque confession, peu importe qu'elle soit ou non religieuse. Le confessé dira à son curé (ou un autre interlocuteur) : « Voilà, mon père, j'ai péché : je suis gourmand, ou menteur, vaniteux, égoïste, ou le tout ensemble (ce qui n'est pas exclu…) etc. » À confesse, lorsque j'étais enfant – enfin, pour le peu que j'ai été contraint par la famille à y aller… –, on nous donnait même, à l'entrée du confessionnal, pour faciliter les choses, une liste de péchés déjà toute faite. J'ai toujours trouvé ça très drôle, pour ne pas dire totalement ridicule, comme si nous étions tous préformés, sortis du même moule, comme si nous avions tous forcément les mêmes péchés parmi lesquels nous n'avions plus qu'à choisir : le mensonge, la gourmandise, la convoitise, l'acédie, etc. Mais en analysant plus sérieusement l'expérience de la confession (et les non-croyants peuvent en avoir une aussi, bien entendu), on s'aperçoit qu'il y a toujours, dès que l'on pense à soi, dès que l'on parle de soi à quelqu'un, une sorte de dédoublement, un décalage inévitable entre un moi-sujet et un moi-objet. Nous avons le « je », le moi-sujet, celui qui parle de lui-même, qui avoue avoir péché et qui parle pour ainsi dire d'un autre moi, un moi objet en quelque sorte, un moi qu'il prend comme objet de son propre discours (le moi pécheur, si l'on veut). Dans ce dédoublement, on s'aperçoit que le moi qui dit « je suis gourmand » n'est en quelque façon plus gourmand, il est déjà au-delà, dans un ailleurs, il a la liberté de refuser le pot de confiture de trop…

Le moi-sujet qui parle du moi-objet (et qui avoue « je suis gourmand ») est donc en décalage avec le second : il *n'est pas* le moi-objet, en tout cas pas entièrement, il reste à distance de lui, en excès. Et c'est très exactement ce « *ne pas* », cet excès ou cette distance par rapport à soi, cette espèce de vide entre soi et soi que Sartre nomme le « néant ». Merleau-Ponty développera dans le même sens la notion « d'écart » ou « d'excès », de transcendance par rapport à soi-même : dès que je me pense, que je me réfléchis, je suis toujours *en décalage* par rapport à moi-même. « Je est un autre », pour reprendre la formule de Rimbaud. La pierre, elle, n'est jamais en excès par rapport à elle-même : le caillou est ce qu'il est, il est un « gros plein d'être », sans trou, si je puis dire, sans néant. Contrairement aux choses qui sont ce qu'elles sont, l'homme fait dans la conscience l'expérience d'une distance d'avec lui-même et, encore une fois, c'est tout simplement cette distance que Sartre appelle le « néant » : l'être vaut pour les choses, le néant pour l'homme, car il n'est jamais tout à fait en coïncidence avec lui-même.

Évidemment nous nous efforçons, autant que possible, d'être authentiques, en harmonie avec nous-mêmes et c'est ce qu'on appelle d'ordinaire l'honnêteté, l'authenticité ou la sincérité. Mais le décalage n'en subsiste pas moins, et ce dédoublement, pour Sartre, est le lieu même de l'humanité de l'homme. Cette transcendance de soi par rapport à soi, cet écart, cet excès, c'est la liberté même : ce qui me permet de ne pas être intégralement rivé à ce que je suis. Car cette non-coïncidence s'avère être le lieu du projet – l'acte de *pro-jeter* une action supposant que l'on soit comme en avance sur soi. Cette phénoménologie de la conscience de soi montre que l'idée selon laquelle l'existence précède l'essence signifie, comme le précise Sartre lui-même, qu'il faut « partir de la subjectivité », du « ne-pas-être entièrement soi-même » au sens d'une adhérence à soi. D'où cette phénoménologie de l'excès, de l'écart, de la transcendance, de la liberté ou du projet, autant de termes quasi synonymes dans l'existentialisme sartrien.

La mauvaise foi et le salaud

L'œuvre de Sartre présente une caractéristique assez particulière, une qualité qu'on ne rencontre guère dans les philosophies pures et dures comme celles de Kant, de Hegel ou de Heidegger par exemple : Sartre était aussi romancier, écrivain, et même un incroyable polygraphe. Dans ses pièces comme dans ses romans, *La Nausée* (1938) par exemple, Sartre met en scène les concepts philosophiques qu'il développe par ailleurs, dans des traités pesants et difficiles. Mais parfois, dans ces traités, et même dans *L'Être et le Néant*, on trouve aussi des passages proprement littéraires, des moments où l'auteur illustre ses concepts par des anecdotes, des descriptions, ou encore des portraits, dont certains sont devenus célèbres. L'un deux est même célébrissime : il s'agit du fameux portrait du garçon de café que Sartre nous donne pour illustrer le concept peut-être le plus profond et le plus intelligent de l'existentialisme : celui de « mauvaise foi ».

Qu'est-ce que la mauvaise foi, au sens sartrien du terme ? C'est l'attitude qui consiste à faire *comme si* nous étions dotés d'une essence préalable, d'une nature contraignante, déterminante, comme si notre essence précédait par conséquent notre existence et que, du coup, nous n'étions pas libres d'inventer nos vies. L'homme de mauvaise foi, c'est celui qui, en s'inventant un déterminisme à sa mesure, en invoquant une essence – une détermination – sociale ou historique, nie sa propre liberté. En vous disant cela, je ne peux m'empêcher de penser à cette chanson d'Aznavour, *Je me voyais déjà en haut de l'affiche*, qui illustre presque mot pour mot ce que Sartre entend par la mauvaise foi. Aznavour y évoque, si vous vous en souvenez, les aventures déprimantes d'un chanteur qui, dans sa jeunesse, à ses débuts comme on dit, se prenait pour un génie, s'imaginait accéder un jour à la notoriété, au succès, bref, à la grande réussite sociale. Or, vingt ans plus tard, il a tout raté, c'est un minable qui court encore le cacheton, qui parcourt le pays de ville en ville vêtu du même vieux costume élimé. Au lieu de sortir aux bras de femmes sublimes et célèbres, il se console lamentablement avec des filles à soldats. Il s'invente alors toutes sortes d'excuses : il n'a pas eu de chance, on ne l'a pas aidé, du reste ses chansons étaient trop intelligentes, pour ne pas dire trop géniales pour être comprises par le grand public, forcément niais... Ah, s'il était né ailleurs, s'il n'avait pas été brimé, empêché par des concurrents déloyaux, alors il serait en haut de l'affiche, etc. Bref, il prétend, pour expliquer ses échecs et ses déboires, avoir été prisonnier de conditions d'existence qui auraient joué le rôle d'une essence déterminante. Telle est la mauvaise foi, qui consiste fondamentalement à s'inventer un déterminisme négateur de sa propre liberté, à prétexter des déterminations diverses, familiales, économiques, sociales, biologiques, tout ce qu'on voudra du moment que nos errements funestes ne sont plus imputables à cette insupportable liberté !

Dans *L'Être et le Néant*, Sartre dresse dans le même sens le portrait d'un serveur qui joue son propre rôle, qui joue au garçon de café, qui habite pour ainsi dire l'essence du garçon de café, se donnant tous les traits, toutes les manières caractéristiques de sa profession, pour être parfaitement conforme à ce qu'il s'imagine être son essence, comme le coupe-papier possède toutes les caractéristiques du coupe-papier. Le malheureux s'efforce de faire en sorte que le moindre de ses gestes soit en tout point adéquat au rôle social dont il s'est imaginé qu'il doit lui coller à la peau.

Voici le fameux passage de *L'Être et le Néant* :

> Considérons ce garçon de café. Il a le geste vif et appuyé, un peu trop précis, un peu trop rapide, il vient vers les consommateurs d'un pas un peu trop vif, il s'incline avec un peu trop d'empressement, sa voix, ses yeux expriment un intérêt un peu trop plein de sollicitude pour la commande du client. Enfin, le voilà qui revient en essayant d'imiter, dans sa démarche, la rigueur inflexible d'on ne sait quel automate, tout en portant son plateau avec une sorte de témérité de funambule, en le mettant dans un équilibre perpétuellement instable et perpétuellement rompu, qu'il rétablit perpétuellement d'un mouvement léger du bras et de la main. Toute sa conduite nous semble un jeu. Il s'applique à enchaîner ses mouvements comme s'ils étaient des mécanismes se commandant les uns les autres. Sa mimique et sa voix même semblent des mécanismes [...] Il joue, il s'amuse. Mais à quoi joue-t-il donc ? Il ne faut pas l'observer longtemps pour s'en rendre compte : il joue à être un garçon de café.

Petite parenthèse : rien qu'à ce passage, on voit que Sartre est un vrai écrivain. Pourquoi le garçon de café est-il un peu *trop* empressé ? Ce « trop », qui revient à maintes reprises dans le texte, vient souligner l'idée que le serveur s'efforce de nier sa liberté. Ce « trop » est le lieu même de la mauvaise foi : « mauvaise » parce que en vérité, le garçon sait très bien qu'il n'est pas *que* garçon de café, que c'est un jeu, et c'est pourquoi il en fait d'ailleurs trop. Il s'efforce désespérément de rejoindre son concept, de conformer son existence à une essence. Voici d'ailleurs la chute de tout ce passage : « Voilà bien des précautions pour emprisonner l'homme dans ce qu'il est. Comme si nous vivions dans la crainte perpétuelle qu'il y échappe, qu'il ne déborde et n'élude tout à coup sa condition. »

« Déborder », « échapper » : autant de métaphores de l'excès, de l'écart ou du néant en quoi réside la possibilité de la liberté. J'aurais beau jouer à être garçon de café jusqu'au bout des ongles et ne ménager aucun effort pour y ressembler, je ne serai jamais garçon de café à cent pour cent. Sartre procède ici à une critique morale, et pas uniquement théorique, du déterminisme social, économique ou historique. Il veut montrer que derrière le choix théorique du déterminisme, se cache un parti pris éthique en défaveur de la liberté et en faveur de la mauvaise foi, de la *réification* (la mauvaise foi fait de nous des automates, elle nous rapproche des choses en nous éloignant de l'humain). Où l'on retrouve au passage une idée déjà chère à Kant : nos choix philosophiques dissimulent des partis pris éthiques (la raison théorique est toujours plus ou moins guidée par la raison pratique).

Petite parenthèse encore : on ne peut, malgré l'intérêt philosophique et littéraire de ce portrait, s'empêcher de penser qu'il tombe un peu mal pour un homme qui s'est toujours voulu « de gauche ». On imagine bien Sartre, en bon petit bourgeois assis tranquillement aux Deux Magots ou au Flore, en train d'observer avec un certain mépris que je n'oserai dire « de classe », le comportement et les allées et venues du malheureux garçon de café, après tout, peut-être tout simplement occupé à bien faire un travail difficile… Mais passons et revenons au fond de sa pensée.

L'analyse de la notion de mauvaise foi donne, en effet, à penser. Elle donne à penser, par exemple, à cette question que j'ajoute à celles de Sartre, mais, il me semble, dans le même sens que lui, touchant le défi lancé par le vieillissement : comment vieillir, en effet, et même tout simplement devenir adulte, une « grande personne », pour parler comme Saint-Exupéry dans *Le Petit Prince*, sans s'inventer un personnage, sans se construire peu à peu, comme le garçon de café, une essence et sombrer ainsi dans la mauvaise foi ?

Peut-on vieillir sans perdre sa liberté, sans devenir de mauvaise foi ?

Comment vieillir, disait déjà Rousseau tout à fait dans la même perspective philosophique que celle de Sartre, « sans devenir imbécile ? », sans retourner à la matière, sans céder à la chosification, sans perdre ou renier sa liberté, sans devenir une chose ou une sorte de vieil animal conforme à son essence ? Écoutez ce que dit Rousseau à ce sujet dans le *Discours sur l'origine de l'inégalité parmi les hommes* :

> Pourquoi l'homme seul est-il sujet à devenir imbécile ? N'est-ce point qu'il retourne ainsi dans son état primitif et que tandis que la bête qui n'a rien acquis et qui n'a rien non plus à perdre, reste toujours avec son instinct, l'homme, reperdant par la vieillesse ou d'autres accidents tout ce que sa perfectibilité lui avait fait acquérir, retombe ainsi plus bas que la bête même.

Lorsqu'il redoute qu'en avançant dans la vie, on perde sa capacité d'écart par rapport à soi-même, sa faculté de s'arracher aux codes de l'histoire et de la nature, ce que Rousseau désigne ici sous le nom de « perfectibilité », Rousseau pose déjà la même question que Sartre quand il évoque la possibilité de voir la liberté sombrer dans la mauvaise foi et la réification.

Sous la plume de Rousseau, la perfectibilité désigne toujours la capacité à s'arracher au code, au logiciel de l'instinct, donc à ce que Sartre appelle, lui, l'essence, à ce qui nous distingue de l'animal, lequel reste entièrement englué dans la logique déterministe de la nature. Ce qui pose bien aussitôt la question du vieillissement, non pas seulement au sens biologique, mais au sens philosophique : comment devenir adulte sans pour autant « coller » à une essence, se réifier, s'identifier à la fonction qu'on occupe dans son métier ou sa vie familiale. Quand on dit : « Ah, il est devenu quelqu'un ! », cela signifie en fait qu'il est devenu une chose, qu'il occupe un rôle social important auquel, finalement, il s'identifie. Il est président, directeur, ministre, artiste, écrivain, mais aussi bien père ou mère de famille, prêtre ou garçon de café… Comment accéder à un rôle, à une fonction, à une identité repérée comme telle, sans en devenir captif ? Voilà le problème que posent les âges de la vie : comment ne pas s'emprisonner ? Comment éviter toutes ces essences, ces rôles sociaux et familiaux qui menacent sans cesse la liberté humaine et risquent de nous transformer, comme dit Sartre de manière amusante, en « gros plein d'être » ?

Au fur et à mesure que nous vieillissons, ne sommes-nous pas sans cesse davantage menacés par la tentation de céder à cette facilité, si agréable en un sens ? Du reste, cette menace de la mauvaise foi n'attend pas qu'on soit très vieux pour pointer son vilain nez : elle pèse dès l'origine sur nos existences. Dès l'enfance, je peux jouer au premier de la classe, ou d'ailleurs au cancre, je peux jouer à la petite fille modèle, ce que les Américains appellent la *goody-goody*, celle qui fait tout bien, qui aide sa maman et qui est toujours élue meilleure camarade. Plus tard, on peut encore jouer les mères juives ou les papas poules. La société nous offre toutes sortes de rôles possibles, déjà tout faits, toutes sortes d'essences qui sont comme des partitions qu'il n'y a plus qu'à interpréter : on peut interpréter le vieux colonel à la retraire, le grand serviteur de l'État, personnages rigides mais un peu prestigieux, jouer au génie méconnu, au bohème sauvage, au révolutionnaire impétueux, au justicier, à la femme enfant, au bon grand-père, au professeur Nimbus qui oublie de fermer ses boutons et renverse son éprouvette quand on lui demande l'heure, etc. Tous ces prêts à penser et à vivre existent, tout prédisposés à servir : il n'y a plus qu'à les enfiler, à se couler dedans comme dans des charentaises déjà bien patinées. Ah que la mauvaise foi est tentante !

La réification

Ce sont là des essences préformées par la société, des essences dont on peut décider par une forme de lâcheté qu'elles précéderont désormais nos existences : si on en vient à s'y identifier totalement, on perd évidemment sa liberté : on devient alors comme une chose, identique à soi-même, l'existence se conformant parfaitement à l'essence. C'est justement ce que Sartre nomme la « réification » (du mot *res* qui, en latin, signifie « chose »). Sartre veut dire par là qu'en s'identifiant à une essence, on devient semblable à une chose, à un « gros plein d'être », on perd cet écart par rapport à soi-même, cette transcendance ou cet excès qui, en tant que le lieu même du néant et de la liberté, s'avère être le véritable propre de l'homme, sa différence spécifique d'avec les choses et les animaux.

Le « lâche » et le « salaud »

Ce « gros plein d'être » est donc le produit achevé de la mauvaise foi poussée à son terme : il incarne la négation de sa propre liberté et l'acceptation du déterminisme. Mais ce comble de la mauvaise foi peut prendre deux formes différentes, s'incarner dans deux types d'hommes : la figure du bourgeois, qui incarne aux yeux de Sartre le « salaud » par excellence, tandis que le garçon de café, lui, se contente d'être seulement un « lâche ». Pourquoi ? Parce que, quand on accepte sa propre réification en pleine connaissance de cause, en pleine conscience du fait qu'en vérité, le garçon de café ne se réduit jamais tout à fait à sa qualité de garçon de café, il y a toujours un *reste*, si bien que l'individu de mauvaise foi sait qu'il est de mauvaise foi. Il choisit donc cette voie en assumant le fait d'être un « lâche » ou un « salaud ».

Voici ce qu'écrit Sartre à leur propos :

Ainsi, au nom de cette volonté de liberté impliquée par la liberté elle-même [que l'homme authentique a conservée], je puis former des jugements sur ceux qui visent à se cacher la totale gratuité de leur existence et sa totale liberté. Les uns qui se cacheront, par esprit de sérieux ou par des excuses déterministes, leur liberté totale, je les appellerai des lâches. Les autres, qui essayeront de montrer que leur existence était nécessaire alors qu'elle est la contingence même de l'apparition de l'homme sur la Terre, je les appellerai des salauds. Mais lâches ou salauds ne peuvent être jugés que sur le plan de la stricte authenticité.

Celui qui conserve son authenticité, son écart, son aptitude à être en excès de soi, celui-là sera donc en droit de juger les autres, lâches ou salauds, lorsqu'ils renient leur liberté fondamentale.

La liberté et l'ironie

Pour autant, il ne faudrait pas confondre liberté et ironie. Qu'est-ce que l'ironie ? Elle peut revêtir plusieurs visages, comme Hegel le montre avec beaucoup de subtilité dans sa *Phénoménologie de l'esprit*, dans un passage célèbre qui vise l'ironie romantique. L'ironie est toujours la marque d'un faux dédoublement d'avec soi-même. Même critique de l'ironie, chez Nietzsche, qui cible, lui, l'« ironie socratique » : dans ses dialogues avec ses interlocuteurs naïfs, Socrate fait toujours semblant de ne pas savoir, semblant d'être au même niveau que l'élève à qui il pose des questions faussement naïves, comme le fait d'ailleurs encore aujourd'hui tout bon professeur de philosophie. S'il fait un cours sur l'inconscient, il demandera à un élève : « Es-tu toujours conscient de ce que tu fais ? » Si l'élève répond : « Oui, je suis toujours conscient », alors le professeur poussera plus loin l'incitation à la réflexion et lui demandera cette fois : « Cela ne t'est donc jamais arrivé de commettre un acte manqué ou un lapsus ? Mais sais-tu ce qu'est un acte manqué ? », etc. Telle est l'ironie socratique, ce petit dédoublement d'avec soi-même qui permet au professeur de poser des questions faussement naïves pour que l'élève avance par lui-même dans la pensée – étant entendu que le professeur connaît la réponse et sait parfaitement où il veut en venir.

L'ironie se présente en cela comme un faux décalage avec soi-même. Elle est, à cet égard, comme le double de la mauvaise foi. Dans l'ironie, au fond, on fait semblant de ne pas être ce que l'on est, mais il s'agit d'un écart ou d'un excès factices, qu'on se donne trop facilement : on joue, simplement, à ne pas être qui l'on est. Et nous sommes bien en présence d'un *jeu* puisque, dans ces cas-là, nous ne sommes pas à distance de nous-mêmes « pour de vrai », si je puis dire : on ironise, justement.

L'idée à laquelle Sartre veut en venir est la suivante : pour être véritablement libre, il faut accepter son *historicité*, il faut se réconcilier avec le fait que nous ne sommes plus ce que nous avons été autrefois. La vraie liberté a partie liée avec le sentiment que grandir, c'est accepter que le temps est irréversible, qu'il y a de l'irrémédiablement passé dans nos vies, ce « temps perdu » si bien décrit par Proust ou Bergson. Or, cet écart *temporel* avec nous-mêmes est beaucoup plus fort que celui à l'œuvre quand nous jouons, au présent, à être ironique ou à ne pas être soi-même, comme dans l'humour. L'ironie représente au demeurant une forme d'humour assez grinçant, une attitude qui permet souvent de se donner un écart à bon compte, de faire montre d'une liberté plus illusoire en vérité que réelle. La vraie liberté consiste à se mettre soi-même à l'écart de soi, à accepter d'être réellement différent de soi dans le temps et dans une histoire, qui comporte de l'irréversible.

La vraie liberté, qui n'est donc pas l'ironie, demande par conséquent un certain courage, le contraire de la lâcheté. Il faut, pour l'assumer, être capable d'affronter l'angoisse, de se heurter à ce que Sartre appelle la « nausée ».

La nausée : dans le sillage de Schopenhauer et Heidegger

Si on accepte l'idée que l'existence humaine est libre et qu'elle précède toute essence, si on admet qu'il n'y a donc que des « situations » et pas de « déterminations », alors le sentiment s'insinue que non seulement notre existence est contingente, qu'elle pourrait être autre qu'elle n'est, mais aussi que le monde tout entier est lui-même contingent au sens où il pourrait aussi bien ne pas être. Ce sentiment de la contingence du monde comme de notre existence est très exactement ce que Sartre désigne sous le nom de « nausée », comme l'indique ce passage que j'extrais du roman qui porte ce titre : « Tout est gratuit, le jardin, cette ville, et moi-même. Quand il arrive qu'on s'en rende compte, ça vous tourne le cœur et tout se met à flotter. »

Telle est la nausée, qui prend naissance dans le sentiment de la liberté, avec le vertige des possibles (les choses pourraient être différentes, il pourrait en aller autrement dans ma vie, l'Univers tout entier pourrait ne pas être, etc.) : la vraie vie, après tout, est peut-être bien ailleurs, je pourrais, si je suis vraiment libre, aussi bien changer de métier, de ville, de pays, d'habitudes, de mari ou de femme, etc. Bien plus, si je ne crois pas en l'existence d'un Dieu créateur garantissant l'éternité du monde, je prends conscience que le monde est « flottant », que rien ne l'assure, qu'il ne repose sur aucun fondement stable et c'est cette prise de conscience que Sartre appelle la nausée.

Nous avons déjà rencontré un équivalent de ce concept sartrien chez Schopenhauer, dans la distinction qu'il établit entre « l'étonnement philosophique » (qui porte sur le monde en tant que tel, dans son existence globale) et « l'étonnement scientifique » (qui porte sur des phénomènes situés à l'intérieur du monde). Le scientifique s'étonne de tel ou tel phénomène dont il essaie de comprendre les causes, de telle maladie, s'il est médecin, de telle éclipse de soleil, s'il est astronome, de telle réaction chimique, s'il est chimiste, etc. L'étonnement philosophique est lié, quant à lui, à l'idée qu'on aura beau, avec les savants, remonter de cause en cause aussi longtemps et aussi loin qu'on voudra, on parviendra toujours, à un moment donné, soit à une cause première n'ayant pas elle-même de cause (ce qui contredit le principe de causalité et tourne ainsi à l'absurde), soit à l'idée, elle aussi tout aussi impensable, que le monde est *sans-cause*. Toutes les explications scientifiques, nées de l'étonnement intramondain, se perdent ainsi dans les sables.

Voyez encore aujourd'hui la théorie du Big Bang : loin de nous donner une véritable explication de l'origine du monde, elle tourne à l'absurde dès qu'on se demande ce qu'il y avait « avant ». Et on a beau nous expliquer que c'est une mauvaise question, qu'on n'a pas le droit de la poser, rien n'y fait : l'idée que le monde trouverait son origine voici treize milliards d'années alors qu'il était gros comme une tête d'épingle n'est pas satisfaisante, car elle laisse en plan la question de ce qui se passait avant l'instant zéro. Bref, dans ce que Schopenhauer appelle « l'étonnement philosophique », et Heidegger, comme nous l'avons vu aussi, « l'angoisse », on finit toujours, à moins de recourir à la religion, par tomber sur du sans-cause, sur de la contingence radicale, sur un abîme. C'est en ce sens que chez Heidegger, l'angoisse accompagne la révélation du fait même qu'il y ait le monde, du « il-y-a-le-monde », ce qu'il appelle le mystère de l'Être.

L'héritage de Husserl et l'expérience du cube « phénoménologique »

Une autre filiation importante dans la conception sartrienne de la nausée se situe dans la phénoménologie de Husserl. Chez Husserl, l'étonnement philosophique prend une forme apparemment différente, mais en réalité très proche. Il est lié à la notion de « profils » ou d'« horizons » (*Abschattung* en allemand), c'est-à-dire à l'idée que nous ne percevons jamais les choses que sur un fond, lequel lui-même renvoie à un autre fond, et ainsi de suite à l'infini : quand je vois ce canapé, c'est toujours sur le fond du mur qui se tient derrière, mais le mur lui-même renvoie forcément toujours à quelque chose qui est derrière, à un ailleurs. Tout visible renvoie toujours à de l'invisible. C'est une expérience que connaissent tous les marins : on ne se rapproche jamais de l'horizon, il s'éloigne constamment. Il y a toujours un horizon derrière l'horizon, un fond derrière le fond. Et quand je remonte d'horizon en horizon ou de fond en fond, je m'aperçois que derrière, il y a justement ce que Schopenhauer appelait déjà le *sans-fond*, le *Ungrund*. Voyez le lien avec la notion de contingence du monde : à force de remonter de fond en fond, de passer d'horizon en horizon, on finit par comprendre qu'il n'y a pas, qu'il ne peut pas y avoir de fondement ultime qui garantirait le monde dans son être, de sorte que le sentiment s'installe en nous qu'il pourrait, justement, ne pas être. (On notera au passage que cette approche a largement inspiré le courant de pensée qu'on a désigné comme la « théorie de la forme », la *Gestalttheorie*, qui jouera un rôle important dans l'histoire de la psychologie expérimentale).

Pour faire comprendre à ses étudiants qu'il y a toujours de l'invisible derrière le visible, du sans-fond derrière tous les fonds, on dit que Husserl avait l'habitude de leur montrer un cube : quoi qu'on fasse, il est impossible de voir toutes les faces d'un cube d'un seul coup d'œil. Il y a toujours un reste, une part d'invisible. Métaphoriquement, Husserl entendait leur faire comprendre par là que derrière tout fondement, il y a toujours du sans-fondement, que derrière toute chaîne de causalité, il y a toujours du non-causal, de l'irrationnel ou du non-rationnel, derrière tout visible de l'invisible, derrière tout conscient de l'inconscient, que sous la partie émergée de l'iceberg, il y a toujours sa partie immergée, etc.

La métaphore a évidemment une portée philosophique cruciale : il s'agit d'en finir avec l'idée hégélienne, mais aussi chrétienne, spinoziste, leibnizienne, bref, avec la conviction métaphysique qu'il existerait quelque part un « savoir absolu », une omniscience divine. La vérité ne peut jamais être de l'ordre de la transparence parfaite, de l'omniscience, il y a toujours dans notre rapport au monde une part d'obscurité, et c'est cette part qui correspond à sa contingence radicale, cette contingence qu'on saisit dans l'angoisse, l'étonnement, la nausée. On retrouvera nombre de variations sur ce thème dans la philosophie et la littérature des années 1950 dans l'absurde de Camus, par exemple, qui est à cet égard beaucoup moins original qu'on ne l'a dit. Que l'on parle d'« étonnement philosophique » (Schopenhauer), d'« angoisse » ou d'« ennui » (Heidegger), qu'on appelle cela « la nausée » (Sartre) ou l'« absurde » (Camus), tous ces termes correspondent au vertige que l'on éprouve, à l'ère de la déconstruction de la métaphysique, quand on prend conscience de la contingence du monde où nous sommes jetés, de son absence de nécessité, de la possibilité même que le monde ne soit pas, c'est-à-dire de la possibilité du néant.

L'existentialisme comme féminisme universaliste opposé au féminisme « différentialiste »

Nous avons vu très en profondeur pourquoi, selon Sartre, il n'y avait pas à proprement parler de « nature humaine ». Je vous ai dit aussi combien il fallait éviter à ce propos un malentendu trop fréquent : il ne s'agit pas de nier le fait, au demeurant peu contestable, que nous vivons dans un corps, masculin ou féminin, dans une nation, une culture, un milieu social particuliers qui possèdent sur nous une influence considérable. Il est clair que je ne choisis pas davantage ma sexualité que ma langue maternelle. Je les reçois, pour ainsi dire, de l'extérieur, et tout ne relève pas, c'est l'évidence, de l'autonomie : il serait tout simplement absurde d'assigner à notre liberté la tâche impossible d'éradiquer une telle extériorité.

Ce n'est pas cela que veut dire la formule de Sartre, mais seulement, comme j'ai tenté aussi de vous le montrer, que nous pouvons, bien plus, que nous devons absolument opérer une distinction entre une simple *situation* factuelle, fût-elle intangible comme l'est l'appartenance à l'un des deux sexes, et une *détermination* par laquelle nous sommes en quelque sorte façonnés hors de toute activité volontaire. Il est clair, par exemple, que le corps féminin est susceptible de donner la vie et que cette donnée biologique n'est pas sans effets spécifiques sur le comportement virtuel ou réel des femmes. Il n'en reste pas moins que cette factualité initiale constitue plus une situation qu'une détermination : rien ne permet de « naturaliser » pour autant les femmes au point de dire, par exemple, qu'elles seraient « faites pour » avoir des enfants, c'est-à-dire *destinées ou déterminées* de toute éternité par leur nature biologique à adopter un certain comportement.

Car, à la différence de l'animal, qui est de part en part soumis au code naturel de l'instinct propre à son espèce plus qu'à son individualité, les êtres humains, hommes et femmes tout autant, ont la possibilité de s'émanciper, voire de se révolter contre leur propre nature. C'est même par là, c'est-à-dire en s'arrachant à l'ordre des choses, qu'ils témoignent d'une authentique humanité et accèdent simultanément aux sphères de l'éthique et de la culture. L'une comme l'autre, en effet, relèvent de cet effort antinaturel pour construire un univers proprement humain. En ce sens, rien n'est moins naturel que la civilité, que le règne du droit, comme il n'est rien d'aussi peu naturel que l'histoire des civilisations : toutes ces sphères sont inconnues dans la nature, inconnues des plantes comme des animaux. On peut dire, pour parodier Spinoza, qu'il est dans la nature des gros poissons de manger les plus petits. On peut craindre, certes, qu'il en soit parfois, voire souvent de même chez les êtres humains et qu'ils soient enclins, justement *par nature*, à céder au règne de la force. Mais ce n'est point là ce qu'on attend d'eux sur un plan éthique et culturel, et cette attente n'aurait tout simplement aucun sens si nous ne supposions, comme le disait Alain, une faculté de *résister* aux penchants de la nature, une capacité à ne pas laisser ainsi une *situation se transformer en détermination*.

C'est cette définition de l'être humain que Simone de Beauvoir va mobiliser dans *Le Deuxième Sexe* pour y enraciner les principes de son féminisme. S'interrogeant sur les conditions dans lesquelles l'émancipation des femmes pourrait avoir lieu, elle précise à juste titre qu'un tel « problème n'aurait aucun sens si nous supposions que pèse sur la femme un destin physiologique, psychologique ou économique[1] ». Si l'on voue les femmes à l'immanence,

1. *Le Deuxième Sexe*, Paris, Folio, « Essais », p. 32.

si on leur refuse la possibilité de transcender la nature, leur nature y compris, et qu'on les tient pour vouées de toute éternité à la vie domestique à laquelle les destine, semble-t-il, la biologie, nous les réduisons à l'animalité. Comme le souligne Élisabeth Badinter, dans une perspective proche, « la sacro-sainte nature est aujourd'hui manipulée, modifiée et défiée au gré de nos désirs[1] ». De là un féminisme humaniste (il refuse de confondre humanité et animalité), égalitariste (les femmes ne sont pas plus rivées que les hommes aux déterminations de la nature), et universaliste (c'est en s'arrachant à la sphère des déterminations particulières de la nature en général que l'on s'élève à l'universel de la culture et de l'éthique).

C'est là, bien sûr, une perspective que les « philosophies de la différence », dominantes aux États-Unis et souvent enracinées dans une tout autre tradition de pensée que celle de Sartre (je pense à Derrida, par exemple), ont entrepris de disqualifier au nom d'un autre féminisme. La polémique, comme on va voir, ne manque pas d'intérêt.

C'est notamment, outre-Atlantique, dans ce qu'on a appelé « l'écoféminisme », que la critique du féminisme existentialiste et universaliste s'est développée de la façon la plus directe et la plus tranchée. Le terme « écoféminisme » apparaît pour la première fois au milieu des années 1970. Il désigne l'idée, simple en son principe, selon laquelle il existerait un lien direct entre l'oppression des femmes et celle de la nature, de sorte que la défense des unes et celle de l'autre ne sauraient être séparées sans dommage.

---

1. *L'Un est l'Autre*, Paris, Le Livre de Poche, p. 315.

D'où la définition qu'en propose l'une des protagonistes du mouvement, Karen J. Warren :

> J'utilise le terme d'écoféminisme pour désigner une position fondée sur les thèses suivantes : 1) Il existe des liens importants entre l'oppression des femmes et celle de la nature ; 2) Comprendre le statut de ces liens est indispensable à toute tentative de saisir adéquatement l'oppression des femmes aussi bien que celle de la nature ; 3) La théorie et la pratique féministes doivent inclure une perspective écologiste ; 4) Les solutions apportées aux problèmes écologiques doivent inclure une perspective féministe[1].

On mesure, à de telles formules naturalistes, à quel point l'opposition au féminisme de Beauvoir, radicalement antinaturaliste et antidifférentialiste, allait être rude. Voici comment elle se présente selon la formulation, assez suggestive, qu'en donne l'une des principales théoriciennes du mouvement féministe naturaliste et différentialiste, Val Plumwood, dans un article qui tentait justement une synthèse des divers aspects de l'écoféminisme pour l'opposer au féminisme existentialiste de Sartre et Beauvoir :

> Dans la perspective de l'écoféminisme, la pensée occidentale s'est caractérisée par une série de dualismes qui, liés les uns aux autres, se renforcent mutuellement et renferment les concepts clés pour la compréhension de la structure sociale. On peut présenter certains d'entre eux de la façon suivante (sans que cette liste ne puisse prétendre à l'exhaustivité) :

1. « Feminism and Ecology », *Environmental Ethics*, vol. 9, 1987.

SPHÈRE 1	SPHÈRE 2
Mentalité (intellect, esprit, rationalité)	Physicalité (corps, nature, matière)
Humain	Non-humain, animal
Masculin	Nature féminine
Produit de manière culturelle et historique	Produit naturellement
Production	Reproduction
Public	Privé
Transcendance	Immanence
Raison	Émotion

Il faut bien sûr ajouter que ces dichotomies sont, selon Val Plumwood, interprétées de façon à l'évidence hiérarchisée moralement et politiquement : l'esprit vaut mieux et plus que le corps, l'humain que le non-humain, le masculin que le féminin, etc. Elles sont lues ensuite dans le sens d'une instrumentalisation de la sphère n° 2 au profit de la première : l'homme (le mâle) est ainsi légitimé à utiliser la femme, la nature, les animaux, etc., pour ses fins propres. Enfin, chacun des termes en présence doit être compris comme le signe d'une polarité irréductible, ceux de la sphère n° 1 définissant seuls ce qui est considéré comme authentiquement humain.

Or, c'est bien une telle grille de lecture qui domine, selon les écoféministes, la pensée occidentale depuis Platon au moins, et qui se maintient jusqu'à nous à travers la tradition chrétienne, le cartésianisme, la philosophie des Lumières, le libéralisme de la Déclaration des droits de l'homme, la Révolution française… et encore, paradoxalement, dans le féminisme de Beauvoir ! – chacune de ces étapes pouvant être analysée comme un moment dans la constitution de l'idéologie patriarcale qui prévaut aujourd'hui. Le féminisme existentialiste s'inscrivait dans la perspective égalitariste et universaliste d'une émancipation à l'égard des déterminismes naturels. Du point de vue de l'écoféminisme, cette prétendue « émancipation » ne peut être qu'un leurre, à vrai dire même le leurre suprême puisqu'elle implique une négation simultanée de la féminité et de la naturalité, au profit d'un modèle de liberté typiquement masculin. C'est là ce que Val Plumwood, s'inspirant des célèbres travaux de Mary Midgley, reproche précisément à Simone de Beauvoir en des termes qu'il faut encore citer car ils offrent au moins le mérite d'une parfaite clarté :

> Pour Simone de Beauvoir, la femme doit devenir « pleinement humaine » sur le même mode que l'homme, en le rejoignant dans le projet de se distancier de la nature, de la transcender et de la contrôler. Elle oppose ainsi la transcendance mâle et la conquête de la nature qui en découle, à l'immanence de la femme identifiée à la nature et au corps dans lesquels elle est immergée passivement. Pour accéder à la pleine humanité, la femme doit donc entrer dans la sphère supérieure de l'esprit pour dominer et transcender la nature. Sur le plan physique, elle doit accéder à la sphère de la liberté et du contrôle au lieu d'être immergée de manière aveugle dans la nature et l'incontrôlable. La femme devient donc « pleinement humaine » en étant absorbée dans la sphère masculine de la liberté et de la transcendance conceptualisées dans les termes du chauvinisme humain[1].

1. *Ibid.*, p. 135.

On mesure à quel point, en effet, nous sommes ici aux antipodes du féminisme existentialiste, à quel point les deux traditions du féminisme modernes sont opposées entre elles : c'est en affirmant sa *différence* d'avec les « mâles », en insistant en revanche sur sa proximité *spécifique* avec la nature que la femme est censée incarner, comme autrefois le prolétariat, la fraction salvatrice de l'humanité. Le danger d'une telle position est clair et on peut dire qu'il avait déjà été pressenti par Simone de Beauvoir elle-même, puis analysé par Élisabeth Badinter : à insister sur la « naturalité » de la femme, on risque tout simplement de reconduire les clichés les plus éculés sur « l'intuition féminine », la vocation à la maternité ou l'irrationalisme de ce qui pourrait bien, dès lors, passer en effet pour le « deuxième sexe ». Affirmer que la femme est plus « naturelle » que l'homme, c'est bien sûr, aux yeux des existentialistes, nier sa liberté, donc, en un sens qu'on a déjà précisé, son appartenance pleine et entière à l'humanité.

Que les écoféministes haïssent la civilisation occidentale et la modernité démocratico-républicaine, c'est leur affaire. Qu'elles ou ils veuillent trouver à cette détestation une justification naturelle, c'est jouer le jeu d'un déterminisme biologique dont toutes les femmes risqueraient, ainsi pense l'existentialisme, de subir les conséquences s'il devait être pris un tant soit peu au sérieux. Du reste, la revendication du droit à la différence cesse d'être démocratique lorsqu'elle se prolonge dans l'exigence d'une différence de droits.

Le féminisme différentialiste et naturaliste nous est venu des États-Unis. Il s'est notamment adossé au formidable succès, outre atlantique, des philosophies de la différence, en particulier celle de Derrida, bref, de ce que j'ai appelé la « Pensée 68 » dont je vous parlerai dans le prochain chapitre. Comme aux États-Unis aussi, il a culminé sur le plan politique dans les théories de l'« *affirmative action* », de la discrimination positive, c'est-à-dire dans la mise en place de politiques de quota. La loi française sur la parité en est une des émanations directes et, après ce que nous venons de voir, il est tout à fait compréhensible que les féministes universalistes et humanistes, ici directement héritiers de la pensée de Sartre et Beauvoir, s'y soient radicalement opposées, à l'image d'Élisabeth Badinter – cela dit pour vous montrer combien, sur des sujets de société de ce type, seul l'éclairage philosophique permet véritablement de se repérer…

Vaut-il « mieux avoir tort avec Sartre que raison avec Aron » ?

Tout le monde connaît la fameuse formule, même s'il est difficile de dire qui l'a prononcée pour la première fois. Pour poser la question clairement, d'où vient que Sartre se soit si souvent trompé ? Qu'il ait été un compagnon de route du parti communiste français, un des plus staliniens du monde, alors qu'il professait une philosophie de la liberté ? Qu'il ait apporté son soutien au terrorisme le plus absurde et le plus détestable qui soit, celui de la « Bande à Baader » et de la RAF (Rote Armee Fraktion) dans l'Allemagne des années 1970 ? Qu'il ait pu déclarer, au pire moment des grands procès staliniens, que la liberté d'expression et de critique était totale en Union soviétique, que les anticommunistes étaient des « chiens » ? Qu'il ait même réussi l'exploit de défendre le régime albanais, un des plus absurdement répressifs au monde ?

La Farce des choses

Dans une jolie parodie publiée en 1977 par Burnier et Rambaud dans leur admirable livre, *La Farce des choses*, un « remake » du fameux « À la manière de… » de Reboux et Muller, il est question d'un voyage de Sartre et Simone de Beauvoir en « Avanie populaire » qui, par-delà le pastiche et la parodie, pose une question bien réelle et fort énigmatique : comment un homme et une femme aussi intelligents ont-ils pu devenir les complices des pires horreurs du XXe siècle, non pas certes du nazisme et du colonialisme, mais des pires totalitarismes dont a pu se réclamer dans l'après-guerre la gauche la plus dogmatique ? Plus généralement, par-delà même le cas de Sartre et de Beauvoir : comment se fait-il que les plus grands intellectuels du siècle écoulés, du moins à l'Ouest de l'Europe, aient pu s'engager, soit en faveur du nazisme (comme Heidegger), soit en faveur du stalinisme et du maoïsme (comme Sartre et tant d'autres avant et après lui) au moment même où un Gide ou un Aron montraient qu'il était possible de ne pas se laisser piéger par les idéologies les plus funestes et les moins favorables à la liberté ? Et d'ailleurs, ces idéologies étaient-elles vraiment des pièges, dans lesquels de bons intellectuels seraient tombés par naïveté, ou au contraire, comme je le crains, des espaces de manipulation intellectuelle qu'ils auraient eux-mêmes contribué cyniquement à façonner et à maquiller afin que d'autres, à commencer par leurs étudiants, y tombent encore plus lourdement ?

Il me semble que pour répondre à cette inquiétante question, il n'est pas inutile de mieux cerner une distinction fondamentale de la pensée de Max Weber : celle qui oppose toujours, dans le monde intellectuel, l'éthique de la conviction à l'éthique de la responsabilité.

Conviction et responsabilité

Que signifie, au fond, cette opposition, et en quoi peut-elle nous servir à comprendre ce paradoxe du siècle, cette énigme des intellectuels les plus talentueux s'engageant dans les impasses politiques les plus détestables et les plus évidemment absurdes ?

L'éthique de la responsabilité, contrairement à une idée reçue mais tout à fait fausse, n'est nullement réductible au cynisme de la *realpolitik*. C'est même tout le contraire. Rappelons en deux mots les termes du débat. L'éthique de la conviction, c'est celle qui règne sans partage dans l'univers des intellectuels de gauche depuis la nuit des temps. Elle tient en une phrase : *Fiat justitia, pereat mundus*, que justice soit faite, le monde dût-il en périr. On y défend des principes en se moquant du réel. On est, par exemple, pacifiste en 1935, parce qu'on est contre toute guerre, quelle qu'elle soit. Au final, le réel se venge : Hitler envahit la Ruhr, puis il annexe l'Autriche avec la bénédiction objective des pacifistes. Quand ils se réveillent, il est trop tard. La guerre fera plus de cinquante millions de morts alors qu'une intervention militaire précoce aurait sans doute pu l'empêcher de s'étendre. *Si vis pacem, para bel-*

lum dit, à juste titre, l'éthique de la responsabilité. Aujourd'hui, l'éthique de la conviction joue toujours le même rôle. Elle interdit les réformes avec « indignation », ce sentiment puéril et facile, par exemple la réforme des retraites réprouvée au nom de la « justice sociale », alors que, faute d'intervention, là aussi, c'est tout notre système de protection des plus faibles qui risque simplement de faire faillite.

Voilà une excellente raison à mes yeux de se tourner vers une autre vision morale du monde, celle de la responsabilité. En quoi consiste-t-elle ? En aucun cas à abandonner les principes éthiques, mais à tenir compte du réel pour les appliquer et les incarner, fût-ce au prix de compromis, mais qui sont le contraire de la compromission : ils sont les seules voies, non d'un renoncement aux principes, mais de leur application réelle. Si l'on évoque à nouveau le cas des conflits armés, le partisan de l'éthique de la responsabilité est celui qui comprend que, face à une situation de crise, il est parfois préférable, comme ce fut le cas au moment de l'invasion de la Ruhr, de faire une guerre limitée d'entrée de jeu, si détestable soit-elle toujours quant aux principes, plutôt que de ne rien faire, au nom du pacifisme, quitte à entraîner plus tard le désastre que l'on sait.

Tragique de l'histoire ou, comme dit Weber, « antinomies de l'action historique » : contrairement à ce qu'imagine de façon facile et confortable l'intellectuel saisi par l'éthique de la conviction, le militaire ou le politique n'ont presque jamais le choix entre le bien et le mal. Ce serait bien trop facile. Dans l'immense majorité des cas, ils doivent choisir entre plusieurs maux, leur devoir, tout à la fois guidé par l'éthique et l'intelligence, étant seulement de faire le choix du moindre mal en toute lucidité. Entreprendre une guerre, même limitée, est toujours une horreur, mais la laisser devenir mondiale pour ne pas se salir les mains en est une bien plus grande encore. Les réformes que nous impose la mondialisation sont, elles aussi, pénibles, mais si nous voulons conserver notre modèle social européen, il vaut mieux les mettre en œuvre au plus vite plutôt que de prétendre toujours offrir au peuple le beurre, l'argent du beurre et le sourire du laitier. En quoi l'éthique de la responsabilité est de toute évidence la seule morale digne de ce nom, l'éthique de la conviction n'étant, paradoxalement, qu'une forme particulièrement sophistiquée de cynisme confortable, parce qu'il donne bonne conscience à l'intellectuel qui s'en inspire avant tout pour garder bonne image et bonne presse. Comme toujours, disait Pascal, la « vraie morale se moque de la morale »...

La critique de la démocratie

Or, globalement, la plupart des intellectuels se sont au XXe siècle enfermés dans l'éthique de la conviction, laquelle valorise la seule fonction critique. Sartre lui-même incarne l'archétype de cet intellectuel qui exerce sa critique sur ce que Hegel appelait la « positivité de son temps », c'est-à-dire la réalité sociale et politique de son époque. Mais si cette réalité est la démocratie, il s'ensuit que l'intellectuel, pour poursuivre sa vocation à la critique radicale du temps présent, doit se montrer hostile à la démocratie, qu'il doit par exemple, pour la disqualifier, la traiter de démocratie « formelle ». C'est cette pente-là qui, fondamentalement, explique que les intellectuels vivant en démocratie se soient si souvent engagés contre elle, que ce soit au nom d'un « avenir radieux » (le communisme, la société sans classes et sans exploitation), ou d'un retour en arrière, à un avant de la démocratie, à un âge d'or perdu, à la germanité pure, comme dans le nazisme et le fascisme, l'essentiel étant de garder un regard radicalement critique sur son époque, en l'occurrence sur les temps démocratiques.

Si tant d'intellectuels se sont égarés vers les extrêmes, ce n'est nullement par hasard, mais parce qu'ils ne pouvaient pas accepter la réalité ou la « positivité » du compromis social-démocrate-libéral-républicain qui leur paraissait finalement trop insipide, trop incolore pour être digne de leur génial penchant à la radicalité. Et ce n'est d'ailleurs que dans les années 1980 qu'apparaîtront, à droite comme à gauche, un certain nombre d'intellectuels d'un type nouveau, réconciliés avec la démocratie libérale et les droits de l'homme, ce qui ne fut le cas ni de Sartre ni des tenants de la Pensée 68...

Conclusion : Sartre, intellectuel total ?

D'où vient, enfin, que Sartre ait bénéficié d'une aura aussi considérable ? Que l'existentialisme soit devenu à ce point une mode – qui va des vêtements zazous aux chansons de Boris Vian en passant par une véritable sacralisation du couple formé par Sartre et Simone de Beauvoir, peut-être bien le premier couple d'intellectuels médiatique de l'histoire ?

L'extraordinaire notoriété de Sartre s'explique bien sûr par son réel talent de philosophe, mais aussi d'écrivain, un talent de polygraphe que nul ne saurait lui contester. Sartre était à la fois un grand écrivain et un bon philosophe, même si, comparée à celle de Schopenhauer ou Heidegger, son œuvre est un peu comme la butte Montmartre face à l'Himalaya... Il n'en reste pas moins un philosophe très doué. Mais il me semble que son influence vient d'ailleurs, probablement au fait qu'il fut le seul intellectuel français, depuis Voltaire, à cumuler toutes les légitimités. Comme je le soulignais en commençant, et j'y reviens en guise de conclusion, Sartre est non seulement philosophe, mais homme de lettres et romancier, non seulement écrivain, mais homme de théâtre dont on porte les pièces et les romans au cinéma, grande « conscience morale » et politique.

Merleau-Ponty, lui, n'était que philosophe et Camus, si j'ose dire, n'était qu'écrivain, comme d'ailleurs Malraux, qui n'était pas non plus philosophe au sens « professionnel » du terme. Sartre fut le Voltaire du XXe siècle et c'est, en dehors même de son talent, ce cumul de légitimités si typiquement français – il n'en existe aucun exemple à l'étranger – qui fit sans doute la racine de son aura extraordinaire, le principe d'une influence qui s'étendit un temps bien au-delà des frontières mêmes de la France.

9

LA PENSÉE 68

Foucault, Derrida, Bourdieu et les autres

Je vais vous parler aujourd'hui de la « Pensée 68 » – une formule qui fit date et que Pierre Nora, notre éditeur chez Gallimard, avait inventée comme titre de l'essai que Marcel Gauchet et lui nous avaient commandé, à Alain Renaut et moi : *La Pensée 68. Essai sur l'anti-humanisme contemporain*. Ce livre, publié en 1985, a suscité dès sa sortie un vaste débat, une polémique presque inimaginable aujourd'hui – sans doute parce qu'il était le premier à oser s'attaquer aux « vaches sacrées » de l'époque, à tenter de jeter un regard un tant soit peu lucide, donc forcément désillusionnant, sur Mai 68 et les diverses philosophies qui avaient préparé ou entouré l'événement. Nous tentions, face à l'hostilité à la démocratie « formelle » et aux droits de l'homme qui s'était emparée des têtes pensantes, d'élaborer une analyse critique de cette effervescence pseudo-révolutionnaire qui avait caractérisé une partie de la philosophie française des années 1960 et que certains ont désignée aussi, quand elle se reflétait dans la vie des idées, sous divers vocables : « gauchisme culturel », « post-structuralisme », « postmodernisme », « déconstructionnisme », etc.

Ce mouvement intellectuel, bien particulier à la France et incarné par des penseurs comme Michel Foucault, Jacques Derrida, Gilles Deleuze, Pierre Bourdieu, Louis Althusser, Jean-François Lyotard ou Jacques Lacan, connut très vite un rayonnement exceptionnel sur les campus américains, dans les départements de littérature comparée pour l'essentiel, où il fut à l'origine de la mode du politiquement correct, cette vogue « déconstructrice » qu'un écrivain comme Philip Roth a si bien cernée, et qui faillit anéantir tout ce que les universités américaines avaient de meilleur. Comme je vous le disais, de nombreux termes encore ont servi à décrire cette nouvelle vague intellectuelle : « post-structuralisme » fut surtout utilisé en Allemagne, « déconstruction » aux États-Unis, ou encore, « discours philosophique de la modernité », pour reprendre le titre d'un ouvrage de Jürgen Habermas. D'autres ont préféré qualifier ce courant de « postmoderne », l'idée étant ici que si la modernité s'était incarnée dans l'humanisme et le rationalisme des Lumières, nous étions désormais entrés dans la postmodernité ou le post-humanisme, attendu que nos nouveaux penseurs « déconstruisaient » tout à la fois le rationalisme et la philosophie du sujet des classiques.

Ainsi que nous avions tenté de le montrer dans notre livre, les principaux protagonistes de la Pensée 68 avaient indéniablement en commun de répudier l'humanisme, considéré soit comme une « idéologie petite-bourgeoise » par les néo-marxistes, soit comme une « illusion de la métaphysique de la subjectivité » par les néo-heideggériens, un avatar du

« nihilisme » par les néo-nietzschéens, en tout cas comme une vision du monde dépassée et « bêlante », pour reprendre une formule que Foucault employa aimablement pour décrire l'existentialisme de Sartre.

Notre livre fit l'effet d'un coup de pistolet dans un concert. Bien que démocrate, Alain Renaut était clairement engagé à gauche, quant à moi, j'étais (et je reste) gaulliste, mais nous fûmes aussitôt considérés comme des suppôts de l'extrême droite, voire comme des « fascistes », l'un des traits de la Pensée 68 étant de dissimuler, sous couvert d'un discours ultracritique et officiellement « ouvert à l'autre », une inaptitude quasiment structurelle à tolérer la moindre divergence de vue.

Si je le dis aussi clairement, sans fard ni parapluie, c'est que ce trait commun aux auteurs que nous regroupions sous cette bannière n'est pas anecdotique ni contingent : il fait partie essentielle du type idéal que nous voulions mettre en lumière et qui reliait entre eux quatre grands courants de pensée, lesquels formaient alors ce qu'on pourrait appeler, par un retournement quelque peu ironique d'un vocabulaire qui n'était pas le nôtre, « l'idéologie dominante » de l'époque.

Les quatre grands courants de la « déconstruction »

Avec la notion de « Pensée 68 », que nous avait donc suggérée Pierre Nora dès qu'il eut compris le sens de notre livre, nous entendions en effet regrouper sous une même bannière, celle de la rupture avec la tradition, de la contestation des valeurs et des autorités traditionnelles sous toutes leurs formes, quatre grands courants intellectuels, quatre grandes tendances du moment, inspirés tous quatre par la philosophie allemande de Marx, Heidegger, Freud et Nietzsche. Au milieu des années 1970, tous s'accordaient au fond pour mettre en place ce que Paul Ricœur a nommé si justement les « philosophies du soupçon ». La caractéristique commune principale de ces idéologies, par ailleurs fort différentes et souvent même en guerre entre elles, consistait, en effet, à considérer que derrière les apparences manifestes se dissimulent des vérités latentes, qu'au-delà les discours conscients, qui ne sont jamais que des symptômes, se cachent de l'inconscient, des déterminations diverses, de nature sociale, économique, pulsionnelle, libidinale, etc. C'est donc à une activité de démystification que les jeunes gens qui découvraient la philosophie étaient invités par leurs maîtres – ce qui, bien entendu, ne manquait pas d'un certain charme.

Marxisme, nietzschéisme, heideggérianisme et freudisme français

Le marxisme français était dominé, dans les années 1960 déjà, par la figure tutélaire de Louis Althusser (1918-1990), membre du PCF, professeur (« caïman ») à « Normal-Sup », rue d'Ulm, véritable pape de l'intelligentsia marxiste parisienne, mais aussi par la sociologie de Pierre Bourdieu (1930-2002). L'heideggérianisme « new look » était, quant à lui, clairement représenté par Jacques Derrida (1930-2004), avec son fameux concept de « déconstruction », directement calqué sur la terminologie de Heidegger (« *Abbau der Metaphysik* »). Le nietzschéisme français trouvait ses principaux porte-paroles en Michel Foucault (1926-1984) et Gilles Deleuze (1925-1995). Deleuze, qui avait été l'assistant d'Alquié, était par ailleurs un authentique historien de la philosophie, grand spécialiste de Hume, Nietzsche, Spinoza et Kant. Parmi ces philosophies du soupçon, il fallait aussi compter avec le freudisme français, sa figure de proue restant bien entendu Jacques Lacan (1901-1981), véritable dieu dont les représentants sur terre, Jacques Alain et Gérard Miller, étaient alors engagés avec ardeur dans le mouvement maoïste... de l'École normale supérieure de la rue d'Ulm.

Dans un entretien accordé au *Magazine littéraire* le 1er mars 1968, Michel Foucault n'avait d'ailleurs pas hésité à reconnaître sa dette à l'égard des penseurs allemands, en particulier à l'égard de Nietzsche et de Heidegger. Il le dit de manière tout à fait explicite et il n'est peut-être pas inutile de rappeler cet aveu, du reste tout à son honneur. Heidegger, expliquait-il, « a toujours été pour moi le philosophe essentiel, tout mon devenir philosophique a été déterminé par la lecture de Heidegger, mais je reconnais que c'est Nietzsche qui l'a emporté ». Et il ajoutait :

> Je suis simplement nietzschéen, j'essaie dans la mesure du possible, sur un certain nombre de points, de voir avec l'aide des textes de Nietzsche, mais aussi avec des thèses antinietzschéennes, qui sont tout de même nietzschéennes, ce que l'on peut faire dans tel ou tel domaine. Je ne cherche rien d'autre, mais cela je le cherche bien.

En analysant les thèmes centraux de son livre fondateur, *Histoire de la folie*, publié en 1961, nous verrons plus loin comment Foucault a pu appliquer une lecture à la fois nietzschéenne, heideggérienne et marxiste à l'histoire de l'asile défini par lui, non comme un lieu de thérapie, mais d'exclusion et d'enfermement, jouant ainsi avec une subtile ambiguïté sur tous les registres en vogue dans la « contre-culture » de l'époque. À cet égard, Michel Foucault apparaît bien comme le père fondateur de ces « sixties philosophantes », en tout cas comme son représentant le plus typique et le plus éminent.

Une importation allemande

Quoi qu'il en soit, ces philosophies déconstructrices de la tradition sont bel et bien passées d'Allemagne en France, la version française reprenant et radicalisant une tendance au soupçon à l'œuvre de longue date chez Marx, Heidegger, Nietzsche et Freud. Nous aurons donc un freudisme français, un marxisme français, un heideggérianisme et un nietzschéisme à la française, respectivement représentés, comme je viens de le dire, par Lacan, Althusser, Derrida, Foucault, Deleuze et quelques autres. C'est de cette mouvance, de cette constellation très plurielle mais néanmoins portée par un projet commun de rupture avec la tradition philosophique classique, que nous nous sommes efforcés, en 1985, de faire l'anatomie critique, suscitant ainsi une belle levée de boucliers.

Un modèle commun

On nous a beaucoup reproché, à l'époque, d'avoir pratiqué des amalgames au motif que marxistes et heideggériens, par exemple, ne s'entendaient guère, que les nietzschéens et les freudiens non plus et qu'entre Foucault, Derrida, Althusser et les autres, désaccords et polémiques ne manquaient pas. Ces divergences ne nous avaient évidemment pas échappé, mais nous voulions montrer qu'il y avait, entre ces différents penseurs, une unité d'inspiration, une sorte de modèle commun ou de « type idéal », pour reprendre la terminologie de Max Weber. Un type idéal structuré autour de cinq ou six grands thèmes, à nos yeux constitutifs de la sensibilité philosophique dominante de cette époque par-delà les divergences, en effet bien réelles, mais finalement assez secondaires au regard de ces grands points communs.

Il ne s'agissait donc pas de soutenir que les marxistes étaient devenus heideggériens ou nietzschéens, ni *vice versa*, mais d'insister sur le fait que tous s'accordaient pour que le débat portât sur un certain nombre de grands sujets incarnant la rupture avec la métaphysique classique. Nul amalgame ici, en vérité, d'autant que nous avions beaucoup travaillé les textes de ces auteurs, que nous connaissions personnellement certains d'entre eux et que nous savions fort bien qu'ils étaient en concurrence les uns avec les autres, voire, pour dire les choses franchement, qu'ils se détestaient parfois cordialement.

Le type idéal de la Pensée 68

Dans cette leçon, je voudrais donc commencer par décrire ce type idéal de la Pensée 68, en vous donnant à chaque fois quelques exemples. Je tenterai ensuite d'expliquer les raisons de cette effervescence anti-humaniste, le pourquoi de cette opposition à l'humanisme républicain des Lumières, de cette hostilité à l'Europe démocratique, l'ennemie par excellence à l'époque. Enfin, je terminerai par une réflexion sur quelques-unes des interprétations auxquelles la crise de 1968 a donné lieu et sur les logiques qui les sous-tendent.

Commençons donc par ce « type idéal » de la Pensée 68, par ses cinq ou six traits les plus caractéristiques. Ces leitmotive s'exporteront ensuite aux États-Unis pour alimenter le « politiquement correct », un mouvement professant un anti-occidentalisme radical au nom de la défense du droit à la différence et des communautés minoritaires. La Pensée 68 entreprendra de critiquer la Raison « occidentale » sous ses formes diverses, la rationalité « calculante » rentabiliste propre au capitaliste, certes, mais aussi la Raison issue des Lumières, disons la Raison classique, cartésienne ou hégélienne – ce que Derrida désignera dans son jargon comme le « phallo-logo-centrisme », expression qui suggère à la fois la domination masculine (le phallus) et celle de la raison (le *logos*), ce « phallo-logo-centrisme » occidental étant censé avoir été à l'origine du colonialisme, de l'oppression des femmes, mais aussi des minorités ethniques, des animaux et de la nature en général. Une élève de Derrida, Élisabeth de Fontenay, consacrera ainsi presque toute son œuvre à valoriser la question de la protection des animaux et à montrer comment, dans ce phallo-logo-centrisme, l'animal, tout comme la femme et les minorités, a été opprimé par la tradition du rationalisme classique hérité notamment de Descartes et des républicains français.

Hors quelques sectes fanatiques qui sévissent encore dans les universités américaines, le fait est que nous sommes aujourd'hui très largement sortis de cette Pensée 68. Même si ceux qui en étaient les épigones les plus dogmatiques le déplorent, j'ai personnellement tendance à me réjouir que l'on soit enfin passé à autre chose. Mais que l'on tienne la période qui entoure Mai-68 pour exaltante ou déprimante, elle n'en représente pas moins l'épicentre d'un mouvement intellectuel d'abord spécifique à la France et dont les principales figures ont longtemps dominé la scène publique bien au-delà de nos frontières.

La fin de la philosophie classique ou l'An I de la Philosophie Nouvelle

Premier trait caractéristique de la Pensée 68 : le thème de la « fin de la philosophie », motif qui comportait bien entendu une note éminemment « révolutionnaire ». Quand j'étais étudiant, je me souviens avoir souvent entendu des affirmations péremptoires du genre : « De Platon jusqu'à Nietzsche, la philosophie n'a fait que se tromper lourdement avec sa valorisation absolue du sujet. Elle a sombré dans la métaphysique de la subjectivité, dans l'idéologie petite-bourgeoise. » « De Platon à Nietzsche, ou plutôt à Hegel » – les nietzschéens n'incluaient évidemment pas Nietzsche dans leurs reproches acerbes contre tous les grands, puisqu'il servait d'ouvre-boîte à la déconstruction de la tradition. Les philosophes n'auraient cessé d'oublier la « différence » sous toutes ses formes, « l'altérité » de l'Être, des autres cultures – et avec elle, la nature, la femme, l'animal, le colonisé, mais aussi le corps, les instincts, les pulsions, le sexe, l'inconscient, bref, tout ce qui était supposé incarner la « différence », l'Autre de la raison.

Beaucoup avaient à l'époque, surtout autour du joyeux mois de Mai, le sentiment de vivre l'An I de la Pensée Nouvelle. D'où la dimension « révolutionnaire » de ces discours traversés par l'idée qu'il fallait faire table rase du passé, en l'occurrence de deux mille ans de philosophie plus ou moins « répressive », marquée par l'idéologie, le phallo-logo-centrisme, les illusions de la métaphysique, le « nihilisme », l'oubli de la différence, de l'altérité, etc. C'était un leitmotiv permanent, une vraie moulinette que les profs nous imposaient de Censier à Vincennes en passant par Nanterre. C'est donc en déconstruisant la tradition qu'on allait enfin sortir du tunnel, découvrir la lumière. Un texte de Heidegger, souvent cité pendant cette période, s'intitulait de façon significative « La fin de la philosophie et la tâche de la pensée » (1966), le philosophe ayant désormais vocation à déconstruire la philosophie traditionnelle et les funestes illusions de l'humanisme européen.

L'apologie de la marginalité

Cette annonce de la fin de la philosophie s'accompagnait d'une mode quelque peu étrange, pour ne pas dire d'une véritable manie : il fallait à tout prix, pour exister, se présenter soi-même comme un nouvel entrant, comme un habitant des « marges de la philosophie ». Le thème est omniprésent chez Derrida : les nouveaux entrants sont forcément des marginaux, des solitaires, des avant-gardistes. Alors même qu'ils enseignaient à l'École normale supérieure (pourtant, déjà le nom...) de la rue d'Ulm, à la Sorbonne ou au Collège de France, c'est-à-dire au cœur du cœur du système universitaire français le mieux installé et le plus reconnu, ces philosophes des années 1960 voulaient à tout prix passer pour des excentriques pourchassés par le « système ». On baignait ainsi dans un discours un rien paranoïaque, mais qui avait toujours pour finalité première de marquer la rupture.

J'ai gardé encore vivant le souvenir des envolées d'Althusser contre les professeurs de philosophie censés représenter « par construction » l'idéologie petite-bourgeoise, travaillant forcément à l'installer dans le cerveau de leurs élèves grâce à la complicité des « appareils idéologiques d'État », ce terme désignant notamment les institutions scolaires. Je dois dire qu'il était assez paradoxal de voir Althusser – lui-même éminent professeur de philosophie – balayer ses collègues du secondaire comme autant de représentants du grand capital, exclusivement occupés à distiller leur idéologie de classe. Je n'invente rien : dans *Lénine et la Philosophie* (1969), Althusser y va très carrément – on a peine à citer de tels textes, tant ils paraissent absurdes aujourd'hui, mais il faut bien le faire si l'on veut se remettre dans l'atmosphère, dans la *Stimmung* de l'époque :

> Les professeurs de philosophie, déclarait-il tranquillement, sont des professeurs, c'est-à-dire des intellectuels employés dans un système scolaire donné, soumis à ce système, exerçant dans leur masse une fonction sociale d'inculcation des valeurs de l'idéologie dominante. Les philosophes sont des intellectuels, donc des petits-bourgeois, soumis dans leur masse à l'idéologie bourgeoise et petite-bourgeoise.

Analyse d'autant plus stupide que nombre de professeurs, et de philosophie notamment, étaient tout disposés à rejoindre la pensée althussérienne, mais analyse qui s'explique assez bien si l'on comprend qu'il s'agissait, ici encore, de marquer la rupture avec la tradition, voire d'incarner cette rupture, en se faisant passer soi-même pour un « nouvel entrant », donc pour un marginal en voie de rompre avec des siècles et des siècles d'un obscurantisme encore véhiculé par les collègues de lycée. Bien entendu, la marginalité hautement revendiquée s'accompagnait du sentiment, que dis-je, de la conviction absolue d'appartenir à l'élite de l'élite, à l'avant-garde de la révolution en marche, selon une structure pyramidale bien connue dans les différents partis léninistes.

La déconstruction des « idoles » au marteau

Heidegger avait déjà parlé de « déconstruction » *(Abbau)*, un terme que les étudiants et nombre de professeurs américains, dans leur inculture indécrottable, attribuent à Derrida alors que ce dernier ne fait que l'emprunter à Nietzsche et à Heidegger. À Nietzsche, car on le trouve déjà dans le célèbre aphorisme « Comment je philosophe avec un marteau », l'ustensile en question servant bien entendu à casser les « idoles », c'est-à-dire, comme nous l'avons vu dans une précédente leçon, les idéaux illusoires de la religion et de la métaphysique traditionnelles. À Heidegger aussi, comme je vous l'ai dit, l'allemand, *Abbauen*, constamment utilisé par lui, signifiant littéralement « déconstruire ».

Chez Nietzsche comme chez Heidegger, on trouvait donc déjà la conviction qu'il faut faire voler en éclats les illusions de la philosophie occidentale pour inventer une pensée inouïe, radicalement neuve. N'oublions pas qu'à l'époque, on élabore aussi une réflexion sur la langue qui se veut, elle aussi, inédite, une linguistique nouvelle, portée par des disciplines jusqu'alors peu connues comme la « grammatologie » ou la « sémiotique », qui font leur apparition au grand jour dans ce contexte tandis que l'anthropologie et l'ethnologie se targuent de constituer, elles aussi, des sciences sociales d'un genre nouveau. On avait vraiment l'impression, dans ce climat de pseudo-effervescence intellectuelle, qu'on allait tout recommencer à zéro. D'où l'emphase mise sur le thème de la fin de la philosophie, qui renvoyait toute la tradition classique à l'illusion métaphysique ou à l'idéologie bourgeoise.

Les charmes de l'avant-garde et de l'élitisme

La Pensée 68, on l'aura compris, se voulait donc d'avant-garde, l'équivalent, sur le plan philosophique, de ce qu'avait pu représenter, en d'autres temps et dans un autre champ, des artistes comme

Picasso, Kandinsky, Mondrian ou Duchamp dans les arts plastiques, Schönberg ou Pierre Boulez dans le domaine musical. Pierre Boulez ou Daniel Buren, qui évoluaient, eux aussi, au sein de cette configuration intellectuelle déconstructrice, s'appuyaient du reste volontiers sur les travaux de Deleuze ou de Derrida, la musique de la « dissonance » ayant bien évidemment de fortes affinités avec les philosophies de la « différence ». De même qu'il y avait une avant-garde dans l'art contemporain, il fallait une avant-garde en philosophie. C'est là le deuxième grand thème de la Pensée 68. Ce concept d'avant-garde, du reste, est plus profond qu'il n'y paraît. Il mérite qu'on s'y arrête un instant, avant d'aller plus loin.

La notion d'avant-garde apparaît pour la première fois, dans son sens métaphorique, pour désigner la vie artistique, chez Saint-Simon, dès 1836. Elle va connaître une fortune incomparable. Dans un ouvrage, écrit au début du siècle dernier, *Du spirituel dans l'art (Über das Geistige in der Kunst)*, Kandinsky a posé de manière emblématique les principes fondamentaux de l'avant-gardisme. Il y compare de manière prophétique la vie intellectuelle et artistique à un grand triangle, semblable à une pyramide, qui se déplace vers le haut dans le temps et dans l'histoire. La comparaison traversera le siècle, y compris sur le plan politique, du reste, où elle servira d'illustration quasi parfaite de la structure des différents partis communistes. À la pointe du triangle, il y a le génie (le « guide génial », comme dira Staline à son propre usage). De même que le point au sommet d'un triangle est par nature isolé, le génie est forcément solitaire. Être d'avant-garde, c'est, par définition même, être en avance sur son temps et sur les autres, donc vivre dans les marges, dans la solitude.

À la pointe du triangle, on trouve selon Kandinsky, Schönberg pour la musique et Picasso pour les arts plastiques. Quant à la base de ce fameux triangle, elle est formée par la « masse » du « peuple abêti » – ce sont les propres termes de Kandinsky, pas les miens, bien sûr – ce dernier n'ayant pas de mots assez durs pour décrire ce lourd « chariot récalcitrant », avec à son bord des républicains, humanistes partisans de la représentation populaire. Au sein de ce peuple, à tous égards opposé à l'élite, personne, déclare-t-il, « n'est jamais parvenu à résoudre une seule difficulté. Ce sont d'autres hommes, des hommes supérieurs à la masse qui, toujours, ont fait avancer le chariot de l'humanité ».

Mais poursuivons notre lecture :

> Un grand triangle divisé en parties inégales, la plus petite et la plus aigüe au sommet figure schématiquement assez bien la vie spirituelle. Tout le triangle, d'un mouvement à peine sensible, avance et monte lentement. Et la partie la plus proche du sommet atteindra demain l'endroit où la pointe était aujourd'hui. En d'autres termes, ce qui n'est encore aujourd'hui pour le reste du triangle qu'un radotage incompréhensible, qui n'a de sens que pour la pointe extrême, paraîtra demain, à la partie qui en est la plus rapprochée, chargé d'émotions et de significations nouvelles.

La suite du texte explique alors comment la base du triangle, la partie du peuple qui est donc la plus abêtie, la plus éloignée du sommet, finira bien un jour par comprendre le génie, puisque le triangle se déplace dans l'histoire vers le haut. Mais cette compréhension sera lente, elle prendra même parfois un temps fou, de sorte que c'est presque toujours après sa mort que le génie véritable sera reconnu. Entretemps, il est donc solitaire, relégué dans les marges, forcément méconnu, sinon persécuté.

L'artiste et le penseur en solitaires

Ce thème du génie solitaire, nous avons déjà eu l'occasion de le rencontrer chez Nietzsche, par exemple au paragraphe 289 de *Par-delà le bien et le mal,* qui explique en quel sens le penseur de génie est nécessairement un ermite. Schönberg, qui entretint une longue correspondance avec Kandinsky au cours des années 1910, écrit lui aussi, dans le même sens, un petit essai fort intéressant, justement intitulé *Le Solitaire*. Il y évoque sa profonde tristesse face à un public qui ne comprend pas ses œuvres, mais il ajoute aussitôt que le phénomène est normal : la masse finira un jour par saisir le sens de ses créations d'avant-garde. La rencontre se fera dès que la base du triangle aura rejoint la pointe extrême, c'est-à-dire le génie. L'imagerie mise en place par Kandinsky traversera le siècle, jusque dans les détails parfois, par exemple quand Kandinsky précise que, juste « en dessous » de Schönberg et de Picasso, on trouve des artistes juste un peu moins géniaux, un peu moins audacieux – Manet, Cézanne ou Debussy par exemple –, mais que leur moindre audace voue justement à être plus vite rejoints par la masse, donc plus tôt reconnus et appréciés…

Le goût de l'obscurité

Toute cette mythologie de l'avant-garde va façonner largement l'histoire de l'art moderne, mais comme je l'ai suggéré, elle va déborder son cadre d'origine pour envahir aussi la politique et la philosophie. Il faut l'avoir à l'esprit pour mesurer à quel point le charme des penseurs d'avant-garde sera lié à l'obscurité de leurs propos. Si vous êtes d'avant-garde, il est exclu que vous soyez populaire. D'où l'idée qu'un écrivain, un philosophe ou un artiste qui rencontre un certain succès, qui devient, comme on dit aujourd'hui, « médiatique », ne peut qu'être médiocre, englué dans la démagogie, pour ne pas dire dans une forme de prostitution. Seul l'artiste ou le penseur « maudits » accèdent à l'authenticité véritable.

Aujourd'hui encore, cette structure pyramidale continue de faire des ravages. Rien ne fut plus néfaste que l'application de cet élitisme arrogant à l'art et à la politique. Avec ses « comités centraux » et ses « guides géniaux », cette idéologie a réussi à faire peser un terrible soupçon sur la république démocratique tout en légitimant les pires dictatures intellectuelles et politiques. Le terrorisme qui entoura la Pensée 68, comme celui qui entoure d'ailleurs encore aujourd'hui l'art contemporain, est impressionnant, la moindre critique étant dénoncée par les gardes rouges du modernisme comme le signe infaillible de l'appartenance à la droite réactionnaire, pour ne pas dire extrême, voire fascisante.

Mais surtout, si le génie est en avance sur son temps, donc nécessairement isolé, que penser de celui qui rencontre le succès ? Dire d'un intellectuel ou d'un artiste qu'il est « médiatique » est devenu une forme d'insulte, un soupçon de prostitution. La vérité, pourtant, c'est que si la notoriété, bien sûr, n'est pas en soi une preuve de qualité, l'insuccès non plus. Il ne suffit pas de ne pas être lu pour être un écrivain génial. Du reste, en dehors de la courte période de l'avant-gardisme qui domina le XXe siècle, les artistes et les penseurs les plus importants de leur temps n'ont pratiquement jamais été des marginaux, inconnus et miséreux. Picasso lui-même entra au Louvre de son vivant, grâce, du reste, au président le plus bourgeois de toute l'histoire de la République française, à savoir Pompidou. On se souvient du mot de Dalí : « Picasso est génial, moi aussi ; Picasso est milliardaire, moi aussi ; Picasso est communiste, moi non plus ! » Mais dans un autre registre et à une autre époque, Platon déjà était riche et célèbre, et les grandes écoles philosophiques de l'Athènes du IVe siècle avant J.-C. étaient littéralement bondées. Les maîtres, à l'exemple d'Épicure, étaient vénérés comme des demi-dieux. Du très fortuné Voltaire jusqu'à Sartre, nos philosophes humanistes furent eux aussi de véritables stars. Même Rousseau était si célèbre, après la parution de son best-seller, *La Nouvelle Héloïse*, qu'on le reconnaissait dans la rue d'après les gravures publiées dans les gazettes : nul doute que si la télévision avait existé, il eût été aussi populaire que nos penseurs les plus « médiatiques » d'aujourd'hui. Aux conférences de Kant, « élégantes », ministres et bourgeois se pressaient comme à une finale de Roland-Garros, quant à Victor Hugo, pour changer encore de registre, il connut honneurs et notoriété dans des proportions qu'aucun écrivain ne pourrait même imaginer de nos jours. Qui oserait dire pour autant qu'il ne fut pas un génie et peut-être même, selon le mot fameux de Gide, le plus grand poète français, « hélas » ? Merleau-Ponty, le philosophe peut-être bien le plus profond de l'après-guerre, fut, aux côtés de Malraux et de Mendès, un des collaborateurs réguliers de *L'Express*. Après la mort des avant-gardes, les plus grands romanciers contemporains, de Camus à Kundera, de García Márquez à Philip Roth, ont renoué avec les ventes et le succès, leurs livres touchant des millions de lecteurs dans le monde.

Il faut le dire et le redire, car c'est une vérité à la fois factuelle et philosophique : le mythe de l'artiste maudit, du « penseur-génial-donc-méconnu », ne fut qu'une courte parenthèse dans l'histoire. Du reste, qui lit encore pour le plaisir Robbe-Grillet, Nathalie Sarraute, Derrida ou Claude Simon ? Personne ou peu s'en faut, hors quelques sectes en voie d'extinction qui sévissent encore dans les universités américaines. Nous sommes sortis de cet élitisme prétentieux pour renouer avec le bel idéal républicain des Lumières. Qu'il s'agisse d'André Comte-Sponville, de Régis Debray ou d'Alain Finkielkraut, de Jacques Attali, d'Erik Orsenna ou d'Élisabeth Badinter, de Pascal Bruckner, Gilles Lipovetsky ou Edgar Morin ou de Marcel Gauchet, de Habermas ou de Jürgen Sloterdijk en Allemagne et de tant d'autres que je ne puis citer, les intellectuels qui comptent aujourd'hui en Europe sont invités à donner des conférences ouvertes au grand public comme à traduire leurs idées dans la presse. Qu'ils soient de droite, de gauche ou d'ailleurs, tous ont rompu avec l'élitisme de l'avant-garde, tous s'efforcent, quand il le faut et comme ils peuvent, de s'adresser au plus grand nombre, non par compromission coupable, mais parce que les idées ne doivent plus être l'apanage d'une élite autoproclamée, jalouse d'un savoir qu'elle préserve et entoure d'un jargon pour mieux en imposer au peuple. L'intellectuel n'est pas au-dessus du monde, ni en retrait, il n'est pas là pour mépriser, mais pour agiter des idées nouvelles, pour contribuer aussi à éclairer le présent, et si possible l'avenir à la lumière du passé. Tâche précieuse et noble s'il en fut dans un monde sans boussole ni compas.

Mais revenons à la Pensée 68 et à son goût immodéré pour l'obscurité et les propos abscons, goût qui fut l'une des marques de fabrique les plus manifestes de l'avant-garde philosophique française des années 1970. Contentons-nous ici de quelques exemples pour ne pas être trop méchant. Il y a bien sûr le fameux style de Lacan, si comiquement et si inutilement tordu, qui reste à cet égard un modèle d'anthologie, à la limite du music-hall. Mais la prose de Derrida, parfois, ne lui cède en rien. Ainsi de ce passage particulièrement drôle, parmi tant d'autres, extrait de son livre intitulé, en toute simplicité, *Glas* (1974) : « Sous l'effet de l'obliquide, l'érection est toujours en train de s'épancher pour tomber. Voire s'inverser. gl. Protège contre la schize que gl produit. L'enthérection, c'est aussi ce pendant féminin de la grappe de Stilitano… » etc. J'arrête là, mais ça continue comme ça pendant des pages et des pages. Je n'évoque pas ce thème par méchanceté, ni par je ne sais quel poujadisme anti-intellectuel, mais parce que cette obscurité volontaire et cet usage d'un jargon codé, réservé à ceux qui ont accompli un parcours initiatique et qui vont devenir les gardes rouges de la secte, c'est aussi, paradoxalement, ce qui fait tout le charme de l'élitisme de l'avant-garde. Pour qui possède les clés, du reste, le texte de Derrida ne présente en réalité aucune difficulté : il brode, comme toujours, sur le thème de la « brisure », de la « différance », écrite avec un « a » pour marquer qu'elle est « différente des autres différences », etc. Il ne comprend rien d'indicible, ni même à vrai dire de profond, il est très facile à traduire en français ordinaire, mais il y faut une initiation.

Cette marginalité choisie renvoie aussi volontiers au fantasme du complot comme à un double d'elle-même, comme à l'autre face d'une même médaille. Je me souviens des États généraux de la philosophie, dans le grand amphithéâtre de la Sorbonne, quelque part vers la fin des années 1970, où, comme d'habitude, tout le monde entonnait, sous l'égide de Derrida et de Jankélévitch, le thème rituel – mais cependant délirant – de la « suppression de l'enseignement de la philosophie » au lycée, suppression bien évidemment voulue par un ministère de droite soucieux de museler les tenants de cette discipline révolutionnaire par excellence, les philosophes étant devenus trop « subversifs » pour que la société bourgeoise puisse les supporter plus longtemps, etc.

Du coup, les professeurs de philosophie n'étaient plus ici les « petits bourgeois » d'Althusser, mais, convertis à la déconstruction, ils étaient devenus l'avant-garde de la révolution. Ce discours était totalement paranoïaque – nul n'a jamais songé à supprimer la philosophie dans l'enseignement de terminale, un enseignement qui fut du reste une création de Napoléon, lequel n'était guère gauchiste. Tout au contraire, les ministres de l'Éducation successifs ont souvent pensé à ajouter quelques heures de plus en classe de première, voire de seconde –, mais peu importe la vérité : il fallait bien s'inventer un complot, voire une très imaginaire « répression féroce » afin de souder la secte des pseudo-marginaux, révolutionnaires en charentaises, forcément martyrs d'un monde sans âme, géré par des fonctionnaires aux petits pieds, chargés d'exécuter les noirs desseins des « flics et des patrons »...

Le modèle de la généalogie

Après la fin de la philosophie, le fantasme de la marginalité et du complot, les charmes d'une avant-garde obscure, réservée à une élite d'individus supérieurs, un troisième grand thème de la Pensée 68 est celui de la généalogie. Je n'y insisterai pas longtemps, car nous en avons déjà développé la signification la plus profonde à propos de Nietzsche et de Schopenhauer. C'est la généalogie nietzschéenne qui servira ici de principal modèle, notamment à travers l'idée que « toute parole est un masque », pour reprendre la formule que Nietzsche lui-même utilise dans *Par-delà le bien et le mal*. Si la conscience n'est que le sommet de l'iceberg, si elle dissimule des arrière-mondes, des « souterrains » comme dit aussi Dostoïevski, la tâche de la philosophie consiste à décrypter ce qui se passe « en dessous », à révéler les parts d'inconscient cachées derrière les discours conscients. C'est le principe même de la philosophie du soupçon. Dans *Le Crépuscule des idoles*, Nietzsche déclarait déjà dans le même sens que « Tout jugement est un symptôme », c'est-à-dire une cachette, dissimulant toujours des intérêts plus ou moins inavouables que le généalogiste va se faire une joie de mettre au jour.

Cette logique réunit tous les courants de la Pensée 68 – où l'on voit que nous avions raison de les relier entre eux dans un type idéal commun, malgré leurs divergences : le marxisme comme la psychanalyse, le nietzschéisme comme l'heideggérianisme. Toutes ces philosophies pratiquent la déconstruction des illusions – de « l'idéologie » (Marx/Althusser), des « symptômes » (Freud/Lacan), du « nihilisme » (Nietzsche/Foucault/Deleuze), de la « métaphysique » (Heidegger/Derrida), selon les différents registres auxquels renvoie la critique.

Dans un entretien qu'il accorde au *Magazine littéraire* en 1968, Foucault reprend dans cette perspective généalogique un thème cher à la théorie critique de l'École de Francfort (fondée dans les années 1930 par Theodor W. Adorno et Max Horkheimer), à savoir l'idée qu'il n'y a pas de science pure, de théorie désintéressée, attendu que tous les discours sont en vérité mus plus ou moins secrètement par un certain nombre d'intérêts inconscients. Et cela vaut même, bien entendu, pour la recherche scientifique en apparence la plus désintéressée, le rôle du philosophe consistant à mettre au jour les diverses dimensions de cet inconscient caché : « L'histoire de la science, l'histoire des connaissances, déclare en ce sens Foucault, n'obéit pas simplement à la loi générale du progrès de la raison, ce n'est pas la conscience humaine qui est en quelque sorte détentrice des lois de son histoire. »

Dans un article intitulé *La Théorie critique hier et aujourd'hui (Kritische Theorie gestern und heute)*, publié en 1970, article que j'ai traduit en français et publié dans les *Essais de théorie critique* chez Payot, Max Horkheimer décrit, dans la même optique que Foucault, les principes de la théorie critique par opposition à la théorie traditionnelle qui se croit encore pure et désintéressée, comme le lieu d'une interrogation sur ce que la science traditionnelle occulte toujours, à savoir les raisons pour lesquelles les savants cherchent dans telle direction plutôt que dans telle autre, se portent à un moment donné sur la recherche spatiale, par exemple, plutôt que sur le cancer ou sur la société. Le travail du généalogiste consiste alors à dévoiler ces intérêts cachés et vous voyez bien qu'il peut le faire en s'aidant de boîtes à outils très différentes : marxiste, freudienne, nietzschéenne, voire heideggérienne, car au-dessous de ce que la science connaît d'elle-même, il y a quelque chose qu'elle ne connaît pas, si bien que son histoire et ses différents épisodes obéissent à un certain nombre de déterminations que la tâche du philosophe serait de dévoiler : ce sont ces déterminations, poursuit en ce sens Foucault,

> que j'ai essayées de mettre au jour, au fond comme un psychanalyste dévoile l'inconscient derrière les symptômes de son patient. J'ai essayé de dégager un domaine autonome qui serait celui de l'inconscient de la science, de l'inconscient du savoir, qui aurait ses propres règles, comme l'inconscient de l'individu humain a lui aussi ses règles et ses déterminations.

Comme vous le voyez, on passe ici de façon très significative du registre marxiste à un registre nietzschéen, puis freudien, Foucault étant, parmi les représentants de la Pensée 68, celui qui jouera constamment sur tous les registres : nietzschéen et heideggérien avant tout, marxien par moments, et freudien quand il le faut, la philosophie, conçue comme une généalogie universelle, s'autorisant à recourir à toutes les formes possibles de dévoilement de l'inconscient caché derrière la fausse pureté des discours manifestes. D'où le charme de l'attitude généalogique, notamment auprès des étudiants, toujours friands d'arrière-mondes, toujours intéressés par le dévoilement de ce que cachent, sinon les parents, du moins les discours « officiels ». Leur « vérité est ailleurs », et c'est cet « ailleurs » alléchant que la généalogie nous promet de visiter...

L'antihumanisme et le procès du sujet : la « mort de l'homme »

De là aussi, cet autre trait essentiel du type idéal des « sixties philosophantes » : l'antihumanisme. Je me souviens qu'en 1968, une immense banderole recouvrait la faculté de droit de Nanterre. On pouvait y lire – pardon pour la rudesse du propos, mais il appartient désormais à l'histoire – ce slogan poétique : « Les droits de l'homme sont la vaseline dont la bourgeoisie se sert pour enculer le prolétariat. » De toute évidence, le propos relève d'une vision généalogique et déconstructrice des droits de l'homme, assimilés tout naturellement, en accord avec l'enseignement de Marx, à une idéologie bourgeoise destinée à museler les classes populaires, la proclamation de l'égalité formelle ne servant qu'à mieux dissimuler les inégalités réelles. Mais plus généralement, derrière la critique des droits de l'homme qui font alors figure de « superstructure du capitalisme », superstructure idéologique, donc, à laquelle on oppose, de Censier à la Sorbonne, les exigences de la violence révolutionnaire et de la dictature du prolétariat –, derrière, donc, cette critique des droits de l'homme, c'est à une remise en cause tous azimuts des principes fondamentaux de l'humanisme républicain qu'on assiste. Ce dernier n'est perçu que sous ses dehors négatifs, l'universalisme n'étant que négation du droit à la différence, le républicanisme à la française apparaissant tout à la fois comme le principal facteur de la colonisation, mais aussi du « phallo-logo-centrisme » cher à Derrida, soit le refus de penser l'altérité sous toutes ses formes, celle du corps, du sexe, de l'inconscient, de la femme, de l'animal, des minorités visibles, etc.

La Pensée 68 apparaît ici comme explicitement et philosophiquement antihumaniste, au sens où elle entend penser par-delà l'humanisme des Lumières et sa recherche d'un « propre » de l'homme, d'un « cogito », d'un sujet transparent à lui-même et dépourvu d'inconscient. Derrière la critique des droits de l'homme comme « idéologie bourgeoise » ou « métaphysique de la subjectivité », se profile ce que Foucault appelle « la mort de l'homme » : après la mort de Dieu annoncée par le *Zarathoustra* de Nietzsche, c'est désormais celle du sujet qui se profile à l'horizon ou, comme dit Foucault en parodiant Lacan, qui lui-même s'inspirait de Nietzsche (« *Es denkt in mir* », ça pense en moi, disait déjà ce dernier) : « Là où ça parle, l'homme n'existe plus. » Autrement dit, « ça » parle en moi, pour ainsi dire à mon insu, à l'insu de l'insolent sujet cartésien qui se voulait transparent et maître de lui, de sorte que pour le généalogiste, il ne s'agit plus de savoir ce que quelqu'un dit, mais, comme l'explique encore Foucault dans un article consacré aux grands généalogistes, Marx, Nietzsche et Freud, *d'où il parle*, d'où provient en réalité ce qu'il dit, de quels souterrains, de quelle profondeur cachée, de quels intérêts de classe, etc. L'homme comme sujet cartésien, qui vit dans l'illusion de la conscience et de la transparence à soi, cet homme-là a vécu : le sujet, comme dira Lacan, là encore à la suite de Nietzsche autant que de Freud, est désormais « brisé », l'homme est ouvert sur l'inconscient, il s'échappe à lui-même, « Je est un autre ».

De là une critique radicale de l'humanisme des Lumières, de ce que Heidegger appelle la « métaphysique de la subjectivité » et Marx l'« idéologie bourgeoise », les deux lectures critiques du vieil humanisme étant également possibles. De là aussi une dénonciation radicale de la démocratie formelle, qui n'est au fond dans cette perspective que la superstructure du capitalisme ou le versant politique de la métaphysique, mais aussi un rejet de tout ce qui va avec : des élections, du pluralisme, des droits formels, du système judiciaire et de toutes les institutions républicaines. Le fameux slogan « Élections, piège à cons » est, à cet égard, parfaitement dans l'esprit de la Pensée 68 qui instaure et thématise philosophiquement une véritable haine de l'Europe démocratique et, singulièrement, de la tradition républicaine française – ce qui va expliquer du reste, je le souligne à nouveau, les raisons pour lesquelles la conception pédagogiste et antirépublicaine de l'école sera un héritage direct de la Pensée 68, comme le seront également, et dans le même sens, la floraison des grammaires structuralistes et de programmes scolaires soucieux jusqu'au délire d'intégrer les « innovations » censées être apportées par les sciences sociales.

Dans cette perspective, la vieille école de la république, avec ses principes éthiques « périmés », sa valorisation de l'effort et du travail, ses bonnets d'âne, ses blouses grises, ses bons points et ses « peut mieux faire », apparaît comme l'archétype de la répression « bourgeoise » par les « appareils idéologiques d'État ». Bien qu'athée, elle sera passée à la moulinette de la déconstruction au même titre que la morale chrétienne, ces deux figures de l'humanisme traditionnel que sont l'humanisme chrétien et l'humanisme républicain étant de ce point de vue logées à la même enseigne : en apparence émancipateur et défenseur de la dignité humaine, l'humanisme classique, qu'il soit religieux ou laïc, peu importe au fond, n'aurait fait que se retourner en son contraire pour devenir complice de l'oppression, de la colonisation, du mépris de la « différence » et de l'altérité sous toutes leurs formes. Et, partout, je veux dire dans toutes les composantes de la Pensée 68, la même conviction s'affiche : l'autonomie du sujet est une illusion, d'où l'urgente nécessité d'en appeler, pour reprendre une expression de Derrida, à une « relève de l'humanisme », c'est-à-dire à un dépassement de l'idée républicaine et des Lumières.

Rejet du républicanisme et des morales universalistes

La critique de la morale républicaine, notamment à travers la remise en cause de l'école traditionnelle, débouchera encore sur un autre thème majeur, au plus haut point caractéristique des années 1960-1970, à savoir la revendication du « droit à la différence ». C'est au cours de ces années, et très largement autour de ce thème, que se met en place le conflit entre pédagogues et républicains, ces derniers se réclamant d'un idéal où le collectif, la *res publica*, pour ne pas dire l'universel, doit garder sa place tandis que les premiers ne voient dans l'universalisme qu'un mépris souverain de « la différence ».

L'éthique de l'authenticité et du « souci de soi » qui va fleurir dans les années 1960 est directement issue des aventures de cette révolte des individus contre le « système », de cet individualisme révolutionnaire qui s'engage dans la déconstruction des valeurs traditionnelles au nom de la rupture avec le passé et des utopies radicales. On pourrait, si l'on va à l'essentiel, la caractériser par deux traits majeurs : l'anti-aristocratisme et l'antirépublicanisme.

L'antiaristocratisme est lié, cela va presque de soi, à la montée en puissance de la dynamique de l'égalité démocratique si admirablement décrite par Tocqueville. Au nom de l'égalitarisme, cette nouvelle vision morale du monde décrète volontiers que « tout se vaut », que toutes les cultures se valent, toutes les musiques (la populaire comme la savante, la « grande » comme la « petite »), toutes les pratiques sexuelles (l'homo comme l'hétéro), toutes les littératures (la BD comme le roman classique), et tous les modes de vie, pourvu du moins qu'ils soient *authentiques*, vécus avec sincérité, et qu'ils expriment véritablement la singularité ou l'être profond de l'individu qui s'y reconnaît *dans sa différence.* Car c'est justement au nom du droit à la différence, conçu comme un droit à être soi, quelles que soient ses particularités, que l'éthique de l'authenticité rejette non seulement l'aristocratisme, mais tout autant la méritocratie républicaine qu'elle tient pour le comble de « l'aliénation » (ce grand mot de Mai 68). De son point de vue, en effet, l'école républicaine, « appareil idéologique d'État » par excellence, cherche – et c'est vrai – à *élever* les enfants qu'on lui confie, c'est-à-dire à les rendre bel et bien *autres* qu'ils n'étaient au départ. Dans l'école de la république, il s'agit de prendre les enfants à un niveau N et de les rendre à la société et à leurs parents avec un niveau « N + 1 ». C'est donc bien, au sens propre, un projet d'aliénation, puisqu'il s'agit, en effet, c'est incontestable, de rendre les enfants « autres » que ce qu'ils étaient quand ils sont sortis de leurs familles pour entrer à l'école.

Or l'éthique de l'authenticité ne veut pas entendre parler d'un tel projet. À ses yeux, le but de l'école n'est pas d'élever, encore moins de rendre autre, c'est-à-dire, au sens propre, d'*aliéner*, mais son rôle est d'*épanouir* les êtres qu'on lui confie, ce qui est tout autre chose. En son sein, l'élève doit, selon une formule qui convient aussi bien à nos disciples de Nietzsche qu'à ceux de Freud, « devenir ce qu'il est », nullement changer de nature sous l'effet « répressif » de « l'instruction publique ». De là aussi le fait que le droit à la différence, qui caractérisait les idéologies contre-révolutionnaires, fait l'objet d'un retour en force au sein du gauchisme culturel lequel, au terme de la déconstruction, entend bien promouvoir jusqu'au sein de l'école, grâce à la fameuse « rénovation pédagogique », ce nouvel idéal centré sur l'impératif du « *be yourself* », en quoi culmine l'idéologie de l'authenticité et de la différence.

Voyons cela d'un peu plus près, en nous intéressant à l'exemple, en l'occurrence au plus haut point significatif, de ces politiques scolaires qui passionnent les foules étudiantes, mais aussi professorales et familiales, dans l'après 1968.

Toute la « rénovation pédagogique » des années 1970 tend, en vue d'assumer l'héritage de Mai, à délégitimer la pédagogie méritocratique du travail et de l'effort qui animait le cœur de l'école républicaine. Elle plaide à rebours, pour une pédagogie du jeu (opposé au labeur) et de l'autoconstruction (opposée au « cours magistral »), pour un enseignement qui doit désormais privilégier d'abord et avant tout les « méthodes actives ». C'est dans cette optique que les funestes « disciplines d'éveil » font leur entrée en scène, célébrées en grande pompe par cette autre innovation « progressiste » que représentent les « sciences de l'éducation ». Il s'agit, non plus d'enseigner des contenus et des savoirs, mais « d'apprendre à apprendre », selon le slogan qui fait alors fureur, donc « d'éveiller » l'enfant afin qu'il soit l'auteur de son parcours scolaire, plutôt que de lui « bourrer le crâne » à coups de « par cœur » et de savoirs inculqués de l'extérieur.

Dans l'idée républicaine, le citoyen est celui qui vote les lois, qui est donc d'un même mouvement, pour parler comme Rousseau dans les passages célèbres du *Contrat social* qui portent sur la théorie de la loi, tout à la fois actif et passif *souverain et sujet* : souverain, c'est-à-dire actif, quand il vote la loi, sujet, c'est-à-dire soumis à son autorité, une fois que cette dernière est votée. La pédagogie de l'école républicaine est calquée sur cette conception de la loi à laquelle elle emprunte sa valorisation du travail et de l'effort : de même que le citoyen est à la fois actif et passif, l'élève, pour réussir, doit s'investir de lui-même dans son travail, librement et activement, dans des exercices scolaires dont il doit cependant respecter les contraintes. Le fameux « problème » que l'instituteur lui demande de résoudre symbolise cette double dimension du travail : face au problème, l'élève est actif, mais le problème n'en constitue pas moins une contrainte, et c'est en surmontant l'obstacle, par ses efforts, donc, qu'il est censé se former et apprendre. Pas par le jeu, donc, en s'amusant, mais dans le travail et l'action.

Voilà pourquoi, depuis le XVIIIe siècle, les principes éthiques régissant la vie de l'école républicaine ont été indissociables de la notion d'*effort* accompli par les individus en vue d'égaler ou de réaliser certaines normes transcendantes universelles ou, à tout le moins, communes à la nation, à la *res publica*. Non pas *« be yourself »*, donc, comme dans l'éthique post-déconstructionniste issue de Mai 68, dans cette morale de l'authenticité qui ne valorise que l'individu, mais bel et bien, « deviens autre » que ce que tu étais. « Élève-toi, le maître t'aidera », voilà la formule indissolublement pédagogique, morale et politique de l'esprit républicain. Vers quoi s'élever, demandera-t-on encore ? Vers des normes extérieures et supérieures à l'individu, et ce en un double sens : transcendantes parce que idéales (personne ne parvient jamais à tout savoir et les programmes scolaires, par définition, représentent un idéal que nul n'atteindra sans doute parfaitement) ; mais transcendantes aussi au sens où ces fameux programmes, l'idéal de connaissance et de savoir-faire qu'ils tentent de tracer, sont bien évidemment nationaux, c'est-à-dire collectifs, et non pas propres à chaque élève en particulier.

C'est à proportion de l'effort accompli en vue de réaliser l'idéal que l'action éducative accédait à une dimension proprement « vertueuse », selon une logique méritocratique qui s'incarnait parfaitement, dans le cadre scolaire, j'y reviens encore, par nos fameux « bons points », nos bonnets d'âne et nos « peut mieux faire ! » : on comprend pourquoi ce que le hussard de la République valorisait, ce n'était pas la facilité des dons naturels, mais la rugosité du travail et de l'effort, non pas l'enfant doué, qui a des « facilités » sans avoir assez de vertu pour en profiter, mais l'enfant qui, même peu talentueux au départ, s'élève vers les sphères supérieures par le travail. Ainsi nos instituteurs jugeaient-ils moins les talents ou les aptitudes héritées que la qualité de l'effort et du travail fourni par les élèves, leur capacité, justement, à *s'élever* pour atteindre la norme, tout à la fois idéale et collective, incarnée par les programmes scolaires. L'éthique républicaine, en tant que discipline particulière au sein de la philosophie, apparaissait dans cette perspective comme une réflexion fondatrice sur des concepts tels que ceux de « devoir », « impératif », « bonne volonté », « désintéressement », « résistance aux penchants égoïstes », « dépassement de soi », « altruisme », etc. En ce sens, elle allait historiquement de pair avec la montée en puissance des services publics et, sinon le mépris de l'argent et de la consommation hédoniste, du moins le refus de les considérer comme la seule et unique boussole de l'existence humaine.

Comme l'instituteur de Pagnol dans *La Gloire de mon père*, ou comme celui que décrit Camus si admirablement dans *Le Premier Homme*, le fonctionnaire, par définition modeste et mal payé, trouvait sa dignité ailleurs que dans la réussite sociale. Dans le service des autres, de la nation républicaine, du collectif, dans la contribution à l'élévation du niveau intellectuel et culturel de ses concitoyens. Il suffit de comparer cette image d'Épinal (mais qui fut à coup sûr réalité) à celles que le monde libéral véhicule aujourd'hui (en gros, le fonctionnaire est un planqué qui, s'il n'est pas en grève, est sans doute en vacances) pour mesurer la puissance dévastatrice de la déconstruction libéralo-bohème qui suivit Mai 68 et fut légitimée par les courants de pensée qui l'entouraient…

Tout indique qu'après ce grand mouvement de déconstruction au fil duquel l'éthique républicaine passe à la moulinette, nous assistons à une mutation liée à la formidable montée de l'individualisme démocratico-révolutionnaire. Aux États-Unis comme en France, les idéologies hédonistes et narcissiques s'emparent dans les années 1960 des questions morales traditionnelles. Si l'on voulait en dresser la fiche signalétique, le mot-clé ne serait plus le devoir, encore moins le mérite, l'effort et le travail, mais bien, on commence j'espère à mieux comprendre en quoi, l'« authenticité », le souci de soi, la sincérité (qui n'est pas la vérité[1]) et le culte de la différence. L'essentiel, en effet, n'est plus de se confronter à des normes collectives extérieures à soi, proprement « imposantes », mais de parvenir à l'expression de sa propre personnalité, à l'épanouissement de soi.

1. Comme le notait très justement Jean-Paul II dans *Veritatis Splendor*.

Comme je l'ai suggéré, mais la formule prend enfin tout son relief, « *be yourself* » est désormais le seul impératif qui subsiste. Il vaut du reste dans tous les domaines, celui de l'éducation, de la culture de l'esprit, comme dans celui du corps, désormais « libéré » des carcans traditionnels.

Ce n'est, en ce sens, nul hasard si, depuis quelques décennies maintenant, on a vu dans les pays occidentaux se multiplier les techniques censées permettre de réaliser l'idéal d'une « désaliénation complète de l'individu » sur le plan physique comme sur le plan psychique. Victoire du jogging et des psychothérapies en tous genres sur les visions morales traditionnelles, pour être « bien dans sa peau, bien dans sa tête », avec deux conséquences massives dont on ne cesse de percevoir les effets en profondeur : d'un côté le rejet de toute forme d'autorité, y compris celle du travail, au profit de l'hédonisme (il est désormais essentiel de « s'éclater ») ; de l'autre, le culte de la différence propre à un individualisme qui tend à se détourner de tous les engagements collectifs dès lors qu'ils ne sont pas à la carte. Militer dans un groupe, donner du temps à une association, pourquoi pas ? Mais encore faut-il que l'engagement soit librement consenti, compatible en permanence avec l'exigence de liberté qui caractérise désormais l'individu. Oui, bien sûr, en Mai on s'engage pour de grands idéaux communs, pour des utopies collectives, pour la révolution sous toutes ses formes, mais c'est un feu de paille. C'est un engagement pétillant comme du champagne, et qui ne dure pas davantage que les bulles qui montent à la surface. En quelques semaines, le soufflé retombe et chacun retourne à sa carrière, à sa vie privée.

Le passage du droit à la différence de l'extrême droite contre-révolutionnaire à l'extrême gauche pseudo-révolutionnaire

Le souci de l'universel, du collectif, fait donc très vite place au souci de soi, c'est-à-dire, si l'on y réfléchit, au culte des différences individuelles que les philosophies de LA différence ne font qu'accompagner comme des reflets du mouvement social. Derrida devient aux États-Unis le pape du mouvement des minorités, mouvement politiquement correct et communautariste qui s'oppose à tous les niveaux au républicanisme universaliste à la française. Paradoxe insondable qu'on peut désormais tirer au clair : jadis, la revendication d'un droit à la différence se situait clairement dans l'orbite de la contre-révolution ; face à l'abstraction formelle de la grande Déclaration de 1789, ce sont les partisans de l'Ancien Régime qui réclamaient, Joseph de Maistre en tête, le retour à la tradition du droit des Anglais, des Français, des Italiens..., bref de chaque communauté concrète et particulière. Comment cet attachement aux héritages singuliers, ce culte de la différence qui s'affichait sans fard sous les hospices de la Réaction ont-ils pu se ranger sous la bannière du progressisme ?

La réponse ne fait guère de doute. Elle est liée au poids de l'histoire autant qu'à la logique des idées. Elle tient en deux mots, dont nous comprenons mieux maintenant en quoi ils se rejoignent et se complètent : déconstruction et décolonisation. La conquête des peuples du tiers-monde, inscrite dans la logique de l'idée républicaine, devait apparaître aux yeux des déconstructeurs comme animée par une impérieuse et détestable volonté d'assimilation, voire d'éradication des différences. J'y reviendrai, car c'est sans doute sur ce point qu'il y avait, dans la Pensée 68, par-delà tous ses errements, quelque chose de juste. Disons seulement qu'avec ce soupçon pesant sur l'idée républicaine, l'idéologie du droit à la différence a cessé d'être ou de paraître « réactionnaire » pour s'identifier à l'aspiration toute naturelle, non seulement des colonisés, mais de toutes les minorités à une singularité bafouée par l'impérialisme et l'universalisme européocentriste.

Ce n'est donc plus la nostalgie de l'Ancien Régime qui s'exprime dans la volonté de restaurer les identités communautaires des nations soudées par l'esprit des peuples hostiles à l'esprit géométrique des jacobins. C'est au contraire la parole des opprimés, des « damnés de la terre », qui réclame l'accès à une culture que le colonisateur aurait, selon eux, tout fait pour anéantir. « Nos ancêtres les Gaulois » ne font plus recette à Dakar ni à Kairouan... D'où le formidable paradoxe dont nous sommes loin d'être quittes : le repli sur soi et l'éloge de la différence ont pris la forme de la révolution. Le mot d'ordre, désormais, vaut à l'extrême droite comme à l'extrême gauche : il faut apprendre à « resingulariser » les modes de vie, à les redifférencier, contre l'« unidimensionnalité » du monde moderne.

Dans *Le Nouvel Ordre écologique* déjà, j'avais analysé ce sidérant chassé-croisé du différencialisme, ce passage saisissant de la contre-révolution à la révolution, de l'extrême droite à l'extrême gauche. On le trouve formulé jusqu'à la caricature dans les écrits que Félix Guattari, l'ancien acolyte de Gilles Deleuze, avait consacrés à l'écologie après son adhésion, en 1985, au parti d'Antoine Waechter. Dans un article rédigé en collaboration avec Dany Cohn-Bendit, il formulait ainsi son programme sur un mode qui offrait au moins le mérite d'une incroyable clarté :

> Le but, écrivait-il, n'est pas de parvenir à un consensus approximatif sur quelques énoncés généraux couvrant l'ensemble des problèmes en cours, mais, tout au contraire, de favoriser ce que nous appelons une culture de *dissensus* œuvrant à l'approfondissement des positions particulières et à une resingularisation des individus et des groupes humains. Quelle ineptie que de prétendre accorder sur une même vision des choses : les immigrés, les féministes, les rockers, les régionalistes, les pacifistes, les écologistes et les passionnés d'informatique ! Ce qui doit être visé, ce n'est pas un accord programmatique gommant leurs différences[1].

Oserai-je l'avouer ? Je ne vois pas ce qu'il y a d'inepte à rechercher un accord, voire un compromis, ni en quoi une telle visée est inéluctablement destructrice des différences. En revanche, on mesure combien, dans la perspective qui est ici celle de Guattari, ce sont toutes les valeurs de la *res publica*, cet espace public au sein duquel seul il est possible de construire librement, par la discussion et l'argumentation, le consensus de la loi et de l'intérêt général, qui sont bel et bien balayées au profit d'un discours que la Nouvelle Droite pourrait signer sans la moindre difficulté. Car si les différents groupes humains et les différentes cultures ne peuvent ni

1. « Contribution pour le mouvement », *Autogestion, l'Alternative* (hebdomadaire du PSU), novembre 1986.

ne doivent chercher à communiquer entre eux, si toute référence à des valeurs communes n'est que tyrannie et violence de l'universel, il n'y a plus guère de choix : avec cette nouvelle éthique de l'authenticité, nous assistons bel et bien à la dissolution de l'idée républicaine au profit d'un retour à la vision romantique de communautés viscéralement closes sur elles-mêmes, incapables de dépasser leurs singularités ataviques pour entrer en communication avec autrui[1].

Nul hasard, dans ces conditions, si l'éloge de la différence, ainsi compris en un sens antirépublicain, en vient à se couler dans des formules qui sont à la limite, sinon du racisme, du moins du racialisme. Écoutons encore Guattari :

1. De là une véritable aversion pour la « discussion » qui s'exprime chez Deleuze et Guattari dans *Qu'est-ce que la philosophie ?* On y lit que les théoriciens de l'éthique de la communication (cela vise au premier chef Jürgen Habermas, mais pas seulement lui...) s'épuisent « dans la recherche d'une opinion universelle libérale comme consensus sous lequel on retrouve les perceptions et affections cyniques du capitalisme » ! Habermas appréciera. Dans l'entretien accordé au *Nouvel Observateur* pour la sortie du livre (eh oui, il faut bien sacrifier quand même aux lois du genre et se rendre aux impératifs de la « communication »), on trouve encore ceci, qui laisse rêveur : « Discuter est un exercice narcissique où chacun fait le beau à son tour : très vite, on ne sait plus de quoi on parle. Ce qui est très difficile, c'est de déterminer le problème auquel telle ou telle proposition répond. Or si l'on comprend le problème posé par quelqu'un, on n'a aucune envie de discuter avec lui : ou bien on pose le même problème, ou bien on en pose un autre et on a plutôt envie d'avancer de son côté. Comment discuter si l'on n'a pas un fonds commun de problèmes et pourquoi discuter si l'on en a un ? » En effet...

Les divers niveaux de pratique non seulement n'ont pas à être homogénéisés, raccordés les uns aux autres sous une tutelle transcendante, mais il convient de les engager dans des processus d'hétérogenèse. Jamais les féministes ne seront assez impliquées dans un devenir-femme, et il n'y a nulle raison de demander aux immigrés de renoncer aux traits culturels qui collent à leur être ou bien à leur appartenance nationalitaire[1].

Des « traits culturels qui collent à leur être » : version, « de gauche » du « délit de faciès » ? Du point de vue d'une éthique de l'authenticité, comme pour les romantiques contre-révolutionnaires, la culture est une réalité ontologique, pas une abstraction : elle est inscrite dans l'être des hommes, au même titre que leur état biologique – ce pourquoi il importe avant tout de renoncer au projet républicain de l'intégration, *a fortiori* de l'assimilation. Où l'on voit aussi comment l'humanisme traditionnel devait largement, sinon totalement, succomber sous les coups de la déconstruction libérale/libertaire qui devait emporter avec elles les principes de la République.

De là aussi, bien sûr, l'interminable débat qui devait s'ouvrir sur l'école entre « pédagos » et « républicains », les premiers, modernistes, partisans d'une radicale déconstruction des vieilles lunes républicaines au nom de l'éthique de l'authenticité, les seconds, « réactionnaires » malgré eux, plaidant pour une conservation, voire au besoin une restauration des bons vieux principes de la fameuse « Lettre aux instituteurs » de Jules Ferry. Comme on l'aura maintenant compris, ce n'est pas tant d'école qu'il s'agissait dans ce débat que d'un conflit éthique, d'une

1. *Les Trois Écologies*, Paris, Galilée, 1989, p. 46.

« guerre des dieux », eût dit Max Weber, qui opposait le libéralisme libertaire de l'authenticité et du droit à la différence aux partisans de l'universalisme républicain, de l'espace public et du désintéressement à l'ancienne...

Dans un entretien accordé le 28 juin 1984 aux *Nouvelles littéraires*, Michel Foucault a parfaitement reflété dans sa pensée cette évolution vers la « mort de l'homme » et le droit à la différence : « La recherche, écrit-il, d'une forme morale qui serait acceptable par tout le monde, en ce sens que tous devraient s'y soumettre, me paraît catastrophique. » Où l'on assiste clairement au retour paradoxal, car désormais situé à gauche, du droit à la différence qui faisait le fond commun des idéologies contre-révolutionnaires dans l'après 1789. Par un curieux retournement, la Pensée 68 pourfendra ainsi l'idée républicaine par excellence, la conviction qui animait la grande Déclaration des droits de l'homme, selon laquelle l'être humain mérite d'être respecté indépendamment ou abstraction faite de ses appartenances communautaires, ainsi que le stipule la Déclaration des droits de l'homme. Cette critique de l'idéal républicain s'incarnera, on l'a vu, aux États-Unis, à travers le « politiquement correct », sans doute le courant le plus puissant connu à ce jour de défense du droit des minorités et des communautarismes.

Fascinante ironie de l'histoire, donc, puisqu'une idéologie d'extrême droite contre-révolutionnaire deviendra l'idéologie dominante de l'extrême gauche et des partisans de la discrimination positive. Pour le comprendre, il faut aussi rappeler qu'entre temps, le droit à la différence s'était imposé comme la bannière sous laquelle les luttes anticoloniales se sont développées, contre l'impérialisme, pour la revendication de la « négritude » et des identités bafouées par le colonisateur. De là l'éloge de la différence contre un universalisme imposé du dehors, par la force au besoin, identifié au colonialisme destructeur de l'altérité ou des identités locales et régionales.

Dissolution de l'idée de vérité : « Il n'y a pas de faits, il n'y a que des interprétations » (Nietzsche)

Un autre grand point de fixation des débats de l'époque au sein de la Pensée 68 renvoie à la dissolution de l'idée classique de vérité. Nous sommes ici dans une perspective aussi bien nietzschéenne que heideggérienne. « Il n'y a pas de fait, il n'y a que des interprétations », écrit Nietzsche dans un aphorisme célèbre. Pourquoi ? Parce que si toute parole est un masque, si la conscience n'est que la partie visible de l'iceberg, si « tout jugement est un symptôme », comme le déclare encore Nietzsche dans *Le Crépuscule des idoles*, alors tous nos discours sont « intéressés », ouverts sur un inconscient, lui-même interprétable à l'infini. Pourquoi à l'infini ? Pour une raison de fond, qui est finalement assez simple à comprendre dans cette perspective : toute activité psychique étant considérée comme animée par un inconscient, l'interprète, c'est-à-dire le généalogiste, qu'il soit freudien ou nietzschéen par exemple, produit lui aussi son interprétation en fonction de son propre inconscient, lequel devra à son tour être interprété, et ainsi de suite à l'infini, si bien qu'aucune interprétation ne peut accéder au rang de vérité ultime. Comme dit Lacan, il n'y a pas de « métalangage », c'est-à-dire pas de langage qui se situerait au-dessus de l'inconscient. L'inconscient du généalogiste parle donc, lui aussi, dans ses interprétations, et quand Lacan dit « ça parle » en nous, la proposition vaut également pour le psychanalyste. Il s'ensuit que les interprétations sont elles-mêmes ouvertes sur un abîme sans fond, toujours susceptible d'être interprété par un autre généalogiste. Pas de faits, donc, mais seulement des interprétations. Foucault s'approprie à son tour ce thème en affirmant qu'il n'y a rien à interpréter, mais uniquement des interprétations, voire des interprétations d'interprétations.

Mais il revient en fait à Heidegger d'avoir thématisé cette nouvelle figure de la vérité. Dans son essai consacré à la théorie platonicienne de la vérité, Heidegger explique en quel sens il existe deux doctrines de la vérité : une doctrine métaphysique illusoire et une doctrine non métaphysique, celle que la Pensée 68 va justement se réapproprier. Sur ce point, Heidegger et Nietzsche sont finalement assez proches.

Dans la métaphysique classique, la vérité se définit en effet comme « adéquation » de la pensée, des jugements proférés par un sujet, à la chose – *adequatio rei et intellectus*, dit la scolastique : un jugement est vrai quand il correspond à la chose, quand il est adéquat à la réalité sensible qui est devant moi. Si je dis que « le mur est gris » et qu'il l'est effectivement, mon jugement est vrai, adéquat à la chose que je décris – à quoi on peut ajouter, dans la conception classique de la vérité, le principe de non-contradiction, l'exigence d'une cohérence interne du discours.

Dans cette perspective, c'est donc la présence qui définit la vérité : un jugement est vrai dans la mesure où il est conforme à ce qui est là, dans la mesure où il est bien « en présence de ce qui est présent », si je puis dire. Cette conception de la vérité culmine donc dans l'idéal de la transparence parfaite, de l'omniscience (que la théologie prête à Dieu), dans l'idéal du « savoir absolu » (Hegel), de la « science achevée », dans ce que Spinoza appelle encore la « connaissance du troisième genre » (une sorte de réconciliation entre le point de vue de l'homme et le point de vue de Dieu, le sage s'efforçant de penser comme Dieu penserait). Heidegger entend montrer que cet idéal métaphysique d'une parfaite adéquation du sujet à la chose, d'une totale transparence à soi-même ou d'une absolue intelligibilité du monde, est une illusion.

Pourquoi ? Parce que, selon une autre doctrine de la vérité, toute manifestation est en même temps dissimulation, toute présence n'est perceptible que sur fond d'une absence, toute réalité visible seulement sur fond d'un invisible. Heidegger définit ainsi la vérité comme *a-léthéia*, c'est-à-dire, étymologiquement, comme un dé-voilement inséparable d'une part de voilement : *lethè*, en grec, c'est le voile, et « a », c'est le préfixe privatif. De même que tout visible se donne sur un fond invisible et toute présence sur fond d'absence, de même, il n'y a pas de conscient sans inconscient. C'est en ce sens que Husserl, qui fut sur ce point et quelques autres le maître de Heidegger, donnait l'exemple classique du cube, que nous avons déjà évoqué, dont trois faces se soustraient toujours à la vue, à la présence. De même que toute apparition se donne sur fond de retrait, de même tout discours conscient possède, comme le cube, sa face cachée ou son dehors (son inconscient).

Autrement dit, on ne parvient jamais au point de vue de Dieu, à l'omniscience, au savoir absolu, à une visibilité parfaite : il s'agit là d'une pure illusion de la métaphysique. L'idéal cartésien du *cogito* est l'archétype de l'illusion : il y a toujours un inconscient, qu'on le pense comme inconscient libidinal et subjectif avec Freud, comme inconscient social ou économique avec Marx ou comme inconscient métaphysico-ontologique, si je puis dire, avec Heidegger et Nietzsche. Toute parole est un masque, il y a toujours une face immergée de l'iceberg et, comme l'observe encore Nietzsche à la suite de Schopenhauer, cette partie immergée est toujours beaucoup plus importante que sa partie émergée.

Cette doctrine généalogiste de la vérité entend donc ruiner la première : s'il n'y a pas de référent, l'adéquation perd tout sens ; et s'il y a un inconscient, l'exigence de cohérence se révèle alors portée par l'illusion de la possible maîtrise d'un discours intégralement transparent à soi-même.

Mais cette illusion cartésienne n'est pas seulement théorique. Elle produit des effets bien réels dans la pratique, des effets politiques et sociaux que la Pensée 68 entend bien dénoncer. Car c'est aussi au nom des normes rationalistes qui animent la métaphysique de la subjectivité qu'on va se mettre, à partir du XVIIe siècle, c'est-à-dire à partir du moment où, avec Descartes, elle commence à s'installer dans les esprits, à exclure tout ce qui n'est pas conforme à la norme, à commencer par la folie qui est « déraison » par excellence.

C'est ici le moment de vous donner un exemple du travail accompli par la Pensée 68 dans ce domaine et, sans nul doute, c'est avec l'*Histoire de la folie* de Foucault qu'on tient l'œuvre la plus emblématique de la philosophie de cette époque, celle aussi qui aura le plus d'influence en dehors même du milieu philosophique proprement dit, parce qu'elle touchera toutes les sphères de la société en intéressant aussi bien les médecins que les juristes, les politiques que les simples citoyens.

Voyons donc d'un peu plus près ce que disait Foucault dans son *Histoire de la folie à l'âge classique*.

FOUCAULT ET L'HISTOIRE DE LA FOLIE

L'ouvrage, publié en 1961, développe trois thèmes fondamentaux, tous promis à un considérable retentissement et tous parfaitement inscrits dans le cadre du type idéal de la Pensée 68 que nous venons de retracer.

Les fous, du Moyen Âge à l'âge classique

Premier thème : contrairement à l'imagerie, véhiculée par les Lumières, selon laquelle le Moyen Âge et la « modernité » s'opposeraient comme la Raison et le progrès s'opposent à l'obscurantisme et aux ténèbres, le traitement de la folie au Moyen Âge aurait été bien plus attentif, plus respectueux et plus ouvert que celui pratiqué à « l'âge classique », c'est-à-dire au XVIIe siècle, au moment où le rationalisme moderne fait son entrée en scène avec Descartes. À preuve le fait qu'au Moyen Âge, on n'enferme pas les fous. Ils continuent de vivre au sein de la communauté où ils sont nés et dont les membres se montrent plutôt prévenants à leur égard. Le fou, un peu comme « L'idiot du village » des campagnes de mon enfance, reste libre. On l'intègre à la communauté, certes comme un être légèrement différent des autres, mais justement, cette différence n'est pas un motif d'exclusion ni d'enfermement. Le fou conserve donc une place dans la cité.

Au contraire, dans la modernité, le fou subit la ségrégation sociale, un rejet radical qui conduira à son exclusion de l'espace social ainsi qu'à son enfermement dans l'asile. Foucault situe ce tournant très exactement en 1656, date à laquelle un habitant sur cent, à Paris, est interné dans le « grand hôpital », cette institution qui deviendra plus tard l'asile psychiatrique. Loin de représenter un progrès, cette évolution vers l'enfermement constitue aux yeux de Foucault la pire des régressions. Voyez déjà, avant qu'on entre dans le fond de l'argumentation, la stratégie globale du livre : c'est l'humanisme moderne qui est pris à revers, déconstruit et dévalorisé, alors que les temps anciens, qu'on tenait spontanément depuis les Lumières pour ceux de l'obscurantisme, de l'animisme, des tortures et des chasses aux sorcières, sont paradoxalement revalorisés. Changement de perspective radical, donc, par rapport à l'humanisme traditionnel, rupture qui accompagne à merveille les thèmes de la déconstruction, de la généalogie et de la mort de l'homme. D'autant que, comme on va voir, c'est évidemment au nom de la raison moderne, cartésienne et scientifique, que la « déraison » du fou va servir de prétexte à exclusion sous la forme de l'enfermement asilaire. Le fou va ainsi devenir l'emblème, le symbole parfait de ce que le rationalisme « humaniste » conduit à l'exclure. Comme le dira encore Foucault d'une formule lapidaire : « la raison est une torture et le sujet est son agent »...

La folie, produit de la raison

De là la deuxième grande thèse de l'*Histoire de la folie* : si on a commencé à enfermer les fous au XVIIe, c'est qu'il s'agit du siècle cartésien par excellence, du siècle où apparaissent les normes de la raison moderne. Du coup, la folie se trouvera réduite à la *dé-raison*, elle n'est plus que l'autre de la raison, elle perd toute consistance propre pour ne plus être définie qu'en référence à ce qu'elle n'est pas. Dès lors, le fou sera exclu comme celui qui, déraisonnant, n'est précisément plus dans la norme. C'est donc au nom de la norme cartésienne, argumente Foucault, qu'on produit de l'exclusion, la raison, avec ses grands principes normatifs (le principe de non-contradiction, le principe de raison suffisante, le principe d'inertie, etc.) se faisant fort d'exclure, d'ignorer, d'oublier et d'enfermer tout ce qui est « différent », autre qu'elle, irrationnel, tout ce qui relève du corps, des pulsions, du sexe, bref, tout ce qui ne rentre pas dans le moule du « système ». Par où l'on retrouve le thème de l'altérité et de la *différence*, décidément omniprésent.

Le schizophrène, nouvelle figure du révolutionnaire ?

La troisième thèse pousse en quelque sorte la deuxième à l'extrême, elle en est une conséquence directe : c'est la norme qui, à la limite, produit la folie. Du coup, le fou n'existe pas en soi, sa prétendue folie n'existe que par rapport à la nouvelle norme établie par le cartésianisme. La preuve, c'est qu'avant son apparition, avant la naissance de l'humanisme et du rationalisme modernes, justement, on n'enfermait pas le prétendu fou, on le laissait libre d'aller et venir, de sorte qu'il était intégré à la communauté villageoise.

Cette thèse rapproche Foucault de ce qu'on va appeler « l'antipsychiatrie », incarnée par des théoriciens tels que Ronald Laing, David Cooper et, pour une part encore, Herbert Marcuse. Dans l'antipsychiatrie, on voit apparaître l'idée – à mon avis complètement folle, mais peu importe pour l'instant – selon laquelle celui qu'on appelle « fou » au nom de la nouvelle normativité de la raison, celui que les catégories de la nosographie moderne tiennent par exemple pour « schizophrène », n'est désigné comme tel que parce qu'il est en réalité un révolté, à proprement parler un « marginal », pour ne pas dire un révolutionnaire qui s'oppose au rentabilisme économique, à la rationalité instrumentale du capitalisme, etc. Je dis que cette thèse est folle parce qu'il suffit d'avoir côtoyé dans sa vie un authentique psychotique, un vrai schizophrène ou un grand paranoïaque, pour douter de toutes ses forces que sa maladie soit le produit du rationalisme des Lumières !

Mais à l'époque, la Pensée 68 fait flèche de tout bois, et si l'on peut montrer que l'enfermement des malades mentaux est au fond d'une nature identique à celle au nom de laquelle on pourchasse tous ceux qui remettent en cause « le système », c'est-à-dire à la lutte réactionnaire contre tous les révolutionnaires de toute nature, c'est toujours bon à prendre ! Au demeurant, que l'on se situe sur un registre heideggérien, nietzschéen ou marxiste, cette image du fou associée à celle du révolté qui se dresse contre les normes de la modernité capitaliste et platement rationaliste rencontrera un immense succès au sein du mouvement de Mai.

Dans *Éros et Civilisation* (1955), Marcuse formule lui aussi de manière particulièrement claire l'idée que la folie n'existe pas, que c'est seulement la norme rentabiliste/capitaliste/rationaliste qui la fabrique. Freud, explique-t-il en substance, nous a appris que c'est la société bourgeoise, avec ses interdits et ses exigences incarnées au sein du surmoi moralisateur qui rend « fou », la folie naissant d'un conflit entre le « ça » (les désirs plus ou moins inconscients) et le « surmoi » (l'intériorisation des interdits et de la censure bourgeoise). La théorie psychanalytique est donc au départ explosive, poursuit Marcuse, dans la mesure où elle devrait conduire logiquement à la conclusion qu'il faut libérer enfin le « ça » en balayant le « surmoi » issu des valeurs morales bourgeoises, stupides et pathogènes. Or, au lieu d'aller dans ce sens, celui de la révolution et du « freudo-marxisme », la psychanalyse freudienne renonce à son potentiel révolutionnaire et vise contre toute attente à réadapter les malheureux « fous » à la société qui les a rendus inadaptés ! La pratique psychanalytique apparaît ainsi en parfaite contradiction avec la théorie : la première est conservatrice alors que la seconde est révolutionnaire ! En vérité, ceux qu'on déclare fous au nom des normes « humanistes », à la fois cartésiennes et capitalistes, sont simplement plus conscients de leur aliénation que les gens dits « normaux ». C'est de la société qu'ils souffrent, certainement pas d'ailleurs. Alors pourquoi, dans ces conditions, chercher à les réadapter à tout prix à une société qui les a rendus fous ? La psychanalyse est elle-même schizophrène : révolutionnaire en théorie, elle donne en pratique des « cours de résignation ».

De l'art de jouer sur plusieurs tableaux

Foucault joue donc allègrement sur tous les tableaux, à vrai dire déjà sur toutes les dimensions possibles de la Pensée 68 : marxiste contre la « rentabilité » capitaliste qui s'acharne contre les classes populaires, heideggérien pour déconstruire le rationalisme de la « métaphysique de la subjectivité », nietzschéen quand il passe à l'idée qu'il n'existe pas de « folie » en soi, mais que tout est relatif à une norme qui exclut. Dans le style marxiste, Foucault déclare par exemple que « l'enfermement se fait avec la complicité du pouvoir royal et de la bourgeoisie ». Il explique alors longuement comment l'exclusion des fous s'élargit parfois, selon les besoins de l'économie, aux indigents et aux marginaux, ce qui permet de fournir une main-d'œuvre gratuite dans les périodes fastes. La fonction économique de l'enfermement ne ferait donc aucun doute : « Main-d'œuvre à bon marché dans les temps de plein-emploi et de hauts salaires ; et, en période de chômage, résorption des oisifs et protection sociale contre l'agitation et les émeutes. » C'est ici la raison « des flics et des patrons » qui apparaît comme responsable de l'exclusion.

Mais bien entendu, à un niveau d'analyse plus profond, cette raison est aussi celle de la métaphysique (Heidegger) et du nihilisme (Nietzsche). À chacun de retrouver ses petits dans ce livre attrape-tout qui séduira tous les tenants de la Pensée 68. Entre ces perspectives, il faudrait pourtant choisir : soit on se situe dans l'optique d'une critique nietzschéo-heideggérienne de la raison au nom du « sans-raison », voire de l'irrationnel incarné par la folie, soit on adopte une critique de la rationalité bourgeoise au nom d'une autre rationalité, celle de la science marxienne – que Nietzsche et Heidegger tiennent, eux, pour clairement incluse encore dans l'orbite de l'illusion métaphysique. Foucault, lui, se garde bien de choisir, ce qui lui permet de fédérer des tendances hétérogènes et d'attirer à lui les disciples d'Althusser ou de Derrida, collègues avec lesquels il est en compétition constante auprès du public étudiant.

Ces équivoques seront donc soigneusement cultivées par Foucault de façon à ce qu'elles ne puissent jamais être tout à fait tirées au clair, du moins jusqu'à ce qu'il développe, mais beaucoup plus tard, une fois que le marxisme apparaît comme plus ou moins mort et devient un boulet, une théorie de la « micro-physique du pouvoir » inspirée de l'analyse nietzschéenne des forces actives et des forces réactives, analyse qui rejettera finalement l'approche marxienne du pouvoir conçu comme un théâtre d'ombres servant les intérêts de la classe dominante.

Cette capacité à « ratisser large » n'est certainement pas étrangère au fait que Foucault s'imposera comme le grand auteur de cette période et l'*Histoire de la folie* comme l'œuvre inaugurale, sinon majeure, de la Pensée 68. Le thème d'une raison capitaliste/métaphysique excluant la folie, la déraison, le corps, le sexe, les sens, etc. a formidablement séduit l'époque. La réhabilitation du fou en révolutionnaire, du marginal en révolté opprimé par le pouvoir et les préjugés bourgeois, collait déjà comme par avance au célèbre : « Il est interdit d'interdire » ; le discours philosophique était en phase avec ce qui couvait déjà et qui allait devenir le mouvement social le plus important de la seconde moitié du XXe siècle – ce qui explique du reste au passage pourquoi les penseurs qui enfourchèrent à l'époque le cheval de la contestation allaient connaître dans le monde entier une notoriété que seul l'accompagnement dans la pensée d'un mouvement social de cette ampleur pouvait apporter.

Des plaidoiries de procureur peu soucieux de vérité historique et factuelle

Pour être tout à fait franc, il n'y a en réalité pas grand-chose à retenir de cette *Histoire de la folie*, sinon, bien sûr, comme symptôme de l'époque. C'est un livre talentueux, sans doute, mais comme peut l'être la plaidoirie d'un avocat de mauvaise foi défendant une mauvaise cause : il contient très peu de vérité. Comme je ne demande pas qu'on me croie sur parole, je voudrais vous indiquer maintenant en quoi et pourquoi.

Comme l'ont montré Marcel Gauchet et Gladys Swain avec beaucoup de justesse et de savoir dans leur livre, *La Pratique de l'esprit humain* (1980), les principales thèses de Foucault sont fausses, tout simplement fausses, et controuvées pour les besoins de sa cause. Pour commencer, Marcel Gauchet et Gladys Swain établissent, recherches historiques enfin sérieuses à l'appui, que sur un plan tout simplement factuel, le « grand enfermement », comme dit Foucault, ne remonte pas du tout au XVIIe siècle, à l'émergence de la raison cartésienne qui conduirait à exclure la déraison du fou, mais il se situe en réalité beaucoup plus tard, au tournant du XIXe et du XXe siècle. Les statistiques qu'ils fournissent sont à cet égard aussi formelles que révélatrices : on estime, en effet, à deux mille le nombre d'enfermés en 1660, à cinq mille en 1800 (moment où Chaptal crée l'asile psychiatrique), mais autour de cent mille en 1914 !

En second lieu, nos deux auteurs vont s'employer à démontrer, avec Tocqueville et contre Foucault, que la logique de la modernité, loin d'être une logique d'exclusion, est, de toute évidence, une logique de l'intégration et de l'égalisation des conditions. Dans le monde moderne, traversé par la dynamique de la démocratie et de l'égalité, depuis notre fameuse Déclaration des droits de l'homme selon laquelle nous serions nés « libres et égaux en droit », les humains apparaissent comme des *alter ego*, comme des semblables, quelles que soient par ailleurs les inégalités sociales ou naturelles qui pourraient les séparer. Oui, c'est vrai, on va commencer à enfermer les fous, au XIXe siècle, dans des asiles, mais cet enfermement n'a nullement le sens simpliste et hâtif d'une « exclusion » : on les enfermera pour les protéger d'eux-mêmes, comme pour protéger les autres et, surtout, pour les soigner, pour tenter par tous les moyens de les ramener à la normale.

On objectera qu'il s'agit là d'une apparence trompeuse ou d'un masque, la vraie raison de cette réclusion reposant sur la volonté de s'assurer une main-d'œuvre à bon marché, de juguler la peur de la différence, de nier l'altérité, etc. Mais c'est justement sur ce point que l'analyse de Gauchet et Swain se révèle à la fois beaucoup plus profonde que celle de Foucault et, qui plus est, infiniment plus juste. Car il ne suffit pas d'être profond, il importe aussi d'être vrai : Foucault ne manque pas de profondeur, il manque de vérité. Ce que montre *La Pratique de l'esprit humain*, c'est que Foucault commet une double erreur, l'une sur le monde ancien (le Moyen Âge qui n'enferme pas) et l'autre sur le monde moderne (démocratique qui tendrait à l'exclusion de l'altérité du fou).

En effet, pourquoi n'enferme-t-on pas l'idiot du village au Moyen Âge ? Par tolérance, par respect des différences, parce que la raison n'est pas encore la norme excluante et répressive ? Pas du tout. La réalité n'a rien à voir avec ce que Foucault prétend y déceler : si on laisse le fou en liberté, c'est que le monde féodal est encore un monde aristocratique, un monde de la hiérarchie naturelle censée régner entre les êtres. Nous sommes dans ce que Louis Dumont a décrit dans son beau livre, qui inspire largement les thèses de Gauchet, *Homo hierarchicus* : si les fous sont tolérés dans l'espace public, c'est parce qu'ils s'insèrent dans toute une hiérarchie où ils ont leur place quelque part entre les humains normaux et les animaux. En d'autres termes, et c'est là qu'apparaît au grand jour toute la fausseté de l'analyse foucaldienne, *la proximité de fait qu'observe à juste titre Foucault, c'est-à-dire le fait que le fou soit intégré au village, se paye en réalité d'une infinie distance de droit* : si on tolère le fou, au Moyen Âge, ce n'est nullement par je ne sais quelle « gentillesse » ou tolérance, mais tout au contraire, c'est parce qu'il est considéré comme à peine humain. Il est d'un autre monde que nous, en quoi il ne nous fait pas peur, en quoi il ne nous remet pas nous-mêmes en question comme il le fera dans un monde, celui de l'égalité démocratique, où il va apparaître sous la figure autrement inquiétante de l'alter ego. Alors, le fou va devenir un destin possible pour moi, non pas un être tout à fait autre par nature, essentiellement différent de moi, mais au contraire, une possibilité de ma vie si elle se met à déraper, si elle glisse, pour un motif ou pour un autre, biologique ou social, vers la déraison.

Dans le monde féodal, c'est son principe même, règne l'idée d'une hiérarchie naturelle des êtres, de sorte que la distance infinie de droit s'accompagne toujours d'une possible proximité de fait. Pour donner un exemple parlant, lorsque Madame de Sévigné se baigne nue devant ses domestiques, ce n'est pas qu'elle manque de pudeur : c'est que le domestique, comme le fou, appartient à un monde qualitativement différent du sien, un univers par essence ou par nature autre. Devant un domestique, rien n'a d'importance pour elle, où l'on voit bien que la proximité de fait (la nudité, en l'occurrence), n'est rendue possible que par une distance infinie de droit (la hiérarchie aristocratique). Au Moyen Âge, le fou laisse donc relativement indifférent dans la mesure même où il est perçu comme tout autre que nous, comme à peine humain, si bien que nul ne se sent menacé par sa folie.

On trouvera une autre illustration de cette proximité de fait qu'accompagne une distance infinie de droit dans *L'homme qui rit* (1868) de Victor Hugo. Le roman de Hugo raconte l'histoire, hélas bien réelle, de ces enfants qu'on défigure volontairement pour en faire des monstres de foire. L'homme qui rit est l'un d'entre eux, et il rit parce qu'on lui a fendu dès la petite enfance la bouche jusqu'aux deux oreilles, de sorte qu'il est affecté pour la vie d'un horrible rictus. Jusqu'à la Première Guerre mondiale, les foires et les fêtes foraines, en France comme dans le reste de l'Europe, regorgent ainsi de monstres, d'enfants difformes, de bossus, de nains, de vénus callipyges, etc. Et le public s'en amuse sans honte ni gêne : le monstre n'est pas encore perçu comme un alter ego, comme un semblable qui relève du même monde que « l'homme normal », donc de la même sphère d'obligation morale. Ici encore, la proximité de fait-on l'approche sans scrupule, on le regarde, on l'asticote, on rit de lui sans se cacher – constitue comme l'envers d'une différence absolue de droit, considérée comme inscrite dans la nature.

À l'inverse, dans le monde moderne, celui de l'égalité formelle des droits de l'homme, de cet humanisme qu'il s'agit de déconstruire par tous les moyens – et c'est ici que Foucault commet sa deuxième erreur –, la monstruosité ou folie apparaîtront comme des possibilités sans cesse ouvertes, donc sans cesse menaçantes pour l'être normal. Un divorce, une perte d'emploi, un accident de la vie, et nous savons que tout peut basculer, qu'on peut devenir alcoolique, sombrer dans la dépression, perdre le contact. Il n'y a plus de barrière absolue entre le normal et le pathologique, mais un glissement progressif, une possibilité menaçante. Comme le dit Freud, tout est ici affaire de quantité : il n'y a pas de différence qualitative, pas de différence absolue, d'essence ou de nature, entre le fou et nous. Nous sommes tous plus ou moins fous, à preuve ces petites phobies ou ces rituels obsessionnels que nous connaissons tous plus ou moins et que ce que nous appelons la folie ne fait qu'amplifier par rapport à ce que nous tenons pour la normalité.

Dans le monde démocratique, celui de l'égalité opposée aux hiérarchies de la tradition, les différences ne sont plus perçues comme essentielles, le fou appartient désormais au même monde que nous, il devient notre semblable. Or, c'est précisément cette possibilité constante de la folie chez l'être supposé normal qui rend le fou si inquiétant. C'est à partir du moment où la folie devient une possibilité de l'être humain et la déraison une possibilité de la raison, que le fou – dont nous savons désormais qu'il est notre *alter ego* – peut devenir réellement une menace. On l'enfermera donc, mais pas pour s'en débarrasser, ou en tout cas pas seulement, mais pour tenter de le traiter et le guérir, pour nous protéger, sans doute, mais aussi pour le protéger lui. Tous ceux qui ont connu la folie de près, dans leur famille, savent à quel point c'est douloureux, à quel point on peut se préoccuper d'un enfant handicapé, d'un frère ou d'un parent malade, à quel point le souci de l'autre ne peut pas être réduit de manière aussi simpliste et hâtive que le fait Foucault, à un simple désir de s'en débarrasser en l'enfermant sans plus s'occuper davantage de lui.

De ce point de vue, comme y insistent Gauchet et Swain avec une clairvoyance remarquable, l'asile apparaît comme une des grandes utopies démocratiques, comme une institution typique d'une certaine tendance démocratique à s'imaginer qu'on peut produire un « homme nouveau » par l'éducation ou la rééducation. *À la limite, ce n'est pas le fou qui est un révolutionnaire, mais l'institution asilaire qui copie, jusque dans son architecture, les utopies d'un Godin ou d'un Fourier !* Où l'on voit, là encore, à quel point Foucault se fourvoie. L'institution de l'asile s'appuie sur l'idée – à vrai dire sur le grand mythe insulaire lié lui-même à l'idée révolutionnaire – qu'en coupant le fou du monde ordinaire, on parviendra à le récupérer, à le « reprogrammer » pour ainsi dire, à fabriquer un homme nouveau. L'asile incarne en cela l'idée démocratique par excellence. Comme le montrent Gladys Swain et Marcel Gauchet de manière tout à fait remarquable, c'est aussi entre 1770 et 1830, donc très exactement à la même époque et dans le sillage de la Révolution française, qu'apparaîtront les premières « éducations spécialisées », c'est-à-dire les pédagogies chargées de s'occuper spécifiquement des « anormaux ». Prétendre que ces pédagogies nouvelles, et les maîtres qui tentent de les mettre en œuvre, n'auraient été animées que par la volonté d'exclure, voire de fournir de la main-d'œuvre gratuite au « grand capital » est tout simplement absurde. Du reste, si on expliquait aujourd'hui aux psychiatres qu'ils travaillent uniquement à exclure, à torturer et à enfermer les fous – un peu comme Althusser accuse les professeurs de philosophie de distiller par nature l'idéologie petite-bourgeoise à leurs élèves –, c'est à juste titre qu'ils le prendraient assez mal…

Ils échouent sans doute souvent, mais ils n'en sont pas moins là pour essayer de soigner les malades mentaux, et s'ils n'y parviennent pas, c'est avant tout pour deux raisons de fond que n'envisage pas Foucault. La première tient au fait que les pouvoirs publics sont toujours pris par d'autres priorités, pas assez pressés par l'opinion et les médias pour investir suffisamment dans l'hôpital psychiatrique. Il n'y a pas de syndicat des malades mentaux. Du coup, certains services souffrent d'un manque de moyens parfois terrifiant. La deuxième raison tient sans doute à ce caractère d'utopie propre à la psychiatrie et à la psychanalyse modernes : une croyance éventuellement un peu excessive dans les vertus de ce que Pinel appelait le « traitement moral » de la maladie, c'est-à-dire l'idée qu'il serait possible de guérir un patient par la parole seule, par le verbe et la discussion. Ce qu'on découvre aujourd'hui, et qui fut refoulé pendant des décennies, en grande partie à cause du souvenir du nazisme, c'est que les grandes psychoses sont peut-être bien d'origine biologique, génétique, étiologie qui expliquerait pourquoi elles sont évidemment assez imperméables au traitement moral, en particulier à la psychanalyse…

Quoi qu'il en soit, il ne s'agit nullement de nier les nombreux problèmes auxquels se heurtent la psychiatrie, et, plus généralement, toutes les thérapeutiques des maladies mentales. Affirmer pour autant qu'elles seraient essentiellement animées par une volonté d'exclusion et d'enfermement, au motif que le fou qui déraisonne ferait peur, est tout simplement une absurdité. La psychiatrie se situe dans une logique d'intégration, difficile sans doute, peut-être vouée le plus souvent à l'échec, mais elle se pense elle-même de toute évidence à partir de la dynamique moderne de l'égalité, et si le fou inquiète, ce n'est pas parce qu'il est autre que nous, mais tout à l'inverse, parce qu'il est notre semblable. Il en va d'ailleurs de même du racisme qui est, à l'encontre du poncif habituel, non une « peur de l'autre », mais une peur du même, du semblable. Il y a bien entendu des différences visibles entre les hommes, mais que l'autre homme soit noir, rouge ou jaune, il demeure notre prochain, notre alter ego, et c'est là justement ce qui, d'une certaine manière, met en relief les différences secondaires. Comme le remarque Hegel, la folie n'est elle-même qu'un moment de la raison, un moment dont on peut le cas échéant sortir. Du moins est-ce là l'utopie de la thérapie, celle qui, précisément, animera les psychothérapies modernes.

La vérité, c'est que le but de Foucault était de conduire une plaidoirie, en s'appuyant sur un exemple qui pouvait aisément toucher, contre l'humanisme moderne, contre l'héritage des Lumières – où l'on voit que la Pensée 68 fut étrangement animée par une véritable fureur antieuropéenne.

Comment et pourquoi la Pensée 68 a-t-elle pu se retourner à ce point contre l'Europe des Lumières, contre l'Europe démocratique, entendue au sens de la démocratie formelle, avec son système libéral pluraliste, ses élections, ses droits de l'homme, son parlementarisme et son État providence républicain ? Telle est la question qu'il nous faut tenter maintenant de comprendre.

Il faut bien voir qu'au lendemain de la Deuxième Guerre mondiale, l'Europe de Voltaire, de Goethe et de Kant, apparaît comme disqualifiée aux yeux d'une partie de l'intelligentsia : elle a, en effet, été incapable d'éviter ces catastrophes politiques majeures du XXe siècle que furent le nazisme, le stalinisme et le fascisme – un fascisme qui, dans les années 1930, gagna à peu près toute l'Europe avec Mussolini, Salazar, Franco, Pétain, Antonescu, etc. Mais il y a plus : non seulement la vieille Europe humaniste est dénoncée comme s'étant avérée impuissante à enrayer le désastre, mais elle apparaît aussi comme complice, voire comme directement responsable de cette autre tragédie humaine et politique que fut la colonisation.

Une Europe suspecte

Bref, l'Europe est suspecte, ce qui explique assez pourquoi, dans l'après-guerre, un intellectuel digne de ce nom ne peut être que de gauche, communiste ou compagnon de route du PC. Très peu y échapperont, notamment parmi les plus brillants, d'Edgar Morin à François Furet et tant d'autres. L'idée qui anime les généalogistes, c'est que le fascisme et la violence coloniale couvaient derrière tous ces beaux discours républicains sur les droits de l'homme. Et le moins qu'on puisse dire, c'est que non seulement l'Europe n'a rien empêché, mais qu'elle les a même accompagnés.

La philosophie du soupçon – et c'est sans doute ce qu'elle eut de plus légitime – s'est ainsi enracinée dans une sorte de déception historique fondamentale à l'égard de l'Europe. C'est très certainement ce traumatisme qui a poussé les meilleurs esprits à entrer au parti communiste, estimant au fond que là était leur place, compte tenu de la barbarie qui venait de se déchaîner sur le sol européen. Du reste, s'il fallait identifier un dénominateur commun aux diverses variétés de soixante-huitards – maoïstes, trotskistes, libertaires, anarchistes ou communistes –, c'est bien dans les luttes anticoloniales et anti-impérialistes qu'il faudrait le situer. La lutte contre la guerre d'Algérie comme contre celle du Vietnam constitue le véritable ciment qui relie toutes les variétés de l'engagement à l'extrême gauche dans les années 1960.

C'est ici, à ce qu'il me semble, qu'on ne peut pas se contenter de critiquer la Pensée 68. Il faut aussi la comprendre, comprendre la part de légitimité qui fut la sienne en tant que réaction aux catastrophes politiques de l'époque. C'est là ce que je voudrais montrer maintenant, l'honnêteté intellectuelle imposant, par-delà les exigences légitimes de la critique, de faire droit aussi à celles de la compréhension. En d'autres termes : qu'y avait-il, en effet, d'inacceptable dans l'héritage humaniste de l'Europe démocratico-républicaine, qui expliquât, sinon justifiât, la fureur antieuropéenne et antihumaniste qui allait s'exprimer dans la Pensée 68 ?

La folie antihumaniste de la Pensée 68

La vraie question, celle qu'il faut bien poser aujourd'hui aux éthiques humanistes, démocratiques et républicaines, malgré toute l'estime et l'admiration qu'on peut avoir pour elles, est bien celle-ci : comment expliquer qu'avec tant de belles idées, avec cet universalisme et ces magnifiques droits de l'homme, cette valorisation du travail, de la culture, de l'École et du mérite personnel, les plus grands penseurs de la République, de Voltaire à Jules Ferry en passant par Kant, se soient si aisément accommodés d'un colonialisme associé à une condescendance pleine de mépris à l'égard des « primitifs », pour ne pas dire tout simplement du racisme ? Du reste, très factuellement, les propos de Voltaire ou de Kant sur les juifs, les Palestiniens ou les « Nègres » qui, à l'époque, semblaient aller de soi, tomberaient de nos jours sous le coup de la loi.

Préjugés détestables, sans doute, mais qu'il y aurait anachronisme à juger avec nos yeux d'aujourd'hui ? Bien sûr, cela va de soi, l'argument est recevable et je l'ai moi-même si souvent utilisé pour défendre mes chers philosophes des Lumières que j'aurais mauvaise grâce à ne plus entendre aujourd'hui la part de vérité qu'il recèle. Mais il y a plus, hélas, et autre chose dans ce mépris du tiers-monde, et qui explique en grande partie l'antihumanisme théorique de la Pensée 68, qui le justifie même en partie, si attaché que l'on soit à l'humanisme de l'idée républicaine comme à l'œuvre admirable de ses Pères fondateurs. Il ne sert à rien de le nier : c'est aussi de manière intrinsèque que ce premier âge de l'humanisme fut sans cesse menacé de verser dans son contraire, non pas dans cette belle philosophie universaliste, rationaliste et laïque des droits de l'homme, mais, hélas, dans une idéologie ethnocentrique et impérialiste qui rejette naturellement hors de la civilisation tout ce qui n'est pas européen.

Pourquoi ? C'est là une vraie question et il me semble aujourd'hui possible d'y répondre, ce que nous n'avions pas fait à l'époque, Renaut et moi, dans notre livre. Voici comment.

L'idéologie colonialiste et impérialiste cachée derrière l'universalisme

Allons à l'essentiel : nous avons vu, dans la leçon consacrée à la naissance de l'humanisme, comment les pères fondateurs des Lumières faisaient de l'historicité le propre de l'homme, par opposition à l'animal. Or, si l'humanité de l'homme réside, comme on le pense de Pic de La Mirandole à Husserl en passant par Rousseau et Kant, dans sa liberté entendue comme capacité d'arrachement par rapport à la nature, si cette liberté se traduit, comme nous l'avons vu avec Rousseau, par cette « perfectibilité » de l'être humain qui, le faisant entrer dans la logique de l'Histoire, l'oppose radicalement à l'animal, alors comment éviter la « conclusion coloniale » ? Comment ne pas voir, en effet, dans les sociétés *sans histoire*, dans ces sociétés qu'on disait naguère encore « primitives » ou « sauvages » et qu'on préfère aujourd'hui désigner comme « traditionnelles », un analogue parfait des sociétés animales ?

Creusons encore l'argument fatal : si le propre d'une société traditionnelle réside justement dans le fait qu'elle est tout entière organisée, comme le montre par exemple Pierre Clastres dans ses études consacrées aux Indiens d'Amérique du Sud, autour d'un objectif central qui est la préservation des traditions, des coutumes, bref, du passé ; si ce type de société refuse, non par accident mais par nature, toute forme d'innovation, toute logique de réforme orientée vers le futur ; si, par voie de conséquence, elle rejette de toutes ses forces le souci d'entrer dans ce que les sociétés modernes tiennent au contraire pour l'essentiel dans l'humanité, à savoir les processus historiques ; si, en d'autres termes qui parodient un discours désormais célèbre, « l'homme africain n'est pas entré dans l'histoire », alors, en effet, comment ne pas le considérer comme un enfant qu'il faut éduquer de l'extérieur, de force si nécessaire, voire comme un être légèrement infra-humain, un sous-homme *(Untermensch)* ou un sur-animal, comme on voudra, selon que l'on considérera que les causes de son arriération (de sa non-entrée dans l'historicité) sont accidentelles ou essentielles ?

Il n'y a au fond, dans cette perspective, que deux hypothèses, que deux explications possibles à ce qui apparaît au républicain humaniste comme une espèce de refus de l'évolution. Si c'est par accident que le « primitif » reste hors histoire, alors on tentera de l'élever au sens où l'on parlait, au XVIIIe siècle, d'une « éducation du genre humain » : on lui apportera du dehors les Lumières de la civilisation qui lui manquent si cruellement. Nul hasard, dans cette perspective, si colonisation et éducation marchent d'un même pas, comme en témoigne la politique de Jules Ferry ; mais si on tient le « sauvage » pour arriéré par nature, ce qui est le racisme même, alors on se bornera à l'élever, non plus au sens scolaire du terme, mais au sens agricole, comme on « élève » du bétail pour en faire son esclave !

L'humanisme républicain, bien sûr, opte par principe pour la première hypothèse et rejette la seconde comme raciste. Aux yeux du républicain, l'homme des sociétés traditionnelles est bien entendu un homme, pas un animal, et s'il faut, en effet, l'élever, c'est au sens premier du terme, au sens noble. Reste que, *de facto*, il ne peut s'empêcher de constater avec une certaine réprobation qu'il n'est pas vraiment entré dans l'histoire au sens où l'entendent les peuples démocratiques, comme une invention volontaire de son futur, et que, malgré tout, cela fait problème.

On peut, bien entendu, comme le font volontiers les anthropologues d'aujourd'hui, valoriser cette absence d'historicité, en faire, comme Pierre Clastres ou comme certains écologistes, une sorte de résistance, plus ou moins volontaire, à la modernité occidentale, une façon de rester pur, de rester libre, en marge de l'aliénation qui caractériserait les sociétés capitalistes. Là n'est évidemment pas la voie qu'emprunte le premier humanisme, celui du XVIIIe et du XIXe siècle. À ses yeux, le « sauvage » doit bel et bien être considéré comme un primitif, comme un enfant, comme un être humain certes, mais qui s'ignore encore comme tel ou, pour parler le langage juridique de ces époques pas si lointaines, comme un « citoyen passif ». La preuve ? Non seulement, *de facto*, il n'a pas, ou presque pas d'histoire, régi qu'il est par des coutumes héritées du passé et parfaitement intangibles, mais en outre, il ne sait ni lire ni écrire, ce qui signifie que, *de jure*, il ne peut pas avoir cette mémoire véritable, ce rapport authentiquement historique au passé qui suppose des documents écrits et des archives. Il faut donc, tel est le but le plus avouable et le plus volontiers avoué de la colonisation, humaniser cet homme, l'éduquer comme on éduque un élève, afin que sachant lire et écrire, il puisse entrer dans l'historicité hors de laquelle il n'est point de communauté humaine.

Qu'on le veuille ou non, et quelle que soit par ailleurs la grandeur de l'idée républicaine, on voit bien que le risque est en permanence présent d'un glissement d'une logique éducatrice du genre humain à une logique, tout simplement, raciste. Car le colonisateur républicain ne peut s'empêcher de forger, fût-ce en son for intérieur, le soupçon que, tout bien pesé, si l'Africain n'est pas entré dans l'histoire, c'est peut-être bien qu'il existait dans sa nature, pour ne pas dire dans sa race, quelque frein qui l'empêchait d'y entrer par lui-même. Bref, l'anthropologie qui fonde l'idée républicaine menace en permanence de contrecarrer ses conséquences les plus nobles, à commencer par celles qui touchent au respect des droits de l'homme.

Nous verrons dans une prochaine leçon comment ce que j'appelle le « deuxième humanisme », celui qui fait suite à la grande déconstruction dont la Pensée 68 fut l'apogée, n'aura, au contraire, aucune difficulté à critiquer la colonisation, à dénoncer les méfaits de l'impérialisme pour faire enfin droit à l'altérité des formes de vies différentes de celles que l'Europe moderne a privilégiées. Le passage de la logique coloniale à celle de l'Aide publique au développement, quoi qu'on pense par ailleurs de son efficacité, de ses insuffisances ou de ses suffisances, témoigne à l'évidence d'un changement d'attitude si profond qu'il serait vain de vouloir le nier en accusant encore et toujours les pays occidentaux de « néocolonialisme ». La vérité, c'est que le colonialisme est mort et enterré. On ne trouve plus une seule voix pour le défendre en Europe. Le souci de l'aide a remplacé définitivement celui de l'éducation forcée et nul ne peut sérieusement contester l'importance de ce changement d'attitude radical sur le plan éthique.

Reste que le premier humanisme était marqué, non par accident, mais par essence, d'un vice fondamental, un biais originel qui explique cette espèce de fureur antieuropéenne, antidémocratique, cet antihumanisme parfois fanatique, mais compréhensible si on le resitue dans l'Histoire, qui caractérisa la Pensée 68. De même qu'il est impossible de comprendre la virulence du féminisme américain sans prendre en compte l'image de la femme véhiculée par le cinéma des années 1950, une femme réduite au statut de parfaite idiote, sinon de décolleté ambulant, il est impossible de comprendre la période soixante-huitarde sans prendre en compte les faiblesses de ce avec quoi elle entendait rompre.

Les interprétations de Mai 68

Les débats inaugurés par la Pensée 68, dont j'ai tenté de vous donner quelques clés et un exemple à travers l'*Histoire de la folie*, renvoient bien entendu à la grande question des interprétations du mouvement de Mai.

En guise de conclusion, j'en évoquerai deux, à vrai dire les deux principales. La première, c'est tout simplement l'auto-interprétation, celle qu'ont produite les acteurs eux-mêmes. Elle présente Mai 68 comme un mouvement authentiquement anticapitaliste qui aurait malheureusement échoué. Pourquoi cet échec ? On ne sait trop : le grand capital était-il trop puissant, la gauche pas suffisamment organisée, l'extrême gauche trahie par les sociaux-traîtres, les chars du général de Gaulle stationnés autour de Paris trop impressionnants… On peut toujours invoquer mille raisons, on sent bien qu'elles ne sont pas très convaincantes.

Je ne ferais ici qu'esquisser la deuxième interprétation pour y revenir au chapitre 22, lorsque je traiterai du deuxième humanisme. S'écartant du point de vue des acteurs, elle inscrit Mai 68 dans la longue durée, à l'intérieur de cet ample mouvement de déconstruction des valeurs traditionnelles qui a caractérisé le XXe siècle et qui commence à vrai dire dès le milieu du XIXe siècle, avec l'invention d'un nouvel idéal de vie : la vie de bohème, en rupture avec le monde bourgeois, les valeurs traditionnelles et les conventions sociales. Pour l'essentiel, le XXe siècle sera un siècle de déconstruction de toutes les traditions – de la figuration en peinture, de la tonalité en musique, des règles « classiques » de la littérature, de la danse, du théâtre et même du cinéma, avec la « Nouvelle Vague ». La vérité de ce siècle si étrange, si peu semblable aux autres, c'est que cette déconstruction, qui fut en apparence animée par des jeunes gens plutôt de gauche, en tout cas utopistes, révolutionnaires, anarchistes et contestataires, eut pour moteur profond et puissant l'avènement du capitalisme moderne, c'est-à-dire de la mondialisation libérale.

Pour le dire d'une phrase, il fallait que les valeurs traditionnelles, celles de nos grands-parents ou de nos arrière-grands-parents, fussent déconstruites (par des jeunes gens de gauche, révolutionnaires, utopistes, bohèmes et soixante-huitards) pour que nous – et surtout nos enfants – nous puissions entrer dans l'ère de l'hyperconsommation de masse sans laquelle le capitalisme mondialisé ne pouvait pas s'épanouir. Si nos enfants avaient les mêmes valeurs que nos grands-parents, ils n'achèteraient pas trois téléphones portables par an ou l'équivalent en jeux vidéo ! Marcuse lui-même avait d'ailleurs parlé, à ce propos, de « désublimation répressive », signifiant par là que la déconstruction risquait de livrer les individus pieds et poings liés à la logique de la consommation addictive. En effet, plus on a de valeurs culturelles, morales et spirituelles fortes et stables, moins on éprouve le besoin de mettre les enfants à l'arrière de la voiture le samedi après-midi pour aller acheter des gadgets idiots et parfaitement inutiles au supermarché du coin. Rien ne freine autant la consommation que ce que Freud appelait la « sublimation », c'est-à-dire, au fond, les valeurs traditionnelles. Après la liquidation des valeurs traditionnelles, nos soixante-huitards ont commencé à prendre plus ou moins conscience, comme après une sévère cuite, que sous les pavés, il n'y avait pas la plage, mais la formidable montée en puissance de la mondialisation libérale qui poussait, telle une racine de glycine capable de soulever des tonnes de béton. Les malheureux se rendirent compte, les uns avec honnêteté, en faisant leur mea culpa, les autres avec orgueil, sans vouloir l'avouer, qu'ils avaient été les cocus de l'histoire, qu'ils avaient servi la soupe aux bourgeois et finalement été le bras armé de l'épanouissement de ce capitalisme moderne qu'ils prétendaient détester. Jamais la formule de Marx ne s'est aussi bien appliquée qu'à Mai 68 : « Les hommes font leur histoire sans savoir l'histoire qu'ils font. » Marx avait évidemment raison sur un point crucial : le capitalisme, c'est la révolution permanente, la déconstruction tous azimuts puisqu'il repose, compétition et *benchmarking* obligent, sur la logique de l'innovation perpétuelle, donc de la rupture non moins perpétuelle avec la tradition.

De là le fait que la plupart de nos soixante-huitards se sont assez aisément reconvertis dans ce qui marche le mieux au sein du capitalisme mondialisé – le cinéma, la publicité, la presse, l'entreprise ou, tout simplement, le Medef. Il n'y a pas seulement là une ironie de l'Histoire, mais plus profondément, une réelle vérité de l'Histoire. Mai 68 n'a en effet engendré aucune révolution, ni économique ni politique, ni marxiste ni tocquevillienne. Le système capitaliste est plus arrogant que jamais et la Constitution de 1958, à deux virgules près, n'a pas bougé. En revanche, Mai 68 a bel et bien été une révolution sociétale comme rarement dans l'histoire de l'humanité et, nul doute sur ce point, la déconstruction a changé la donne sur le plan des mœurs dans de nombreuses sphères de la société civile. Là est sans nul doute l'effet principal du mouvement de Mai, ce mouvement qui permit à la Pensée 68 de devenir une véritable mode intellectuelle aux États-Unis, c'est-à-dire, comme chacun sait, au pays du capitalisme triomphant.

10

PHILOSOPHER AUJOURD'HUI

Penser la mondialisation et la révolution de l'amour

Où allons-nous ? Où en est la philosophie contemporaine, après cette période de la Pensée 68 ? Vous vous doutez bien que pour lire et comprendre tous ces grands auteurs de la tradition que je viens d'évoquer avec vous, il m'a fallu des milliers et des milliers d'heures. Or tout ce temps, bien sûr, n'a pas été consacré en vain, pour en rester à la seule histoire des idées. Je voudrais donc, pour conclure cet ouvrage, tenter d'expliciter ici le lieu philosophique à partir duquel j'ai entrepris de vous raconter cette histoire, de le situer dans le paysage de la philosophie contemporaine, bref, de vous dire quelle philosophie j'essaie moi-même de construire.

La tâche n'est pas aisée, car la philosophie, comme l'art, est de nos jours plus éclatée et plus diverse que jamais. Jamais, en effet, la pensée n'avait été autant partagée en courants aussi différents qu'aujourd'hui. Du temps de Kant ou de Hegel, on se situait par rapport à trois ou quatre philosophes importants. Même dans l'Antiquité grecque, où de nombreuses écoles s'opposaient entre elles, il était relativement facile de repérer une culture philosophique dominante (celle des grandes cosmologies, qui allait de Parménide aux stoïciens en passant par Platon et Aristote) et une espèce, déjà, de contre-culture ou de contre-philosophie (celle des sophistes, des atomistes et des épicuriens). Rien de tel aujourd'hui. Non seulement les courants sont bien plus nombreux, mais des individualités ont émergé, qu'il serait bien difficile de rattacher à une école.

Pour l'essentiel, cependant, il me semble que la plupart des philosophes contemporains ont tenté de se situer plus ou moins dans la filiation des grands auteurs du passé. J'ai ainsi des collègues qui sont platoniciens, épicuriens, thomistes, spinozistes ou kantiens, d'autres nietzschéens ou heideggériens, etc. Ils conçoivent alors leur travail intellectuel comme une espèce d'application et en même temps aussi de prolongement de la tradition dans laquelle ils s'inscrivent. Ils cherchent à adapter les idées de leurs illustres prédécesseurs à la compréhension du temps présent et cette tâche, du reste parfaitement légitime, donne souvent d'intéressants résultats.

C'est en ce sens, par exemple, que John Rawls ou Jürgen Habermas, se réclament explicitement de l'héritage de Kant et des Lumières. Cela ne signifie évidemment pas qu'ils se contentent de répéter l'enseignement du maître, ni même seulement de l'appliquer *stricto sensu*. Ils tiennent compte de l'histoire, des évolutions et des critiques qui ont marqué leur temps, de la distance, donc, qui les sépare du passé, en l'occurrence du XVIIIe siècle et de la philosophie critique. Mais, malgré tout, l'inspiration première est bien celle-là et, avec honnêteté, sans prétendre à tout prix être de « nouveaux philosophes », ils reconnaissent leur dette et leur place dans une tradition.

Dans une perspective analogue, bien qu'opposée à celle de Rawls ou Habermas, un penseur comme Foucault s'est revendiqué explicitement, lui aussi, d'un grand prédécesseur, à savoir Nietzsche. Nous avions d'ailleurs vu, au chapitre consacré à la « Pensée 68 », comment, évoquant son propre travail dans un entretien de 1984 accordé au *Magazine littéraire*, il expliquait pourquoi il était « simplement nietzschéen » et ce que cet héritage signifiait pour lui :

> Je suis simplement nietzschéen, déclarait-il, et j'essaie, dans la mesure du possible, sur un certain nombre de points, de voir avec l'aide des textes de Nietzsche, mais aussi avec des thèses antinietzschéennes, qui sont tout de même nietzschéennes, ce qu'on peut faire dans tel ou tel domaine. Je ne cherche rien d'autre, mais cela je le cherche bien.

C'est ainsi à partir d'une vision nietzschéenne du monde, à partir notamment des critiques que Nietzsche adresse au rationalisme platonicien et cartésien, que Foucault interprète la logique d'exclusion de la folie, de l'irrationnel et de la marginalité, qui préside selon lui à la création de l'asile ou de la prison. Je n'y reviens pas, nous avons exposé tout cela dans une leçon antérieure, sinon pour illustrer simplement une certaine conception de la philosophie comme « application au contemporain » des grandes philosophies du passé. En ce sens, ces dernières sont encore présentes, elles continent d'animer la pensée, de servir en quelque sorte de « boîte » à outils » pour éclairer le monde actuel. Dans le même sens, on peut dire qu'Althusser était un disciple de Marx, Lacan de Freud, Derrida et Arendt de Heidegger, Levinas de

Heidegger et de Husserl, Deleuze de Spinoza et de Nietzsche, etc.

Tout cela est plus que légitime et pourtant, je suis convaincu que nous avons aussi besoin, de nos jours, d'une philosophie du temps présent, d'une pensée qui soit bel et bien contemporaine – et non pas seulement d'une philosophie ancienne rénovée ou « revisitée » pour être appliquée aux événements et aux situations du jour. C'est en tout cas le projet qui m'anime depuis plusieurs décennies déjà et, sans pécher outre mesure par orgueil, j'aimerais profiter de cette leçon conclusive pour faire comprendre à mon lecteur le sens et les différentes composantes de cette aspiration.

La tâche première de la philosophie contemporaine

Pour commencer, je rappellerai deux idées, déjà évoquées au tout début de nos réflexions, mais que je dois à nouveau préciser maintenant parce qu'elles me servent de fil conducteur. La première touche à la différence entre valeurs morales et valeurs spirituelles. La seconde concerne les trois axes de toute grande philosophie : l'axe théorique, qui cherche à comprendre le monde comme le terrain de jeu de l'existence humaine ; l'axe moral qui définit en quelque sorte les règles du jeu ; et l'axe ultime, celui où l'on propose une définition de la sagesse et de la vie bonne, qui s'attache, si je continue à filer cette métaphore, à cerner non plus le terrain de jeu, ni même les règles du jeu, mais le but du jeu, c'est-à-dire le sens de nos vies. Reprenons.

Valeurs morales et valeurs spirituelles

Je vous ai déjà dit comment on avait tout à fait tort à mon sens de confondre en permanence, dans le débat public mais aussi, hélas, dans nombre de discussions philosophiques, deux types de valeurs : d'un côté les valeurs morales, de l'autre les valeurs que je nomme « spirituelles » au sens large, au sens non nécessairement religieux du terme, au sens où Hegel parlait tout simplement de la « vie de l'esprit » pour décrire les diverses dimensions de la vie intellectuelle, artistique et culturelle.

Reprécisons rapidement cette distinction, à mes yeux cruciale entre toutes si l'on veut cerner la tâche véritable de la philosophie contemporaine.

Pour aller à l'essentiel, je dirai que les valeurs morales sont toujours caractérisées par deux traits fondamentaux – et ce quelle que soit la doctrine de référence qu'on voudra prendre en considération. Qu'il s'agisse de Socrate ou de Jésus, de Bouddha ou de Kant, la morale recommande toujours le *respect d'autrui et la bonté* (la gentillesse, la bienveillance, comme vous voudrez). On se conduit moralement avec les autres quand on les respecte et quand, en plus, on tâche d'être bienveillant, voire bienfaisant avec eux, qu'on se soucie autant qu'il est possible dans une relation normale de leur vie, de leurs difficultés, de leurs besoins et de leurs aspirations. Voilà, pour l'essentiel, en quoi consiste la morale. On pourra raffiner, approfondir tant qu'on voudra, on en reviendra toujours à ces deux traits fondamentaux.

Maintenant, vous allez comprendre très aisément la différence entre ces valeurs morales et les valeurs que je nomme « spirituelles ». Imaginez un instant une petite fable et supposez que nous disposions d'une baguette magique qui nous permettrait de faire en sorte que les êtres humains se conduisent, tout d'un coup, sur cette planète, de façon parfaitement morale les uns vis-à-vis des autres, de sorte que, partout dans le monde, les droits de l'homme, le respect d'autrui, la générosité, la bienveillance et la bonté règneraient sans partage. La face de l'univers s'en trouverait à coup sûr profondément changée : il n'y aurait plus de guerres, plus de meurtres, plus de viols ni de vols, plus de génocides ni de massacres, sans doute plus non plus d'inégalités criantes. Bref, la face du monde serait radicalement bouleversée. Nous n'aurions plus non plus besoin de prisons, ni d'armée, de police, de système judiciaire, etc. Tout cela deviendrait superflu.

Pourtant, dans un tel monde moral – dans un semblable « règne des fins » aurait dit Kant – dans cet univers si parfait qu'il en est à peine imaginable, les questions que j'appelle « spirituelles » ou « existentielles », parce qu'elles touchent aux interrogations sur le sens de l'existence, sur la vie bonne pour les mortels, continueraient de se poser tout autant, après comme avant. Car la morale, même la plus parfaite et la mieux appliquée, ne nous empêcherait ni de vieillir, ni de mourir. Vous pouvez être très gentils, très bons et respectueux d'autrui, cela ne vous empêchera ni de prendre de l'âge ni de parvenir à la fin de votre vie, ni de connaître l'épreuve terrible entre toutes du deuil d'un être aimé. Ces questions, vous le voyez bien, n'ont aucun rapport avec la morale. Continuons : même l'application la plus sublime de la morale la plus parfaite ne vous empêcherait pas non plus, le cas échéant, de vous ennuyer, de trouver la vie quotidienne banale, de rêver d'une autre vie, de penser, comme Rimbaud, que la « vraie vie est ailleurs ». La morale ne vous empêchera pas davantage d'être, là encore le cas échéant, malheureux en amour, d'être passionnément amoureux de quelqu'un qui ne vous aime pas : toute l'histoire de la littérature romanesque met du reste en scène ce type de situation. Vous aurez beau être aussi gentil avec autrui que respectueux du droit, cela ne vous empêchera pas de perdre un enfant dans un accident de voiture, de connaître des échecs amoureux ou de vous ennuyer, de trouver qu'avoir chaque soir la même femme (ou le même homme) dans le même lit, que de voir toujours les mêmes nez au milieu des mêmes figures au bureau peut être fastidieux.

Où l'on voit que ces questions – le deuil de l'être aimé, l'amour, la mort et les séparations, la vieillesse et les âges de la vie, l'ennui, la banalité du quotidien – relèvent d'une autre sphère de valeurs. Car nul ne prétendra sérieusement que ces motifs existentiels ne soient pas par nous investis de quantités d'affects et de valeurs, à vrai dire, soyons honnêtes, mille fois plus que les questions morales : lorsqu'on est amoureux et que ça ne marche pas, lorsqu'on nous apprend qu'un proche, un être aimé entre tous, est malade à en mourir, cela nous préoccupe et nous bouleverse un milliard de fois plus que la question du tri d'embryon dans les centres hospitaliers, non ? Et d'ailleurs, même chose dans l'autre sens, quand tout va bien : quand on est amoureux et que ça marche, quand votre enfant recouvre la santé, quand l'ennui fait place à l'intensité de la vie, on se moque bien de la morale – non qu'on la délaisse ou qu'on la méprise, mais parce qu'on est, tout simplement, ailleurs…

C'est ce que j'appelle les valeurs spirituelles, et ces valeurs, comme on le comprend aisément, sont immédiatement « existentielles », elles touchent, infiniment plus que les valeurs morales, lesquelles sont surtout négatives, plus garde-fous que modes de vie, à la question du sens, aux interrogations sur la vie bonne pour les mortels que nous sommes.

Pour une spiritualité laïque

Allons plus loin, et apportons encore une dernière distinction dans ce préalable à notre réflexion sur les tâches nouvelles d'une philosophie contemporaine. Il existe fondamentalement deux types de spiritualités fort différentes ou, si vous préférez, deux manières fort différentes d'apporter des réponses à la question de la « vie bonne ». Il y a les spiritualités avec Dieu, c'est-à-dire des réponses apportées à la question de la vie bienheureuse qui passent par un Être suprême et par la foi : ce sont les grandes religions. Mais il y a aussi de grandes spiritualités qui ne passent ni par Dieu ni par la foi, des spiritualités qui apportent, elles aussi, des réponses à la question de la vie bonne, mais avec les moyens du bord, en restant dans l'humain, dans sa raison et sa finitude, et cela s'appelle la philosophie. C'est exactement cela, comme nous l'avons vu ensemble tout au long de ces leçons, que je désigne sous le nom de « spiritualité laïque ».

Le bouddhisme, par exemple, en est une, mais le stoïcisme ou le spinozisme aussi, et à vrai dire toutes les grandes philosophies. C'est aussi dans ce sens que je vous ai donné l'exemple de l'*Odyssée* d'Homère, compris comme matrice de toutes les grandes spiritualités laïques, de toutes les philosophies qui vont se développer dans l'histoire de la pensée occidentale.

Souvenez-vous du moment où Ulysse, notre héros grec, refuse l'offre de Calypso, sa maîtresse, qui l'aime au point que, pour le garder, elle lui propose l'immortalité : « Si tu restes avec moi et si tu restes mon amant, lui dit-elle, je te donnerai la jeunesse et la vie éternelle ». Mais Ulysse refuse, parce que en philosophe, il pense qu'une vie de mortel réussie est préférable à une vie d'immortel ratée. Et c'est ainsi qu'Ulysse ouvre la voie à la grande tradition de la philosophie occidentale, s'écartant de la religion et de ses promesses d'immortalité, pour lui préférer une conception de la vie bonne qui ne passe ni par Dieu ni par la foi. L'idée d'Homère, qu'il va léguer à la philosophie grecque, c'est qu'un être humain trouve la vie bonne quand il rejoint enfin sa juste place au sein de l'ordre cosmique. Voilà une première « spiritualité laïque » ou philosophique, une première définition de la vie bonne sans religion.

C'est une conception de la spiritualité, non pas identique, mais analogue, qui guide ma réflexion, car plus que jamais aujourd'hui, pour nous qui vivons dans des sociétés laïques, il s'agit, pour les mortels que nous sommes, d'accepter notre finitude et de faire face aux questions existentielles comme Ulysse, « avec les moyens du bord ».

Voilà aussi pourquoi il me semble que nous avons besoin, aujourd'hui plus que jamais, d'une réflexion philosophique nouvelle, d'une spiritualité laïque pour notre temps. Se contenter de lui appliquer des grilles de lecture plus ou moins héritées des grandes doctrines du passé, quelle que soit leur grandeur, ne suffit pas. En quoi je ne puis être ni kantien, ni nietzschéen ou spinoziste, même si j'éprouve une admiration sans borne pour ces immenses pensées.

Qu'est-ce qu'une « vie bonne » pour les mortels ? Comment cette question se pose-t-elle de nos jours ? Quelles réponses peut-on lui apporter ? Telle est, à mes yeux, la problématique centrale de la philosophie contemporaine. Non pas, donc, une réflexion critique ni un engagement politique, comme on le croit si souvent, mais une réflexion laïque sur le sens de la vie qui part de ce constat – déprimant sans doute, mais lucide, du moins pour qui, comme moi, est non croyant – que nous sommes bel et bien des êtres finis, c'est-à-dire mortels, et que cela ne doit pas nous interdire pour autant, comme Ulysse nous invite à le faire, de chercher malgré tout la vie bonne.

J'entends déjà les objections de certains collègues :

« Comment ça, la philosophie serait une réflexion sur la vie bonne ? Mais n'est-elle pas d'abord un apprentissage de la pensée, une quête de la vérité, une théorie de la connaissance, de l'argumentation, un apprentissage de l'esprit critique, un projet de parvenir à “penser par soi-même” ? Et un tel apprentissage n'a-t-il pas pour finalité ultime de permettre à l'intellectuel, comme le voulaient Sartre ou Foucault, de “s'engager” dans des combats éthico-politiques au sein de la cité ? Le “vrai” philosophe, n'est-ce pas celui qui, du Vietnam à la Libye, crie haut et fort, dans les journaux mais aussi sur le terrain, son indignation face aux injustices du monde que son esprit critique lui a permis de déceler avant les autres ? »

Je crois que ces idées, hélas parfois véhiculées jusque dans nos salles de classe, ne donnent qu'une idée déformée, voire franchement fausse, de la véritable tâche de la philosophie. Bien entendu, et je vais y revenir dans un instant, je partage la conviction que la première tâche de la philosophie est la connaissance, l'intelligence de ce qui est comme disait Hegel. Je ne doute pas non plus que les questions morales et politiques aient aussi leur place dans toute grande construction philosophique. Pour autant, chez les plus grands, elle ne s'est jamais confondue, ni de près ni de loin, avec les tâches que remplissent – et c'est bien leur droit du reste – les intellectuels engagés. Je voudrais encore, pour ne pas en rester à des arguments d'autorité, exposer clairement ce second préalable.

Les trois axes de toute philosophie

Dans toute grande philosophie, il y a toujours trois axes de réflexion, à la fois bien distincts et cependant liés entre eux.

Le premier axe, c'est celui de la théorie ou, si l'on veut parler plus simplement, de la compréhension du monde dans lequel nous allons vivre, du « terrain de jeu » de l'existence humaine, comme je le disais tout à l'heure – le monde tout entier étant bien sûr ce terrain. Comme je viens de le rappeler, Hegel définissait de ce point de vue la philosophie comme « l'intelligence de ce qui est ». La philosophie, disait-il, n'est rien d'autre que « son temps saisi/ramassé/résumé dans des pensées » *(Ihre Zeit in Gedanken erfasst)*. J'accepte à cent pour cent cette définition de la philosophie, du moins si l'on précise qu'il ne s'agit que de sa partie théorique, spéculative. Cela suppose du reste que le philosophe soit capable de mobiliser aussi les savoirs scientifiques de son temps, qu'il s'agisse d'ailleurs de ceux que nous offrent les sciences naturelles, mais aussi les sciences sociales et historiques. J'ajoute aussitôt que si la philosophie réside bien dans l'intelligence de ce qui est, dans la compréhension du monde présent, il s'ensuit que, de nos jours, sa tâche principale doit consister à nous donner une analyse réellement intelligente et intelligible de ce qui caractérise au plus haut point notre temps, à savoir la *mondialisation*. Telle est bien, à mon sens, la première tâche théorique qui incombe à la philosophie contemporaine, comprendre le monde dans lequel nous vivons revenant à comprendre d'abord et avant tout ce phénomène majeur de l'époque qu'est la globalisation.

Le deuxième axe de toute philosophie est l'axe moral ou éthique – je ne ferai pas ici de distinction entre ces deux termes, l'un d'origine latine, l'autre d'origine grecque, ayant strictement le même sens au départ. Pour filer la même métaphore, il ne s'agit plus ici d'éclairer ou de comprendre le terrain de jeu, mais de déterminer les règles du jeu, de sorte que les relations entre humains ne tournent pas au massacre, mais puissent se développer de manière pacifiée.

Je ne nie donc nullement l'importance philosophique des réflexions éthiques et théoriques.

Reste que le troisième axe, le plus élevé, est celui qui donne véritablement leur sens aux deux premiers, et c'est celui qui touche à la vie bonne, à la « sotériologie », c'est-à-dire à la doctrine du salut ou si vous préférez un vocabulaire moins religieux, de la sagesse. Il ne s'agit plus ici seulement de connaître le terrain de jeu, ni même de fixer les règles du jeu, mais d'en saisir le but et la signification. Qu'est-ce qu'une vie bonne pour les mortels ? Quelle sagesse pour nous y mener ?

Je suis convaincu que ces trois axes, présents, j'y insiste, dans toutes les grandes philosophies du passé, valent aussi pour la philosophie contemporaine, sous la forme suivante : (1) Comment comprendre la mondialisation ? (2) Quelle éthique ou quelle morale pour le temps présent ? (3) Qu'est-ce que la sagesse dans l'espace laïc contemporain ? Ces trois interrogations doivent donc être reprises à nouveaux frais et pour ce faire, nous n'avons guère d'autre choix, nous autres laïcs, que de tenter d'y répondre par nous-mêmes, avec les moyens dont nous disposons, avec la lucidité de la pensée.

Ce qui ne signifie pas que nous devions nous passer des enseignements des philosophes anciens, que nous devions pratiquer l'ingratitude à leur égard, bien au contraire. Pour nous situer nous-mêmes aujourd'hui, pour mesurer les tâches de pensée qui nous incombent, il me paraît crucial d'avoir au préalable une idée assez claire des grandes réponses apportées par les philosophies anciennes à la question de la vie bonne. Il y en a quatre – si l'on inclut les réponses religieuses, notamment celle du judéo-christianisme qu'il faut prendre en compte dans cette histoire, ne fût-ce qu'en raison de leur impact immense sur l'évolution de la philosophie proprement dite.

Tâchons d'en préciser brièvement les contours pour mesurer d'où vous venons et mieux comprendre ainsi où il nous est possible d'aller.

UNE NOUVELLE VISION DU MONDE

Dans l'histoire de la pensée occidentale (mais pas seulement), *quatre grands principes de sens* ont dominé les époques passées. Il est essentiel de comprendre en quoi ces grands principes anciens, bien qu'ils continuent d'éclairer des pans entiers de notre expérience, ne nous apparaissent plus comme des références tout à fait pertinentes aujourd'hui pour orienter nos pensées et nos actes. Il y a là un paradoxe, qui est au cœur de l'histoire de la philosophie : c'est que les philosophies anciennes *nous parlent encore* mais, en même temps, elles *ne nous disent plus rien* de vraiment décisif. Elles nous touchent, nous les trouvons parfois grandioses, certains d'ailleurs décident de les « habiter » encore – on peut, comme je l'ai dit, être platonicien, kantien, spinoziste ou nietzschéen comme on peut encore être chrétien, et cela est bien sûr légitime – et pourtant, nous ne pouvons pas nous empêcher de trouver que ces pensées d'autrefois appartiennent définitivement au passé, qu'elles sont, malgré leur puissance parfois extraordinaire, déconnectées de ce que sont, aujourd'hui, nos existences réelles.

Pour donner un exemple hors de la philosophie, on peut aimer infiniment la musique de Bach – c'est mon cas, je ne m'en lasse jamais et je la trouve même infiniment supérieure à la plupart de nos œuvres contemporaines, sinon à toutes – et pourtant, on sent bien que sa musique appartient à une époque qui n'est plus la nôtre. Ce n'est pas une objection, encore moins une critique, mais un constat qui mérite réflexion et que l'on retrouve de manière analogue dans l'histoire de la philosophie.

Comment caractériser brièvement ces quatre grands principes de sens, autrement dit, ces quatre grandes définitions de la vie bonne, de la sagesse ou du salut sans Dieu (encore une fois, ces formulations sont pour moi synonymes), qui ont précédé le temps présent ? Qu'est-ce qui explique la relative obsolescence d'un principe au cours de l'Histoire et l'émergence d'un nouveau paradigme ?

Le principe cosmologique

Le *premier de ces principes* apparaît, comme je l'ai suggéré, avec l'*Odyssée* d'Homère et le récit des voyages d'Ulysse : c'est le principe *cosmique* ou *cosmologique*. Pour le dire clairement : le but de la vie humaine, la finalité des aventures d'Ulysse, c'est d'aller du chaos initial vers la réconciliation avec l'harmonie du *cosmos*. Ulysse va de la guerre (la fameuse guerre de Troie) à la paix, du chaos à l'harmonie, de la haine à l'amour, de l'exil hors d'Ithaque, la cité dont il est le roi, au retour « chez soi ». Dans la conception grecque d'un monde aristocratique, hiérarchisé, où chacun, selon son degré d'excellence, a sa place assignée au sein du cosmos, l'arrachement à ce « lieu naturel » est une souffrance et une injustice, comme le retour vers lui est un bien, lié à la restauration de l'harmonie perdue. Ulysse est un roi qui doit quitter son royaume d'Ithaque et sa femme, Pénélope, pour participer à une guerre atroce : cette séparation va le plonger dans le chaos pendant vingt ans. Il va mettre dix ans à gagner la guerre et dix ans de plus pour rentrer chez lui. Mais il ne cesse d'être en quête de l'harmonie, de la réconciliation avec le monde : il cherche à regagner sa place perdue dans l'ordre cosmique. Il est un peu comme ce petit chat ou ce petit chien dont parle parfois la presse à la fin de l'été, qui a été perdu sur l'autoroute et qui parcourt des distances insensées pour rentrer chez lui. Ulysse est comme ce petit animal qui a perdu son « lieu naturel » ; et il va mettre vingt ans pour revenir parmi les siens, à Ithaque.

On comprend peut-être mieux, maintenant, en quoi le sens de sa vie est là : cette famille, cette île et ceux qui l'habitent, ce sont « les siens », ce qui a tissé sa vie même dans ce qu'elle a de plus originaire, avec quoi il peut avoir les rapports les plus immédiats et les plus spontanés. Là, il peut être pleinement dans le présent. C'est une définition très profonde de la sagesse comme *carpe diem*, comme capacité à habiter l'instant sans le relativiser par des souvenirs nostalgiques ou de vains espoirs. Pendant tout le temps de son errance, Ulysse est privé de cette existence réconciliée avec son monde ; il est alors contraint de ne vivre, pour ainsi dire, qu'au futur et au passé, dans la nostalgie ou l'espérance d'Ithaque, jamais dans le présent d'Ithaque, jamais dans l'amour et la jouissance de son île et des siens.

C'est seulement lorsqu'il a retrouvé sa place naturelle dans l'ordre cosmique qu'il peut enfin habiter le présent et quitter cette tyrannie de la nostalgie et de l'espérance qui, pour les Grecs, est la négativité même : car le passé n'existe plus et le futur n'est pas encore, ce sont des figures du néant et Ulysse, pendant la guerre comme pendant son voyage, y séjourne sans cesse pour son plus grand malheur.

On décèle ici, en filigrane, une magnifique doctrine du salut, de la vie bonne, qui fait résider le sens de la vie dans l'harmonie avec le cosmos, dans l'amour du présent, dans ce que Nietzsche appellera l'*amor fati*, l'amour de ce qui est là. C'est à proportion de la puissance de cette sagesse qu'Ulysse peut se permettre de refuser l'immortalité et la jeunesse éternelle que lui promet la belle Calypso pour qu'il reste auprès d'elle, tant il est certain que c'est en retrouvant son royaume et sa place dans l'ordre cosmique qu'il sera pleinement lui-même, et non en accédant à un statut divin (une « apothéose ») pour lequel il n'est pas fait : il préfère une vie de mortel réussie à une existence immortelle « d'emprunt », « déplacée », qui ne pourrait être qu'une erreur, sinon un échec. Insondable profondeur de cet épisode : loin de viser l'immortalité comme une planche de salut, comme y invitent toujours les religions, c'est sa vie de mortel et sa place dans l'ordre cosmique qu'Ulysse, en philosophe, veut sauver. Accepter de « se sauver » par une immortalité qui lui resterait nécessairement étrangère reviendrait à trahir et même à condamner son existence propre, son identité, à renoncer à la place qui est la sienne. Les grands philosophes grecs, et notamment les stoïciens, n'ont cessé de reprendre cette spiritualité laïque, en la développant bien sûr sous des formes conceptuelles et rationnelles plus explicites, mais en en conservant le fond philosophique le plus puissant.

Le principe théologique

Le *deuxième principe* est plus familier au public des pays de tradition chrétienne puisqu'il est au cœur du message du Christ, même s'il ne fait, à cet égard, que reprendre un thème présent depuis bien longtemps dans le monothéisme juif : c'est l'idée selon laquelle les conditions de la vie bonne se trouvent, non plus dans l'accord avec l'ordre cosmique, mais dans l'harmonie avec les commandements divins. Là où Ulysse cherchait son salut dans un effort incessant pour retrouver par lui-même sa juste place dans le monde, les trois grands monothéismes nous proposent un salut, non plus sans Dieu, mais avec Lui – le salut par un Autre (Dieu) et par la foi. Et ce salut réside justement dans ce qu'Ulysse refuse, dans une espèce d'apothéose, de transformation de l'homme en Dieu ou, à tout le moins, des mortels en immortels – car c'est bien toujours en quelque façon l'immortalité qui est au bout des promesses religieuses.

La religion judéo-chrétienne va dominer la pensée occidentale entre la fin du IVe et le XVIIe siècle, avec cette conséquence que la philosophie, pendant cette période, perdra pour l'essentiel son autonomie, réduite qu'elle sera à concentrer ses efforts sur une simple analyse logique des notions au service de la foi et du dogme, seules sources tenues pour légitimes dans la quête du salut. Il est curieux, soit dit en passant, que cette conception proprement scolaire, ou *scolastique*, de la philosophie se retrouve – ce qu'on a appelé aussi la « *philosophia generalis* » –, sous une forme laïcisée, dans la tradition française de l'enseignement philosophique en classe de terminale : comme s'il ne s'agissait, comme c'était le cas dans la scolastique du Moyen Âge, que de discuter ou clarifier des notions, de faire des dissertations sur le sens et la hiérarchie des concepts qui structurent notre culture commune. Comme vous l'avez compris, je ne pense pas une seconde que cette tâche soit essentielle dans la philosophie véritable, laquelle doit bel et bien définir la vie bonne ainsi que la sagesse qui en est la condition – ce pourquoi du reste les grandes religions ont eu tellement intérêt à reléguer la philosophie vers la tâche subalterne de l'analyse des notions, afin de conserver pour elles le monopole de la réflexion sur le salut.

La réponse religieuse, notamment chrétienne, à la question de la vie bonne est parfois magnifique. Elle repose, notamment chez les juifs et les chrétiens, sur une conception de l'amour qui est grandiose. Je l'ai analysée ailleurs en profondeur, dans plusieurs livres dont certains écrits avec d'éminents croyants. Simplement, elle suppose qu'on ait la foi, et pour qui ne l'a pas, le mieux est bien sûr de se tourner vers cette spiritualité laïque qu'est la philosophie...

Le principe humaniste

La *troisième grande définition* du « sens de la vie » apparaît à la Renaissance, même si, en philosophie, Descartes, dont l'œuvre est plus tardive, en est le symbole, parce qu'il lui a donné un fondement spécifique et radicalement neuf : il s'agit de la révolution humaniste, cette révolution de la subjectivité (du fameux « *cogito* », du « je pense », posé comme fondement de tout l'édifice de la pensée moderne). Elle va s'épanouir au siècle des Lumières et se développer jusqu'au milieu du XIXe siècle.

Pourquoi et comment fonder sur l'homme, et non plus sur le cosmos ou sur Dieu, la question du salut – arrogance qui scandalisera les « anciens », qui n'y verront que *hybris*, démesure et folie ? Ce qui, aux yeux de l'humanisme moderne, va distinguer l'homme de toutes les autres créatures (notamment de ces « frères inférieurs », comme disait Michelet, que sont les animaux) et en quoi réside sa valeur irremplaçable, c'est, désormais sa liberté, sa capacité de « s'arracher » aux déterminations naturelles pour construire par lui-même son destin, son histoire : il n'est plus défini, ou plus seulement, par une « nature » qui lui serait propre, comme à telle ou telle espèce animale, pas même par une tradition dont il serait le prisonnier, mais il se définit par sa faculté de « se créer » sans cesse lui-même par le progrès des sciences et des arts, par la conquête d'une autonomie toujours plus large, par la maîtrise sans cesse croissance d'une histoire parfois révolutionnaire qui est censée lui donner les moyens d'accéder finalement, d'un même mouvement, à l'émancipation et au bonheur, « une idée neuve en Europe », selon le mot célèbre de Saint-Just.

Dans cette perspective nouvelle, proprement humaniste puisque fondée sur l'homme et pour l'homme, la vie bonne va se définir non plus comme quête de sa place dans l'ordre cosmique, non plus par l'immortalité qu'on gagnerait en obéissant à Dieu, mais par la participation à l'histoire humaine et au Progrès. Un homme est en quelque sorte « sauvé », sa vie est pour ainsi dire « justifiée », au sens théologique du terme, quand il a apporté sa pierre à l'édifice du progrès humain. Dans les écoles de mon enfance, on peignait en héros de cette épopée du génie humain les « savants et bâtisseurs » qui, comme Condorcet, Pasteur ou Hugo, semblaient incarner ce que la liberté, la raison et la volonté à leur plus haut niveau pouvaient offrir de meilleur à l'avancée de notre civilisation. C'était par rapport au progrès de l'humanité elle-même, et non plus par rapport au cosmos ou à Dieu, que se mesurait alors le salut.

Paradoxalement, bien qu'on fût désormais dans une perspective clairement laïque, l'idée religieuse de l'éternité n'était pas perdue pour autant, loin de là, mais elle avait changé d'assise, elle s'était, si l'on veut, sécularisée. On y entrait par un autre biais, en gravant « pour l'éternité » son nom dans la pierre des édifices républicains, dans les bibliothèques des écoles ou au Panthéon, un nom rendu glorieux par ce qu'il était censé symboliser en termes d'héritage légué à nos semblables, en termes de progrès des connaissances, de la liberté et du bien-être. Comme on voit, l'humanisme républicain, fût-il athée, constituait toujours une doctrine du salut, une « religion de salut terrestre », comme on dit. Nombre de gens ont, dans cette perspective, sacrifié leurs vies pour un combat politique, voire pour maintenir une idée scientifique, preuve qu'ils y voyaient un sens qui, par-delà la mort même, donnait une dimension d'éternité à leur destin.

Le principe de la déconstruction

La *quatrième période* s'ouvre, du moins pour ce qui concerne l'histoire de la philosophie proprement dite – d'autres références seraient bien sûr possible, par exemple à la naissance de la vie de bohème dans le monde artistique – avec Schopenhauer et elle va s'épanouir avec Nietzsche et Heidegger : c'est l'époque de la *déconstruction*, du soupçon radical à l'endroit de toutes les « illusions » (du moins selon les « déconstructeurs ») métaphysiques ou religieuses qui fondaient les autres principes. On *déconstruit* l'idée d'un cosmos déployant un ordre harmonieux et divin, comme celle d'un Dieu tout-puissant (c'est la fameuse « mort de Dieu » dont parle Nietzsche). On en révèle le caractère illusoire et trompeur, *donc* nuisible, sinon pervers, puisque nous soumettons nos existences à ces mirages, au lieu de vivre hors aliénation. Quand Nietzsche déclare que « Dieu est mort », il ajoute que c'est un événement inouï, sans équivalent dans l'histoire, une rupture qui bouleverse radicalement la condition humaine. Dans le même esprit, les disciples français de Nietzsche, Foucault notamment, annoncent la « mort de l'Homme », c'est-à-dire la crise du troisième principe, l'*illusion métaphysique* que constitue la conception humaniste d'un sujet de part en part conscient, libre et rationnel, qui travaillerait au progrès de l'humanité et justifierait ainsi son existence. Cette image du sujet cartésien transparent à lui-même et transformant le monde par sa volonté impérieuse n'est selon lui qu'une fiction imposée, comme un masque idéaliste, à des êtres humains en réalité multiples, travaillés par des pulsions inconscientes, des processus économiques, libidineux, sociaux et culturels qui les traversent et leur échappent sans cesse.

Nietzsche avait lumineusement défini la pierre de touche de ces démarches « déconstructrices » que Paul Ricœur désignera sous l'expression de « philosophies du soupçon » et que Nietzsche appelle pour son compte « généalogies » : à ses yeux, tout idéal qui prétend se placer au-dessus de la vie l'appauvrit (qu'il soit platonicien, religieux, humaniste ou révolutionnaire) parce que en plaçant au-dessus de la vie un « au-delà », un principe de sens transcendant, il la dévalorise. Or, ajoute-t-il, on ne saurait juger la vie de l'extérieur, tout simplement parce que nous sommes en elle, immanents à elle, et qu'il n'existe plus aucune transcendance, ni dans le cosmos, ni dans le ciel, ni dans l'histoire d'un progrès historique animé par je ne sais quel idéal à venir.

Qu'est-ce qui apparaît à la place de cette métaphysique abolie ? Quel sens donner à la vie quand toutes les valeurs qui, en quelque façon, prétendaient lui assigner un but supérieur et extérieur à elle, ont été mises à bas ? Nietzsche, sans nul doute le plus grand penseur de ce « post-humanisme » qu'inaugure la déconstruction, propose une réponse qui, parce qu'elle a rompu avec toutes les sagesses antérieures, est devenue centrale dans nos représentations de l'existence. La vie, affirme-t-il, est pleinement bonne à deux conditions : qu'elle soit intense et libre, c'est-à-dire désillusionnée, désaliénée si l'on veut. Intensité et émancipation, tels sont les deux traits essentiels qui vont désormais prétendre définir la vie bonne pour les mortels. Il faut rassembler et harmoniser en nous les forces vitales pour intensifier notre existence au plus haut point. Il faut, en effet, les « harmoniser », car si elles sont en conflit, elles se mutilent réciproquement et nous affaiblissent. En quoi Nietzsche retrouve un thème cher, déjà, à Spinoza – qu'il considérait à cet égard « comme un frère », selon ses propres termes : c'est dans l'intensification des forces vitales que réside la véritable joie, et dans leur diminution que gît la tristesse. Le critère ultime qui permet de mesurer cette joie que suscite en nous cette harmonisation des forces vitales qui donne le sentiment de liberté et d'intensité de la vie dont le modèle se trouve dans la création artistique, c'est que l'on puisse souhaiter revivre indéfiniment les épisodes de l'existence que l'on a menée. Telle est la signification de la doctrine de l'*éternel* retour – qui n'est, comme l'a montré Deleuze, rien d'autre au fond qu'un principe de sélection des instants de nos vies qui en valent la peine et pourraient revenir à ce titre une infinité de fois, et de ceux qui n'en valent pas la peine. Par où l'on voit que Nietzsche, si ennemi qu'il soit en principe de toute « doctrine du salut », retrouve quand même un lien avec « l'éternel » pour donner, mais au sein même de l'existence, dans l'immanence à la vie, un sens à la vie, une direction à chercher, une sagesse d'ailleurs assez proche de celle de Spinoza.

À l'évocation de cette pensée profonde et paradoxale, on comprend pourquoi Nietzsche expliquait à son amie Lou Salomé, dont il était fou amoureux, combien les vérités qu'il découvrait du haut de ses montagnes, dans la solitude glacée des sommets enneigés, ne pouvaient être complètement exprimées, pourquoi elles étaient si difficiles à partager en raison de leur caractère corrosif, pour ne pas dire effrayant...

Pour des raisons tout à la fois philosophiques et historiques, je pense que nous sommes entrés aujourd'hui dans une cinquième période, caractérisée par un cinquième principe de sens porteur d'une nouvelle définition de la vie bonne : ce principe est le principe de l'amour et je voudrais dire ici pourquoi et comment il s'est imposé après les quatre premiers. Car de ce point de vue nouveau, une vie bonne, ce n'est pas une vie accordée au cosmos, soumise à Dieu ou aux exigences du Progrès de l'histoire humaine, pas même une vie qui serait seulement libre et intense, mais c'est une vie dans laquelle il y aura eu de l'amour, heureux ou même malheureux, une vie dans laquelle l'amour aura transfiguré l'existence quotidienne et lui aura donné du sens. Le propos peut paraître tour à tour surprenant ou banal, pour ne pas dire plus. Il doit absolument, je le sais, être explicité. Pour ce faire, il me faut reprendre méthodiquement les trois axes de la philosophie que j'ai évoqués en commençant. Il faut que je vous dise comment la philosophie contemporaine peut et doit aborder la question de l'intelligence du monde et celle de l'éthique, avant d'en revenir à la question ultime, à la question du salut ou de la sagesse, c'est-à-dire, pour nous aujourd'hui, à la question du statut philosophique de l'amour comme nouveau principe de sens.

Penser la mondialisation

Si la philosophie est d'abord « l'intelligence de ce qui est », « son temps saisi dans la pensée », il lui faut à mon sens saisir comment le monde dans lequel nous entrons se caractérise essentiellement par trois grands traits, par trois caractéristiques fondamentales d'un point de vue philosophique, trois aspects du reste inséparables entre eux : la déconstruction des valeurs traditionnelles, l'émergence de la mondialisation libérale, qui est le véritable moteur de cette déconstruction, et l'avènement du mariage d'amour et de la famille moderne, qui en sont les principaux effets dans nos vies quotidiennes.

Nous allons les examiner un à un, et je tenterai de montrer en quoi ils forment un paysage cohérent, un tableau doté de sens, si bien que les articuler tous les trois pourra nous rapprocher, me semble-t-il, de cette intelligence du réel évoquée par Hegel, mais aussi de la question du sens (de la sagesse, du salut, de la vie bonne) qui sert de fil conducteur à la réflexion philosophique. La naissance du mariage d'amour et de la famille moderne – ce que j'ai appelé la « révolution de l'amour » – est une révolution silencieuse, qui s'effectue à bas bruit, sans poudre à canon ni mitrailleuses, mais ses conséquences sur la vie privée autant que collective sont déjà considérables. Elle explique notamment, comme je le montrerai plus loin, l'apparition d'une nouvelle problématique politique, celle des générations futures : quel monde voulons-nous laisser, nous les adultes, à nos enfants, ces êtres que nous aimons désormais plus que tout ? C'est bien cette problématique des générations futures qui va modifier le paysage politique de manière considérable dans les années à venir. Elle ne concernera pas seulement l'environnement, mais tous les grands sujets politiques traditionnels, la dette publique, le choc des civilisations, l'avenir de la protection sociale dans ce jeu de *dumping* qu'est devenue la mondialisation, etc. Seule cette interrogation sur l'avenir de notre jeunesse sera susceptible de redonner le goût du long terme et celui du sacrifice dans un monde désormais littéralement dévoré par le court-termisme. Nous allons y revenir, et je ne dis cela maintenant que par anticipation, pour vous donner un avant-goût des enjeux que je vais développer.

Les trois traits caractéristiques du temps présent

Trois traits caractéristiques du temps présent, donc : (1) La déconstruction des valeurs traditionnelles ; (2) L'émergence de la mondialisation libérale et (3) La sacralisation de l'humain, née de l'évolution de la famille moderne.

Je m'efforcerai au passage de montrer que seule la philosophie, malgré tout l'intérêt des autres approches, notamment celle des économistes, permet vraiment de comprendre la mondialisation.

L'histoire de la déconstruction des valeurs traditionnelles qui a caractérisé au plus haut point le XXe siècle fut d'abord une affaire européenne. Elle tend néanmoins à s'étendre aujourd'hui au reste du monde, avec des résistances plus ou moins grandes ici ou là, résistances qui posent d'ailleurs la fameuse question du « choc des civilisations » ou, plus généralement, du rapport aux autres civilisations. Il est clair, en tout cas, que nous avons vécu au XXe siècle, en Europe, une déconstruction des « classiques » comme jamais dans l'histoire de l'humanité.

Si on considère l'histoire de la haute culture, celle de l'art moderne et des avant-gardes, que constatons-nous ? Nous avons déconstruit la tonalité et l'harmonie en musique, la figuration en peinture, affranchi le roman des contraintes de la chronologie et de la psychologie (avec Joyce et le Nouveau Roman), bouleversé les règles traditionnelles du théâtre (avec Beckett et Ionesco), mais aussi de la danse (avec Maurice Béjart, Pina Bausch) et du cinéma (avec Jean-Luc Godard et la Nouvelle Vague). D'une manière générale, les principes de la culture classique se sont littéralement effondrés en un laps de temps incroyablement court.

Sur le plan éthique également, les différentes figures de ce qu'on appelait en 68 la « morale bourgeoise », disons les morales traditionnelles, qu'elles fussent d'ailleurs religieuses ou laïques et républicaines, ont été prises dans le collimateur d'une révolution des mœurs impressionnante. Sans même évoquer les mutations techniques et scientifiques de l'audiovisuel, du numérique, de l'internet ou de la génétique – la découverte de la double hélice de l'ADN ne date que de la fin des années 1950 – nous avons donc connu des révolutions et des innovations tous azimuts, à proprement parler inouïes, inédites et sans équivalent au cours des siècles antérieurs. Regardez vos livres d'histoire : le déclin de l'Empire romain ou la Révolution française apparaissent presque comme des péripéties au regard de la gigantesque déconstruction des valeurs et des autorités traditionnelles à l'œuvre au XXe siècle.

Question : pourquoi au XXe siècle et pourquoi en Europe ? Pourquoi, aujourd'hui, cette extension au reste du monde à une vitesse accélérée ? Certes, avec des môles de résistance, notamment en Iran, mais aussi avec des avancées considérables, comme en Chine et en Inde, où les révolutions que connaissent ces pays ressemblent beaucoup aux bouleversements qui ont secoué notre Vieux Continent il y a un siècle – comme si ces grandes nations allaient connaître la même histoire démocratico-libérale que nous, mais en accéléré.

Si nous considérons maintenant la vie quotidienne, et pas simplement la haute culture, le tableau est encore plus frappant. (J'en profite pour ouvrir ici une brève parenthèse afin d'éviter un malentendu : je ne suis pas en train de préparer en sous-main le coup habituel du retour en arrière aux « bonnes vieilles valeurs de la IIIe République », avec ses plumes Sergent-Major, ses blouses grises et ses encriers en porcelaine emplis d'encre violette. Je n'ai jamais été séduit par les retours en arrière, par les restaurations au sens politique du terme, et je n'invite en aucun cas à une description nostalgique du XIXe siècle. Fermons la parenthèse.) Ce qui m'intéresse ici, dans l'optique hégélienne déjà évoquée, c'est simplement, au moins dans un premier temps, de *comprendre* ce qui s'est passé dans notre vieille Europe, au XXe siècle, attendu que le XXIe dans lequel nous entrons ne fera à bien des égards que prolonger et accentuer les tendances lourdes du précédent.

Je reviens donc à cette déconstruction également à l'œuvre, disais-je, dans la vie quotidienne.

Que l'on songe, à titre d'exemple, à ces deux révolutions qui ont marqué l'histoire de l'Europe de manière singulièrement prégnante, en particulier en France : la fin des paysans d'un côté, l'émancipation des femmes de l'autre.

La fin des paysans et l'émancipation des femmes

Il y avait six millions de paysans dans la France de mon enfance, dans les années 1950. Aujourd'hui, il reste, chez nous, environ trois cent mille exploitations agricoles. Le nombre de paysans a été pratiquement divisé par dix. Encore faut-il ajouter que, dans le même temps, nous avons vécu la transformation du paysan en agriculteur – ce qui n'est pas tout à fait la même chose. Ces mutations ne modifient pas simplement le paysage physique, naturel et géographique d'un pays : elles révolutionnent aussi son paysage moral, culturel et politique. Pour dire les choses simplement, le village dans lequel j'ai passé mon enfance, non loin de Paris, a changé davantage en cinquante ans qu'en trois siècles. Les femmes y faisaient la lessive au lavoir, avec des battoirs qui ressemblaient à de grosses raquettes de ping-pong. Quand je raconte ça à mes filles, âgées de treize/quatorze ans, elles ont l'impression que leur père sort directement, sinon de *Jurassic Park*, du moins, des *Pierrafeu*. Dans mon village, les paysans faisaient les foins à la faucille ou à la faux. Là encore, l'expression « faire les foins » ne dit plus rien à mes filles et, du reste, elles n'ont jamais vu de faucille ailleurs que sur le drapeau du parti communiste français, et encore, il faut se dépêcher... Avec mes frères, nous nous disputions, le matin, l'honneur insigne de moudre le café dans un moulin à bras, le petit tiroir du bas se remplissant d'une poudre à l'odeur délicieuse. Mes filles n'ont jamais vu cet ustensile, pourtant présent dans tous les foyers à l'époque, ailleurs que dans un musée ou une brocante. Ces souvenirs, à vrai dire, ne sont pas vraiment personnels, ils appartiennent à toutes les familles de cette époque et je suis certain que bien des lecteurs s'y reconnaîtront.

Si l'on considère les bouleversements intervenus dans l'histoire des femmes, la révolution, là encore, est sidérante, tant par sa profondeur que par sa rapidité. J'ai rencontré l'année dernière une dame qui est contre-amiral dans la Marine française. Si j'avais dit à mon arrière-grand-mère, et même à mes grands-parents, que je serrerais un jour la main à « une » femme susceptible de prendre le commandement d'un torpilleur ou d'un porte-avion, ils auraient sans doute hurlé de rire. Dans un autre style, le dernier canton suisse à accorder le droit de vote aux femmes l'Appenzell, l'a fait... le 28 avril 1991 ! C'est dire que dans un pays civilisé et démocratique du cœur de l'Europe – un pays d'ailleurs à bien des égards plus démocratique que la France –, les femmes étaient encore considérées, jusqu'en 1991, comme des enfants, comme des « citoyennes passives ». Et lorsque le premier secrétariat d'État à la Condition féminine fut créé par Valéry Giscard d'Estaing, avec Françoise Giroud dans le rôle-titre, nous étions encore à une époque, au milieu des années 1970, où la femme devait demander l'autorisation de son chef de famille (du moins dans un régime de la communauté des biens) – c'est-à-dire de son mari –, pour ouvrir un compte en banque ou même prendre la pilule…

Là encore, les changements sont tels qu'ils paraissent inimaginables à nos enfants, comme ils paraîtraient inimaginables à nos arrière-grands-parents. Inutile de préciser que l'émancipation des femmes représente à mes yeux la meilleure nouvelle du siècle – j'ai toujours pensé qu'il n'y avait pas d'homme libre sans femme libre, cela dit pour confirmer l'idée que je ne suis pas dans la nostalgie, dans la perspective d'une « restauration », mais dans un essai de compréhension du temps présent, c'est-à-dire du phénomène majeur de la déconstruction des traditions.

J'ai parlé du monde rural et des femmes, mais j'aurais évidemment pu évoquer aussi, pour illustrer l'ampleur et la rapidité de la déconstruction des valeurs traditionnelles, la réalité de nos établissements scolaires. Souvenons-nous des films qui mettaient autrefois en scène la vie de nos lycées ou de nos écoles, par exemple *Les Disparus de Saint-Agil* ou le sublime *Topaze* de Marcel Pagnol, adapté au cinéma en 1933, avec cet immense acteur que fut Louis Jouvet dans le rôle-titre. Les bras, comme on dit, vous en tombent des mains. Souvenez-vous de la dictée de Topaze, que Louis Jouvet prononce en insistant sur les liaisons pour que ses petits élèves ne fassent pas de fautes – Topaze est, je le rappelle, un professeur doux et chahuté : « Les moutonsses paissènntent danzun pré. » On aurait entendu un moucheron voler à cent cinquante mètres. La même scène dans un film d'aujourd'hui, genre *La Journée de la jupe*, ou dans la réalité d'une classe de 4e préprofessionnelle un peu délicate de 2011 : Topaze sort en tutu dans le quart d'heure, s'il n'a pas la syncope avant…

L'univers où nous évoluons a radicalement changé, pour le meilleur parfois (l'émancipation des femmes) comme pour le pire (l'état de certains collèges), la grande question étant de savoir pourquoi, de comprendre pourquoi tout cela a eu lieu au sein du monde occidental au XXe siècle, et pas avant ni ailleurs. Même si, encore une fois, cette révolution s'étend peu à peu au reste de la planète, c'est d'abord en Europe qu'elle a pris son essor. Soit dit en passant, étant donné la concurrence que les nouveaux entrants comme l'Inde ou la Chine nous infligent, il est fort probable que l'Europe connaisse dans un proche avenir un important déclin économique et même social, mais paradoxalement aussi, un triomphe sans partage de ses valeurs, y compris celles de la démocratie, de l'innovation, de la rupture et de la liquidation des traditions. Nous y reviendrons. Mais continuons pour l'instant l'analyse des causes de ces révolutions et déconstructions diverses.

L'invention de la vie de bohème

En première approximation, ce grand mouvement de déconstruction fut d'abord le fait, vers le milieu du XIXe siècle, de jeunes gens animés par un nouvel idéal de vie « contestataire » : l'idéal de la vie de bohème, qui apparaît dans le Paris des années 1830. Ces jeunes gens, qui vont se définir eux-mêmes comme des « bohèmes », sont pour ainsi dire des soixante-huitards avant la lettre. On connaît fort bien l'histoire de la bohème après 1900, disons après le Bateau-Lavoir de Picasso et de ses amis, mais entre 1830 et 1900, on a écrit peu de chose sur cette aventure, pourtant passionnante, où se forge peu à peu l'esprit de déconstruction qui animera tout le XXe siècle. L'idéal de la vie de bohème s'élabore, en effet, entre les années 1830 et le début du XXe siècle – disons entre le Petit Cénacle de Théophile Gautier, Pétrus Borel et Gérard de Nerval et les premiers pas de « l'art moderne ».

Au fil de mes recherches et de mes lectures, qui m'ont occupé durant plusieurs années par pur plaisir, sans but précis au départ ni même l'intention d'en faire un livre, j'ai pris peu à peu conscience de l'importance cruciale de cette aventure singulière pour la compréhension des réalités intellectuelles, culturelles, morales et politiques du temps présent. En interrogeant mes amis, y compris les plus savants, j'ai vu parfois des yeux ronds s'ouvrir quand je parlais des *Fleurs du bitume* d'Émile Goudeau, des poèmes de Charles Cros (l'auteur de *Sidonie*, celle qui « a plus d'un amant ») ou même du rôle joué par Pétrus Borel au sein du Petit Cénacle, pour ne rien dire des « Bousingots » ou des « Brutalistes » d'un Jean Richepin. C'est tout juste si les noms étaient connus, quant aux œuvres, la plupart d'entre eux eussent été bien ennuyés s'il avait fallu en citer ne serait-ce qu'une seule.

Pourtant, il suffit de se plonger un instant dans les ouvrages de l'époque pour percevoir à quel point ils annoncent la déconstruction qui va caractériser le XXe siècle, et ce tout autant dans le domaine de l'art que dans celui de la politique et des mœurs. Il faut lire, tout particulièrement, les écrits du poète qu'on peut considérer comme le véritable père fondateur de la bohème parisienne, comme le pivot de toute cette histoire : Émile Goudeau dont le livre, *Dix ans de bohème*, écrit en 1888, constitue un document incroyablement précieux[1]. C'est en 1878 que Goudeau fonde le groupe des « Hydropathes », point culminant de cette singulière aventure : une bande de joyeux drilles, allergiques au « goût d'eau » (on ne rechigne pas, à l'époque, sur le calembour), poètes, peintres ou musiciens maudits, qui tirent le diable par la queue, habitent les mansardes des immeubles parisiens, arborent barbes et cheveux longs qui choquent les bourgeois (déjà !), mais n'en inventent pas moins ce qu'on appellera plus tard et plus pompeusement « l'art moderne ». L'esprit du « fumisme », incarné par Alphonse Allais et Eugène Bataille, surnommé « l'illustre Sapeck » dans ce qu'on commence à nommer le « Tout-Paris » (le journal des Hydropathes finira du reste par adopter ce titre), règne alors en maître. Le groupe a déjà eu quelques prédécesseurs, les « Bousingots », les « Jeune-France » ou les « Buveurs d'eau » (ils ont trop peu d'argent pour acheter du vin !), si bien dépeints par Henry Murger (dont les *Scènes de la vie de bohème*

1. Réédité chez Champ Vallon avec une admirable introduction de Michel Golfier et Jean-Didier Wagneur ainsi qu'une belle moisson de documents divers.

serviront bientôt de livret à l'opéra de Puccini), mais aussi les « Vilains Bonshommes », les « Vivants », les « Jeunes » ou encore les « Zutistes », que fréquente Rimbaud. Dissoute en 1880, la « camaraderie » se reformera sous diverses appellations, « Hirsutes » ou « Jemenfoutistes », noms qui indiquent toujours la même volonté de « déconstruire » les autorités et les valeurs traditionnelles pour inventer un monde résolument neuf.

La « vraie vie est ailleurs », comme dit le poète, et c'est bien cette utopie qui anime les bohèmes. En 1882, un nouvel avatar des Hydropathes resurgit avec les « Incohérents ». Goudeau est toujours de la partie. Avec Jules Lévy, ils organisent des bals et des expositions marqués par un esprit d'innovation littéralement délirant. On se déguise de manière folle, pour choquer le bourgeois, en « salade japonaise » *(sic !)* ou en « carrosse anglais ». Ils enchanteront la jeunesse parisienne pendant plus de dix ans. Leurs manifestations rencontrent un succès fou – réunissant parfois jusqu'à vingt mille personnes en quelques jours. Les rues de Paris en sont bloquées, des files d'attente s'allongent et il faut rester debout pendant des heures pour avoir la chance d'admirer les dernières créations incohérentes. À l'entrée des « bals Incohérents », les jeunes bohèmes se déguisent en académiciens qui s'enfuient en hurlant dès que les costumés font leur apparition – la scène symbolisant déjà la volonté de remettre en cause les valeurs de la tradition que l'Académie est censée bien sûr incarner.

On y expose aussi des toiles, des dessins, des caricatures, les premiers ready-made, les premiers collages, mais aussi une myriade d'objets absurdes, destinés à « choquer le bourgeois » : le « peigne pour chauve », la « balançoire de mur pour calmer les enfants turbulents », « l'aquarium en verre dépoli pour poisson timide »... C'est là, également, que font leur apparition les premiers concerts de silence (John Cage n'a rien inventé), accompagnés d'une partition musicale intégralement vide, créée pour « les funérailles d'un grand homme sourd », mais aussi parce que « les grandes douleurs sont muettes ». On y voit les premiers monochromes : le « combat de Nègre dans une cave la nuit » de Paul Bilhaud ou encore la « cueillette des tomates au bord de la mer rouge par des cardinaux apoplectiques » d'Alphonse Allais : Malevitch et Klein ne sont pas, eux non plus, aussi novateurs qu'on le croit.

Derrière l'apparence joyeuse et bon enfant, c'est en réalité à la naissance de la « contre-culture » dominante du XXe siècle qu'on assiste : celle de l'avant-gardisme artistique autant que politique. Il ne s'agit pas seulement de briser les chaînes de la vie quotidienne, de « choquer le bourgeois », mais bel et bien de faire table rase du passé, de rompre de façon radicale, à la manière du doute cartésien et de la Révolution française dont la bohème est à bien des égards un lointain avatar, avec les héritages, les préjugés, les valeurs et les autorités traditionnelles. La bohème annonce Mai 68 comme elle préfigure le culte de la rupture et de l'innovation auquel l'art moderne va bientôt sacrifier, avec pour conséquence immédiate l'émergence d'un retour de bâton sur l'air du « tout fout le camp » – ces deux antiennes, celle de la jeunesse avide de liberté et d'innovation comme celle de la réaction grincheuse et contre-révolutionnaire, étant vouées à une belle carrière tout au long du XXe siècle.

Voici, pour vous donner une idée de la tonalité bohème qui caractérise l'époque, comment Goudeau décrivait, dans l'éditorial de la *Revue illustrée* en date du 15 mars 1887, l'esprit des arts incohérents :

> L'incohérent est jeune, il lui faut en effet la souplesse des membres et de l'esprit pour se livrer à de perpétuelles dislocations physiques et morales… L'incohérent n'a conséquemment ni rhumatisme, ni migraines. Il est nerveux et robuste. Il appartient à tous les métiers qui se rapprochent de l'art : un typographe peut être incohérent, un zingueur jamais ! L'incohérent est donc peintre ou libraire, poète ou bureaucrate ou sculpteur, mais ce qui le distingue, c'est que, dès qu'il se livre à son incohérence, il préfère passer pour ce qu'il n'est pas : le libraire devient ténor, le peintre écrit des vers, l'architecte discute de libre-échange, le tout avec exubérance… L'incohérent prend sa retraite en se mariant ou en attrapant des rhumatismes.

Le ton est badin, le style est potache. On aurait tort, cependant, de sous-estimer la force du symptôme que représente l'émergence de la vie de bohème. Derrière les facéties, en apparence plus rigolotes que profondes, c'est en vérité toute l'histoire intellectuelle, morale et culturelle du XXe siècle qui s'esquisse. L'histoire de ce que j'appellerai « l'individualisme révolutionnaire », les aventures de ces individus qui se regroupent librement[1] pour mieux

1. Contrairement à une idée reçue, l'individualisme n'exclut nullement ni le regroupement ni le souci du collectif. Du moment que l'appartenance à un groupe est libre, pour ainsi dire « choisie à la carte », elle ne contredit en rien la

se révolter contre le poids des préjugés et des traditions, des classicismes et des académismes, au nom de la liberté, mais aussi du droit à inventer un ordre nouveau, un monde dans lequel, enfin, la vraie vie ne sera plus ailleurs, bref, une utopie.

Voilà pourquoi le « geste bohème » ne cessera de se répéter et de s'élargir tout au long du XXe siècle, avec, d'abord, la convergence de tous ces petits groupes vers celui qui, le premier, va vraiment « réussir » dans tous les sens du terme – médiatiquement, financièrement, socialement – et qui incarnera désormais aux yeux du monde la victoire de la bohème sur les bourgeois : je pense bien sûr au Bateau-Lavoir où Picasso et ses amis vont enfin inventer l'art moderne. J'ai mis « réussir » entre guillemets, non par coquetterie typographique, mais pour attirer l'attention de mon lecteur sur une question plus grave qu'il n'y paraît à première vue, une question sur laquelle il nous faudra aussi revenir : la bohème qui « réussit » socialement, qui des marges revient vers le centre et de la misère vers l'argent et la notoriété, peut-elle être encore vraiment la bohème ? Quoi qu'il en soit, après la « réussite » de Picasso et de ses proches, le XXe siècle connaîtra encore une infinité d'autres mouvements d'avant-garde en « ismes ». Ils vont même littéralement proliférer en Europe, depuis le dadaïsme de Tristan Tzara et le surréalisme des années 1930 jusqu'aux situationnistes des années 1950 et à Mai 68, qui, pour une large part au

---

logique suivie par l'*Homo democraticus*. En quoi les groupes « modernes », issus de ces choix individuels, n'ont rien à voir, comme on le croit communément, mais tout à fait à tort, avec les tribus des sociétés traditionnelles.

moins, marque dans tous les domaines la démocratisation ultime, c'est-à-dire la mort de l'avant-gardisme bohème.

Individualisme révolutionnaire, donc. Pourquoi cette expression ? Parce qu'il s'agit bien, dans tous les cas de figure, de la révolte d'individus, toujours jeunes et exaltés, rivés à l'utopie, contre l'ordre bourgeois, les traditions, les héritages, les patrimoines en tout genre. Il faudrait, pour être complet, et surtout pour aller au cœur de cette lame de fond qui va submerger le XXe siècle européen, montrer comment, si la capitale de la « déconstruction » artistique est Paris, c'est en Allemagne qu'apparaissent, au même moment, les principaux penseurs de la « déconstruction » *(Abbau)* philosophique : Schopenhauer d'abord et avant tout, philosophe auquel nos bohèmes parisiens se réfèrent explicitement, mais Nietzsche aussi, bien sûr, dont la « philosophie au marteau », qui a pour finalité première de « casser les idoles » de la tradition métaphysique et religieuse, servira aussi de référence intellectuelle aux premiers « modernistes ». Nul hasard, en ce sens, si Apollinaire, dans le livre qu'il consacre en 1912 à ses amis cubistes *(Les Peintres cubistes)*, voit dans l'auteur du *Crépuscule des Idoles* un des pères fondateurs du mouvement auquel il appartient lui-même.

De prime abord, on a donc le sentiment qu'au XXe siècle, le passage à la moulinette des valeurs traditionnelles fut le fait de jeunes gens plutôt de gauche – en tout cas « bohèmes », utopistes, révolutionnaires ou anarchistes. Comme il est précisé dans le manifeste des Incohérents qu'on vient de lire – en fait un des premiers manifestes de l'art moderne – on perd sa qualité de membre du club aussitôt qu'on se marie ou qu'on attrape un rhumatisme, deux symboles par excellence de l'embourgeoisement et de la vieillesse : ce « jeunisme », bien évidemment, est consubstantiel à cette bohème soucieuse de reconstruire du neuf sur les décombres et sur les cendres de l'ancien monde.

Comment les bohèmes ont servi la soupe aux bourgeois

Cette lecture des origines de la grande déconstruction possède évidemment sa part de vérité. Elle reste, pourtant, encore insuffisante. Une analyse plus profonde, plus secrète, et qui va nous conduire au deuxième trait caractéristique du temps présent, à savoir la mondialisation, va faire apparaître le latent sous le manifeste : derrière les bohèmes, c'est paradoxalement le monde bourgeois moderne qui se profile. À y regarder de plus près, plus en profondeur, on s'aperçoit que, depuis la seconde moitié du XIXe siècle, les bohèmes vont être paradoxalement, sans le vouloir ni en avoir le moins du monde conscience, le bras armé de l'épanouissement du capitalisme, c'est-à-dire, finalement, de la mondialisation libérale.

C'est à mes yeux tout à la fois la clé, et sans doute aussi le plus grand paradoxe du XXe siècle.

On pourrait le résumer d'une phrase, une phrase qui est à mes yeux la plus éclairante pour comprendre le siècle passé, mais aussi celui dans lequel nous entrons : il fallait que les valeurs traditionnelles – les valeurs des paysans de mon enfance, celles de nos arrière-grands-parents ou même de nos grands-parents – fussent déconstruites par des jeunes gens plutôt de gauche, en tout cas contestataires et bohèmes, pour que nous, et surtout nos enfants, nous puissions entrer dans l'ère de la consommation de masse sans laquelle le capitalisme moderne, la mondialisation libérale, n'aurait jamais pu s'épanouir.

Pour dire les choses en termes différents, mais qui reviennent fondamentalement à la même idée : si nos enfants partageaient encore les valeurs de nos grands-parents, s'ils étaient habités par des principes ancrés solidement et quelque peu rigides, comme le furent toujours les principes éthiques traditionnels, ils n'achèteraient pas trois téléphones portables par an – ou l'équivalent en jeux numériques divers. Pourquoi ? C'est ce que Freud expliquait déjà fort bien avec son concept de « sublimation » et qu'Herbert Marcuse reprendra, dans les années 1960, avec l'expression, un peu jargonneuse mais juste sur le fond, de « désublimation répressive » : en clair, rien ne freine autant la consommation addictive à laquelle nous, et surtout nos enfants, sommes sommés de toute part de sacrifier, que le fait de posséder des valeurs traditionnelles fortes et stables. Pour le dire encore autrement : plus on possède des valeurs solides et bien ancrées sur le plan culturel, moral et même spirituel, plus on a, comme on dit, une « vie intérieure riche », moins on éprouve en général le besoin, le samedi après-midi ou en vacances dès qu'il pleut, de mettre les enfants à l'arrière de la voiture pour aller acheter des gadgets superflus au supermarché du coin.

Comme Sœur Emmanuelle, mon arrière-grand-mère avait deux robes : une pour la semaine et une pour le dimanche. Et si elle revenait sur cette terre, et qu'elle pouvait voir un grand centre commercial à l'américaine, je puis vous assurer qu'elle trouverait ces nouveaux temples élevés au dieu de la consommation dégoulinants de bêtise et d'obscénité. Tel est bien pourtant le monde dans lequel nous sommes entrés, pour le meilleur comme pour le pire, et si nous y sommes plongés, c'est bien parce que, derrière la critique des traditions par les bohèmes, c'est le monde bourgeois, le capitalisme moderne qui affleurait, qui soulevait la passion déconstructrice de nos jeunes artistes, comme une racine de glycine est capable de soulever un mur de béton, afin que nos entreprises puissent tourner et se développer, que nous sortions enfin d'un monde où la rigidité des valeurs morales et artistiques traditionnelles freinait de toute part la logique hédoniste et fluide de la consommation généralisée. En quoi, j'y insiste, derrière la bohème, couvait la mondialisation, cet autre nom du capitalisme moderne, ce deuxième trait fondamental du temps présent.

Les deux mondialisations

Qu'est-ce que la mondialisation ? Un économiste répondrait, à juste titre du reste, que c'est d'abord et avant tout l'entrée de l'Inde, de la Chine, du Brésil et de quelques autres pays émergents (les fameux « Brics ») dans la logique de la production et de la consommation à l'occidentale. Tout cela est fort juste et mérite, bien sûr, analyse. Mais si la mondialisation, c'est bien, d'un point de vue économique, d'abord cela, c'est aussi, si l'on adopte un regard philosophique, tout autre chose. De ce point de vue, la mondialisation se caractérise par deux grands moments dans l'histoire de l'Europe, de sorte qu'il y a deux âges de la mondialisation, pour ne pas dire deux mondialisations, tant elles sont différentes, voire opposées l'une à l'autre. Il faut bien comprendre ce point crucial si l'on veut avoir une chance de parvenir – je tiens toujours ce fil d'Ariane hégélien – à quelque « intelligence du temps présent ».

Le premier âge de la mondialisation se confond, tout simplement, avec la grande révolution scientifique des XVIIe et XVIIIe siècles, avec l'émergence, donc, d'une nouvelle vision du monde symbolisée par les noms de Galilée, Descartes, mais surtout Newton, qu'on peut considérer comme le premier véritable scientifique, au sens moderne du terme, dans l'histoire du monde. Quel lien y a-t-il entre science et mondialisation ? Un lien, en vérité, aussi profond qu'inédit à l'échelle de l'histoire humaine : la science moderne incarne la première forme de discours à vocation réellement mondiale, un discours qui tend, pour la première fois dans l'histoire humaine, à une véritable universalité. Car la science ne prétend pas seulement valoir pour tous les hommes, en tout temps en en tout lieu, mais elle vaut *effectivement* pour tous, pour les riches comme pour les pauvres, pour les puissants comme pour les faibles, pour les roturiers comme pour les aristocrates, mais aussi pour les Chinois comme pour les Indiens, les Français, les Italiens ou les Allemands. La loi de la gravitation n'est pas réservée à quelques-uns : elle traverse les classes sociales et les frontières en quoi, j'y insiste, elle ne prétend pas seulement à l'universalité, comme pouvait le faire telle ou telle religion, elle est bel et bien, *de facto* et pas seulement *de jure*, universelle.

Auparavant, il n'y avait rien de comparable, on est en quelque sorte dans la collections « contes et légendes » : il y avait bien sûr des mythologies, des cosmologies, des religions, des philosophies, des littératures et des arts, mais toutes ces formes de la vie de l'esprit n'étaient jamais que locales, de portée seulement régionale, liées à des histoires et des cultures particulières et nullement mondiales. Les principes de la science moderne, en revanche, pourront s'étendre, notamment grâce aux écoles, à l'ensemble de la planète, au monde entier – en quoi ils furent bien le premier vecteur d'une mondialisation, d'un lien entre tous les êtres humains.

Mais ce premier âge de la mondialisation n'est pas seulement porté par un projet de connaissance des lois de l'Univers, il est aussi animé par un immense projet de civilisation, à la fois moral et politique. Il faut bien voir, en effet, que le discours rationaliste et scientifique qui émerge avec les Lumières ne vise pas seulement à percer à jour les mystères de la nature. Par-delà ce projet de connaissance pure, il s'agit bien, sur le plan moral comme sur le plan politique, d'édifier une civilisation nouvelle, une civilisation du « Progrès », destinée à rendre enfin l'humanité tout à la fois *plus libre et plus heureuse*. La liberté et le bonheur enfin accessibles à tous : tels sont les deux objectifs nouveaux, liés à la révolution scientifique. La science de l'époque ne s'intéresse donc pas uniquement aux moyens qui allaient permettre de dominer le monde pour le dominer, par pure fascination narcissique pour notre propre puissance, mais aux fins que cette domination allait permettre d'atteindre. Elle possède en ce sens une visée émancipatrice. Il s'agit avant tout de libérer l'humanité des chaînes de la superstition et de l'obscurantisme moyenâgeux, mais aussi de l'affranchir de la tyrannie de la nature, brutale et indomptable – on songe, à l'époque, au terrible tremblement de terre de Lisbonne qui frappe tous les esprits « éclairés » en 1755. La première mondialisation se donne ainsi un objectif transcendant, une finalité supérieure : on croit ferme en l'idée de Progrès avec un grand P.

La deuxième mondialisation et la crise de l'idée de progrès

En Europe, ce « grand dessein », qui caractérise la première mondialisation et, avec elle, le premier âge de l'humanisme, tiendra, *grosso modo*, jusqu'à la Seconde Guerre mondiale. L'image (et la réalité) du SS cultivé torturant une de ses victimes en écoutant Beethoven, lui porte un coup fatal. Comment soutenir, après Auschwitz, que les progrès des Lumières et des sciences vont de pair avec ceux de la civilisation ? Bien sûr, l'idéologie du progrès se survivra malgré tout à elle-même pendant quelque temps. C'est encore elle, par exemple, qui anime le général de Gaulle lorsqu'il déclare qu'il voudrait que « la ménagère » possède « une machine à laver, un frigidaire et pourquoi pas une auto... ». Au cours des Trente Glorieuses, beaucoup continuent donc de nourrir l'espoir, bien qu'affaibli, que le cours de l'Histoire nous emmènera vers un mieux grâce aux « progrès de l'industrie » – cette notion recouvrant alors inséparablement les avancées du capitalisme, des techniques et des sciences. Le mouvement de la société demeure encore en quelque façon comme aspiré par la représentation d'un idéal, d'un monde meilleur. De Voltaire ou Condorcet à de Gaulle, nous continuons ainsi d'évoluer dans l'humanisme du progrès. Une évolution certes ponctuée d'accidents majeurs – les guerres, le stalinisme, le nazisme –, mais dont le cours vers le mieux paraissait malgré tout inexorable.

Mais tout cela, tout cet optimisme, auquel le nazisme a déjà porté un coup décisif, va cesser avec l'émergence de la deuxième mondialisation – qui est à la fois le produit de la première et pourtant, à plusieurs égards, son contraire exact. Le premier âge de la mondialisation va engendrer le second de manière dialectique, au sens que Hegel donnait à ce mot, c'est-à-dire au sens où un terme engendre son contraire, sans le vouloir ni le savoir.

Ce qui va, en effet, caractériser la *deuxième mondialisation*, celle qui n'atteint son plein régime de croisière que dans la seconde moitié du XXe siècle, avec la naissance de marchés financiers rendus instantanés par l'invention de l'Internet, c'est une « chute », au sens biblique ou platonicien du terme. Pour le dire simplement, la grande révolution des Lumières que nous venons d'évoquer va *chuter*, elle va tomber dans une infrastructure, celle du capitalisme désormais ouvert sur le grand large, dans une économie de compétition tous azimuts, au sein de laquelle elle va changer radicalement de signification.

Ce ne sont plus seulement les entreprises qui, dans ce nouveau contexte, sont entre elles en compétition permanente et totale, parce que aucune n'est plus vraiment « nationale[1] » ; ce sont également les

1. Par le biais de la fiscalité, même les entreprises de services les plus « locales » en apparence sont, fût-ce sans s'en

peuples et les cultures qui entrent en concurrence, comme en témoigne, parmi tant d'autres, le débat qui eut lieu voici quelques années déjà au GATT (l'ancêtre de l'actuelle OMC) sur la protection du cinéma et de l'audiovisuel européens, et singulièrement français, contre l'impérialisme réel ou supposé des États-Unis ; ce sont encore les laboratoires de recherches et les universités qui se livrent une concurrence internationale – de sorte que chaque six mois, nos hebdomadaires nous présentent un prétendu « classement mondial » des établissements d'enseignement supérieur. Bref, plus rien n'échappe réellement à la logique, désormais globale, de la compétition et de la marchandisation.

Or l'essentiel, si l'on veut accéder à cette intelligence du temps présent que nous promet la philosophie, c'est de voir que cette évolution de la première mondialisation vers la deuxième modifie en profondeur tout le sens de notre rapport à la politique et à l'histoire. C'est là, en effet, le point crucial dans ce passage d'une mondialisation éclairée à une mondialisation purement compétitive. Avec cette dernière, en effet, l'histoire cesse d'être animée par la représentation d'une fin, par un grand dessein, par un idéal tel que l'humanisme des Lumières en proposait encore, avec son projet de répandre la liberté et le bien-être pour tous en même temps que la république et la démocratie. Pressé par la

rendre compte, mondialisées ; dans une perspective analogue, même l'Éducation nationale, par l'intermédiaire des terribles contraintes budgétaires qui pèsent sur elle et amènent sans cesse le ministre à envisager des suppressions de postes est, elle aussi, insérée dans la logique de la mondialisation !

concurrence mondialisée, le mouvement de l'Histoire est désormais nourri, pour ne pas dire propulsé sans la moindre finalité, par la logique *purement mécanique, automatique, anonyme et aveugle* de la seule compétition globale.

Le chef d'entreprise qui fabrique aujourd'hui des téléphones portables ou des ordinateurs, ou tout autre objet sur lequel pèse fortement la concurrence mondiale, sait une chose à coup sûr, et à la limite une seule : c'est que si le produit qu'il met sur le marché dans trois mois n'est pas plus performant que celui que nous avons actuellement dans notre poche, si l'écran n'est pas tactile, la connexion Internet plus rapide, le mp3 plus puissant, le nombre de pixels plus élevé, etc., tout simplement, il est mort. Ce n'est pas une question de projet, de vision du monde, d'idéal ou de « politique de civilisation », mais de simple survie : s'il ne progresse pas, notre chef d'entreprise tombe, il est absorbé par le voisin, un point c'est tout. L'innovation n'est donc plus à proprement parler un grand dessein, mais une obligation, pas un projet mais un cahier des charges, pas un idéal mais une contrainte absolue. Sa seule certitude indubitable, c'est que dans un univers de concurrence mondialisée, la loi du *benchmarking*, la loi de la comparaison/compétition permanentes, non seulement avec le local, mais désormais avec le global, devient la règle absolue. Il lui faut donc en permanence et à toute vitesse innover, innover et innover encore ! D'où la fascination nouvelle du bourgeois pour cette logique de l'avant-gardisme qui fut déjà, bien avant lui, celle des bohèmes dans le domaine de l'art, et le respect, voire l'admiration qu'il voue maintenant à ces avant-gardes que lui ou ses semblables vomissaient littéralement quelques décennies plus tôt. Ce n'est pas le prolétariat qui, aujourd'hui, aime la bohème, qui se reconnaît dans l'art contemporain, c'est désormais la haute bourgeoisie qui l'adore à la FIAC, chez Christie's ou Sotheby's.

C'est ainsi l'Histoire qui change radicalement de sens par rapport à la première mondialisation : plus personne ne peut sérieusement croire qu'elle est encore animée, si peu que ce soit, par une finalité supérieure, un projet d'envergure, une politique de civilisation, puisque ce n'est plus en rien par la logique des causes finales qu'elle se meut, mais de part en part par celle des causes efficientes. En clair, si je n'avance pas, se dit mon chef d'entreprise, si je n'innove pas, alors, tout simplement, je chute comme un vélo qui ne va pas assez vite ne tient pas sur ses deux roues ou comme un gyroscope tombe du fil sur lequel on l'a posé dès qu'il cesse de tourner assez rapidement autour de son axe. Mais le gyroscope ne sait pas pourquoi il tourne. Son tournis n'a aucun sens. De même, mon chef d'entreprise ne sait pas pourquoi il court ou plutôt si, il le sait, mais ce savoir est tout négatif, il ne constitue plus un idéal, un but substantiel : s'il galope, invente et innove sans cesse, non seulement dans les produits qu'il met sur le marché, mais dans le management, dans la communication, dans l'informatisation de sa boîte, la suppression du papier pour la facturation, le stockage des données sur le net, la gestion des ressources humaines, etc., s'il met sans cesse ses troupes sous pression, les invitant à ne pas s'encroûter, voire, paradoxe suprême venant de lui, à ne pas « s'embourgeoiser », ce n'est pas pour rendre le monde meilleur, plus libre et plus heureux, mais seulement pour ne pas tomber ! Pour ne pas mourir, être anéanti ou absorbé par la concurrence, comme le malheureux qui trébuche en haut d'un grand escalier accélère le pas et court de plus en plus vite pour tenter désespérément de ne pas se ramasser, de retrouver l'équilibre.

Pas de malentendu : je ne prétends nullement que cette situation soit forcément mauvaise, encore moins catastrophique. Il serait absurde de nier que l'émulation liée à la compétition engendre aussi des effets formidablement positifs. Lorsque je vais à l'hôpital, je suis le premier à être ravi de bénéficier de scanners, de médicaments et autres techniques ultra-performantes qui, incontestablement, allongent et sauvent des vies. J'irais même jusqu'à concéder sans réticence que la mondialisation, ouvrant peu à peu les pays et les continents enclavés, naguère encore repliés sur eux-mêmes, offre à bien des égards des perspectives nouvelles et positives à l'humanité – en quoi je ne me reconnais en rien dans les mouvements altermondialistes.

Mais là n'est pas le point que je veux mettre ici en exergue : il ne s'agit pas tant de condamner globalement, comme le font les alter-mondialistes, la logique d'ensemble de la mondialisation que de montrer à quel point elle fabrique du non-sens en dépossédant les politiques nationales de la plupart de leurs anciennes prérogatives. À la limite, un libéral pur et dur pourrait s'en réjouir, pas le républicain que je suis.

Car l'économie moderne fonctionne désormais à plein régime comme la sélection naturelle chez Darwin : de même qu'une espèce qui ne s'adapte pas finit par disparaître, une entreprise qui ne « progresse » pas sans cesse est, elle aussi, vouée à la mort. Dans le monde de la compétition universelle comme dans celui de l'évolution, s'adapter, c'est innover. Il faut faire en permanence des « mutations favorables », des « monstres réussis », faute de quoi on est balayé. Voilà pourquoi, dans un tel univers, l'idée même d'une « politique de civilisation » relève de la plus pure utopie, pourquoi aussi la politique nous apparaît chaque jour davantage, et ce quelles que soient les qualités de ceux qui la conduisent (ou tentent désespérément de le faire), comme privée d'horizon, comme purement gestionnaire, animée qu'elle semble être par la seule logique du court terme qui se résume au fond à la question suivante : comment adapter nos vieux États-providence européens à la mondialisation libérale sans provoquer trop de casse, sans faire trop de *dumping* social ?

Telle semble être désormais l'unique équation que nos politiques doivent résoudre, l'horizon ultime de leurs préoccupations, et que nos chefs d'État ou de gouvernement soient de droite, de gauche ou du centre n'y change rigoureusement rien. Inutile, du reste, de le leur reprocher comme font ceux qui se piquent de morale et affectent d'en savoir plus long que les professionnels de la chose publique sur le chapitre de la pensée profonde : la vérité est que nous sommes tous dans le même bateau, que ce bateau est lancé à pleine vitesse sans boussole ni compas, et que la question de savoir comment reprendre le contrôle – la question de la gouvernance mondiale, si l'on veut – est bien évidemment, dans l'état actuel de la globalisation, encore largement hors de portée.

D'un point de vue philosophique, la mondialisation constitue l'accomplissement parfait du projet nietzschéen de « liquidation du sens », une situation où la volonté devient volonté de volonté, où la volonté se veut elle-même, où elle vise purement et simplement sa propre intensification. Sous ce rapport, la deuxième mondialisation s'apparente à ce que Heidegger appelait « le monde de la technique » ou Althusser un « procès sans sujet ».

Je voudrais montrer dans ce qui suit qu'il est possible de ne pas s'en tenir là, qu'il est possible de redonner du sens à cette histoire qui en semble si désespérément privée aujourd'hui. Cette situation du monde globalisé nous pose au fond deux questions : comment reprendre la main sur le cours d'une histoire qui nous échappe parce qu'elle échappe chaque jour davantage à la puissance publique des politiques nationales ? C'est toute la question de la régulation, de la gouvernance mondiale, qui est ici posée. Mais une deuxième interrogation se profile derrière la première : reprendre la main, oui, mais pour quoi faire, pour aller dans quelle direction, bref, pour quel sens ?

C'est là que les réflexions touchant le troisième trait du temps présent, à savoir la naissance du mariage d'amour et de la famille moderne, deviennent paradoxalement indispensables, c'est là qu'elles prennent, comme on va voir, toute leur signification. Je dis « paradoxalement » parce qu'on pourrait avoir l'impression qu'il ne s'agit que de la vie privée alors que les questions qu'on vient de poser sont, non seulement politiques, mais qui plus est au plus haut point, semble-t-il, éloignées de la sphère privée puisqu'elles touchent même au mondial. C'est ce paradoxe que je voudrais justement dissiper maintenant.

La naissance du mariage d'amour et de la famille moderne

La « révolution de l'amour » paraît de prime abord sans aucun lien avec les deux autres traits du temps présent que nous venons d'évoquer. Pas directement liée à la déconstruction des traditions, *a fortiori* à la naissance de la mondialisation libérale. Pourtant, comme on va voir dans un instant, ces trois traits sont, en réalité, inséparables.

Que nous apprennent les grands historiens du Moyen Âge sur l'histoire de la famille et de la vie privée dans les temps anciens ? Que nous disent-ils en substance ?

Pour l'essentiel, trois choses : d'abord, que dans l'Ancien Régime, le mariage par amour n'existe pas ; ensuite, que le mariage n'est pas choisi par les jeunes gens, mais arrangé et organisé par les familles et les villages ; enfin, et c'est le point crucial, celui qui fait le lien avec les deux autres, que la naissance du mariage d'amour et de la famille moderne est directement liée au capitalisme moderne, à l'invention du salariat et du marché du travail.

Reprenons brièvement ces trois points avant d'en tirer les conséquences proprement philosophiques en termes de sens.

D'abord et avant tout, durant tout le Moyen Âge, y compris au cœur de l'Europe, le mariage n'a jamais pour origine la passion amoureuse, le sentiment. Il répond à des finalités et des impératifs tout autres. Il peut bien entendu arriver qu'on s'y aime, mais le fait est plutôt rare et, pour l'essentiel, dans les couches populaires comme dans l'aristocratie, cette union ancienne relève d'une autre logique, celle du mariage de raison, arrangé par les familles et les villages sans le consentement réel des enfants – comme on le voit par exemple chez Molière, dans *L'Avare* ou *Le Malade imaginaire*. Comme le montre un de nos meilleurs historiens de la vie conjugale sous l'Ancien Régime, François Lebrun[1], l'objectif du mariage est alors triple : il s'agit, d'abord, d'assurer le lignage, la transmission du nom et du patrimoine à l'aîné ; ensuite, comme le salariat n'existe pas encore, comme on vit dans ce qu'on appelle communément le « régime féodal », il est indispensable de fabriquer des bras pour faire tourner la ferme et y travailler. *Lignage, biologie et économie* apparaissent ainsi comme les trois piliers de l'union familiale et, comme le dit Lebrun, s'il arrive parfois qu'on finisse par s'y aimer, le cas est en fait assez rare, car l'amour, fût-il recommandé en théorie par l'Église (mais il ne s'agit surtout pas de l'amour passion, encore moins du sexe), n'est ni le principe ni le but du jeu.

Comme le dit Montaigne dans le livre III des *Essais*, avec ce langage imagé qui est encore d'usage avant la création de l'Académie française :

> Amour et passion sont des entreprises qui ont des routes distinctes et non confondues. Une femme peut bien se donner à tel personnage qu'elle ne voudrait nullement avoir épousé : je ne veux pas dire pour sa situation sociale, mais pour les qualités mêmes de la personne. Peu de gens ont épousé des maîtresses qui ne s'en soient repentis – et jusque dans le monde céleste. Quel mauvais ménage a fait Jupiter avec sa femme qu'il avait d'abord

1. Dans son joli petit livre, *La Vie conjugale sous l'Ancien Régime*, Paris, A. Colin, 1985.

fréquentée et dont il avait joui au cours d'amourettes ! C'est ce qu'on dit par ce dicton : « Chier dans le panier avant de le mettre sur sa tête. »

Pour manquer singulièrement d'élégance, la sentence qui clôt le raisonnement de Montaigne dit bien ce qu'elle veut dire : se marier par amour passion, se marier avec la femme qu'on aime amoureusement (sa maîtresse), c'est se préparer les pires catastrophes et ce pour une raison évidente : fonder sa famille sur la passion, c'est fonder ce qui doit durer sur ce qui ne dure qu'un temps, autrement dit, sur du sable.

Le deuxième enseignement des historiens de la famille, c'est que de toute façon, dans l'Ancien Régime, on ne *se* marie pas, on est marié, au passif. Le mariage est essentiellement une affaire arrangée par les parents, parfois même par le village tout entier, car c'est l'occasion de réconcilier des familles, de remettre ensemble des parcelles de terrain qu'on cultivera ainsi plus facilement, etc. C'est là ce que dévoile, d'une manière particulièrement amusante pour nous aujourd'hui, la fameuse pratique du charivari. Elle témoigne à elle seule de la façon dont la communauté tout entière se permettait au Moyen Âge d'intervenir dans la vie privée des individus. Le mot nous parle encore, mais nous avons la plupart du temps perdu de vue ce qu'il recouvrait à l'origine. Dans les villages du Moyen Âge, lorsqu'un mari est cocu ou, pis encore, battu, il est d'usage que les villageois lui fassent, si l'on ose dire, sa fête, et ce sous la forme d'un beau charivari : comme le mariage a été conclu pour des motifs intéressés et que, du coup, c'est le village tout entier qui est plus ou moins concerné par la vie des jeunes gens qui sont unis sans amour ni libre choix, c'est lui aussi qui se sent investi de la mission de rétablir l'ordre dans un couple qui bat de l'aile. On va donc chercher l'infortuné mari dans son champ, on l'assied à l'envers sur un âne (c'est « l'azouade », qui montre qu'il ne va pas droit), puis on le peint en rouge, on lui jette des légumes pourris à la figure, on l'asticote, on le cogne un peu, on lui crache dessus, on l'insulte, on le rabroue, puis une fois achevé sous les quolibets le tour du village, on remet les malheureux époux dans leur maison et on tape sur les murs avec pelles, pioches, bêches, poêles, casseroles pendant des heures, manière de rappeler à tous la loi de la cité. Jean-Louis Flandrin souligne[1], comme symptomatique du poids exorbitant de la communauté dans les affaires de famille, le fait qu'à défaut du mari (le malheureux, sentant venir la menace, pouvait avoir pris la fuite à temps…), c'est le voisin qui était arrimé à l'âne, afin de le rappeler à son devoir de surveillance et de contrôle social, donc à sa responsabilité indirecte dans l'inconduite de ceux qui vivent à proximité !

Ni amour, ni choix, mais en revanche, poids de la communauté et souci majeur du lignage, de la biologie et de l'économie : voilà donc, en résumé, le mariage ancien. Comment s'est faite la transition vers le mariage d'amour, par quels détours est-il aujourd'hui devenu, du moins en Occident, la règle quasi absolue de nos unions ? C'est là que le troisième enseignement des historiens va nous permettre de faire le lien entre la révolution de l'amour et les deux autres traits du temps présent.

---

1. Dans son ouvrage intitulé *Familles. Parenté, maison, sexualité dans l'ancienne société*, Paris, Seuil, 1976.

Comment le mariage d'amour et la famille moderne sont enfants du capitalisme

L'explication la plus convaincante nous est donnée par l'historien Edward Shorter, un disciple d'Ariès, spécialiste de la France, dans son beau livre consacré à la *Naissance de la famille moderne*[1]. Ce qu'il montre en substance, c'est que la naissance du mariage d'amour en Europe – car une fois encore, ne l'oubliez pas, toute l'histoire de ces traits caractéristiques du temps présent n'est au départ qu'européenne –, est un effet direct de la logique du capitalisme moderne. Où l'on retrouve en filigrane, vous l'aurez compris, notre rapport à la mondialisation et à ses deux effets majeurs sur le plan sociétal : la déconstruction des traditions d'un côté, la naissance du mariage d'amour et de la famille moderne de l'autre – ce qui montre au passage combien le tableau d'ensemble que je vous propose ici possède une unité, une cohérence fondamentales.

Voici en quelques mots pourquoi.

Lorsque le capitalisme se met en place et qu'il subvertit de l'intérieur le régime féodal, il invente le salariat en même temps que le marché du travail. Sous l'effet de ces deux innovations, les individus vont « s'arracher » à leur village d'origine pour « monter », comme on dit, travailler à la ville. Mettons-nous un instant à la place de la petite Bretonne de quatorze ou quinze ans, qui quitte son village pour aller travailler dans un grand centre urbain, par exemple à Nantes, dans une usine où on fabrique des boîtes de sardines. Elle va, cette petite jeune fille, bénéficier

1. Paris, Seuil, 1977.

d'un coup d'une double liberté, pour elle totalement inimaginable encore quelques années seulement auparavant. Sa première liberté, c'est, tout simplement, celle de la distance d'avec son village, ou, si l'on veut, de l'anonymat. Pour la première fois de sa vie, elle échappe au regard des autres, à l'œil des villageois, de sa famille, du curé, de la vieille qui, derrière les rideaux, observe à travers ses fenêtres la vie des autres et répand les rumeurs – fonction essentielle encore dans les villages du Berry de mon enfance.

Mais à cette première liberté, s'en ajoute aussitôt une autre : notre petite jeune fille, là aussi pour la première fois de sa vie, est payée pour son travail. Elle reçoit un salaire qui, si maigre soit-il, va lui assurer une certaine autonomie matérielle. Là encore, le regard moderne, sous l'influence de Marx et, plus généralement, de la pensée anticapitaliste, n'a tendance à voir dans le salaire qu'une nouvelle forme « d'exploitation de l'homme par l'homme ». Ce faisant, on occulte, évidemment à tort, ce qu'a pu représenter d'extraordinaire, en termes d'émancipation, le fait d'être payé pour son travail. Autrefois, notre jeune fille, n'en doutez pas, travaillait aussi, et même dur, du matin jusqu'au soir. Simplement, il fallait l'y contraindre, parfois la malmener et elle ne recevait pour autant nulle rétribution.

Libérée du poids de la communauté et désormais autonome sur le plan financier, que croyez-vous qu'il arrivât ? Tout simplement ceci : notre jeune fille va bien évidemment décider peu à peu de s'affranchir des contraintes de la vie traditionnelle et, comme les enfants dans *L'Avare* de Molière, elle va se rebeller contre ceux qui voudraient encore la marier de force, mais cette fois-ci avec de réelles chances de succès. Et que va-t-elle choisir à la place du « mariage de raison » ? Très naturellement, elle va chercher à se marier avec un jeune homme « bien fait » pour lequel elle « éprouve du sentiment » et c'est ainsi que le mariage d'amour va devenir peu à peu la règle de nos unions.

Ce processus, bien entendu, prendra plusieurs siècles et connaîtra des rythmes différents selon les classes sociales. C'est dans les classes populaires que le mariage d'amour prendra le plus vite sa place, que le consentement des jeunes époux échappera le plus tôt au diktat des parents. Le monde bourgeois, une fois n'est pas coutume, suivra plus tard le mouvement – et ce pour des raisons patrimoniales évidentes, par crainte des mariages morganatiques. Reste qu'aujourd'hui, plus personne ne songerait à se marier autrement que par amour – sauf, justement, dans les continents et les civilisations « holistes » où le capitalisme étant embryonnaire ou encore absent, l'individu n'est pas encore né comme être indépendant de sa communauté d'origine. Comme on voit, cette explication historique pourrait recevoir l'aval aussi bien de Marx que de Tocqueville, qui au fond, ne disent déjà pas autre chose que Shorter. Que l'on parle avec Marx de « capitalisme » ou avec Tocqueville de « démocratie », ce qui, dans les deux cas, définit le monde moderne, c'est d'abord et avant tout cet avènement de l'individu qui s'arrache progressivement, mais définitivement, à toutes les formes anciennes de communautarisme ou, comme dira Louis Dumont, à toutes les formes de « holisme », d'emprise du tout (en grec *holos*) sur ses parties, sur les membres de la communauté.

Comme je l'ai montré ailleurs plus en détail, cette révolution de l'amour aura deux conséquences cruciales.

La première, bien sûr, c'est la légalisation du divorce (la loi essentielle à cet égard étant celle de 1884) : si vous fondez le couple sur l'amour, sur le sentiment et la passion amoureuse, vous le fondez sur quelque chose qui est, comme je l'ai suggéré en citant Montaigne, variable et fragile. Plus de 50 % des mariages d'amour se soldent aujourd'hui par un divorce – d'où l'illusion, souvent présente à droite, que la famille « fout le camp ». En réalité, elle va plutôt mieux que jamais, car si on divorce beaucoup, c'est un fait indéniable, ce n'est pas parce que les valeurs familiales seraient mourantes, mais parce qu'elles sont maintenant fondées sur l'amour et la liberté de choix, ce qui n'est pas exactement la même chose.

Disons les choses comme elles sont, quitte à choquer certains : la passion érotico-amoureuse dure en général trois ou quatre ans et, sauf exceptions quelque peu miraculeuses, le grand problème du couple moderne, c'est au fond le suivant : comment transformer l'amour passion des débuts en un lien durable, une amitié amoureuse, par exemple. Ce qui, manifestement, ne va pas de soi. Bien sûr, les enfants en souffrent, et parfois terriblement, mais c'est le prix de la liberté, le revers de la médaille. Sans eux, il est probable que le taux de divorce passerait de 50 % à 95 %…

La deuxième conséquence, justement, c'est une formidable montée en puissance de l'amour des enfants, un amour qui, à l'encontre d'une idée reçue sans être examinée à la lumière de l'histoire, n'existait certainement pas à cette échelle, au Moyen Âge. Bien entendu, il y avait des exceptions, mais malgré l'opinion tenace selon laquelle l'amour maternel serait naturel, instinctif et, par là même, présent de toute éternité, nos meilleurs historiens du Moyen Âge, Philippe Ariès en tête, ont montré combien, dans l'Ancien Régime, la mort d'un petit était en général tenue pour beaucoup moins grave que celle d'un cochon ou d'un cheval. Au XVIIIe siècle encore, seul un enfant sur deux parvenait à l'âge de dix ans. À l'inverse d'une opinion souvent tenue pour évidente, la mortalité infantile n'était pas essentiellement due à l'état embryonnaire de la médecine et de l'hygiène, mais bel et bien à des pratiques néfastes, aussi courantes qu'intentionnelles. C'est d'abord la mise en nourrice, si fréquente à l'époque dans les villes, y compris et même surtout dans les familles pauvres, qui équivalait pratiquement à une mise à mort. Jean-Louis Flandrin rapporte le cas, nullement exceptionnel, d'une nourrice à laquelle on confie douze enfants en vingt ans… et qui n'en rend pas un seul vivant au bout du compte ! Ce qui sidère, c'est qu'elle n'est aucunement inquiétée, l'habitude étant passée dans les mœurs.

C'est ensuite l'abandon qui sévissait dans des proportions considérables, comme on en voit la trace dans les contes, *Le Petit Poucet* par exemple, dont le thème, à l'encontre des lectures psychanalytiques, n'a malheureusement rien d'un fantasme. On estime, en effet, que l'oblation touchait encore au XVIIIe siècle 30 % des petits. Mais, aussi invraisemblable que cela puisse paraître, une troisième habitude venait, si l'on ose dire, parachever le travail : celle que les parents prenaient alors de dormir avec les nourrissons au risque (mais c'était un risque calculé), de les étouffer pendant la nuit. La chose était si courante encore à l'aube du XVIIIe siècle que l'Église en faisait un thème omniprésent dans ses homélies et ses sermons. Ce n'est donc pas parce qu'ils mouraient tôt qu'on s'abstenait d'aimer les enfants, mais parce qu'on ne les aimait pas beaucoup qu'ils mouraient tôt. Aujourd'hui, et c'est bien sûr un effet direct du mariage d'amour, non seulement nous sommes attachés comme jamais à nos enfants, mais leur mort est à coup sûr la chose la plus atroce qui puisse arriver au sein d'une famille.

Mais comme nous allons le voir maintenant, ces révolutions de la vie privée n'allaient pas rester sans conséquences sur la vie publique, collective et même politique.

La révolution de l'amour

À l'encontre d'un poncif qu'on entend répéter à satiété sans la moindre réflexion, cette évolution de la famille n'a nullement entraîné un repli sur la sphère privée. Bien au contraire, elle est largement à l'origine de la naissance de l'humanitaire moderne, naissance qui est parfaitement contemporaine de celle de la famille moderne. Le sentiment d'amour qui s'épanouit progressivement dans la famille va entraîner une montée en puissance de la sympathie pour autrui. La naissance de la Croix-Rouge, par exemple, est rigoureusement parallèle à l'expansion de cette nouvelle logique de la famille moderne dans la classe ouvrière, la classe bourgeoise suivra le même mouvement, mais beaucoup plus tard, comme je l'ai déjà suggéré.

Même si cela peut sembler paradoxal à ceux qui ont une approche hâtive et superficielle – dès qu'on parle de la famille, certains, comme animés par un réflexe à la Pavlov, entendent « Pétain », « valeurs refuges », « repli sur soi et désertion civique » –, il est en réalité parfaitement compréhensible que l'on assiste à la montée en puissance parallèle des valeurs de l'intimité et du souci de l'autre le plus large qui soit, le sentiment humanitaire. Entre le souci des proches et la compassion pour le prochain, il n'y a pas conflit mais bien plutôt synergie, le premier pouvant évidemment renforcer le second, du moins dans des sociétés relativement riches et prospères comme les nôtres. Ce n'est donc nul hasard si la naissance de l'humanitaire moderne coïncide historiquement point par point avec celle de la famille moderne. L'amour qui infiltre le lien familial est désormais, sinon le seul, du moins le premier sentiment susceptible de nous faire oublier le « moi », le premier à nous rendre, par extension de la sympathie, moins indifférents aux autres, aux proches mais aussi au « prochain », aux étrangers et à leur détresse. Lorsqu'on voit un père de famille au fin fond de l'Afrique ou de l'Irak en train de pleurer un enfant mort dans ses bras, on se dit que son cœur est à l'évidence habité des mêmes sentiments que ceux que nous aurions à sa place.

Qu'est-ce que l'humanitaire ? Robert Badinter me fit observer un jour que sa formule tenait à une extension de la sentence traditionnelle : « Ne fais pas à autrui ce que tu ne veux pas qu'on te fasse », qui devient : « Ne laisse pas faire à autrui ce que tu ne voudrais pas qu'on te fît. » L'humanitaire, c'est la lutte contre l'indifférence et ce combat va naître de ce sentiment d'amour qui envahit la vie privée et rejaillit bien évidemment sur le collectif.

Bouleversement de la question du sens dans les champs politique et philosophique

Même si cette révolution de l'amour s'est d'abord manifestée dans la vie privée, il faut bien comprendre qu'elle est aussi la clé d'un bouleversement comparable dans la sphère publique, y compris, et peut-être surtout, en un domaine dont les passions intimes sont réputées exclues au profit des seuls intérêts : la politique. Je voudrais maintenant vous montrer en quoi la révolution de l'amour induit une reconfiguration profonde de nos idéaux et de nos pratiques politiques, dont la dynamique est appelée à métamorphoser bientôt le visage de nos démocraties.

Déclin de deux foyers du sens : la Nation et la Révolution

Allons à l'essentiel : deux grands foyers de sens ont animé la vie politique européenne depuis la Révolution française, à savoir la Nation et la Révolution. J'emploie le mot « foyer » pour suggérer quelque chose d'analogue au point de fuite dans un tableau en perspective, ce *focus* à partir duquel tous les aspects particuliers de la représentation s'organisent, trouvent leurs proportions justes et prennent leur sens véritable. Les deux principes politiques dont je parle ont joué un rôle tout à fait analogue : depuis 1789, ils donnaient une signification d'ensemble à tous les projets particuliers, économiques, sociaux, éducatifs, culturels, etc. dont les ministères étaient porteurs dans les gouvernements différents. À droite, on privilégiait l'idée nationale ou patriotique ; à gauche, l'idée révolutionnaire. Il y avait, bien entendu, des points de passage possibles entre les deux : l'idéal révolutionnaire pouvait se colorer de nationalisme et de patriotisme. Reste que chacun conservait son système de valeurs et d'interprétation propre, dont la logique excluait celle de l'autre.

Quand j'étais jeune, le journal des gaullistes s'appelait encore *La Nation* et tous mes amis, en Mai 68, qu'ils fussent trotskistes, maoïstes, libertaires ou communistes, étaient ou se disaient forcément « révolutionnaires ». Il y avait, comme on dit, de grands « desseins », de l'utopie à gauche, et même, pour une part, à droite où « une certaine idée de la France », qu'incarnait le général de Gaulle, représentait pour ses sympathisants un idéal de grandeur supérieur aux intérêts particuliers et aux querelles partisanes. Signe des temps, quand le général de Gaulle est mort, plusieurs journaux ont trouvé le même titre : « La France est veuve. » Sans vouloir être cruel, pour quel homme politique d'aujourd'hui, quel qu'il soit, un journal pourrait-il dans les mêmes conditions mettre à la une semblable titre sans paraître totalement ridicule ?

La raison en est évidemment que, sous l'effet de la grande déconstruction des valeurs traditionnelles déjà évoquée, les deux foyers de sens en question – la Nation et la Révolution – sont désormais, pour les jeunes générations et même pour la mienne, sinon entièrement morts, du moins éventés, comme une coupe de champagne dont les bulles ont disparu. Bien sûr, il reste et restera sans doute encore longtemps une poignée de nationalistes extrêmes, de patriotes à l'ancienne, comme subsisteront aussi quelques révolutionnaires en paroles et en charentaises. La démocratie est, par essence, le lieu de toutes les contre-cultures – ce pourquoi leur disparition ne peut jamais être totale. Mais c'est plus une pose qu'un combat réel, davantage une posture qu'une vision réelle du monde, et nul ne croit sérieusement que les leaders de ces mouvements extrémistes puissent un jour exercer le pouvoir. Du reste, ceux qui se réclament encore, en Europe de l'Ouest, du nationalisme pur et dur ou des utopies révolutionnaires, cherchent à rallier le soutien de leurs concitoyens dans les urnes, non à imposer leur programme par la violence, ce qui marque une différence notable avec le discours maoïste des années 1960 qui en appelait à la violence des masses pour pendre, selon la formule canonique, « le dernier patron avec les tripes du dernier curé »...

Le crépuscule des idéaux traditionnels

L'agonie des « grands desseins » nationalistes ou révolutionnaires annonce-t-elle le « désenchantement du monde », pour reprendre le titre, en forme d'hommage à Max Weber, que Marcel Gauchet a donné à l'un de ses plus beaux livres ? Allons-nous inaugurer « l'Ère du vide », comme le suggère Gilles Lipovetsky ? Sommes-nous voués à « la mélancolie démocratique », selon l'expression de Pascal Bruckner ? Ces trois formules expriment, au fond, des idées voisines quant au diagnostic (la fin des utopies, des grandes passions politiques) et au pronostic (l'avènement d'une époque dépourvue de convictions durables ou de projets collectifs enthousiasmants, tiraillée entre des engouements excessifs, mais éphémères, et un individualisme sceptique vaguement dépressif).

Est-ce vraiment cela qui nous guette ?

Je n'en crois rien. Ces expressions, si elles renferment indéniablement une part de vérité que dégagent ces trois livres, au demeurant tous trois fort estimables et fort intéressants, manquent, selon moi, l'essentiel. Ce que nous vivons, ce n'est pas la fin du sacré ou du sens en politique ; c'est au contraire l'émergence d'une nouvelle figure du sacré, ce que j'appelle « le sacré à visage humain », autrement dit la sacralisation de l'autre, liée à l'émergence d'une problématique collective tout à fait nouvelle, en quelque sorte préformée par le modèle du mariage d'amour, et qui va *s'exprimer sans cesse davantage dans un souci inédit des générations futures*. Il y a là comme une sorte de réfraction de la vie privée dans la vie publique, une sorte de croisée des chemins, parce que l'histoire de la vie privée impacte en quelque sorte aujourd'hui de plein fouet la grande histoire politique. Elle y installe le souci des générations futures comme un nouveau foyer de sens dont le rôle va peu à peu devenir, dans les années qui viennent, analogue à celui que jouaient les idées nationalistes ou révolutionnaires.

Quel monde allons-nous laisser à ceux que nous aimons le plus, à savoir nos enfants, et, plus généralement, aux jeunes, à ceux qui viennent après nous ? Voilà, à ce qu'il me semble, la question politique nouvelle, à vrai dire la seule nouvelle depuis deux siècles, comme en témoigne le fait que le mouvement écologiste, parce qu'il fut le premier à la prendre en compte, est, si l'on y réfléchit bien, lui aussi le seul mouvement politique nouveau depuis la Révolution française.

Il n'y a là nul hasard, simplement une conséquence directe de la montée en puissance du souci des enfants, de la jeunesse, lui-même engendré par la révolution du mariage d'amour. Le souci des générations futures ouvre un espace commun entre la sphère privée (le sentiment qui s'épanouit dans la famille et conduit à sacraliser ceux qu'il transfigure littéralement) et la sphère publique (l'avenir des jeunes et, au-delà, de l'humanité entière), et ce pour deux raisons, au moins : d'une part, parce que le monde que nous allons laisser à nos enfants se confond par définition avec celui que nous allons laisser à tous les humains ; d'autre part, parce que en choisissant pour tous des orientations politiques dont nous jugeons qu'elles seraient les meilleures possibles pour nos propres enfants, nous partons d'un critère assez fiable pour chercher les solutions les plus justes, les plus généreuses et les mieux réfléchies.

Pour le dire plus simplement, quand je suis ministre de l'Éducation nationale, je ne suis pas fou, je ne fais évidemment pas une réforme pour mes trois filles seulement. Je fais, cela va de soi, une réforme (enfin, quand je peux en faire une...) pour tous les enfants de France. C'est du collectif, ce n'est pas de la vie privée. Mais je me pose pourtant sans cesse cette question, qui, je crois, constitue le meilleur critère : si cette réforme devait s'appliquer à celles que j'aime le plus, est-ce que je la ferais bien dans les mêmes termes, est-ce que c'est bien celle-là que je choisirais ?

Comment l'écologie vient troubler la domination séculaire du libéralisme et du socialisme

J'y reviens encore un instant, car c'est un point essentiel et peu contestable : ce n'est pas un hasard si l'écologie est le seul mouvement politique nouveau depuis la Révolution française. Le libéralisme, le socialisme dominent nos représentations politiques depuis le début du XIXe siècle, sous les critiques croisées de l'extrême droite contre-révolutionnaire et d'une extrême gauche communiste (hébertiste, babouviste, etc.) ou anarchiste. En d'autres termes, le paysage politique est déjà pratiquement au complet dès les lendemains de 1789. Si l'écologie vient aujourd'hui contester le monopole dont jouissaient depuis si longtemps ces doctrines, c'est justement parce que c'est le seul mouvement qui, par-delà ses nombreuses faiblesses, a du moins le mérite de poser la question des générations futures, réinstallant ainsi les deux éléments sans doute les plus fondamentaux de toute grande politique digne de ce nom : premièrement, une problématique du long terme dans une société où le court-termisme est devenu un véritable fléau dans la politique comme dans la finance ou la vie médiatique et, deuxièmement, une dimension en quelque façon sacrificielle, en ce sens qu'il faut faire des efforts pour préserver les chances d'une vie bonne dans l'avenir pour ceux que nous aimons.

L'écologie, et c'est son principal point fort (sinon le seul), porte ainsi au cœur du débat politique la question de l'avenir et de la part de sacrifices qu'exige de nous le devoir de laisser aux générations futures un monde où elles puissent s'épanouir. Elle nous invite à sortir du « court-termisme » propre au capitalisme mondialisé et aux démocraties d'opinion.

Le « deuxième humanisme »

Le rôle central que le souci des générations futures, dans le sillage de la naissance de la famille moderne, est ainsi appelé à jouer dans notre conception de la politique ne conduit pas seulement, loin s'en faut, à porter davantage attention à la problématique de l'environnement. Il met aussi au cœur de nos préoccupations l'impératif de réduire la dette publique (allons-nous en faire peser le poids sur nos enfants ?), la nécessité d'éviter un « choc des civilisations » (va-t-on laisser à notre jeunesse un monde en guerre avec des peuples gagnés par le fondamentalisme et l'intégrisme) mais, aussi bien, la question de l'avenir de la protection sociale dans ce jeu de *dumping* économique et monétaire qu'est la mondialisation aujourd'hui (nos jeunes pourront-ils encore payer leur retraite, financer le chômage, l'assurance maladie, etc.).

Autrement dit, et c'est là l'essentiel, ce sont bien toutes les grandes questions politiques, pas seulement les questions de vie privée, qui vont se réorganiser sous l'égide de ce nouveau foyer de sens que constitue la problématique des générations futures, porteuse de profondeur dans l'avenir et d'adhésion à l'idée de sacrifices indispensables, ce qui n'est plus le cas des autres foyers de sens, désormais abstraits, affadis, pour ne pas dire purement verbaux, que sont la Nation et la Révolution.

Cette réorientation complète de la politique autour de la question des générations futures est la traduction, dans la sphère publique, de ce que j'appelle le « deuxième humanisme ». Et cet humanisme de l'amour, né de la révolution qui a bouleversé la famille depuis le Moyen Âge, engendre ce que j'appelle une *deuxième idée républicaine*, qui élargit et reconstruit à nouveau frais le premier républicanisme, celui du droit et des Lumières, de l'effort pour la patrie, un républicanisme tout à la fois révolutionnaire (ou réformiste) et nationaliste incarné d'abord par les jacobins, puis par des « grands hommes » tels que Jules Ferry (dont on oublie volontiers combien il fut colonialiste et raciste) ou Clemenceau, et dont se réclament encore les hommes politiques « souverainistes », à droite comme à gauche.

L'ÉLARGISSEMENT DE L'HORIZON COMME FOYER DE SENS

En guise de conclusion, je voudrais revenir de l'Histoire et de la politique – deux dimensions cruciales de la vie de l'esprit – vers la philosophie, qui me paraît toujours en être l'expression la plus haute, et plus particulièrement à la question du sens de la vie qui se dégage en filigrane derrière le récit au fil duquel je vous ai expliqué comment l'amour accédait au rang de nouveau principe de sens.

J'ai souvent cité dans mes livres ce passage du poème de Hugo intitulé *Booz endormi* :

> Booz était bon maître et fidèle parent
> Il était généreux quoiqu'il fût économe
> Les femmes regardaient Booz plus qu'un jeune homme
> Car le jeune homme est beau mais le vieillard est grand.
> Le vieillard qui revient vers la source première
> Entre aux jours éternels et sort des jours changeants
> Et l'on voit de la flamme aux yeux de jeunes gens
> Mais dans l'œil du vieillard, on voit de la lumière. »

Rien n'est plus juste à mes yeux que cette idée exprimée par Hugo dans ces quelques vers, qu'au fond, chance nous est donnée, à nous autres humains, d'élargir notre horizon. C'est bien cet élargissement qui donne un sens au fait même de vieillir et de gagner en expérience pour nous arracher à nos petites particularités originaires en voyageant, en apprenant des langues étrangères, en découvrant l'altérité des autres cultures et des autres humains. Si connaître et aimer sont, dans la Bible, des synonymes, ce n'est pas, à ce qu'il me semble, par hasard. L'élargissement de l'horizon, par opposition à l'esprit borné, refermé sur sa particularité et toujours jaloux de la préserver, est sans nul doute ce qui nous permet de mieux connaître, et par là même de mieux aimer les autres. C'est ce qui nous humanise. Kant, bien avant Hugo, mais dans le même sens déjà, désignait sous l'expression de « pensée élargie » ce mouvement qui, dans une discussion, oblige à se mettre à la place d'autrui pour saisir son point de vue. Je donnerai volontiers à cette formule un champ d'application beaucoup plus étendu afin qu'elle ne désigne pas seulement une exigence de la pensée rationnelle, mais une nouvelle façon de répondre à la question du sens de la vie : dans la mesure où l'idéal de la pensée élargie nous exhorte à sortir de nous-mêmes, il peut donner à la fois une signification et une orientation à notre existence, y compris au fait de prendre de l'âge – comme Booz, ce vieillard qui va épouser une jeune et ravissante jeune femme. À quoi cela sert-il de vieillir ? Peut-être, justement, à rien d'autre qu'à élargir la vue, à ouvrir l'horizon. Car c'est en inscrivant son expérience particulière dans les formes de l'intersubjectivité – ces lieux universels du sens que sont la vérité, la justice, la beauté et l'amour – que l'individu tout à la fois se singularise et s'humanise.

Table

11356

Composition
NORD COMPO

Achevé d'imprimer en Espagne
par CPI *(Barcelone)*
le 14 août 2016

Dépôt légal août 2016
EAN 9782290117422
OTP L21EPLN001873N001

ÉDITIONS J'AI LU
87, quai Panhard-et-Levassor, 75013 Paris

Diffusion France et étranger : Flammarion